INTRODUCTION À LA THÉOLOGIE CHRÉTIENNE

H. Orton Wiley, D.T.S.
et
Paul T. Culbertson, D. Phil.

Editions Foi et Sainteté
Lenexa, Kansas (E.U.A.)

L'édition originale de ce live a été publiée sous le titre anglais :

Introduction to Christian Theology
par H. Orton Wiley & Paul T. Culbertson
Copyright © 1946
Beacon Hill Press of Kansas City
A Division of Nazarene Publishing House
Kansas City, Missouri 64109 USA

This edition published by arrangement
with Nazarene Publishing House
All rights reserved

Première édition française : 1991
Reimpression : 2009
Tous droits réservés

Sauf indication contraire, les citations bibliques sont tirées de la Bible Louis Segond, édition 1910. Les italiques et les parenthèse que l'on rencontrera dans les textes bibliques son des auteurs.

Editeurs responsables : Roberto Manoly et Gene Smith

Couverture : Scott Stargel

ISBN : 978-1-56344-383-1

Diffusion en Amerique du Nord par
Éditions Foi et Sainteté
17001 Prairie Star Parkway
Lenexa, KS 66220

DIGITAL PRINTING

01/09

PRÉFACE

Le matériel pour ce livre est tiré primordialement de *Christian Theology* (La théologie chrétienne) de H. Orton Wiley, arrangé et adapté par Paul T. Culbertson. L'intention principale des auteurs est de fournir un texte qui puisse être utilisé dans les cours d'introduction à l'étude de la théologie, et de présenter d'une manière brève, mais substantielle, pour l'usage général du laïcat dans l'Eglise. Il est à espérer, par conséquent, que ce livre sera utile non seulement pour ceux qui entendent poursuivre une étude de la théologie, mais pour les étudiants dans les écoles d'entraînement pour les missions et tous ces chrétiens qui désirent une préparation adéquate, leur permettant de donner raison de l'espérance qui est en eux.

Ce matériel a été soigneusement organisé en sept parties, chacune d'elle étant composée de trois à cinq chapitres. Chaque partie est précédée d'un synopsis suivi d'une esquisse qui se développe soigneusement dans le texte. Chaque sujet se trouvera facilement par une référence rapide à la table des matières et à l'esquisse correspondant à la partie étudiée.

Ce livre met en relief la position doctrinale arminienne et wesleyenne. Notre but a été de présenter la doctrine chrétienne de façon positive et équitable, avec une évidence adéquate dérivée de textes cités des Saintes Ecritures. On a cherché de manière continue à donner à ce livre un ton de dévotion et un caractère pratique.

H. Orton Wiley
Paul T. Culbertson

INTRODUCTION

Le sujet et l'objet de la théologie c'est Dieu. Son étendue inclut non seulement l'étude de Dieu, mais encore la création, l'homme, sa chute, la rédemption, la destinée finale, avec beaucoup d'autres implications importantes.

L'idée générale qu'on a de Dieu ainsi que l'attitude qu'on a envers Lui sont les facteurs déterminants dans l'édification de la vie et du caractère. Il est donc évident que l'étude de la théologie est tant un privilège suprême qu'un devoir inéluctable. Dans cette étude réside l'espoir d'acquérir une juste compréhension de Dieu. On peut trouver une attitude correcte envers Dieu, dans un esprit ouvert, dans un cœur qui cherche la vérité et dans une volonté obéissante. Le privilège et le devoir d'étudier la théologie s'appliquent tant au ministre qu'au laïc.

Cette Introduction à la théologie, par le Dr H. Orton Wiley, satisfera un besoin distinct dans la littérature de l'Eglise. Tous les jeunes pasteurs et de nombreux autres plus âgés, qui n'ont pas eu l'occasion d'étudier la théologie sous la direction de professeurs compétents, dans des institutions théologiques reconnues, se rendront compte de la très grande valeur de ce livre. Les sujets sont clairement esquissés; le langage est simple et facile à comprendre. Il est spécialement adapté pour les jeunes pasteurs dans leur première année d'études. Ce traité sur la théologie, grâce à sa simplicité et à son caractère complet, est adapté spécialement aux besoins des laïcs. On devrait encourager fortement chaque laïc à se procurer cette *Introduction à la théologie,* à la lire et à l'étudier. N'est-il donc pas important que les laïcs soient tout aussi bien fondés que les pasteurs dans la doctrine?

Le docteur Wiley est éminemment qualifié de toutes les manières pour donner à l'Eglise et au monde chrétien le genre d'étude en théologie qui est d'une nécessité urgente à notre époque. Il est tout d'abord un homme d'un caractère irréprochable et d'une riche expérience chrétienne, ayant passé beaucoup d'années dans le domaine de l'enseignement. Ensuite, son érudition ainsi que sa théologie bien fondée, le rendent digne de toute la confiance du lecteur. Il est très rassurant de se nourrir, soit physiquement ou mentalement, en sachant que cette nourriture ne contient aucune trace de poison.

C'est mon désir le plus sincère que ce livre soit lu par tous les pasteurs, et surtout par les plus jeunes d'entre eux et par ceux qui n'ont pas eu l'occasion de passer des années d'études académiques. Puisse Dieu permettre que ce livre soit lu par chaque laïc chrétien, afin que chacun puisse parvenir à une meilleure compréhension de Dieu et de Son œuvre, afin que tous soient bien fondés dans la doctrine, riches dans l'expérience chrétienne et utiles dans le service.

— *Roy T. Williams*

PREMIÈRE PARTIE

INTRODUCTION

Vue préliminaire

Les fondations sont importantes! Nous savons tous qu'il existe une relation logique entre le genre de fondations que nous préparons et le type de superstructure que nous espérons édifier. Il est suffisant de ne nettoyer que la surface du terrain pour monter une tente, mais nous devons creuser jusqu'à la roche de fond si nous voulons bâtir un gratte-ciel. Plus les édifices sont élevés dans une ville plus leurs fondations sont profondes. Les fondations *sont importantes*.

Ce qui arrive au niveau des choses physiques, est tout aussi valable dans le domaine de la pensée et des croyances. Par conséquent, dans cette partie de l'introduction nous nous proposons de décrire le fondement ferme sur lequel repose solidement la structure de la doctrine chrétienne. C'est ainsi que nous débutons avec l'étude de la nature et de l'étendue de la théologie chrétienne. Cela est une étude systématique de grandes *réalités* de la foi chrétienne.

Au chapitre II nous parviendrons au cœur de notre introduction, en découvrant que le fondement de base de la vérité chrétienne se trouve dans la Parole Personnelle et Ecrite de Dieu. Ensuite, nous concentrerons notre attention sur la nature exacte de cette révélation spéciale de Dieu, dans et par Sa Parole. Nous étudierons, en particulier, l'inspiration des Ecritures, et nous examinerons le développement et l'intégrité du canon de l'Ancien et du Nouveau Testament.

L'étude soigneuse et appliquée de cette partie paiera de riches dividendes au début, et au fur et à mesure que nous continuons d'ériger notre temple de la vérité chrétienne. Accordez une attention spéciale aux fondements que vous posez!

PREMIÈRE PARTIE

INTRODUCTION

Chapitre I
Nature et étendue de la théologie

I. LA NATURE DE LA THÉOLOGIE CHRÉTIENNE
   A. Raisons de l'étude de la doctrine chrétienne
   B. Terminologie
   C. Définitions de la théologie
   D. Nature et étendue de la théologie
   E. La théologie chrétienne, une étude de la réalité
   F. Systèmes de théologie
   G. Qualités requises pour l'étude de la théologie

II. LA THÉOLOGIE: SES RELATIONS ET SES DIVISIONS
   A. Relations de la théologie
      1. Sa relation avec la religion
      2. Sa relation avec la révélation
      3. Sa relation avec l'Eglise
   B. Les divisions principales de la théologie
      1. La théologie naturelle
      2. La théologie exégétique
      3. La théologie historique
      4. La théologie systématique
      5. La théologie pratique

Chapitre II
Sources et méthodes de la théologie

I. LA SCIENCE DE LA THÉOLOGIE
   A. La nature scientifique de la théologie
   B. Méthodes d'organisation et de présentation

II. LA SOURCE PRIMAIRE DE LA THÉOLOGIE CHRÉTIENNE
   A. La Bible comme source primaire de la théologie chrétienne
   B. Le contraste entre les points de vue protestant et catholique de la Bible

III. SOURCES SECONDAIRES DE LA THÉOLOGIE CHRÉTIENNE
- A. La nature comme source de la théologie
- B. L'expérience comme source de la théologie
- C. Les Symboles comme source de la théologie
  1. Le Symbole des Apôtres
  2. Le Symbole de Nicée
  3. Le Symbole d'Athanase

IV. LE DÉVELOPPEMENT HISTORIQUE DE LA THÉOLOGIE CHRÉTIENNE
- A. L'époque primitive
- B. L'époque médiévale
- C. L'époque de la Réforme
- D. L'époque confessionnelle
- E. L'époque moderne

Chapitre III
La révélation chrétienne

I. LA NATURE DE LA RÉVÉLATION GÉNÉRALE
- A. Définitions de la révélation générale
- B. La révélation par la nature
- C. La révélation dans la nature et la constitution de l'homme
- D. La révélation de Dieu dans l'Histoire

II. LA NATURE DE LA RÉVÉLATION SPÉCIALE
- A. La définition de la révélation spéciale
- B. Le Livre chrétien
- C. La foi chrétienne
- D. Les lettres de créance de la révélation
  1. L'évidence des miracles
  2. La prophétie comme une lettre de créance de la révélation
  3. La personnalité unique de Christ
  4. Le témoignage du Saint-Esprit

III. L'INSPIRATION DES ÉCRITURES
- A. Définitions de l'inspiration
- B. L'inspiration et la révélation
- C. La possibilité et la nécessité de l'inspiration

    D. Théories de l'inspiration
        1. La théorie mécanique ou de la dictée
        2. Les théories de l'intuition et de l'illumination
        3. La théorie dynamique ou médiatrice
    E. Preuves scripturaires de l'inspiration divine
        1. Le témoignage de l'Ancien Testament
        2. Les déclarations de notre Seigneur
        3. Le témoignage des apôtres
    F. De saints hommes et une Sainte Bible

Chapitre IV
Le Canon des Saintes Ecritures

  I. LE CANON DE L'ANCIEN TESTAMENT
    A. Divisions de l'Ancien Testament
    B. Développement du canon de l'Ancien Testament
    C. Les témoins du canon de l'Ancien Testament

 II. LE CANON DU NOUVEAU TESTAMENT
    A. Histoire primitive du canon du Nouveau Testament
    B. Canons et répertoires primitifs
    C. Action conciliaire
    D. Les Apocryphes

III. LE CANON COMME LA RÈGLE DE FOI
    A. La Règle de Foi
    B. Rapport entre l'Ancien Testament et le Nouveau Testament
    C. Evidences de la Règle de Foi
        1. L'authenticité et véracité de l'Ancien Testament
        2. L'authenticité et véracité du Nouveau Testament
        3. L'intégrité des Ecritures

CHAPITRE I

NATURE ET ÉTENDUE DE LA THÉOLOGIE

"L'étude de la théologie chrétienne est non seulement instructive, mais encore exaltante et ravissante. Il n'y a aucune matière d'étude dans la pensée humaine qui s'y compare. En tant que science, elle surpasse toutes les autres sciences, et, lorsqu'on la comprend correctement, elle devient la base de toute science... En étudiant la théologie, nous devenons participants à une étroite communion avec les meilleurs et plus purs penseurs de toutes les époques. Nous jouissons de la compagnie et, si nous le désirons, nous entrons en communion intime avec Jésus-Christ... Quel autre étude peut être plus intéressante et plus plaisante que la théologie chrétienne? Tout spécialement puisque nous trouvons en elle ce que nous ne pouvons trouver ailleurs, et nous comprenons qu'elle satisfait aux besoins de l'âme, d'une façon que ni la raison humaine, ni la philosophie n'ont pu et ne pourront jamais le faire."
—*L'évêque Jonathan Weaver*

I. LA NATURE DE LA THÉOLOGIE CHRÉTIENNE

A. *Raisons de l'étude de la doctrine chrétienne*

Au cours des récentes années, on a remarqué dans les cercles religieux libéraux une tendance à discréditer l'importance des études doctrinales. On a donné fréquemment l'impression, dans ces cercles, que la sincérité d'attitude est plus importante que le contenu de la croyance. Et bien qu'on ne diminue pas l'importance d'être sincère, aucune personne sensée ne croit que la sincérité puisse ou doive remplacer la connaissance de la vérité. Il est néfaste de croire en une fausseté, peu importe le degré de sincérité de la personne qui l'embrasse; plus le degré de sincérité est grand, plus les conséquences en seront néfastes. Seule la connaissance de la vérité libère et abrite l'homme. Et si cela est vrai, comme c'est bien le cas, sur le plan physique et matériel de la vie, combien plus important en est-il sur le plan des valeurs spirituelles, avec ses conséquences éternelles!

Un écrivain anonyme a exprimé correctement la relation intime qui existe entre la croyance, l'action, le caractère et le destin, dans les lignes qui suivent:

"Sème une pensée et tu moissonneras un acte;
Sème un acte, et tu moissonneras une habitude;
Sème une habitude, et tu moissonneras un caractère;
Sème un caractère, et tu moissonneras un destin."

Exactement! Les idées sont motrices. Elles se traduisent par des actes. Les actes, répétés, forment les habitudes d'où se développe le caractère. C'est ainsi que les Saintes Ecritures affirment que les décisions de la vie viennent du cœur, et que l'homme "est tel que sont les pensées dans son âme" (Prov. 23:7). Il existe une chaîne ininterrompue de continuité entre ce qu'on croit ici et aujourd'hui, et le genre de personne qu'on sera, ainsi que le lieu de sa destinée finale. Il est donc clair que la croyance est vitale dans la détermination de l'activité personnelle, du caractère moral et de la destinée éternelle.

La croyance d'un homme est aussi en relation directe avec son influence sur les autres. C'est pour cela que saint Paul recommande à Timothée dans un passage bien connu: *"Efforce-toi de te présenter devant Dieu comme un homme éprouvé, un ouvrier qui n'a point à rougir, qui dispense droitement la parole de la vérité"* (2 Tim. 2:15). Paul lui donne, en outre, le conseil suivant: *"Occupe-toi de ces choses, donne-toi tout entier à elles, afin que tes progrès soient évidents pour tous. Veille sur toi-même et sur ton enseignement; persévère dans ces choses, car, en agissant ainsi, tu te sauveras toi-même, et tu sauveras ceux qui t'écoutent"* (1 Tim. 4:15-16). Et cela est une obligation tout autant pour les laïcs que pour les pasteurs. On conseille à tous les chrétiens d'être *"toujours prêts à vous défendre, avec douceur et respect, devant quiconque vous demande raison de l'espérance qui est en vous"* (1 Pi. 3:15).

De ce fait, l'étude de la doctrine chrétienne est obligatoire à tout chrétien. Ce n'est pas quelque chose détachée de la vie. Elle n'est pas une invitation à la négligence, à l'indifférence, aux vaines spéculations, ou à des disputes sur des sujets non essentiels. Le salut personnel, tout comme le caractère bien fondé et la sainte influence, dépendent de l'acquisition des dogmes corrects de la foi. Chaque individu est responsable, selon les bornes de sa propre capacité et selon les occasions qu'il a, de découvrir et d'accepter la doctrine chrétienne.

Toutefois, l'étude de la théologie chrétienne n'est pas simplement une obligation. Elle est aussi une source d'inspiration et de bonheur. On ne peut la comparer à aucune matière surgissant de l'esprit humain. En étudiant les grandes vérités de la Bible, nous jouissons de la compagnie des esprits les plus purs de toutes les époques — saint Paul, saint Augustin, Thomas d'Aquin, Jean Calvin, John Wesley — pour n'en nommer que quelques-uns. Mais ce qui est mieux, aux dires de l'évêque Weaver, c'est que nous "jouissons de la compagnie et, si nous le désirons, nous entrons en communion intime avec Jésus-Christ". Quelle étude, pourrait causer une plus grande joie ou un plus profond intérêt que celle de la théologie chrétienne?

B. *Terminologie*

Chaque science développe son propre vocabulaire afin d'atteindre le plus haut niveau d'exactitude. La théologie, appelée aussi "la reine des sciences", ne peut donc pas être une exception. Pour commencer, il devient nécessaire de définir clairement le sens de certains termes clés. Par conséquent, nous examinerons le sens de certains de ces mots et concepts de base.

La doctrine chrétienne est mieux connue sous le terme plus étendu de "théologie chrétienne", ou sous le terme plus technique de "dogmatique chrétienne". Dans ce traité, nous nous y référons comme l'étude analytique de ce grand recueil de la vérité qui pourvoit à la matière de la théologie, et qui est généralement connu sous le nom de foi chrétienne. On fait parfois une distinction entre doctrine et dogme — le premier terme s'appliquant à l'enseignement systématisé des Ecritures sur un sujet théologique donné, et le second s'appliquant à la forme que la doctrine a revêtu par suite de son développement. Par exemple, la Bible nous fait part de certains faits se rapportant au baptême d'eau; mais à travers les siècles des dogmes sont apparus quant à la manière, les conditions requises des candidats et le sens exact de cette cérémonie, etc. Ce sont les dogmes qui ont donné lieu à la théologie dogmatique, marquant ainsi les nombreuses différences parmi les diverses branches de l'Eglise.

Le mot *théologie* tire son origine de deux mots grecs — *theos* (θεός), Dieu et *logos* (λόγος), un discours, se référant originairement à un discours sur Dieu. Les anciens grecs utilisèrent ce terme dans son sens littéral, appliquant dès lors le terme *theologoi,* ou théologiens, à ceux qui écrivaient l'histoire des dieux et de leurs exploits. On prétend que Phérécydes fut le premier homme reconnu sous le titre de "théologien", et son œuvre fut intitulée *Theologia* ou théologie. Aristote donna le nom de théologie à sa philosophie plus élevée ou philosophie première. Dans ce même sens, Homère, Hésiode et Orphée, "lesquels sous l'inspiration poétique chantèrent les dieux et les choses divines", furent connus comme étant des *theologoi* ou théologiens. Dans son sens le plus général, le mot théologie peut s'appliquer aux investigations scientifiques sur des personnes sacrées, des choses ou des relations, vraies ou imaginaires. Quoique le contenu de ces traités soit peu développé, l'usage permet de l'appeler théologie, si le sujet d'étude est considéré sacré. Le terme est, donc, élastique et quelque peu vague, et doit être rendu plus défini et plus spécifique par l'emploi des termes tels que théologie chrétienne ou théologie ethnique (non-chrétienne).

C. *Définitions de la théologie*

Une des définitions les plus simples de la théologie est celle qui s'entend implicitement dans le paragraphe précédent, à savoir: "La théologie chrétienne c'est la présentation systématique des doctrines de la foi chrétienne." Le docteur Samuel Wakefield, qui a édité les *Institutes* de Watson, auxquels il a rajouté de son propre matériel d'une très grande valeur, définit la théologie comme "cette science qui traite de l'existence, du caractère et des attributs de Dieu; Ses lois et Son gouvernement; les doctrines auxquelles nous devons croire, le changement moral que nous devons expérimenter, ainsi que les devoirs que nous devons accomplir". La définition donnée par le Dr Charles Hodge est la suivante: "La théologie c'est l'étalage des faits des Ecritures dans leur propre ordre et relation avec les principes ou vérités générales impliquées dans les faits mêmes qui pénètrent et harmonisent le tout." Cependant, aucune définition ne surpasse peut-être, par sa justesse et sa faculté de compréhension, celle de William Burt Pope, cet éminent théologien méthodiste, qui définit la théologie comme: "La science de Dieu et des choses divines, fondée sur la révélation faite à l'homme par Jésus-Christ et systématisée dans ses différents aspects à l'intérieur de l'Eglise chrétienne."

D. *Nature et étendue de la théologie*

La théologie chrétienne renferme dans son rayon d'action une très large étendue d'investigations, avec un accent particulier sur certains domaines de pensée bien définis. Si l'on analyse soigneusement les définitions précédentes, on peut noter qu'elles comprennent les sujets d'études suivants: (1) Dieu — le sujet, source et but de toute théologie; (2) Religion — qui donne la conscience de base du surnaturel, sans laquelle l'homme serait incapable de recevoir les révélations de la vérité divine; (3) Révélation — comme étant la source primaire des faits sur lesquels se construit la théologie systématique; (4) Jésus-Christ — la Parole Personnelle et Éternelle, en qui toute vérité trouve son centre et sa circonférence et (5) l'Eglise — dans laquelle la vérité a été systématisée et développée sous la surveillance et le contrôle du Saint-Esprit.

E. *La théologie chrétienne, une étude de la réalité*

Ce ne serait pas trop d'insister sur le fait que la théologie chrétienne est une exposition des *faits* et des *réalités* de la révélation divine. Tout comme le scientifique de la nature s'intéresse à la réalité objective ou les faits extérieurs sur lesquels se basent cette nature, le théologien chrétien s'intéresse aux grandes réalités objectives du royaume de Dieu. Lorsque et si la théologie s'écarte de cette base, elle devient alors un simple système de philosophie, d'éthique ou de psychologie. La Bible ne fait pas de conjectures et n'argumente pas — elle révèle et annonce la vérité divine avec assurance et certitude.

Le Dr Henry B. Smith a donné un excellent énoncé de la réalité qui constitue le fondement de la théologie chrétienne. Il écrit: "Si l'on garde dûment son façon de l'exprimer, il conviendrait de mentionner qu'il y a un réalisme chrétien qui est absolument fondamental dans la théologie chrétienne. C'est qu'il y a une grande série de faits, constituant la vie même du système chrétien, qui ont une valeur et une réalité objective, et sans laquelle toute la théologie chrétienne ne vaut, en principe, pas mieux qu'un simple système philosophique.

"La révélation chrétienne reçoit un immense pouvoir pratique en se reposant calmement et solidement sur ces faits centraux et intégraux — les plus grands dans les annales de la race humaine — à savoir que Dieu a établi un vrai royaume en ce monde, centré sur la Personne et l'œuvre de notre Seigneur miséricordieux qui pour nous s'est fait chair, a souffert et est mort; et qu'Il a envoyé Son Saint-Esprit pour renouveler, enseigner et sanctifier Ses élus; et que ce royaume doit continuer à faire son œuvre puissante jusqu'à ce que tous les élus de Dieu soient réunis; et que tout ce qu'il donne aux hommes ici-bas, n'est que l'ombre des bénédictions et de la gloire qui seront la consommation de ce même royaume pour les siècles infinis de l'éternité. Les hommes disent que le volume de la révélation divine est un 'livre populaire'. Mais c'est un vrai livre — un livre de réalités divines qui portent les hommes à ressentir et à reconnaître leur puissance" [SMITH, *Introduction to Christian Theology* (Introduction à la théologie chrétienne), pages 5-7]. C'est à de telles *réalités* glorieuses que la théologie chrétienne s'intéresse.

F. *Systèmes de théologie*

Malgré la réalité objective qui est à la base de la théologie chrétienne, plusieurs systèmes ont été développés par des individus et des groupes au sein de l'Eglise chrétienne. Ces systèmes théologiques, étant des créations de l'esprit humain, diffèrent en ce qui concerne certaines positions fondamentales et dans une multitude de détails. Cela n'est pas surprenant lorsque nous considérons les nombreuses facettes de la vérité biblique, la nature limitée de la compréhension humaine, l'insuffisance du langage pour exprimer les réalités spirituelles, l'imperfection de notre connaissance des Ecritures, et le fait que le péché a voilé l'esprit de l'homme. Tandis que nous reconnaissons que les systèmes de la théologie chrétienne diffèrent en beaucoup de points, nous devrions aussi nous rappeler que les points essentiels sur lesquels ils sont d'accord sont d'une importance égale ou plus grande. Par exemple, à l'intérieur des systèmes théologiques du Protestantisme, il y a accord général en ce qui concerne l'importance fondamentale de faits tels que l'existence de Dieu, la Sainte Trinité, la divinité de notre Seigneur Jésus-Christ, la nécessité d'une rédemption du péché au moyen du sacrifice de Christ, et ainsi de suite. Souvent, les différences sont simplement ou primordialement une question d'accentuation qui, pour la compréhension, exigent une analyse claire, une étude soigneuse et un jugement bien réfléchi de la part de l'étudiant. Cela nous amène à considérer les qualités requises, intellectuelles et autres pour une étude plus fructueuse de la théologie.

G. Qualités requises pour l'étude de la théologie

Dans son *Introduction to Christian Theology* (Introduction à la théologie chrétienne), pages 25-33, le Dr Henry B. Smith a donné une excellente description de "l'esprit qui doit animer le vrai étudiant de théologie". La première de ces qualités nécessaires, c'est que l'étudiant doit avoir une certaine inclination spirituelle. Cela ne veut pas dire une certaine connaissance abstraite à propos des choses spirituelles, pas même un sentiment général de bonne volonté, mais bien une inclination spirituelle qui est, dans sa nature la plus intime, une expression de la réalité du royaume de Dieu, centrée sur la Personne et l'œuvre de Jésus-Christ. C'est une inclination spirituelle qui résulte d'un contact vital et personnel avec Dieu.

La deuxième des caractéristiques qu'un sincère étudiant en théologie devrait posséder, est un esprit d'humilité respectueuse. "Cette humilité", nous dit le docteur Smith, "ne doit pas se confondre avec l'abaissement devant le dogmatisme; cela n'est pas un signe d'un esprit humble, mais plutôt d'un esprit lâche. Cette humilité cependant, est l'antithèse de l'autosuffisance. Celui qui n'est pas envahi d'humilité et de respect, celui qui n'est pas un chercheur humble face aux mystères de l'Incarnation et de l'Expiation, celui qui ne ressent et ne sait pas que dans ces grands faits il y a quelque chose qui le pousse à se déchausser, celui qui n'a pas la conviction qu'il foule un sol sacré, ne peut pas être un vrai théologien."

La troisième caractéristique du chercheur théologique, devrait être un amour sincère de la vérité, parce qu'elle est la vérité. "Il en est de la vertu comme de la vérité; les deux sont bonnes en soi et pour soi et doivent être aimées et recherchées pour leurs propres mérites. Beaucoup d'hommes aiment la vérité à cause de leur propre parti; certains, à cause de leur Eglise; la plus grande partie de l'humanité peut-être par intérêt personnel; d'autres, parce qu'ils ne peuvent ou ne veulent pas laisser de côté ce qu'ils ont appris; mais le prédicateur devrait aimer et prêcher la vérité, parce qu'elle est la vérité."

Une quatrième qualité qu'un étudiant de théologie doit posséder c'est un esprit de confiance; cela veut dire, de croire que sous l'illumination de l'Esprit de Dieu on peut trouver la vérité qui est la substance de la théologie. "Et comme l'illumination de cet Esprit est promise et accordée à tous ceux qui s'en remettent à Sa direction, ils peuvent avoir confiance qu'ils parviendront à savoir, s'ils sont fidèles, tout ce qu'ils auront besoin de savoir afin d'accomplir l'œuvre de leur Maître ici-bas."

L'étudiant en théologie devrait aussi avoir un zèle professionnel pour son travail. Cela est particulièrement vrai pour ceux qui sont appelés au ministère chrétien. Un tel étudiant devrait "ressentir et de vivre, jour après jour et semaine après semaine, comme si la théologie était son travail particulier et le plus aimé, lui donnant le meilleur de son temps et de ses facultés et de son patient labeur".

Aux qualités requises ci-dessus mentionnées, si bien présentées par le docteur Smith, on peut ajouter ce qui suit:

Premièrement, une connaissance convenable de la Bible, la Parole de Dieu. "L'exégèse précède la théologie, et le travail de la théologie systématique devrait être précédé par le travail de la théologie biblique, c'est-à-dire l'étude systématique des contenus doctrinaux de la Bible" [CLARKE, *Outlines of Christian Theology* ("Esquisses de la théologie chrétienne"), pages 5-6]. Rien ne peut remplacer la connaissance convenable et personnelle de ce que la Bible même enseigne en relation avec la doctrine. Afin de s'assurer du sens des Ecritures, une connaissance des langues d'origine serait précieuse, spécialement le grec.

Deuxièmement, une compréhension large des autres champs de la connaissance est utile à l'étude de la théologie chrétienne. Cela est particulièrement vrai en ce qui concerne ces parties du savoir tels que la philosophie, l'histoire, la religion et la psychologie qui ont un rapport plus intime avec l'étude de la théologie.

Troisièmement, ces particularités mentales, qui peuvent se résumer dans le concept "un esprit discipliné", sont d'une valeur inestimable pour l'étudiant en théologie. En se référant à ce genre de mentalité, le Dr A. H. Strong, un éminent théologien baptiste, nous dit: "Seul ce genre d'esprit peut réunir patiemment les faits, retenir à la fois plusieurs de ces faits à sa portée, dégager les principes qui les associent au moyen d'un raisonnement continu, et suspendre son jugement final jusqu'à ce que ses conclusions soient confirmées par les Ecritures et l'expérience" [STRONG, *Systematic Theology* (Théologie Systématique) t. 1, p. 38]. Ce genre d'esprit se distingue par son courage et sa force de volonté pour laisser de côté les préjugés, lorsque leur vrai nature devient évidente. Ce genre d'esprit examine toutes choses et retient ce qui est bon (voir 1 Thess. 5:21) et comprend les vérités intuitives ainsi que celles qui s'acquièrent simplement par la logique et le raisonnement. C'est un esprit qui n'est pas complètement dominé par le processus rationnel, mais qui possède l'intuition spirituelle de même que le jugement mental.

II. LA THÉOLOGIE: SES RELATIONS ET SES DIVISIONS

A. *Relations de la théologie*

A part la source divine de la théologie, il y a trois relations que celle-ci maintient — avec la religion, avec la révélation et avec l'Eglise. Par relation nous voulons exprimer une relation très étroite ou intime et une dépendance mutuelle.

1. *Sa relation avec la religion.* La théologie est intimement liée à la religion, en ce sens que cette dernière pourvoit à l'homme la conscience de base sans laquelle la nature humaine ne pourrait recevoir la révélation de Dieu. C'est la conscience à savoir que l'homme est créé pour des choses plus élevées, et qu'il a une affinité avec la Puissance invisible dont il sent qu'il dépend. Ajouté à cela est le sentiment humain de besoin qui s'exprime dans la conscience du péché et un désir de communion avec une puissance spirituelle plus élevée. La tâche de la théologie consiste à réunir et à systématiser ces besoins et ces désirs humains.

La religion est un phénomène à la fois social et individuel. Ceux qui ont réussi à être en communion avec Dieu, ressentent le besoin de partager cette expérience spirituelle avec d'autres, ce qui conduit à la formation de diverses sociétés religieuses. Celles-ci, à leur tour, finissent par devenir des institutions permanentes, désignées à transmettre à la postérité les connaissances religieuses du passé. Dieu, qui est le sujet, la source et l'objet de la théologie chrétienne, est aussi le point central dans ce phénomène personnel et collectif qu'est la religion. La théologie et la religion sont, de ce fait, rattachées entre elles, "comme des effets dans des différentes sphères de la même cause".

2. *Sa relation avec la révélation.* La théologie dépend aussi d'un type d'expérience plus élevé — la Parole incarnée en Jésus-Christ — connu comme la révélation chrétienne. La foi chrétienne n'est pas, par conséquent, quelque chose de subjectif et créée par ses propres moyens. Elle a sa source et sa validité dans une révélation écrite et objective — la Parole de Dieu. Le même Saint-Esprit qui communique la connaissance intérieure ou subjective de Dieu dans l'expérience religieuse, a aussi fait de cela un récit extérieur. Cela rend possible de communiquer la vérité religieuse à d'autres, en plus de ceux qui l'ont reçu préalablement. La révélation intérieure, ainsi que son interprétation extérieure, pourvoient aux faits objectifs nécessaires, qui sont considérés comme le matériel d'une vraie science.

3. *Sa relation avec l'Eglise.* Dieu a confié à l'Eglise l'usage des Saintes Ecritures, et elles en sont venues à être sa règle de foi et de pratique. Tout comme l'ancienne alliance a eu son arche, l'Eglise chrétienne est devenue le réceptacle d'une nouvelle alliance — *"la foi qui a été transmise aux saints une fois pour toutes"* (Jude v. 3). Avec l'arrivée du Christ incarné et du don de l'Esprit-Saint, le jour de la Pentecôte, les fondements de l'Eglise furent posés. Avec l'expansion de sa mission, il devint nécessaire aussi que des moyens d'exécuter cette mission fussent ajoutés; en conséquence, par inspiration divine, nous avons le Nouveau Testament. Devenant le dépositaire d'une nouvelle vérité dispensationnelle, l'Eglise avait et a l'obligation, dans son rôle d'enseigner et de défendre la foi, de créer une théologie par laquelle elle peut systématiquement présenter sa vérité sous une forme doctrinale.

B. *Les divisions principales de la théologie*

Les érudits ont organisé et systématisé de plusieurs façons les matières de la théologie, afin d'en faciliter sa compréhension. Nous ne mentionnerons ici que quelques-uns des principaux termes utilisés pour désigner les diverses branches de cette "science de Dieu et des choses divines".

1. *La théologie naturelle.* Cette branche de la théologie traite de l'existence, des attributs et de la volonté de Dieu, tels qu'ils se révèlent dans les différents phénomènes de la nature: *"Les cieux racontent la gloire de Dieu, et l'étendue manifeste l'œuvre de ses mains"* (Ps. 19:2). Dans le grand livre de la nature, nous trouvons l'évidence en ce qui concerne Dieu, Sa puissance et Ses buts. Dans l'univers matériel et dans la constitution de l'homme, Dieu se révèle sous une forme atténuée, mais certaine. La tâche de la théologie naturelle consiste à recueillir et à systématiser cette évidence.

2. *La théologie exégétique.* Celle-ci consiste en l'étude soigneuse et analytique des Ecritures, classifiées en accord avec les doctrines. Elle comprend un champ très large de recherche, qui comprend l'âge, l'origine, le contenu et le caractère des écrits sacrés; l'intégrité du texte original; l'authenticité des différents livres et les

principes de l'interprétation biblique, de l'exposition et de l'application.

3. *La théologie historique.* Cette branche de la théologie traite du développement historique de la doctrine. Elle comprend deux divisions principales: (1) l'étude du développement progressif des doctrines de la Bible, et (2) l'examen du développement historique de la doctrine dans l'Eglise à partir de l'ère apostolique. On doit rendre hommage à l'histoire séculière, biblique et écclésiastique pour la contribution qu'elles peuvent apporter à la compréhension du développement doctrinal.

4. *La théologie systématique.* Les matériels offerts par la théologie naturelle, exégétique et historique, sont arrangés par la théologie systématique de façon logique et méthodique, afin d'en faciliter la compréhension et d'en promouvoir l'application pratique. Au moyen de la présentation et de l'arrangement systématique, on peut percevoir et apprécier le rapport vital et symétrique de toute la vérité chrétienne. C'est ainsi que l'on peut voir la théologie comme un tout, d'un point de vue ferme et sûr. La théologie systématique se subdivise communément en des catégories telles que l'éthique, la dogmatique et la polémique.

5. *La théologie pratique.* Cette division de la théologie concerne l'application pratique des résultats de la recherche théologique, tout particulièrement en ce qui concerne l'œuvre du ministère chrétien. Sont inclus dans cet étude, des sujets tels que l'homilétique, qui traite de la composition et de la présentation des sermons; la catéchèse, qui traite de l'instruction des jeunes dans la foi dans leur préparation à devenir membres de l'Eglise; et la liturgie, c'est-à-dire l'étude des façons d'adorer et de prier.

CHAPITRE II

SOURCES ET MÉTHODES DE LA THÉOLOGIE

> "De même que les faits de la nature sont en relation déterminés par des lois physiques, ainsi les faits de la Bible sont en relation et sont déterminés par la nature de Dieu et de Ses créatures. De même que Dieu veut que l'homme étudie Ses œuvres et qu'il découvre leur merveilleuse relation organique et l'harmonie de leur association, ainsi désire-t-Il que nous étudions Sa Parole et que nous apprenions qu'à l'instar des étoiles, ses vérités ne sont pas isolées, mais qu'elles forme plutôt des systèmes, des cycles et des épicycles dans une grandeur et une harmonie infinies."
>
> — Dr Charles Hodge

I. LA SCIENCE DE LA THÉOLOGIE

A. *La nature scientifique de la théologie*

Il est coutumier parmi les théologiens de parler de leur étude comme étant une science. Cette tendance est évidente dans les définitions de la théologie données au chapitre 1. Pope nous parle de la théologie comme étant "la science de Dieu et des choses divines". Hodge fait remarquer l'importance de l'ordre et de la présentation systématique ainsi que le développement des vérités et des principes généraux.

Certains sont loin d'admettre que la théologie soit une vraie science, comparable à la physique ou à la biologie, à l'histoire ou à la psychologie. Ils soutiennent que la théologie reçoit ses faits de la révélation ou de l'expérience personnelle, et que ces faits ne peuvent se comparer du tout à ceux qui proviennent de la recherche en laboratoire, des études de cas, ou qui sont le résultat de l'information recueillie d'un sujet en rapport avec ses états mentaux.

La question à savoir si la théologie est ou n'est pas une science, n'est pas suffisamment importante pour que l'on s'arrête à discuter longuement du sujet; toutefois, quelques observations seront profitables afin que la nature exacte de la théologie soit plus évidente. Il existe une considérable divergence d'opinions à savoir si des matières d'études telles que l'histoire — qui tire ses conclusions sur des témoignages et des évidences — et la psychologie — qui traite en très grande partie de la conscience humaine — peuvent s'approprier du titre de sciences véritables. Sous ces deux rapports, la théologie est similaire à l'histoire et à la psychologie.

La science est caractérisée par deux facteurs principaux: sa méthode et son esprit. La méthode de la science comprend une recherche systématique de la vérité et une présentation ordonnée des faits découverts, révélant des relations causatives et des vérités ou des lois générales. L'esprit ou l'attitude de la science doit être de rechercher, sans préjugés et avec un esprit ouvert, tous les faits pertinents, qu'ils soient objectifs ou subjectifs. Karl Pearson a fait remarquer, assez clairement, que cette attitude scientifique, plutôt que la nature exacte ou la source des faits, constitue l'élément commun à toutes les sciences.

Comme dans les cas de la psychologie ou de l'histoire, la théologie est une science tout autant qu'elle participe de l'esprit et des méthodes de la science. Pour autant que ses faits soient systématisés, révélant ses relations et ses lois, et pour autant que son attitude soit celle d'une recherche ouverte et sans préjugés de la vérité, la théologie est à ce point une science. La science de la théologie cherche à découvrir, par tous les moyens légitimes, qu'ils soient objectifs ou subjectifs, toute la vérité et rien que la vérité.

Si on objecte à cela que la foi ne fait pas partie de la science, nous n'avons qu'à nous rappeler que même les sciences physiques reposent sur des fondements de foi: la foi dans un univers ordonné; la foi dans le témoignage des sens; la foi en notre propre existence.

On pourrait soutenir que toute science a sa fin dans la théologie qui devient ainsi la "reine des sciences". On en vient à cette conclusion du fait que la théologie s'intéresse primordialement à l'étude de Dieu — la source fondamentale et finale de toute vérité et de toute réalité. Ainsi, toutes les sciences, dans leur recherche de la vérité trouvent leur fin en Dieu, et dans la relation personnelle de Dieu avec l'univers.

B. *Méthodes d'organisation et de présentation*

Il y a de nombreux arguments valides en faveur d'un arrangement systématique des vérités de la Bible. Comme l'indique le docteur Hodge: "C'est là, évidemment, la volonté de Dieu. Dieu n'enseigne pas aux hommes l'astronomie ou la chimie, mais Il leur donne les faits sur lesquels sont fondées ces sciences. Il ne nous enseigne pas non plus la théologie systématique, mais Il nous donne dans la Bible les vérités qui, comprises et arrangées convenablement, constituent la science de la théologie." C'est au moyen d'une telle organisation que les riches et belles harmonies de la doctrine chrétienne deviennent claires. A mesure que l'on décrit les relations intimes entre ces doctrines, elles deviennent pleines de signification. La présentation cohérente et ordonnée de la doctrine de cette manière, fait non seulement appel à la constitution même de l'esprit humain, mais encore permet à l'individu d'enseigner efficacement aux autres. Ainsi donc, lorsque les grandes doctrines de la foi chrétienne sont soigneusement organisées, présentées systématiquement et saisies fermement, il en résulte un caractère chrétien fort et utile.

Avec tant de bonnes raisons valides en faveur de la systématisation de la doctrine biblique, il n'est pas surprenant qu'on ait utilisé de nombreux plans dans l'organisation de la théologie chrétienne. Dans l'histoire primitive de l'Eglise, la *méthode trinitaire* d'organisation était en évidence. On présentait les doctrines dans leur relation avec le Père, le Fils et le Saint-Esprit. Cette méthode fut suivie par la *méthode fédérale,* dans laquelle l'idée de deux alliances, celle de la loi et celle de la grâce, constituaient le facteur central dans l'organisation. On a aussi largement utilisé la *méthode christocentrique,* dans laquelle Christ et Sa rédemption forment le noyau central de la pensée. Cependant, la méthode la plus communément utilisée a peut-être été celle du genre d'*organisation synthétique.* Hagenbach la décrit comme étant la méthode "qui débute du concept le plus élevé, Dieu, suivi de l'homme, de Christ, de la rédemption et, pour terminer, les fins dernières". Le principe de base d'organisation, c'est son ordre logique de la cause et de l'effet. Cette méthode a été utilisée efficacement par d'éminents théologiens tels que Pope, Strong, Miley, Ralston et bien d'autres. Malgré son utilisation fréquente, elle n'a jamais perdu de son attrait ni de sa fraîcheur. Notre étude utilise une modification de cette méthode d'organisation.

II. LA SOURCE PRIMAIRE DE LA THÉOLOGIE CHRÉTIENNE

A. *La Bible comme source primaire de la théologie chrétienne*

La théologie chrétienne, en tant que science de la seule véritable et parfaite religion est fondée sur les archives documentaires de la révélation de Dieu Lui-même en Jésus-Christ. Ainsi la Bible est la seule règle divine de foi et de pratique, et la seule source primaire d'autorité de la théologie chrétienne. Les Saintes Ecritures constituent la carrière d'où l'on extrait les resplendissantes vérités avec lesquelles on construit l'édifice de la doctrine chrétienne. Cette conception de la Bible, comme étant le fondement et le noyau de la théologie chrétienne est l'un des éléments de base que le Protestantisme souligne.

Toutefois, dans un sens plus profond, notre Seigneur Jésus-Christ, l'Eternel Fils de Dieu, est Lui-même la révélation la plus complète de Dieu. Il est la Parole de Dieu, la vie et la voix même de l'Eternel manifestées devant nous. Ainsi donc, bien que nous honorions les Ecritures en leur donnant une place centrale comme source primaire de la théologie, nous ne voulons pas ignorer que *"la lettre tue, mais l'Esprit vivifie"* (2 Cor. 3:6). Christ, la Parole Vivante, doit toujours être gardé dans Sa relation propre avec la Sainte Bible, la Parole Ecrite. Si celle-ci serait essentielle et dynamique, nous devons rester au moyen du Saint-Esprit, en parfaite harmonie avec le Christ Vivant, dont Ses paroles sans égal, Ses œuvres incomparables et Sa mort à notre place constituent le plus grand thème du Livre des livres.

B. Le contraste entre les points de vue protestant et catholique de la Bible

En contraste avec le point de vue protestant des Ecritures, mentionné ci-dessus, nous trouvons celui de l'Eglise Catholique Romaine. Ce dernier ne veut pas accorder à la Bible une place exclusive et centrale comme norme absolue de foi et de pratique. Les Catholiques romains soutiennent que seule La Vulgate, qui est la version latine des Ecritures, et qui comprend la plus grande partie des livres apocryphes, fait autorité. De plus, ils acceptent comme ayant autorité la tradition et la pratique de l'Eglise, transmises de génération en génération. En fait, l'autorité même de l'Eglise exprimée dans des déclarations solennelles du pape est devenue le critère suprême dans l'interprétation des Ecritures et de la tradition. De cette façon, donc, l'Eglise a été placée dans une relation anormale en rapport avec Christ, et la révélation directe de Dieu et des Saintes Ecritures a été supplantées par les décrets de l'Eglise. Les Protestants ne peuvent et ne pourront donc pas approuver ce genre de conceptions.

III. SOURCES SECONDAIRES DE LA THÉOLOGIE CHRÉTIENNE

A. La nature comme source de la théologie

De nombreux passages des Saintes Ecritures enseignent que la nature nous révèle en partie Dieu et les choses divines. Les paroles du Psalmiste nous sont très familières: *"Les cieux racontent la gloire de Dieu, et l'étendue manifeste l'œuvre de ses mains. Le jour en instruit un autre jour, la nuit en donne connaissance à une autre nuit. Ce n'est pas un langage, ce ne sont pas des paroles dont le son ne soit pas entendu: Leur retentissement parcourt toute la terre, leurs accents vont aux extrémités du monde"* (Ps. 19:2-5). Ainsi la nature nous parle de la puissance et de la gloire de Dieu dans un langage universel.

D'après plusieurs affirmations de l'apôtre Paul, nous en déduisons que la nature révèle suffisamment Dieu afin que les hommes Le recherchent et L'adorent (Actes 14:15-17; 17:22-34). Toutefois, cette révélation est imprécise et imparfaite. Bien qu'elle nous révèle quelque chose de la puissance et des ressources de Dieu, la nature ne nous dit rien de Ses attributs moraux, et ne nous assure aucunement de la disposition de grâce, prévue par Dieu, pour le salut de l'homme. De ce fait, la nature, en tant que source de la théologie chrétienne est subsidiaire, secondaire et accessoire.

B. *L'expérience comme source de la théologie*

Il ne faut jamais oublier, lorsqu'on étudie la théologie chrétienne, le principe fondamental que la vraie expérience chrétienne implique une relation vitale, intime et *personnelle* entre Dieu et l'homme. C'est plus qu'une perception intellectuelle ou une acceptation de la vérité. Dans sa nature fondamentale, la vérité est personnelle et notre Seigneur Lui-même a dit: *"Je suis la vérité."* Le connaître ce n'est pas simplement adhérer à un credo, mais plutôt Le recevoir de tout cœur et L'aimer avec dévouement. A ceux qui L'ont ainsi reçu, Il donne le glorieux pouvoir et la capacité de devenir des enfants de Dieu. Cette relation filiale entre Jésus-Christ et l'homme a ses racines dans la similitude de caractère. C'est une relation née et nourrie par le Saint-Esprit. Cette connaissance spirituelle, fondée sur un contact personnel et essentiel avec Dieu, par l'Esprit, constitue une source élémentaire de théologie quelque peu rudimentaire, mais toutefois une vraie source secondaire de la théologie.

Les contacts spirituels, les vraies relations morales et spirituelles, ainsi que l'obéissance personnelle à la volonté divine, nous amènent à une connaissance véritable de Dieu. Cette connaissance peut ne pas être très élaborée, mais elle est caractérisée par la certitude et l'assurance. Même l'illettré, le "quiconque", peut s'en approprier s'il le veut: *"Si quelqu'un veut faire sa volonté [la volonté de Dieu], il connaîtra si ma doctrine est de Dieu, ou si je parle de mon chef"* (Jean 7:17). Et de cette connaissance, promise par le Maître à celui qui Lui obéit, on peut formuler intellectuellement des conceptions essentielles sur Dieu, développant ainsi la connaissance systématique.

C. *Les symboles comme sources de la théologie*

Un symbole, ou credo, est une déclaration de foi, un groupe de doctrines énoncées pour leur acceptation, ou des articles de foi. Les credos peuvent être individuels ou collectifs, écrits ou non, valables ou pas. Les credos les plus importants que l'Eglise, en général, accepte, ont été développés au sein de l'Eglise. Ils résument l'expérience collective de l'Eglise, mise à l'épreuve par beaucoup de croyants sur une longue période de temps, et formulés par des déclarations claires et concises. Ils représentent le développement de l'expérience religieuse de l'Eglise qui doit son existence à Jésus-Christ au moyen du Saint-Esprit. Comme tels, on peut les accepter comme des sources secondaires de la théologie. Ils ont de la valeur autant qu'ils représentent des convictions véritables, fondées sur l'expérience chrétienne. Lorsque des personnes ou des groupes s'écartent de cette relation vitale avec Jésus-Christ, les credos ont tendance à être plus élaborés, formels et de moindre valeur comme sources de la théologie chrétienne. Il faut se rappeler que tous les credos, du moins parmi les Protestants, ne sont jamais considérés comme des substituts à l'Ecriture elle-même. On sous-entend qu'ils sont fondés sur les Saintes Ecritures, ou bien qu'ils le sont très clairement. Les credos sont donc des sources dérivées ou secondaires plutôt que des sources primaires.

Les trois grands credos œcuméniques de l'Eglise primitive indivise possèdent une grande valeur en révélant la substance de la croyance à cette époque-là. Ces trois déclarations de foi sont: le Symbole des Apôtres, le Symbole de Nicée et le Symbole d'Athanase.

1. *Le Symbole des Apôtres*

Ce credo bien connu n'a pas été écrit par les apôtres, mais il emprunte leur nom parce qu'il représente le résumé de leurs enseignements. On fixe habituellement sa date de rédaction au début du deuxième siècle après Jésus-Christ, et sa forme substancielle est demeurée la même depuis sa rédaction. Ce credo peut bien être caché au plus profond du cœur et de l'esprit de tous les croyants et devrait être fréquemment sur leurs lèvres. Il s'énonce ainsi:

> "Je crois en Dieu le Père Tout-puissant, Créateur du ciel et de la terre; et en Jésus-Christ, Son Fils unique, notre Seigneur; qui a été conçu du Saint-Esprit, est né de la Vierge Marie, a souffert sous Ponce-Pilate; a été cruci-

fié, mort et enseveli, est descendu aux enfers, est ressuscité des morts le troisième jour, est monté au ciel et est assis à la droite de Dieu le Père Tout-puissant; et de là Il viendra à la fin des temps pour juger les vivants et les morts.

"Je crois au Saint-Esprit, la Sainte Eglise Universelle, la communion des saints, le pardon des péchés, la résurrection des morts et la vie éternelle. Amen."

2. Le Symbole de Nicée

Ce credo a été formulé et adopté par le premier Concile Œcuménique tenu à Nicée en Bithynie pendant l'été de l'an 325 après Jésus-Christ. Le Concile fut convoqué par l'empereur Constantin qui n'était pas encore un chrétien baptisé. Un bon nombre d'évêques assistèrent à ce concile — 318 selon la tradition, bien que sur ce point quelques-uns ne soient pas d'accord. Ils représentaient un grand et glorieux groupe de pères chrétiens, car plusieurs parmi eux démontraient des évidences des souffrances subies pour la foi. Eusèbe, le père de l'histoire de l'Eglise était présent et il décrivit pittoresquement ce groupe héroïque. Ils se réunirent pour discuter des affaires très sérieuses. L'hérésie arienne bouleversait alors grandement l'Eglise, menaçant de détruire ce que beaucoup chérissaient plus que leur propre vie. Arius prétendait donner à Jésus une place par dessus toute la création, mais toutefois en dehors de la Divinité. La conséquence de son enseignement faisait de Christ et du Saint-Esprit, des êtres créés. Cet enseignement avait pour but d'asséner un coup mortel à la conscience pieuse des disciples du Christ. Si Christ n'était pas Dieu, L'adorer serait une idolâtrie. S'Il n'était ni Dieu ni homme, Il ne pouvait être Médiateur, et ainsi l'Arianisme détruisait les fondements de la rédemption en Christ.

Dirigés par le grand Athanase, qui toute sa vie lutta contre cette hérésie, ceux qui formulèrent le Symbole de Nicée érigèrent une barrière contre cette insidieuse vague du mal. Le texte du Credo fut subséquemment changé quelque peu. Il est cité ici dans sa forme modifiée.

"Je crois en un seul Dieu, Père tout-puissant, créateur du ciel et de la terre, de toutes les choses visibles et invisibles.

"Je crois en un seul Seigneur, Jésus-Christ, le Fils unique de Dieu, né du Père avant tous les siècles, lumière de lumière, vrai Dieu de vrai Dieu, engendré et non créé, consubstantiel au Père et par qui tout a été fait; qui, pour nous les hommes et pour notre salut, est descendu des cieux et s'est incarné par le Saint-Esprit dans la vierge Marie et a été fait homme. Il a été crucifié pour nous sous Ponce-Pilate, Il a souffert et Il a été enseveli; Il est ressuscité des morts le troisième jour, d'après les Ecritures; Il est monté aux cieux; il siège à la droite du Père. De là, Il reviendra dans la gloire pour juger les vivants et les morts et Son règne n'aura pas de fin.

"Je crois au Saint-Esprit qui règne et donne la vie, qui procède du Père et du Fils, qui a parlé par les Prophètes, qui avec le Père et avec le Fils est adoré et glorifié; je crois en une seule Eglise, universelle et apostolique. Je confesse un seul baptême pour la rémission des péchés; j'attends la résurrection des morts et la vie dans le siècle à venir. Amen."

3. *Le Symbole d'Athanase*

Ce credo date de plus tard et sa date de rédaction est incertaine, probablement aussi tard que vers le septième siècle après Jésus-Christ. Il ne fut jamais officiellement adopté par un concile général, mais a été largement accepté comme étant une source valide de croyance chrétienne. Son enseignement, concernant la Trinité et l'Incarnation, est beaucoup plus détaillé que les credos précédemment mentionnés. Il est trop long pour être utilisé pendant le culte d'adoration et trop détaillé et compliqué dans quelques-unes de ses distinctions, pour être pleinement apprécié et compris.

IV. LE DÉVELOPPEMENT HISTORIQUE DE LA THÉOLOGIE CHRÉTIENNE

A. *L'époque primitive*

L'histoire de la théologie dans l'Eglise est un sujet très vaste, que nous ne pouvons traiter que brièvement dans ce livre. Pendant les sept premiers siècles de l'ère chrétienne, les pères de l'Eglise élaborèrent patiemment, avec persévérance et souvent au prix de supplices, les sujets de la théologie chrétienne. Ils durent combattre le paganisme du dehors et les hérésies répétées à l'intérieur de l'Eglise. La plupart étaient des hommes talentueux et profondément dévoués. La théologie était une affaire de cœur et de vie pour ces défenseurs de la foi. Cette époque primitive de l'Eglise est remarquable, car six des sept Conciles Œcuméniques convoqués, le furent dans le but de discuter des sujets de doctrine. Parmi les écrivains les plus importants de cette époque nous trouvons Origène, dont l'œuvre *Les premiers principes* est le premier essai en règle de théologie systématique; Augustin, dont l'influence dans la pensée théologique a beaucoup de poids jusqu'à nos jours; et Jean de Damas, dont le *Sommaire de la foi orthodoxe* est considéré par beaucoup comme la première œuvre digne de remarque dans le champ de la théologie systématique. Jean de Damas est le grand théologien de l'Eglise Catholique Grecque. Théophane mentionne qu'on l'appelait Chrysorrhoas, c'est-à-dire, Ruisseau d'Or, littéralement coulée d'or, "en raison de cette grâce d'esprit qui brille comme de l'or dans sa doctrine et dans sa vie".

B. *L'époque médiévale*

Cette époque comprend environ sept siècles, à partir de la mort de Jean de Damas jusqu'au début de la Réforme, dans la première partie du seizième siècle. Cette époque se distingue d'une manière prééminente, car les docteurs et les érudits étaient engagés activement dans le développement de systèmes de pensée théologique bien ordonnés. Cette ère scolastique atteignit son apogée au treizième siècle lorsque la théologie de l'époque fut coordonnée et systématisée au moyen d'un nouveau principe dérivé de la philosophie d'Aristote. Parmi tous les grands noms associés dans cette phase du développement, nous mentionnerons particulièrement Anselme, Abélard, Pierre Lombard et Thomas d'Aquin. *Le quart livre de phrases,* œuvre de Pierre Lombard, incluait un arrangement systématique de citations des écrits de saint Augustin et d'autres pères de l'Eglise. Il fut utilisé comme manuel de théologie pendant plus de cinq cent ans. La *Summa theologica* (Somme théologique) de Thomas d'Aquin représentait le point culminant de l'œuvre théologique dans l'ère scolastique. Cette œuvre est encore considérée comme le critère de jugement de la théologie de l'Eglise Catholique Romaine. On dit que Thomas d'Aquin émit dix mille objections à ses propres conceptions et qu'il en donna des réponses à toutes — du moins à sa propre satisfaction. Ses accomplissements dans le domaine de la philosophie, de la théologie et de l'exégèse furent prodigieux, bien qu'il mourût avant d'avoir eu cinquante ans.

C. *L'époque de la Réforme*

Ce fut une époque marquée de controverses et de formulations de credos, marquant ainsi la transition du monde médiéval au monde moderne. La séparation de l'Eglise en deux divisions principales, le Catholicisme romain et le Protestantisme, donna lieu à deux théologies radicalement différentes. Bien qu'elles aient plusieurs éléments communs, il y a aussi des différences très marquées sur presque chaque point capital de ces deux théologies. Le Protestantisme a donné son adhésion à certaines doctrines qui étaient devenues classiques, tels que le Symbole de Nicée, ainsi que la plus grande partie des doctrines d'Augustin concernant le péché et la grâce. Le Protestantisme repoussa l'autorité absolue de la tradition ecclésiastique, ainsi que les recommandations des conciles de l'Eglise. Il soutint les Ecritures comme l'autorité suprême en ce qui concerne la foi et la morale, ainsi que la doctrine de la justification par la foi seule.

La théologie de l'époque de la Réforme, en ce qui concerne la pensée protestante, se divise en deux parties principales — la théologie luthérienne et la théolgie réformée. La première étant plus profondément sacramentaire, tandis que la deuxième est plus intellectuelle et doctrinale. Un des plus importants théologiens luthériens fut Mélanchthon, l'ami de Luther. Son œuvre intitulé *Loci Communes* (Lieux communs) fut publiée premièrement en 1521, et l'on imprima quatre-vingts éditions différentes de son vivant. Néanmoins, l'œuvre mémorable de cette époque fut sans équivoque celle de Jean Calvin, intitulée l'*Institution de la religion chrétienne*. Cette monumentale étude apparut en 1536 et comprenait quatre volumes, totalisant cent quatre chapitres. La disposition est essentiellement trinitaire, et la pensée centrale c'est la souveraineté de Dieu. Peu de livres, dans l'histoire de la pensée chrétienne, ont eu plus d'influence que l'*Institution de la religion chrétienne* de Calvin.

D. *L'époque confessionnelle*

Cette époque dans le développement théologique comprend les XVIIe et XVIIIe siècles (1600-1800 après J.-C.). Pendant toutes ces années les credos des plus grandes confessions furent arrangés systématiquement et furent donnés à l'Eglise comme des types variés de la dogmatique chrétienne. Les théologiens de cette époque étaient quelquefois appelés des scolastiques protestants; car, souvent, ils avaient tendance à suivre les mêmes principes, ou des principes similaires de systématisation utilisés par les érudits de l'époque médiévale.

Il ne faut pas prendre pour un fait acquis que les théologies de genres variés étaient originales chez les docteurs de l'époque confessionnelle. En fait, on peut même observer différents genres de théologie chez les auteurs du Nouveau Testament. Nous voyons, par exemple, Pierre faisant ressortir le côté pratique de la théologie; Paul, le logicien et le systématique; et Jean, le prophète, qui annonce dogmatiquement, ce qu'il a vu par intuition. Les développements subséquents, dans la pensée chrétienne révèlent beaucoup de variations intéressantes dans la doctrine soulignée et dans le contenu, mais nous ne pouvons que mentionner quelques-unes d'entre elles.

La théologie de l'Eglise Catholique Grecque fut marquée par sa tendance philosophique et spéculative. En contraste avec la pensée catholique romaine, elle rejeta la doctrine de la papauté, elle modifia les sept sacrements, renia l'immaculée conception de la Vierge Marie, propagea la Bible dans la langue vernaculaire et revendiqua sa propre suprématie.

Ces points qui établissent une distinction entre le Catholicisme romain et le Protestantisme sont nombreux et marqués. L'Eglise Catholique Romaine est sacramentaire, enseignant que l'Eglise est l'instrument désigné divinement, par lequel les bénédictions spirituelles se communiquent aux autres, par moyen des sacrements. L'Eglise protestante est évangélique, soutenant que Dieu sauve directement les hommes par moyen de Ses relations personnelles et spirituelles avec eux. Le Protestantisme soutient que la vraie Eglise se compose de tous ceux qui ont été rachetés par Jésus-Christ, et tire son autorité de la relation spirituelle vivante qui existe entre les membres la constituant et la tête divine de l'Eglise, Jésus-Christ. La théologie de l'Eglise Catholique Romaine identifie pratiquement l'Eglise avec son organisation visible de laquelle elle tire son autorité, non d'une relation personnelle entre Jésus-Christ et les membres de l'Eglise, mais plutôt de la commission originale donnée par Christ à Ses disciples. De ces divergences, quant à la nature de l'Eglise, nous obtenons les différences suivantes en ce qui concerne la théologie catholique et la théologie protestante:

1. Le Protestantisme soutient l'universalité du sacerdoce des croyants, en contraste avec l'ordre spécial du sacerdoce accepté par le Catholicisme romain.

2. Le Protestantisme insiste sur le fait que la grâce est communiquée au moyen de la vérité reçue par la foi, tandis que le Catholicisme romain prétend qu'elle est donnée par les sacrements.

3. Le Protestantisme élève la prédication de l'Evangile au-dessus de tout ministère sacramentel de l'autel.

4. Le Protestantisme déclare que la grâce est reçue directement de Christ au moyen de l'Esprit, et que cela accorde la qualité de membre dans l'Eglise comme le corps spirituel de Christ. D'un autre côté, les Catholiques romains insistent sur le fait qu'on ne peut établir une relation spirituelle avec Christ qu'au moyen de l'Eglise.

Il faut noter aussi que l'époque confessionnelle fut marquée par le développement de différentes lignes de pensée parmi plusieurs groupes protestants. Ces différences furent évidentes dans l'expression du système luthérien, du système réformé, du système arminien et d'autres genres de systèmes dogmatiques moins grands. L'espace dont nous disposons ici ne nous permet pas de considérer ces points de vues divergents. Dans notre étude subséquente, nous accorderons une attention spéciale à l'Arminianisme, en le comparant et le contrastant avec d'autres genres de pensées protestantes.

E. L'époque moderne

Dans cet exposé sommaire, nous ne mentionnerons que briévement quelques développements de la pensée théologique à partir de 1800. Les théologiens de ce temps, spécialement du XIXe siècle, peuvent se classer à peu près dans les écoles de pensée suivantes:

1. L'Ecole de Schleiermacher qui souligna que la foi chrétienne a son siège dans la conscience de l'homme. La religion fut perçue comme un "sentiment de dépendance", et Christ et Sa rédemption étaient considérés comme le noyau du système théologique.

2. L'Ecole Rationaliste, dont la théologie fut en grande partie influencée par certains philosophes allemands modernes.

3. L'Ecole de Médiation qui comprenait un groupe d'importants théologiens que essayèrent de soutenir les principes évangéliques, tout en les combinant avec le meilleur de la pensée moderne.

4. L'Ecole de Ritschl qui insista fermement que l'on reconnaisse le Christ historique, et que l'on accepte les Ecritures comme récit authentique de la révélation.

Les théologiens nord-américains — Arminiens, Réformés et Luthériens — ont été influencés par la pensée européenne et, dans un certain sens, dépendent d'elle. Les théologiens de l'Eglise Réformée, aux Etats-Unis, se classent généralement en ceux qui appartiennent à la Vieille Ecole — qui s'attachent de plus près aux points de vues de Calvin et d'Augustin en ce qui concerne la dépravation humaine et la grâce; et ceux qui se réclament de la Nouvelle Ecole — qui a modifié considérablement beaucoup des principes originaux du Calvinisme pour les harmoniser avec l'Arminianisme. Jonathan Edwards fut le premier interprète notable de cette dernière école de pensée.

Les écrits de John Wesley constituent les éléments fondamentaux des doctrines acceptées par le Méthodisme. Le pieux Jean de la Fléchère, bien qu'anglican, fut sous quelques rapports, un défenseur du Méthodisme. Cet "Arminien par excellence" écrivit d'une façon convaincante et définitive, dans son *Checks to Antinomianism* (Echecs [ou freins] à l'antinomisme), qui est encore la meilleure œuvre sur le sujet. Richard Watson, dans son œuvre *Theological Institutes* (Instituts théologiques), 1823, est à l'origine du premier système complet de doctrine formulé par un méthodiste. William Burt Pope, dans son *Compendium of Christian Theology* (Compendium de théologie chrétienne), est le premier auteur anglais qui se compare favorablement à Watson. Parmi d'autres œuvres notables, représentant la théologie arminienne, nous soulignons les suivantes: *Systematic Theology* (Théologie systématique) de Raymond, *Elements of Divinity* (Eléments de théologie) de Ralston, *System of Christian Theology* (Système de la théologie chrétienne) de Sheldon, *Systematic Theology* (Théologie systématique) de Summer et celui de Miley.

CHAPITRE III
LA RÉVÉLATION CHRÉTIENNE

> "La Bible contient l'esprit de Dieu, l'état de l'homme, le chemin du salut, le sort des pécheurs et le bonheur des croyants. Ses doctrines sont saintes, ses préceptes sont irrévocables, ses décisions sont immuables. Lisez-la pour croire, croyez-y pour être en sécurité, mettez-la en pratique pour être saint. Elle contient de la lumière pour vous diriger, de la nourriture pour vous soutenir et du réconfort pour vous réjouir. C'est le guide du voyageur, le bâton du pèlerin, la boussole du pilote, l'épée du soldat et la charte du chrétien. C'est là que le paradis est rétabli, que les cieux sont ouverts et que les portes de l'enfer sont dévoilées. Christ en est son sujet principal, notre intérêt est son dessein et la gloire de Dieu est son but. Elle devrait remplir la mémoire, règner sur le coeur et diriger nos pas. Lisez-la lentement, quotidiennement, et dans une attitude de prière. C'est une mine de richesse, un paradis de gloire et une rivière de délices. Elle vous est donnée dans la vie, elle sera ouverte lors du jugement et on s'en souviendra à jamais. Elle nécessite la plus grande responsabilité, récompensera le meilleur labeur et condamnera tous ceux qui abuseront de son contenu."
>
> —*Whitehead*

La théologie chrétienne se base sur la révélation de Dieu en Christ, dont le récit à ses stades initiaux et parfaits, est donné dans l'Ancien et le Nouveau Testament. Dans la discussion suivante, portant sur les Ecritures comme étant la "règle de foi", notre sujet se divise en quatre points principaux: I. La nature de la révélation générale; II. La nature de la révélation spéciale; III. L'inspiration des Ecritures; et IV. Le canon des Saintes Ecritures. Les trois premiers points seront examinés dans ce chapitre et le quatrième dans le chapitre IV.

I. LA NATURE DE LA RÉVÉLATION GÉNÉRALE

A. *Définitions de la révélation générale*

On a coutume de diviser le sujet de la révélation en deux catégories majeures: la révélation générale et la révélation spéciale — qui sont parfois désignées comme naturelle et surnaturelle ou extérieure et intérieure. Par révélation générale, nous entendons la révélation que Dieu fait de Lui-même à tous les hommes dans la nature, dans la constitution de l'esprit et dans les progrès de l'histoire humaine.

B. *La révélation par la nature*

La nature est remplie de l'Esprit divin et révèle Dieu, tout comme l'atmosphère se remplit de lumière et révèle le soleil. Mais le langage de la nature tombe sur des intelligences obscurcies et des sensibilités émoussées, et il doit être lu à la faible lumière d'une nature spirituelle corrompue. Pourtant, lorsque l'individu est renouvelé spirituellement par la foi en Christ, la révélation de Dieu dans la nature devient plus claire, plus complète et pleine de signification et de bénédiction.

Notre perception de Dieu dans la nature est de même rendue terne par notre familiarité avec ces merveilles. Certains ont pensé que si Dieu pouvait simplement se révéler à maintes reprises par des évènements miraculeux, la croyance en Lui serait alors certainment universelle. Mais, comme l'a démontré le Dr Samuel Harris, la répétition de ce qui est miraculeux et une connaissance continuelle de ces miracles, conduiraient bientôt un grand nombre de personnes à ne plus en tenir compte et à rejeter ces miracles comme n'étant pas la révélation de Dieu. Or, pour pouvoir suffisamment apprécier et prendre conscience de la révélation de Dieu dans la nature, il faut en premier lieu Le connaître par le moyen d'une expérience chrétienne vitale. La perception — "vision" — que ce soit de manière physique ou spirituelle, est essentiellement une expérience subjective ou intérieure, et l'attitude de l'homme est toujours déterminée par sa perception.

C. *La révélation dans la nature et la constitution de l'homme*

L'homme se reconnaît comme étant un être personnel spirituel, et dans l'unité de cette personnalité il y trouve trois aspects importants: l'intellect, les sentiments et la volonté. L'homme sait aussi qu'il a une conscience de laquelle provient un sens du devoir envers un

Chef suprême ou Seigneur. La conscience est le moi qui perçoit Dieu et qui se distingue de Dieu, de même que la prise de conscience est le moi qui se distingue du milieu naturel. Carlyle définit la conscience comme "ce Quelque Chose ou ce Quelqu'un au dedans de nous qui se prononce sur le bon ou le mauvais choix des motifs."

Voilà la voix de l'Eternel qui s'adresse aux replis les plus secrets de l'âme de l'homme. Cela ne fait pas partie de la nature que nous avons reçue à la naissance. C'est essentiellement, quelque chose d'intemporel, d'éternel et de personnel — "une Présence vitale, concrète et personnelle." Or, comme la prise de conscience est cette qualité du moi qui se connaît par rapport aux choses extérieures et ne peut exister en dehors de son objet dans l'ordre temporel, de même la conscience ne peut exister sans un Objet personnel, dans l'ordre intemporel et éternel.

Dieu peut aussi être connu à travers la possibilité du raisonnement et de l'intuition de l'homme. On le reconnaît directement et immédiatement dans la conscience et indirectement à travers les manifestations de Dieu, que l'homme perçoit dans l'univers. L'homme prend alors conscience de Dieu, lorsque la manifestation de Son existence se révèle à lui à partir d'une multitude de sources. L'homme est à la fois une créature de la nature et un être personnel qui transcende la nature. Il se rend donc compte qu'il est un être spirituel qui a été créé pour être en communion avec le Surnaturel. Par le moyen de ces capacités spirituelles qui le distinguent de tous les autres êtres organiques de l'univers créés par Dieu, l'homme est en contact avec son milieu spirituel et surnaturel. Bien que ces sensibilités spirituelles soient émoussées par les effets du péché, il a néanmoins certaines perceptions quant à l'ordre spirituel.

D. *La révélation de Dieu dans l'Histoire*

Les progrès de l'histoire humaine révèlent les intentions de Dieu de manière plus remarquable que la constitution d'un simple individu ne le permettrait. La philosophie chrétienne de l'histoire a comme thème de base le fait que les desseins et les intentions de Dieu trouveront leur accomplissement en fin de compte dans les affaires des hommes et des nations. Cela ne veut pas dire que les activités humaines délibérées qui ont déterminé l'évolution historique sont mises en question. Mais, au-delà de l'élément humain, il y a une Présence directrice et une Volonté faisant autorité derrière la scène humaine. L'histoire est observée comme une pyramide dont le point culminant représente la venue de Jésus-Christ, Dieu manifesté dans la chair. En tenant compte de Sa venue, les siècles précédents prennent une signification accrue. En tenant compte de Sa mission et du triomphe final de Son Eglise, les siècles à venir prendront une signification accrue. Par Sa présence le cours de l'histoire continue d'évoluer, malgré les ténèbres et l'antagonisme du péché, jusqu'au jour glorieux où toutes choses seront réunies en Lui, dans les cieux et sur la terre (Eph. 1.10).

II. LA NATURE DE LA RÉVÉLATION SPÉCIALE

A. *La définition de la révélation spéciale*

Par révélation spéciale, nous faisons mention du but rédempteur de Dieu manifesté en Jésus-Christ, par opposition à la révélation plus générale de Sa puissance et de Sa divinité dans l'univers créé, la constitution de l'homme et l'histoire humaine. Par la révélation spéciale, l'homme peut apprendre à connaître Dieu, non comme une simple force ou loi, mais comme une Personnalité suprême qui a explicitement créé l'homme pour que ce dernier soit en communion avec Lui. Donc, puisque l'homme a été créé dans le but d'une communion personnelle, il est raisonnable de penser que Dieu se révélerait Lui-même à la personnalité humaine. Le fait que le péché est entré dans le monde, après la création de l'homme, détruisant le lien intime personnel entre Dieu et l'homme, semble indiquer que si cette communion doit être rétablie, il est nécessaire de comprendre l'attitude de Dieu envers le péché, ainsi que de faire connaître Son dessein et Son plan rédempteurs. Donc, une révélation spéciale de Dieu et de Sa volonté devenait impérative. Nous y trouvons le déroulement des intentions éternelles de Dieu en ce qui concerne la rédemption de l'homme à travers Christ.

Dans cette introduction de la révélation spéciale, on peut bien faire trois observations préliminaires:

Premièrement, le dessein rédempteur de Dieu est révélé en Christ. Il est l'ensemble de toute la révélation, *"le reflet de sa gloire et l'empreinte de sa personne, et soutenant toutes choses par sa parole puissante, a fait la purification des péchés et s'est assis à la droite de la majesté divine dans les lieux très hauts"* (Héb. 1.3). En Christ, tous les prophètes avec toutes leurs lampes, tous les prêtres avec tous leurs autels et sacrifices, et tous les rois avec leurs trônes et sceptres se perdent en Celui qui est notre Prophète, Prêtre et Roi.

Deuxièmement, Les Ecritures contiennent et sont la Parole de Dieu. Elles sont non seulement les paroles et les actions de Christ, mais Il était Lui-même la révélation de Dieu, comme elle est manifestée en Ses paroles et en Ses actions. Son témoignage est l'esprit de prophétie — la dernière parole d'une révélation objective. C'est parce que ce témoignage est perfectionné dans les Ecritures, que celles-ci extériorisent la Parole de Dieu. Nous y trouvons le dernier témoignage de Jésus-Christ avec la mention des hommes coupables et les moyens par lesquels ils peuvent être rachetés.

Troisièmement, la révélation de Dieu donnée à l'homme dans les Saintes Ecritures s'adresse essentiellement au principe de foi dans l'homme, et ce n'est que secondairement qu'elle présente ses créances à la raison de l'homme.

B. *Le Livre chrétien.*

Dans toute discussion portant sur la révélation chrétienne, le premier sujet principal doit nécessairement être le Livre chrétien, puisque c'est uniquement là que se trouvent les dossiers documentaires. Notre première enquête concernant cette question, a pour sujet la nature et la fonction des Ecritures comme étant les Oracles de Dieu. La Bible occupe une position intermédiaire entre la révélation partielle de Dieu dans la nature et la révélation parfaite de Dieu en Christ — la Parole Personnelle. Si nous plaçons au centre même de la Révélation l'idée de la Parole Eternelle et traçons tout autour une série de cercles concentriques, le premier et le plus près du centre représenterait la Parole Incarnée ou la révélation de Dieu en Christ, la Parole Personnelle. Le second cercle du centre représenterait la Bible comme étant la Parole Ecrite. C'est dans ce sens-là que la Bible est en même temps la Parole de Dieu et le récit de cette Parole. La Bible a le même rapport avec la Parole Vivante et Personnelle que nos paroles, parlées et écrites, ont avec notre propre personne. Le troisième et dernier cercle représenterait la révélation de Dieu dans la nature et l'univers créé. Par conséquent, pour pouvoir comprendre correctement la Bible comme étant la Parole Ecrite, il nous faut l'évaluer par rapport à la nature d'une part, et de la Parole Personnelle, d'autre part.

La révélation de Dieu dans les Saintes Ecritures ne cherche pas à remplacer Sa révélation dans la nature, mais à y ajouter. Par son observation dans le domaine naturel, l'esprit peut comprendre les conceptions spirituelles. Jésus a parlé des lis des champs et a donné une leçon sur l'amour providentiel du Père. Il a mentionné le cep et les branches et a attiré notre attention sur le fait que nous dépendons de Lui pour notre nourriture spirituelle. La terre et la Bible sont les deux textes de Dieu, ayant chacun leur place, leur temps et leur fonction dans la révélation progressive. La nature nous révèle certaines choses sur Dieu et sur les choses divines, et la Bible complète cette révélation. La nature nous parle quelque peu de Sa puissance éternelle et de Sa divinité, et la Bible nous parle de Sa miséricorde et de Son amour. Sans la Bible, l'univers ne serait qu'une énigme; sans la nature, la Bible n'aurait pas de sens.

Comme nous l'avons déjà constaté, il faut toujours que la Bible soit en relation conforme avec la Parole Personnelle, de crainte que les hommes ne remplacent la Parole Ecrite pour Christ qui est la Parole Vivante. Lorsque cela arrive, les hommes sont alors liés par des obligations juridiques plutôt que spirituelles. La connaissance religieuse devient formaliste plutôt que spirituelle. Christ a tendance à devenir un simple personnage historique et non une Réalité vivante. On attache plus d'attention aux credos qu'à Christ. L'expérience chrétienne risque de devenir un simple assentiment à un credo intellectuel plutôt qu'un contact personnel vital avec Dieu. La Bible, ainsi divorcée de son association mystique avec la Parole Personnelle devient en quelque sorte une usurpatrice, une prétendante au trône.

Au XIXe siècle, un mouvement populairement connu sous le nom de "critique destructive", tenta d'introniser la Raison, de dissocier la Bible de sa Source Vivante, et de la rabaisser à la position d'un simple livre parmi tant d'autres livres. En protestation, un groupe est intervenu en faveur de l'inspiration complète de la Bible, de sa véracité, de son authenticité et de son autorité. Ces défenseurs de la foi avaient tendance à prendre une défense légaliste, selon la logique, la raison et le débat. Les hommes et les femmes spirituels — ceux qui sont remplis du Saint-Esprit — ne s'inquiètent pas outre mesure de la critique de la Bible. Il ne se reposent pas uniquement sur la lettre qui doit être défendue par la discussion. La base fondamentale de leur foi est dans le Seigneur ressuscité, le Christ glorifié. Ils savent que la Bible dit vrai, non seulement par les efforts des apologistes, mais parce qu'ils en connaissent l'Auteur. L'Esprit qui a inspiré la Parole demeure en eux et témoigne de sa vérité.

C. *La foi chrétienne*

Par foi chrétienne, nous entendons l'acceptation par l'homme de la révélation de Dieu, donnée par Jésus-Christ et rapportée dans les Saintes Ecritures. C'est la vérité révélée, incorporée dans la vie personnelle et rendue vitale et dynamique, en se revêtant ainsi dans la personnalité humaine.

L'ensemble de la vérité chrétienne s'adresse principalement à la foi. La faculté de croire est l'exercice le plus noble de l'homme en tant qu'être personnel, et fait appel à l'action de toutes ses facultés: intelligence, affections et volonté. La révélation que Dieu fait à l'homme est personnelle, et s'adresse à la personnalité entière de l'homme. Si l'on s'appuie trop sur les sentiments, dans notre connaissance de Dieu, cela devient du mysticisme. Si l'on s'appuie trop sur la compréhension, le rationalisme s'ensuit.

Le mysticisme conduit à l'erreur de s'attribuer une inspiration égale aux paroles de l'Ecriture Sainte, et le rationalisme n'atteint pas une vraie connaissance de Dieu. Pour ceux qui ont reçu la vérité par la foi, la révélation devient un ensemble systématique. Pour eux, c'est la foi chrétienne qui se révèle à la fois objective et subjective — objectivement comme étant l'ensemble de la vérité révélée, et subjectivement comme étant devenue leur propre foi et assurance. Cela va au-delà d'une philosophie humaine de la vie ou d'une tradition riche. C'est par l'héritage plus abondant du Saint-Esprit que leur croyance a reçu l'assurance d'une connaissance et d'une expérience personnelles.

Alors que la foi chrétienne s'adresse surtout au principe de croyance dans l'homme, elle en appelle aussi à la raison comme étant subordonnée à cette foi. L'aspect empirique de la connaissance de Dieu doit être contrôlé en tout temps par l'ensemble de la vérité chrétienne, tel qu'il est donné dans la Bible, et par la voix de la raison, qui a été rendue humble et purifiée par la présence du Saint-Esprit. La foi fait honneur à la raison lorsque l'équilibre est ainsi rétabli, et cela lui donne une autorité parfaite dans le domaine sur lequel la raison devrait présider. Les Ecritures de la révélation et la voix d'une raison saine s'unifient en un tout parfait et harmonieux.

D. *Les lettres de créance de la révélation*

Nous considérons maintenant la révélation chrétienne présentant les preuves de son existence à la raison. Le croyant est exhorté à être prêt et à se préparer à donner une raison de, ou de défendre, l'espérance qui est en lui (1 Pierre 3:15). Il ne doit pas négliger la valeur des preuves de la révélation, comme moyen d'amener l'incroyant à écouter la voix de la révélation. Il est évident que ces preuves extérieures, à part la démonstration intérieure de vérité par le Saint-Esprit, ne peuvent être aussi efficaces que les preuves réunies, et ainsi il n'est pas possible de s'attendre à trop de cette forme d'évidence.

Il faut se souvenir que la révélation chrétienne témoigne de sa valeur dans le fait qu'elle s'adresse directement à la préparation de l'esprit humain. Augustin a exprimé une vérité universelle lorsqu'il a dit: "Tu nous as créé pour Toi-même, et nos cœurs sont sans repos jusqu'à ce qu'ils se reposent en Toi." A travers toute l'Ecriture la voix du Créateur s'adresse directement aux besoins intérieurs de Ses créatures. Il n'y a pas de question possible provenant d'une nature humaine créée, à laquelle il n'exite pas de réponse donnée par le Créateur. En outre, le christianisme représente l'apogée et la réponse finale des révélations antérieures et moins complètes de Dieu. C'est l'explication de toutes les révélations préparatoires et le couronnement de toutes celles-ci. Pour employer les paroles du Dr Pope: "C'est la dernière de bien des paroles et elle ne laisse rien à désirer dans la condition présente de l'humanité."

1. *L'évidence des miracles.* L'intervention de la Puissance divine dans le cours établi de la nature, au-delà de la compréhension humaine, est considérée comme un miracle; alors que la même intervention divine dans le domaine de la connaissance est appelée prophétie. Les miracles ne représentent pas une violation ni une suspension des lois naturelles. Dieu est un Etre personnel libre qui n'est pas lié aux forces naturelles de Sa création. Dieu peut introduire une cause suffisante pour tout effet qu'Il choisit de produire, sans pour cela détruire l'intégrité de l'ordre naturel.

Un certain nombre de termes scripturaires sont employés pour décrire les miracles. L'un de ces termes est *puissances*. Cela signifie l'agent par lequel les miracles ont été accomplis — la puissance de Dieu. Un deuxième terme dénote l'idée de *merveilles,* et accorde une importance particulière à l'effet produit sur les spectateurs. Un troisième terme est *signes*. Ce dernier souligne l'importance des miracles comme un sceau par lequel Dieu donne son approbation aux personnes ayant participé aux miracles. Ces trois termes, *merveilles, signes* et *puissances,* se retrouvent trois fois dans un rapport l'un à l'autre. Ainsi, lors de la guérison du paralytique (Marc 2:1-12) cela a été une *merveille,* car "ils étaient tous dans l'étonnement"; c'était une *puissance,* car après avoir écouté Jésus, l'homme a pris son lit et il est sorti en présence de tous; et c'était un *signe,* car c'était le témoignage que Quelqu'un de plus grand que l'homme était parmi eux. Un quatrième terme, qui signifie *œuvres*, n'apparaît que dans l'Evangile de Jean (Jean 10:38; 15:24). En rapport avec la divinité de Christ, le terme indique que ce que les hommes considèrent comme des merveilles, exigeant l'exercice d'une puissance considérable, ne représente dans l'estimation du Seigneur qu'une simple œuvre, et ne demande pas plus d'effort de Sa part que ce qui Lui est commun et ordinaire en tant que divin.

La valeur principale des miracles comme preuves, réside dans le fait qu'ils constituent une vérification de l'authenticité des messagers de Dieu aux leurs contemporains. Ce fait est exprimé dans les paroles de Nicodème à Christ: *"Rabbi, nous savons que tu es un docteur venu de Dieu; car personne ne peut faire ces miracles que tu fais, si Dieu n'est pas avec lui"* (Jean 3:2).

Les miracles rapportés dans les Ecritures satisfont à toutes les analyses et critères d'authenticité, et sont par conséquent importants comme preuves pour la révélation. Ils sont toujours fidèles au caractère de Dieu et révèlent, ou Sa puissance, Sa sagesse, Sa miséricorde, ou Sa justice. Ils sont dignes de Dieu. Ils sont garantis comme faits historiques par maintes preuves infaillibles. Cela est particulièrement vrai de la résurrection de Christ, le miracle central de la Bible. Cela était la croyance d'un grand nombre de personnes consciencieuses et saines d'esprit, dont beaucoup ont scellé leur foi avec leur sang.

2. *La prophétie comme une lettre de créance de la Révélation.* Contrairement aux miracles, la prophétie est *cumulative* en sa valeur comme évidence, chaque prédiction accomplie devient la base pour une prédiction nouvelle. C'est une créance de la plus haute importance. La prophétie est une déclaration, une description, une représentation ou une prédiction qui va au-delà de ce que la puissance de la sagesse humaine peut découvrir. C'est un miracle dans le domaine de la connaissance. Comme prédiction, c'est la transmission divine d'une connaissance future. La prophétie, dans ce sens d'annoncer d'avance, était destinée à devenir une créance permanente dans l'Eglise. Ainsi Jésus a dit: *"Et maintenant*

je vous ai dit ces choses avant qu'elles arrivent, afin que, lorsqu'elles arriveront, vous croyiez" (Jean 14:29).

La prophétie se conforme à des principes bien définis. Le docteur Pope, dans une discussion portant sur le sujet, considère quatre lois sur la prédiction prophétique. (1) Christ en est le Sujet suprême. C'est de Lui que tous les prophètes ont rendu témoignage. (2) La loi de la progression, d'après laquelle chaque époque est sous l'emprise d'une prophétie dominante, dont la réalisation introduit un nouvel ordre d'espérance prophétique. (3) La loi de la réserve, selon laquelle Dieu a ordonné que dans chaque prédiction et dans chaque cycle de prédictions, une connaissance suffisante soit accordée pour encourager l'espoir et l'attente et une portion soit dissimulée pour fermer la prédiction à la foi. (4) La prophétie a été établie comme un signe pour chaque génération suivante. Les livres des prophètes ont fourni une source inépuisable d'informations et d'instructions, mis à part les éléments de prédiction, et cela rend évident le fait que la prophétie était destinée à être une preuve constante à travers tout le cours des temps.

3. *La personnalité unique de Christ.* La preuve suprême du christianisme est Christ. Il est la grande Réalisation de toutes les prophéties. Tout pouvoir Lui a été donné dans le ciel et sur la terre (Matt. 28:18). Dans Sa Présence sacrée, la sphère des miracles est immédiatement élargie. Son avènement fut un miracle, et Ses paroles, Ses œuvres, Sa vie, Sa mort, Sa résurrection et Son ascension ne furent que la simple continuation d'un seul grand miracle.

La prophétie prend aussi un nouvel aspect lorsqu'on la considère en relation directe avec la personnalité unique de Christ. Aucune biographie terrestre ne fut précédée par une introduction telle que celle accordée à notre Seigneur dans la prophétie messianique. Pendant mille ans, une image de Celui qui devait être le Fils de l'homme et le Fils de Dieu s'est graduellement dévoilée; et qui par Sa personnalité unique, devait manifester en une harmonie glorieuse toute l'étendue des attributs divins et humains.

Pourtant, la richesse de la personne de Christ surpasse même les plus brillantes prédictions des prophéties. Que Dieu Lui-même crée une créature vivante à Son image, le reflet de Lui-même, c'est quelque chose de glorieux; mais que Dieu Lui-même dans la Personne de Son Fils, apparaisse dans la chair et qu'Il prenne sur Lui la ressemblance de l'homme, cela surpasse en gloire toutes les autres manifestations, humaines ou divines. Lorsque nous considérons que l'Incarnation était elle-même rédemptrice, comme représentant un nouvel ordre de création, et qu'elle était provisoire par rapport à la crucifixion, à la résurrection et à l'ascension; et que de plus, cet Etre glorieux avait reçu la puissance de transformer une créature pécheresse jusqu'à la mettre en possession d'une sainteté divine, et d'élever ainsi un ver avili et rampant dans la poussière pour qu'il puisse être assis à côté de Lui sur le trône de Sa majesté, cela devient alors non seulement indescriptible, mais inconcevable! Pourtant, la gloire de Dieu et la gloire de l'homme sont unies ici. En Lui, nous trouvons non seulement l'espoir glorieux de notre vocation, mais en Lui nous devenons de même la louange de Sa gloire.

4. *Le témoignage du Saint-Esprit.* La dernière évidence de la révélation se trouve dans la présence du Saint-Esprit dans l'Eglise, et dans Son témoignage de la filialité dans les cœurs des individus. Le Saint-Esprit n'a pas été donné pour remplacer Christ, mais pour agrandir et rendre plus efficace l'œuvre commencée dans l'Incarnation (Jean 16:7, 14; 15:26). L'Eglise primitive a nettement reconnu l'importance du témoignage du Saint-Esprit. Ainsi Pierre, en s'adressant au sanhédrin a déclaré: *"Nous sommes témoins de ces choses, de même que le Saint-Esprit, que Dieu a donné à ceux qui lui obéissent"* (Actes 5:32, voir 2:32-33). L'apôtre Paul donne de bonnes raisons en faveur du témoignage du Saint-Esprit, en affirmant que la cause de l'incroyance concernant la révélation chrétienne est directement reliée au rejet du Saint-Esprit (1 Cor. 12:3). L'auteur de l'Epître aux Hébreux exprime l'idée que le Saint-Esprit atteste de la vérité de l'œuvre expiatoire et d'intercession de Jésus-Christ (Héb. 10:12-15). On nous recommande donc vivement et on nous avertit de prendre garde, de crainte de refuser Celui qui nous parle maintenant des cieux (Héb. 12:25-26).

III. L'INSPIRATION DES ÉCRITURES

La théologie chrétienne, en tant que science du christianisme, est fondée sur les récits documentaires de la révélation que Dieu fait de Lui-même en Jésus-Christ. Les Saintes Ecritures qui contiennent ces récits, constituent la source principale et véritable. Il est donc nécessaire et correct de diriger notre enquête sur la nature et l'autorité de la Bible. Cette autorité réside dans le fait que les Ecritures constituent une révélation inspirée de Dieu qui s'adresse à l'homme.

A. *Définitions de l'inspiration*

En général, l'inspiration signifie l'action du Saint-Esprit dans la vie des auteurs des livres de la Bible, de telle sorte que leurs entreprises deviennent l'expression même de la volonté de Dieu. Le terme "inspiration" est dérivé d'un mot grec, et signifie dans un sens littéral "la respiration de Dieu" ou "insuffler dans". Comme le déclare le Dr Hannah, c'est "cette action extraordinaire du Saint-Esprit sur l'esprit, par suite de quoi la personne qui s'y associe a la possibilité de comprendre et de communiquer la vérité de Dieu sans erreur, sans infirmité ou défaite". Cela s'applique à tous les sujets de communication, que ce soit ceux qui ont été immédiatement révélés aux auteurs, ou que ce soit ceux qu'ils connaissaient auparavant. Le Dr Strong change la portée de l'inspiration d'un mode d'action divine à un ensemble de vérité qui est le résultat de cette action; et de plus, il déclare que l'inspiration ne s'applique qu'à l'ensemble des Ecritures lorsqu'elles sont considérées comme un tout, chaque partie étant considérée par rapport à ce qui précède ou suit. Sa définition est la suivante: "L'inspiration est cette influence de l'Esprit de Dieu sur l'esprit des écrivains de l'Ecriture, qui a fait de leurs écrits le dossier d'une révélation progressive divine, suffisante lorsqu'elle est prise dans son ensemble et interprétée par le même Esprit qui les a inspirés, à conduire à Christ et au salut chaque personne qui cherche sincèrement." Bien que les opinions de l'Eglise concernant les théories de l'inspiration aient grandement variées, il n'y a pas de sujet comme l'inspiration où il y a eu un accord aussi étroit. Pour résumer: l'inspiration est l'énergie du Saint-

Esprit en action, et par laquelle des hommes choisis de Dieu ont proclamé officiellement Sa volonté, telle qu'elle nous est révélée dans les Saintes Ecritures.

B. *L'inspiration et la révélation*

Par *révélation*, nous entendons une communication directe de Dieu envers l'homme d'une telle connaissance qui est au-delà de sa possibilité de comprendre, ou pour une cause quelconque qui n'est pas connue par la personne qui la reçoit. Par *inspiration* nous voulons dire l'énergie qui fait agir le Saint-Esprit et par laquelle des hommes saints ont acquis les conditions requises pour recevoir la vérité religieuse et pour la communiquer aux autres sans erreur. La révélation a rendu les écrivains plus sages; l'inspiration leur a permis de communiquer cette révélation sans erreur. Le dévoilement de l'Esprit de Dieu devient Révélation lorsqu'on le considère dans la perspective de la vérité révélée. C'est l'inspiration lorsqu'on le considère par rapport à la méthode de communication et de transmission.

C. *La possibilité et la nécessité de l'inspiration*

Sans aucun doute, le Créateur de l'homme peut agir sur l'esprit de Ses créatures, et cette action peut atteindre n'importe quel niveau nécessaire pour parvenir à la réalisation de Ses desseins. Si les hommes peuvent communiquer leurs pensées par le moyen du langage et se faire comprendre des autres, indubitablement l'Auteur de notre vie peut se révéler aux hommes, s'Il choisit de le faire. Notre incapacité d'expliquer cette action extraordinaire de Dieu sur l'esprit humain n'est pas valable pour contester la doctrine de l'inspiration. Il n'est pas raisonnable de penser que Dieu, le "Père des esprits" n'a pas la puissance de communiquer la vérité aux esprits des hommes ou de les instruire sur les choses concernant leur bien-être éternel.

La nécessité de l'inspiration se développe d'après la nature des sujets que les Ecritures révèlent. Il y a des vérités comme les faits concernant la création et l'époque antédiluvienne, qui n'auraient pas pu être connus, sauf par une inspiration spéciale. En admettant la possibilité que des rapports écrits et oraux ont été transmis durant des époques précédentes, là encore l'inspiration était nécessaire pour qu'un rapport fidèle et sans faute soit donné. Encore une fois, le langage plein d'autorité des Ecritures affirme la nécessité de l'inspiration. Les écrivains des livres de la Bible ne nous apportent pas leurs propres pensées, mais ils font précéder leur remarques par des déclarations comme *Ainsi parle l'Eternel*, ou *la parole de l'Eternel s'est adressée* [à un tel]. Il est dit que dans l'Ancien Testament seul, on retrouve ce genre de déclarations 3808 fois. Il s'ensuit donc que, ou les saints écrivains ont écrits sous l'inspiration du Saint-Esprit, ou alors il faut les reconnaître comme étant des imposteurs — une conclusion rendue sans effet par la qualité et le caractère persistant de leurs labeurs et d'autres évidences. Notre conclusion est que les Ecritures ont été données par inspiration plénière, jusqu'au point où elles sont devenues la Parole infaillible de Dieu, la Règle de Foi qui fait autorité et la Pratique dans l'Eglise.

D. *Théories de l'inspiration*

Plusieurs théories ont été présentées dans un effort pour harmoniser et expliquer le rapport entre le divin et les éléments humains dans l'inspiration des Ecritures. Pourtant, le christianisme se base sur le fait de l'inspiration et ne dépend pas d'une théorie particulière concernant l'origine des Saintes Ecritures. Les théories de l'inspiration peuvent facilement se classer de la manière suivante: (1) La théorie mécanique ou de la dictée qui fait ressortir l'élément supranaturaliste; (2) les théories de l'intuition et de l'illumination qui soulignent l'élément humain; et (3) la théorie dynamique ou médiatrice.

1. *La théorie mécanique ou de la dictée*. Cette théorie fait ressortir l'élément supranaturaliste à un tel dégré que la personnalité de l'écrivain est mise de côté, et qu'il devient, sous la direction du Saint-Esprit, simplement le secrétaire ou bien celui qui tient la plume. Un écrivain a exprimé cette opinion extrême comme suit: "Ils ne parlaient ni n'écrivaient un seul mot qui soit à eux, mais syllabe après syllabe ils énonçaient ce que le Saint-Esprit mettait dans leur bouche." Ceux qui embrassent une telle théorie ont évidemment beaucoup de difficulté à justifier les particularités d'expression

individuelles qui sont si évidentes dans les livres de la Bible. De plus, cette théorie est faible en ce qu'elle refuse d'admettre l'inspiration des personnes et ne considère que l'inspiration des écrits; alors que les Ecritures enseignent clairement que *"poussés par le Saint-Esprit des hommes ont parlé de la part de Dieu"* (2 Pierre 1:21). De plus, cette théorie mécanique ne s'accorde pas avec tous les faits. Il est évident, d'après les Ecritures elles-mêmes, que les écrivains ont été poussés à l'action de manière différente — pourtant par l'inspiration d'un seul Esprit. Certaines révélations de vérité ont été faites dans des paroles distinctes (Nombres 7:89; Actes 9:5). Mais les écrivains font allusion dans plusieurs cas à des sources, ou emploient leur connaissance de l'histoire, ou font part de leurs propres expériences. Cela est nettement le cas dans l'Evangile de Luc et dans les Actes des Apôtres. Pour terminer, l'inspiration de forme mécanique n'est pas en harmonie avec la façon connue, par laquelle Dieu travaille dans l'âme humaine. Plus la communication divine est grande et élevée, plus l'illumination de l'âme humaine est grande, et plus l'homme prend possession de ses propres facultés naturelles et sprirituelles.

    2. *Les théories de l'intuition et de l'illumination.* D'après la théorie de l'intuition, l'inspiration n'est qu'une connaissance naturelle de l'homme qui est amenée à un niveau de développement supérieur. Cela représente le rationalisme le plus étroit, et renie pratiquement l'élément surnaturel des Ecritures. La Bible est rabaissée au niveau des œuvres littéraires créées par de simples génies humains. La grande faiblesse de cette théorie c'est que la connaissance de la vérité par l'homme devient inefficace et corrompue par un esprit assombri et par des affections fausses (1 Cor. 2:14).

    La théorie de l'illumination se distingue de la théorie précédente dans le fait qu'elle élève les perceptions religieuses au lieu des facultés naturelles. Elle a été comparée à l'illumination spirituelle que chaque croyant reçoit du Saint-Esprit dans l'expérience chrétienne. L'inspiration des écrivains de l'Ecriture Sainte, d'après cette théorie, se distingue seulement en degré et non en nature de celle qui appartient à tous les croyants. Bien que l'illumination, par l'intensification de l'expérience, puisse préparer l'esprit à la réception et à l'appréciation de la vérité déjà révélée dans les Ecritures, elle n'est pas en elle-même une communication de cette vérité.

3. *La théorie dynamique ou médiatrice.* Il s'agit ici d'une théorie médiatrice qui explique et préserve l'harmonie correcte entre les éléments divins et humains dans l'inspiration de la Bible. Elle maintient que les saints écrivains ont reçu une assistance extraordinaire sans interférence avec leurs caractéristiques personnelles ou leurs activités. Dieu a parlé à travers des agents humains qui n'ont pas été réduits au niveau de simples instruments passifs ou de robots. Contrairement à la théorie de l'intuition, la théorie dynamique maintient qu'il existe un vrai élément surnaturel dans l'inspiration. En accord avec la théorie de l'illumination, elle maintient qu'il y eu une préparation spirituelle spéciale du cœur et de l'esprit pour être capable de recevoir le message, mais de plus, elle insiste qu'il doit y avoir une communication divine de la vérité. Très peu d'objections s'élèvent contre la théorie dynamique.

E. *Preuves scripturaires de l'inspiration divine*

Les Ecritures affirment qu'elles proviennent d'une inspiration divine. Notre considération de ce témoignage de la Bible sera résumé sous les sujets suivants: (1) le témoignage de l'Ancien Testament; (2) les déclarations de notre Seigneur; et (3) le témoignage des apôtres.

1. *Le témoignage de l'Ancien Testament.* Les communications de vérité divine ont été données aux écrivains de l'Ancien Testament à différents moments et de manières variées. Le privilège spécial de créer le premier ensemble de littérature connue sous le nom des Saintes Ecritures a été donné à Moïse, à propos de qui il est écrit *"qu'il n'a plus paru en Israël de prophète semblable à Moïse, que l'Eternel connaissait face à face"* (Deut. 34:10). Ses messages ont été donnés par une autorité divine, et aucune phrase ne réapparaît aussi souvent que: *"L'Eternel dit à Moïse."*

David, le roi-poète d'Israël, fit appel à l'inspiration divine dans la déclaration: *"L'Esprit de l'Eternel parla par moi, et sa parole est sur ma langue"* (2 Sam. 23:2). Les prophètes dans la suite ont délivré leur message non seulement au nom de Seigneur, mais comme des messages qui avaient été inspirés directement de l'Esprit. Ainsi, Esaïe, Jérémie, Ezéchiel et un nombre des "petits" prophètes ont déclaré nettement et à maintes reprises que les paroles qu'ils apportaient avaient été inspirées par l'Esprit de Dieu.

2. *Les déclarations de notre Seigneur.* Jésus-Christ a déclaré que l'Ancien Testament provenait d'une autorité divine, et Son témoignage doit être le dernier mot quant à la nature et aux résultats de l'inspiration. Il considérait l'Ancien Testament comme un canon complet, et il a expressément déclaré que la plus simple ordonnance ou commandement doit s'accomplir parfaitement. Jésus a cité quatre des cinq livres de Moïse, les Psaumes, Esaïe, Zacharie et Malachie. Il a reconnu la triple répartition des Ecritures qui était répandue parmi les Juifs — la Loi, les Prophètes et les Psaumes (Luc 24:44-45). Il a déclaré que ces choses témoignaient de Lui-même. Il a expressément déclaré que l'Ancien Testament était la Parole de Dieu (Matt. 15:3, 6), et a affirmé que les Ecritures, la Parole de Dieu, ne peut être anéantie (Jean 10:35). Il a reconnu le contenu entier des Ecritures dans son ensemble, et a déclaré de façon significative qu'elles parlaient de Sa propre Personne et de Son œuvre (Luc 24:27). Cela est un témoignage d'une validité incontestée, car il provient de Celui qui a une autorité suprême: *"Car celui que Dieu a envoyé dit les paroles de Dieu, parce que Dieu ne lui donne pas l'Esprit avec mesure"* (Jean 3:34).

3. *Le témoignage des apôtres.* Les apôtres ont à maintes reprises rendu témoignage concernant l'inspiration des Ecritures. Saint Paul cite souvent l'Ancien Testament dans ces écrits et déclare en 2 Timothée 3:16-17: *"Toute Ecriture est inspirée de Dieu, et utile pour enseigner, pour convaincre, pour corriger, pour instruire dans la justice, afin que l'homme de Dieu soit accompli et propre à toute bonne œuvre."* Lors de la réunion des apôtres et des disciples, immédiatement avant la Pentecôte, Pierre a déclaré: *"Hommes frères, il fallait que s'accomplisse ce que le Saint-Esprit, dans l'Ecriture, a annoncé d'avance, par la bouche de David, au sujet de Judas, qui a été le guide de ceux qui ont saisi Jésus"*

(Actes 1:16). La nature de l'Epître des Hébreux est telle que son œuvre entière dépend de l'Ancien Testament comme Ecriture Sainte. Elle le considère comme représentant les oracles de Dieu, donnés par le Saint-Esprit et préservés pour l'Eglise chrétienne dans un livre qui est cité comme plein d'autorité et infaillible.

Les apôtres étaient aussi unis dans leur croyance concernant leurs propres messages qui venaient du Seigneur Jésus-Christ et de Son Saint-Esprit. Partout l'élément de l'inspiration est évoqué par eux-mêmes et compris comme tel par ceux qui les recevaient. La révélation faite par les prophètes de l'Ancien Testament et celle provenant des apôtres du Nouveau Testament sont placées l'une à côté de l'autre comme provenant d'une autorité égale (2 Pierre 3:2). Les écrits de saint Paul sont classés avec les "autres Ecritures" par l'apôtre Pierre (2 Pierre 3:16). Saint Paul lui-même attribue ses révélations à Christ, mais son inspiration au Saint-Esprit (comparez Gal. 1:16; Eph. 3:3; 1 Cor. 2:12-13). Saint Jean parle de *"l'onction de la part de celui qui est saint"* (1 Jean 2:20), et déclare: *"L'Esprit Saint se saisit de moi"* (Apoc. 1:10, *version en français courant)* lorsque des révélations lui ont été données. Si on compare ce verset avec Apocalypse 22:6, il est évident que Jean emploie l'expression dans le sens introduit dans l'Ancien Testament par ceux qui parlaient par inspiration. Nous terminons ce bref résumé sur l'évidence concernant l'inspiration du Nouveau Testament avec les paroles de l'apôtre Paul: *"Or nous, nous n'avons pas reçu l'esprit du monde, mais l'Esprit qui vient de Dieu, afin que nous connaissions les choses que Dieu nous a données par sa grâce. Et nous en parlons, non avec des discours qu'enseigne la sagesse humaine, mais avec ceux qu'enseigne l'Esprit, employant un langage sprirituel pour les choses spirituelles"* (1 Cor. 2:12-13).

F. De saints hommes et une sainte Bible

Alors que nous terminons le sujet sur l'inspiration des Ecritures, un certain nombre d'observations devraient être faites. *Premièrement,* le Saint-Esprit, provenant du Père et du Fils, est l'unique base de communication entre Dieu et l'homme. Le Saint-Esprit est

Lui seul l'Auteur de l'inspiration. Nous terminons donc en disant que "tandis que l'Ecriture est inspirée de Dieu, l'Esprit seul est le Dieu qui inspire". *Deuxièmement,* la Bible contient nettement un élément humain. Le Saint-Esprit a non seulement parlé à travers David, mais David a aussi parlé. *"C'est poussés par le Saint-Espirit,* nous lisons, *que des hommes ont parlé de la part de Dieu"* (2 Pierre 1:21).Tout comme la Parole Personnelle de Dieu était à la fois humaine et divine, la Parole Ecrite doit être considérée de la même manière. A cause de la combinaison de ces éléments divins et humains, la Bible possède une autorité divine ainsi qu'un attrait humain. Les hommes saints et inspirés, qui ont écrit la Bible, avaient non seulement l'intégrité, mais ils étaient préparés. Leur vie et leur cœur étaient saints, car seules de telles personnes pouvaient saisir la vérité spirituelle sous l'inspiration divine. Ces hommes étaient en possession de toute l'étendue de leurs facultés, mais ces ressources étaient préparées par l'influence immédiate du Saint-Esprit, afin de leur permettre de faire naître les Saintes Ecritures. *Finalement,* les déclarations de ces hommes saints, à travers lesquels Dieu a parlé, constituent un ensemble de vérités divines, les Saintes Ecritures. C'est ainsi que nous considérons la Bible, comme nous étant donnée par une inspiration plénière. Nous voulons dire par là que la Bible est inspirée divinement dans son tout et dans chaque partie. C'est par conséquent la "règle de foi" finale et qui fait autorité dans l'Eglise.

CHAPITRE IV

LE CANON DES SAINTES ÉCRITURES

"Quand on entreprit de choisir et de rassembler les livres sacrés, d'abord de l'Ancien Testament et ensuite du Nouveau, cela ne fut pas fait par l'intermédiaire d'un commandement ou d'une autorité directe de Dieu, ni par une entente formelle entre les hommes, ni par un décret ecclésiastique. L'Eglise réunit en des ensembles sacrés, les écrits qu'elle considérait comme sacrés, mais séparés les uns des autres. Elle les considérait comme sacrés, en partie à cause de leur contenu, et en partie parce qu'elle les estimait comme ayant été écrits par des hommes qui avaient été spécialement honorés et inspirés. Le processus était graduel parce qu'il était véridique et naturel. On suppose parfois que des conciles ont établi le canon; mais en fait, les conciles n'ont guère fait que reconnaître et ratifier le jugement de l'ensemble des chrétiens. Le canon a été le résultat de la vie religieuse qui est née de la révélation divine: cela veut dire que la révélation a premièrement établi sa propre vie divine dans les hommes, et qu'elle a ensuite, au moyen de cette vie, produit, réuni et organisé ses propres récits et autres chroniques littéraires. Le jugement par lequel le canon fut formé, fut le jugement religieux des croyants."

— *William Newton Clarke*

Dans le chapitre III nous avons examiné le sujet de la révélation comme étant le dévoilement divin de la vérité, et de la foi chrétienne reçue par l'homme. Nous avons aussi décrit la manière divino-humaine par laquelle la révélation a été consignée par écrit par l'inspiration de l'Esprit. Dans ce chapitre présent, nous achevons notre étude de la révélation en considérant avec plus de détails le caractère spécifique de la Bible comme contenant les documents autorisés de la foi chrétienne. Cela nous conduit à l'étude du canon des Saintes Ecritures.

Par canonicité d'un livre, nous voulons dire le droit de ce livre d'avoir sa place dans la collection des écrits sacrés chrétiens. Le mot "canon" veut dire littéralement un bâton droit ou un roseau servant à mesurer. Certains savants pensent qu'à l'origine ce mot était employé pour désigner un catalogue ou une liste de choses qui appartenaient à l'Eglise.

Le canon s'appliquait particulièrement à la liste des livres approuvés publiquement, qui pouvaient être lus dans l'Eglise pour l'édification et l'instruction. Dans ce sens, une distinction était établie entre les livres *canoniques* qui pouvaient être lus, provenant d'une source sûre, et les livres *apocryphes,* qui servaient à l'instruction, mais non comme un modèle ou une règle de foi. De toute façon, le mot "canon" est devenu un mot généralement employé avec un double sens — comme un critère ou une norme de mesure, et comme s'appliquant à ce qui est mesuré. Les livres canoniques sont donc ceux que l'on a mesurés d'après les critères de base. Le mot a été employé dans ce double sens depuis le IVe siècle ap. J.-C. Par la suite, nous ferons mention dans notre discussion de certains critères ou normes d'après lesquelles la canonicité d'un livre était établie. Le manque d'espace nous oblige nécessairement à faire une recherche plutôt incomplète de cet important sujet.

I. LE CANON DE L'ANCIEN TESTAMENT

A. *Divisions de l'Ancien Testament*

Les Ecritures de l'Ancien Testament sont disposées en trois divisions majeures: la Loi, les Prophètes et les Ecrits ou les "Psaumes". La première division comprenait la Pentateuque, c'est-à-dire les cinq livres de Moïse. La deuxième division comprenait deux parties: la première rassemblait les anciens ou premiers prophètes et comprenait les livres historiques de Josué, de Juges, de Samuel, et des Rois. La deuxième partie comprenait les derniers prophètes: Esaïe, Jérémie, Ezéchiel et les douze "petits prophètes". La troisième division comprenait les Psaumes, Proverbes, Job, Daniel, Esdras, Néhémie, Chroniques, Cantiques des cantiques, Ruth Lamentations Ecclésiaste et Esther. Puisque les Psaumes formaient le premier livre de ce troisième groupe, on se réfère parfois aux Ecritures comme à la Loi, les Prophètes et les Psaumes (Luc 24:44; Matt. 11:13; Luc 16:16).

B. Développement du canon de l'Ancien Testament

Les débuts du canon de l'Ancien Testament sont enveloppés de mystère. Il est dit qu'avant sa mort, Moïse écrivit un livre sur la loi et qu'il commanda aux Lévites de le mettre *"à côté de l'arche...et il sera là comme témoin contre toi"* (Deut. 31:26). Dans ce livre de la loi, il était ordonné que chaque futur roi *"quand il s'assiéra sur le trône de son royaume, il écrira pour lui, dans un livre, une copie de cette loi, qu'il prendra auprès des sacrificateurs, les Lévites. Il devra l'avoir avec lui et y lire tous les jours de sa vie"* (Deut. 17:18-19). On nous informe plus tard que Josué fit une alliance avec le peuple et *"écrivit ces choses dans le livre de la loi de Dieu"* (Josué 24:26). Par la suite, le prophète Samuel *"écrivit dans un livre, qu'il déposa devant l'Eternel"* (1 Sam. 10:25). Sous les réformes de Josaphat, on enseigna au peuple d'après *"le livre de la loi de l'Eternal"* (2 Chron. 17:9).

Un point de repère dans la formation du canon de l'Ancien Testament apparut en 621 av. J.-C. C'est à ce moment-là que Hilkija, le souverain sacrificateur, découvrit le livre de la loi dans le temple. Cela eut lieu durant la première partie du règne de Josias (2 Rois 22:8, 10). Après qu'on avait lu le livre en présence du roi, ce dernier convoqua une grande assemblée qui comprenait les anciens, les sacrificateurs, les prophètes et tout le peuple de Juda et de Jérusalem. Le récit nous dit que le roi *"lut devant eux toutes les paroles du livre de l'alliance, qu'on avait trouvé dans la maison de l'Eternel...afin de mettre en pratique les paroles de cette alliance, écrites dans ce livre. Et tout le peuple entra dans l'alliance"* (2 Rois 23:2-3). Ce moment est considéré avec justesse comme un moment historique dans l'histoire du canon. Par un acte religieux et solennel, le roi et le peuple acceptent le livre lu devant eux comme exprimant la volonté divine et comme un engagement pour eux.

Au Ve siècle av. J.-C., deux événements importants prirent place dans l'évolution du canon de l'Ancien Testament. Ce fut premièrement à l'époque d'Esdras et de Néhémie, lorsque la loi de Moïse fut lue devant le peuple et une alliance fut scellée par les princes, les Lévites et les sacrificateurs (Néh. 9:38; 10:1ss). Durant le même siècle, la Pentateuque samaritaine fut créée. Elle se composait des cinq livres de Moïse. Les Samaritains les avaient adoptés avec empressement, afin de donner une base à leur prétention d'être des descendants de l'Israël antique. Ces deux développements semblent montrer que la Loi, première division des Ecritures hébraïques, fut acceptée comme canonique vers l'an 440 av. J.-C.

La deuxième division, généralement connue sous le nom de "Prophètes", fut aussi progressive dans son évolution. Il est probable que le canon de cette division était presque complet au siècle qui a marqué l'achèvement du canon de la Loi. Cela pourrait éventuellement expliquer pourquoi les livres d'Esdras et de Néhémie ne font pas partie des "Prophètes". D'après la meilleure évidence possible, le canon de cette seconde division de l'Ancien Testament fut rendu complet vers l'an 200 av. J.-C.

La troisième division, les Ecrits ou Psaumes, contient des écrits d'un caractère différent. La première référence que nous avons de ces "autres écrits", sous un groupe défini, apparut vers l'an 130 av. J.-C. La meilleure évidence possible indique que cette troisième division du canon de l'Ancien Testament fut rendue complète vers l'an 100 av. J.-C.

C. Les témoins du canon de l'Ancien Testament

Les autorités juives ont reconnu le canon actuel de l'Ancien Testament comme existant à l'époque de Jésus. Josèphe, le grand historien juif, fait la déclaration suivante à propos des Ecritures hébraïques: "Nous n'avons que vingt-deux livres provenant réellement d'une autorité divine, dont font partie les cinq livres de Moïse. Depuis la mort de ce dernier jusqu'au règne d'Artaxerxès, roi de Perse, les prophètes qui étaient les successeurs de Moïse ont écrit treize livres. Les quatre derniers contiennent des hymnes à Dieu et des documents sur la vie pour l'édification humaine." Notre Bible [l'Ancien Testament] contient trente-neuf livres, considérant les petits prophètes comme douze livres au lieu d'un seul, et faisant certaines autres divisions qui ne se trouvent pas dans la Bible hébraïque. Les mesures prises par le Concile de Jamnia, en 90 ap. J.-C. peuvent très bien être considérées comme la denière étape dans l'établissement du canon juif. Cette mesure n'appouvaient que les livres qui se trouvent dans notre Ancien Testament actuel et point d'autres.

Ce qui témoigne le plus en faveur du canon de l'Ancien Testament, comme étant inspiré de Dieu, c'est le fait que notre Seigneur et Ses apôtres l'ont ratifié. On ne peut trop insister sur l'importance de ce témoignage suprême, si l'on veut établir l'Ancien Testament comme les Oracles infaillibles de Dieu. C'est ce fait qui scelle le canon juif comme faisant partie des Ecritures chrétiennes. Lorsqu'il parle de cette évidence, le Dr Pope écrit que leur origine divine est une garantie pour l'Eglise, par le fait "que le Sauveur, par Son témoignage, a établi l'authenticité des Ecritures dans leur totalité. Premièrement, cette approbation, fait de l'Ancien Testament la révélation de Christ. Tout comme l'Ancien Testament Lui a rendu témoignage, Christ de même a rendu témoignage à l'Ancien Testament. Il l'a tenu dans Ses mains et l'a béni, et l'a consacré pour toujours comme le Sien. De même que la révélation est Christ, et que Christ est le sujet de l'Ancien Testament, l'Ancien Testament est par nécessité la révélation de Dieu. Bien que connaissant mieux que tout critique humain les obscurités internes de l'Ancien Testament, Il l'a néanmoins scellé pour la révérence de Son peuple. Il a sanctifié et donné à l'Eglise le canon des anciens oracles, tels que nous les possédons aujourd'hui, ni plus ni moins, comme étant les premiers récits préparatoires de Son propre Evangile et royaume. Deuxièmement, cette approbation nous assure que le Nouveau Testament représente Son propre achèvement des Ecritures de la révélation." (POPE, *Compend. Chr. Th.* [Traité de théologie chrétienne] pp. 39-40).

II. LE CANON DU NOUVEAU TESTAMENT

A. *Histoire primitive du canon du Nouveau Testament*

La formation du canon du Nouveau Testament fut un processus graduel qui s'est poursuivie sur une période de temps considérable — les quatre premiers siècles de l'ère chrétienne. Les doutes concernant tous les livres du Nouveau Testament avaient disparu vers l'an 400. Dans 2 Pierre 3:16, nous trouvons l'évidence qu'il existait une collection d'épîtres pauliniennes, *"dans lesquelles"* saint Pierre admet qu'*"il y a des points difficiles à comprendre"*. Saint Paul demande en Col. 4:16, que *"lorsque cette lettre aura été lue chez vous, faites en sorte qu'elle soit aussi lue dans l'Eglise des Laodicéens, et que vous lisiez à votre tour celle qui vous arrivera de Laodicée"*. Il existe une certaine évidence que les Épîtres aux Ephésiens et aux Romains étaient écrites tout d'abord sous la forme de lettre circulaire. On comprendrait facilement la manière dont les Eglises primitives auraient préservé les épîtres qui leur étaient adressées, et comment elles auraient gardé précieusement les lettres circulaires qui venaient s'ajouter à leur collection. C'est donc inconsciemment que débuta le développement du Nouveau Testament.

B. *Canons et répertoires primitifs*

La première mention d'un canon déterminé du Nouveau Testament est vers l'an 140. Pourtant, le canon de Muratori (200 ap. J.-C.) est bien plus important. Ce dernier renfermait une liste de livres que Rome considérait comme faisant autorité. Nous y trouvons tous les livres du Nouveau Testament actuel, sauf Hébreux, Jacques, et la Troisième Epître de Jean. La Seconde Epître de Pierre est considérée comme douteuse. Il est possible qu'à ce moment-là le concept du Nouveau Testament comme compagnon scripturaire de l'Ancien Testament était en train d'être reconnu.

Durant le IIe et le IIIe siècles, plusieurs patriarches de l'Eglise établirent des listes au sujet des livres du Nouveau Testament. Celles-ci varient quelque peu, mais pourtant quelques-unes de ces listes, comme les catalogues d'Athanase, de Ruffin et d'Augustin, contiennent la liste complète des livres du Nouveau Testament, telle que nous l'acceptons aujourd'hui. La liste d'Eusèbe (315 ap. J.-C.) est d'un intérêt tout particulier, parce qu'elle mentionne tous les livres acceptés par ses contemporains, et il les divise en deux groupes: les livres reconnus et les livres contestés. En plus, il y ajoute une troisième classe de livres apocryphes et rejetés. Dans la liste des livres acceptés dans leur totalité, il incorpore les quatre Evangiles, les Actes, les Epîtres de saint Paul, 1 Pierre et 1 Jean, et il mentionne avec un peu d'hésitation, l'Apocalypse. Dans la classe contestée, il ajoute Jacques, Jude, 2 et 3 Jean, 2 Pierre, et fait encore une fois mention de l'Apocalypse. Hébreux fait probablement partie des Epîtres pauliniennes, mais pourtant il admet que l'Eglise de Rome a des doutes quant à l'auteur de ce livre. Il faut signaler que ces livres sont simplement contestés et non rejetés. Le jugement avait été suspendu, ou parce que l'on ne pouvait identifier l'auteur avec certitude, ou parce que certains livres avaient été écrits à l'Eglise en général et n'avaient pas reçu la protection d'une seule Eglise en particulier. D'autres livres s'adressaient individuellement à des personnes et ne pouvaient pas être facilement acceptés. Le groupe des livres rejetés comprenait les Actes de Paul, Hermas, l'Apocalypse de Pierre, l'Epître de Barnabas et "Les enseignements des Apôtres". Ces livres apocryphes n'étaient pas nécessairement placés dans cette catégorie parce qu'ils étaient faux, mais uniquement parce qu'ils n'y avait pas assez de mérite pour leur canonicité. Il est clair que l'Apocalypse n'avait pas encore été classé.

C. *Action conciliaire*

Le Synode de Carthage (397 ou 419 ap. J.-C.) fut le premier concile à ratifier le canon tel qu'il existe aujourd'hui. L'action de ce concile confirmatoire et des conciles suivants, *ne sanctionnait pas* le canon actuel des Ecritures. Ils confirmaient simplement ce que l'usage général avait déjà admis. "Nous pouvons donc résumer l'histoire du canon comme étant l'œuvre progressive de la conscience collective de l'Eglise, qui fut dirigée par le Saint-Esprit. Cette tâche fut non seulement de rassembler, mais d'examiner et de rejeter... Cela a été une tâche à laquelle tous les membres de l'Eglise ont participé. Le goût de la multitude pour la piété fut dirigé et corrigé par le savoir et l'instruction spirituelle des dirigeants. Leurs décisions furent approuvées par l'esprit et la conscience de l'Eglise tout entière" (BICKNELL, *The Thirty-nine Articles* [Les Trente-neuf Articles], p. 182).

D. Les Apocryphes

Comme nous l'avons remarqué, le canon juif de l'Ancien Testament fut achevé vers l'an 100 av. J.-C. Pourtant, on continua d'écrire des livres édifiants qui furent communément employés et cités, mais qui n'étaient pas considérés sur le même niveau que les Ecritures canoniques. Cela n'était vrai qu'en Palestine. Les Juifs hellénisants, particulièrement ceux d'Alexandrie, prirent une attitude entièrement différente. Non seulement ils adoptèrent un autre arrangement des livres canoniques, mais pour la plupart ils y ajoutèrent les livres que l'on considère maintenant comme apocryphes.

Lorsque l'Eglise primitive étendit ses frontières au delà de la Palestine, elle dut faire face à un canon plus grand et de moindre importance. L'ensemble de l'Eglise a suivi et employé la Bible grecque et le canon alexandrin. Mais Jérôme, et d'autres érudits qui connaissaient l'hébreu, reconnurent qu'il existait un canon plus restreint et plus exact. Jérôme accepta et défendit ce fait. Augustin s'y opposa et c'est grâce à l'influence de ce dernier que les livres apocryphes furent déclarés comme faisant partie de l'Ecriture canonique, par les conciles de la fin du IVe siècle.

Le mot "apocryphes" tel qu'appliqué par Jérôme aux livres mentionnés, et tel qu'il est communément compris aujourd'hui, veut simplement dire non-canonique. Le Protestantisme a rejeté les apocryphes et a accepté le canon juif au lieu du canon alexandrin, les Ecritures hébraïques au lieu de la version des Septante. Ce qui est généralement connu comme les apocryphes du Nouveau Testament, est une collection d'écrits douteux qui ne furent jamais publiés en rapport avec les Ecritures canoniques. Il n'y a aucune évidence qui puisse faire d'eux des écrits inspirés.

III. LE CANON COMME LA RÈGLE DE FOI

A. La Règle de Foi

Les livres canoniques de l'Ancien et du Nouveau Testament, à l'exception des livres apocryphes, constituent la "Règle de Foi" qui s'applique à l'Eglise chrétienne. La déclaration du *Manuel* de l'Eglise du Nazaréen (Article IV) à ce propos, est la suivante: "Nous croyons dans la pleine inspiration des Saintes Ecritures, c'est-à-dire les soixante-six livres de l'Ancien et du Nouveau Testament donnés par inspiration divine, révélant infailliblement la volonté de Dieu à notre égard dans toutes les choses nécessaires à notre salut, de telle sorte que tout ce qui n'y est pas contenu ne doit pas être prescrit comme un article de foi."

Le Nouveau Testament représente le couronnement et l'achèvement de l'Ecriture, qui accomplit et achève la révélation faite à travers l'Ancien Testament. Cela nous amène à la question intéressante et importante du rapport qui existe entre l'Ancien et le Nouveau Testament

B. *Rapport entre l'Ancien Testament et le Nouveau Testament*

Un des premiers problèmes que l'Eglise primitive dut affronter, fut celui de son rapport avec la loi juive. Les chrétiens juifs étaient peu disposés à abandonner une partie quelconque de leurs règlements, et il répugnait aux Gentils de les accepter. Le problème devint grave lorsque saint Paul déclara qu'il n'était pas nécessaire pour les Gentils de devenir Juifs avant de pouvoir être chrétiens.

L'Epître de Paul aux Galates est sa déclaration d'indépendance concernant le Judaïsme lui-même. La controverse avait atteint un tel niveau qu'un concile d'anciens fut formé à Jérusalem (51 ap. J.-C.). Les Pharisiens exigèrent que les Gentils fussent circoncis et qu'ils observassent la loi de Moïse. Pierre, Paul et Barnabas firent part de leurs expériences. Ils racontèrent les miracles et les prodiges que Dieu avait accomplis parmi les Gentils. Alors, Jacques, président le concile, apporta le verdict final par les paroles suivantes: *"C'est pourquoi je suis d'avis qu'on ne crée pas de difficultés à ceux des païens qui se convertissent à Dieu, mais qu'on leur écrive de s'abstenir des souillures des idoles, de l'impudicité, des animaux étouffés et du sang"* (Actes 15:19-20). Ce fut une victoire pour le parti libéral, mais le problème a persisté dans l'Eglise à chaque époque successive.

Au début de la période de la Réforme, le sujet se révéla à nouveau particulièrement sérieux. Cela eut lieu d'une manière qui réduisait l'importance de l'Ancien

Testament d'une part, et qui cherchait à imposer les plus petits règlements cérémoniaux d'autre part. L'article VII actuel de la "Confession Anglicane" ne représente pas seulement les conclusions du Protestantisme anglais sur le sujet, mais s'accorde avec le Protestantisme en général. La solution prit la forme de trois déclarations. *Premièrement,* l'Ancien Testament ne devait pas être considéré comme étant contraire au Nouveau Testament, mais devait être considéré comme une étape antérieure et préparatoire au christianisme. L'Ancien Testament dévoile la volonté de Dieu progressivement. Les hommes et leurs actions doivent être jugés à chaque étape selon les valeurs morales admises de leur époque, et en accord avec les connaissances divines accordées. *Deuxièmement,* les promesses faites par Dieu aux Juifs, comprenaient non seulement la promesse de biens matériels, mais une connaissance et un salut spirituels. Or, ces promesses doivent être considérées comme des révélations de degrés et de niveaux différents, selon l'espoir messianique dont l'accomplissement parfait se trouve en Christ (Héb. 1.1). *Troisièmement,* le problème de la relation entre l'Eglise et la loi juive fut éclairci en faisant la distinction entre l'aspect civil et cérémoniel de la loi d'une part, et l'aspect moral de la loi d'autre part. Il faut reconnaître que cette distinction était radicale, car pour le Juif chaque partie de la loi était également sacrée. Cette distinction ne pouvait se faire sans que notre Seigneur n'eût Lui-même auparavant abrogé cette partie de la loi qui appartenait uniquement au système économique juif. Ainsi, ce qui était une partie nécessaire au Judaïsme et essentiel à une expression antérieure, doit être remplacé par d'autres formes d'expression plus spirituelles — même si dans le tout une vérité éternelle subsiste. La supériorité de Christ relative à la loi, et Son dessein en ce qui la concerne, est exprimée maintes fois en paroles et en actions (Matt. 5:38-39, 43-44; Marc 2:28). Au témoignage de Christ, on peut ajouter celui du Concile de Jérusalem qui fit appel à la direction spécifique du Saint-Esprit, et celui de l'Epître de Paul aux Galates et celle aux Romains. Tous ces écrits rendent témoignage du fait que l'aspect cérémonial et rituel de la loi fut aboli par Celui qui avait l'autorité de le faire.

Les rapports entre l'Eglise chrétienne et la loi juive peuvent se résumer ainsi: la portion civile de la loi appartenait à Israël en tant que nation. Ces restrictions civiles ne pouvaient donc forcer un engagement de la part de l'Eglise. Cet Israël nouveau et spirituel demandait de nouvelles lois universelles car en Christ *"il n'y a plus ni Juif ni Grec, il n'y a plus ni esclave ni libre, il n'y a plus ni homme ni femme; car tous vous êtes un en Jésus-Christ"* (Gal. 3:28). Cette nouvelle loi doit s'appliquer à toutes les nations, à tous les peuples, à tout niveau de civilisation et de culture, et doit être sans distinction quant au sexe. Il ne s'agit de rien de moins que de la loi de la foi (Rom. 3:21-28).

De même, les rites cérémoniaux ont atteint leur objectif dans l'enseignement correct de ceux qui les ont observés. Ils les ont conduit vers Christ comme étant la réalisation parfaite (Gal. 4:3-5; Gal. 3:24-25). En ce qui concerne la loi morale, Christ ne l'a pas abolie, mais Il a déclaré Son intention de l'appronfondir et de la vivifier. La loi morale est la volonté de Dieu pour tous les hommes, et ne s'entremêle pas nécessairement dans les accidents des cérémonies religieuses ou des obligations civiles. Et en plus de cela, le chrétien est inspiré par cette nouvelle loi d'amour comme par une force intérieure active, qui ainsi va au-delà d'une obéissance forcée à une loi imposée extérieurement.

C. *Evidences de la "Règle de Foi"*

Nous ne pouvons mentionner que briévement les évidences qui nous poussent à approuver les Ecritures, comme étant la "Règle de Foi" qui fait autorité et comme la pratique dans l'Eglise. Ces évidences appartiennent à un domaine d'étude important, connu sous le nom d'apologétique. Ce domaine est particulièrement difficile, et une considération adéquate exige l'attention non seulement des étudiants mûrs et bien préparés, mais aussi de ceux qui ont accès à la littérature de la recherche académique moderne.

L'évolution de la recherche historique moderne et les découvertes récentes en philologie et en archéologie ont dans chaque cas servi à affirmer et à confirmer la foi de l'Eglise, quant à l'authenticité des Saintes Ecritures. Mais au-delà de cette évidence, le chrétien possède aussi le *testimonium Spiritus Sancti*, le témoignage du Saint-Esprit. L'Esprit qui habite dans le cœur des vrais croyants, par l'œuvre expiatoire de Jésus-Christ, se révèle être le même Esprit qui souffle à travers les pages des Saintes Ecritures. Ainsi, l'évidence la plus importante, relative à l'autorité des Ecritures, doit être trouvée dans le fait que l'Esprit d'inspiration, à qui nous sommes redevables d'être l'Auteur de la Bible, est Lui-même le Témoignage divin de Son authenticité et de Sa véracité.

1. *L'authenticité et la véracité de l'Ancien Testament.* Un livre est authentique lorsqu'il est la création de l'auteur dont il porte le nom. Le terme authenticité se rapporte uniquement à l'auteur. On le confond souvent avec le terme *véracité* qui ne se rapporte pas à l'auteur, mais à la vérité du contenu du livre. Dans ce sens, un livre peut être authentique sans être véridique et véridique sans être authentique. Dans la pratique, cependant, ces deux mots sont employés selon différents niveaux de signification, et il est ordinairement difficile de distinguer exactement entre les deux, dans toute discussion sur les évidences chrétiennes. Si un livre n'est pas écrit par l'auteur qu'il reconnaît comme tel, alors non seulement la question de l'authenticité du livre se pose, mais aussi celle de sa véracité. Et c'est pour cette raison que l'usage commun place ces deux termes sous la même rubrique, comme nous le faisons ici.

En énumérant les faits à l'appui qui accordent à l'Ancien Testament l'authenticité et la véracité, il nous faut mentionner: (1) Une abondance d'évidences provenant d'anciens historiens séculiers concernant l'antiquité de l'Ancien Testament et le fait que Moïse fut le fondateur et le chef de l'Etat juif. (2) La traduction des Septante de l'Ancien Testament était traduite de l'hébreu en grec pour l'usage des Juifs d'Alexandrie vers l'an 287 av. J.-C., est une preuve positive que le Pentateuque existait à cette époque-là, et c'est aussi évidence marquée qu'elle existait durant les jours d'Esdras, car les circonstances des Juifs en captivité étaient telles, qu'entre ces deux dates ces livres n'auraient pas pu être écrits. (3) Le Pentateuque samaritain, un des deux exemplaires en existence de la loi de Moïse, indique clairement que le Pentateuque existait avant la division du royaume juif. Ce que nous venons de citer, ainsi que d'autres indices évidents, ne laissent aucun doute quant à l'identité mosaïque du Pentateuque. (4) Les découvertes archéologiques augmentent constamment l'abondance d'évidence qui confirme l'authenticité et la véracité de l'Ancien Testament.

Le *Code de Hammourabi*, datant de l'an 2250 av. J.-C., rapporte les conditions en Egypte exactement telles qu'elles sont relatées en Genèse et Exode. Jusqu'à ces derniers temps, les critiques ont mis en doute les déclarations bibliques concernant l'ancien peuple puissant connu sous le nom de Hittites, mais les découvertes archéologiques ont confirmé les récits bibliques et ont ajouté une autre preuve d'authenticité aux Ecritures. Ainsi, le témoignage de la bêche [l'archéologie] continue à confirmer la validité de l'Ancien Testament.

2. *L'authenticité et la véracité du Nouveau Testament.* Parmi les différents indices évidents, qui servent à confirmer la véracité du Nouveau Testament, nous voulons mentionner les suivants: (1) Les nombreuses citations du Nouveau Testament qui se trouvent parmi les écrits des patriarches de l'Eglise. Certaines de ces citations remontent au premier siècle. (2) Le témoignage de ceux qui s'opposaient au christianisme du temps de l'Eglise primitive, lesquels rendent tous témoignage de l'existence du Nouveau Testament à leur époque. (3) Les premiers catalogues des livres du Nouveau Testament. (4) Les historiens romains Suétone et Tacite, qui mentionnent Christ comme étant le fondateur du christianisme. (5) Le style des livres est dans chaque cas approprié à l'époque et aux circonstances de l'écrivain réputé, et les différents traits caractéristiques sont la preuve que l'œuvre ne vient pas d'une seule personne mais de plusieurs. (6) La réputation des écrivains est une évidence qui favorise la véracité de leurs écrits. Ces hommes étaient saints, dignes de confiance. Leurs écrits ont une audace, un naturel et une franchise qui témoignent de leur caractère droit. (7) Les écrivains font

mention de certains incidents, de certaines personnes et de certains endroits qui peuvent facilement se confirmer par l'histoire et la géographie et qu'un imposteur négligerait ou dissimulerait. On a dit que dans les livres qui composent le Nouveau Testament, il existe une évidence plus marquée de leur authenticité et de leur véracité, que celle accordée aux livres sacrés ou profanes de toutes autres classes.

3. *L'intégrité des Ecritures*. Les livres sacrés, même divinement inspirés, nous ont-il été transmis de manière non corrompue? Par intégrité des Ecritures, nous voulons dire qu'elles sont restées intactes et sans erreur capitale, afin que nous ayons l'assurance de la vérité accordée dès l'origine, par des écrivains inspirés. Nous ne pouvons présenter ici qu'un bref sommaire de l'évidence qui est à notre disposition. (1) Il n'existe aucune évidence que les Ecritures ont été corrompues. Aucune preuve n'a été établie concernant des changements importants et le fardeau de la preuve incombe à ceux qui s'y opposent. (2) Les Juifs avaient de sérieux motifs pour préserver l'Ancien Testament. Leur vénération des livres sacrés était non seulement grande, mais ces livres renfermaient les articles de foi de leur religion et les lois de leur pays. (3) La multiplication des copies, la distribution étendue, ainsi que la lecture publique dans les synagogues chaque sabbat, avaient tendance à empêcher toute modification et à garder leur exactitude. Les Juifs gardaient leurs écritures avec un soin si jaloux, qu'ils avaient imposé une loi qui faisait de la plus petite modification un péché inexpiable. (4) Le soin excessif des scribes juifs réduisait à un minimum les erreurs de transcription. Enoch Pond, en parlant du sujet, écrit: "Les scribes juifs étaient à certaines périodes excessivement, je dirais presque superstitieusement, exacts... Ils avaient établi la place de la lettre du milieu du Pentateuque, la proposition et la lettre du milieu de chaque livre et combien de fois chaque lettre de l'alphabet apparaissait dans les Ecritures hébraïques. Ainsi *Aleph* (la lettre *a*), nous disent-ils, apparaît 42 377 fois; *beth* (la lettre *b*), 32 218 fois. Si je mentionne ces faits, c'est pour montrer le soin excessif et la particularité de ces anciens scribes, et comme il est peu probable qu'une modi-

fication importante ait pu avoir lieu par leur main." (5) Dans le cas du Nouveau Testament, il y a l'harmonie des ancients manuscripts. Le Dr Kennicott, qui a examiné six cent quinze manuscripts, a déclaré qu'il a "trouvé plusieurs variations et quelques fautes de grammaire; mais aucune d'elles ne pouvaient avoir le plus petit effet sur aucun article de foi et de pratique." (6) Les nombreuses citations du Nouveau Testament, qui se trouvent dans les écrits des patriarches de l'Eglise primitive, prouvent non seulement la véracité des Ecritures, mais aussi l'intégrité du texte. (7) Les différents commentaires et aides ont servi à préserver le texte original. Pour l'Ancien Testament, il y a les Targums, le Talmud, et la Septante. Pour le Nouveau Testament, il y a différentes traductions, telle que la version Syriaque (150 ap. J.-C.), la vieille version latine (160 ap. J.-C.), la Vulgate traduite par Jérôme (dernière partie du IVe siècle), les versions coptique, éthiopique et gothique du IVe siècle, et la traduction arménienne du Ve siècle. Le Dr Philip Schaff dit que "dans les cas où les autographes n'existent pas, nous devons nous fier à des copies et des sources secondaires. Mais heureusement celles-ci sont beaucoup plus nombreuses et dignes de confiance pour le Nouveau Testament grec que pour tout autre classique de l'antiquité". Il est donc clair que l'évidence concernant l'intégrité des Ecritures satisfera largement toute personne qui s'informe sincèrement.

DEUXIÈME PARTIE
LA DOCTRINE DE DIEU
Introduction

Ayant établi le fondement de la théologie chrétienne dans la Parole éternelle de Dieu, notre tâche maintenant est de commencer la construction de notre temple pour la vérité chrétienne. On pourrait bien appeler la doctrine de Dieu la pierre angulaire de cet édifice, car tant de choses reposent sur elle. Cette idée est reflétée dans la signification même du mot théologie — "une étude de Dieu".

La doctrine de Dieu est non seulement d'une importance fondamentale, mais elle est particulièrement difficile. Dieu est infini. Nous avons des limites. Seul l'Infini peut entièrement comprendre l'Infini. L'esprit humain limité ne pourra jamais concevoir le Dieu infini de façon adéquate. Pourtant, Dieu a choisi de se révéler; et même si nos connaissances de cette révélation demeurent imcomplètes à cause de nos limites, il nous est possible d'avoir une révélation de Dieu à la fois vraie et satisfaisante. Lorsque nous ajoutons à nos limites notre incapacité d'exprimer en paroles nos expériences les plus précieuses au sujet de Dieu, nos difficultés augmentent encore davantage.

En étudiant cette doctrine, nous allons considérer premièrement les différentes variétés d'évidence relatives à l'existence de l'Etre Divin. Nous examinons ensuite les Ecritures pour chercher à connaître Sa nature glorieuse. Puis, nous faisons une analyse de Ses attributs, en les considérant d'après une triple division: absolue, relative et morale. Finalement, nous considérons la doctrine de la Sainte Trinité, en soulignant la divinité de notre Seigneur Jésus-Christ, ainsi que la personnalité et la divinité du Saint-Esprit.

En étudiant cette partie, n'oublions pas que *"la crainte de l'Eternel est le commencement de la science"*. Dieu n'est pas une Personne que l'on connaît principalement par la pensée, mais une Personne que l'on adore et que l'on aime. Seule une ressemblance morale conduit à la vraie connaissance de Celui qui est l'Eternel. Seul celui qui a le cœur pur verra Dieu.

DEUXIÈME PARTIE
LA DOCTRINE DE DIEU

Chapitre V
L'existence et la nature de Dieu

I. L'EXISTENCE DE DIEU
   A. L'idée de Dieu est intuitive
   B. Le témoignage des Ecritures
   C. Les arguments confirmatoires
      1. L'argument cosmologique
      2. L'argument téléologique
      3. L'argument ontologique
      4. L'argument moral
      5. L'argument historique
      6. L'argument religieux

II. LA NATURE DE DIEU
   A. Définitions de Dieu
   B. Les noms de Dieu
   C. Le concept chrétien de Dieu
      1. Dieu est Esprit
      2. Dieu comme Esprit est Vie
      3. Dieu comme Esprit est Lumière
      4. Dieu comme Esprit est Amour

Chapitre VI
Les attributs de Dieu

I. LA CLASSIFICATION DES ATTRIBUTS DIVINS
   A. Les attributs, les perfections et les prédicats divins
   B. Les erreurs à éviter en considérant les attributs divins
   C. La classification des attributs de Dieu

II. LES ATTRIBUTS ABSOLUS DE DIEU
   A. La spiritualité comme un attribut de Dieu
   B. L'infinité comme un attribut de Dieu
   C. L'éternité comme un attribut de Dieu
   D. L'immensité comme un attribut de Dieu
   E. L'immutabilité comme un attribut de Dieu
   F. La perfection comme un attribut de Dieu
III. LES ATTRIBUTS RELATIFS DE DIEU
   A. L'omniprésence de Dieu
   B. L'omnipotence de Dieu
   C. L'omniscience de Dieu
   D. La sagesse de Dieu
   E. La bonté de Dieu
IV. LES ATTRIBUTS MORAUX DE DIEU
   A. La sainteté de Dieu
   B. L'amour de Dieu
   C. La justice et la droiture de Dieu
   D. La vérité comme un attribut de Dieu
   E. La grâce et ses attributs connexes

Chapitre VII

La Trinité

I. L'UNITÉ ET LA TRINITÉ DE DIEU
   A. L'unité de Dieu
   B. La trinité de Dieu
      1. Des prévisions de la Trinité dans l'Ancien Testament
      2. Le Fils et l'Esprit dans le Nouveau Testament
II. LA DIVINITÉ DE NOTRE SEIGNEUR JÉSUS-CHRIST
   A. La préexistence de Christ
   B. Les noms et les titres divins de notre Seigneur
   C. Les attributs divins de Jésus-Christ
   D. Les œuvres divines de Christ
   E. Christ reçoit une adoration et un hommage divins
   F. Signification de la doctrine de la divinité de Christ

III. LA PERSONNALITÉ ET LA DIVINITÉ DU SAINT-ESPRIT
    A. La personnalité du Saint-Esprit
        1. Les noms et pronoms personnels qui se rattachent au Saint-Esprit
        2. Les actions personnelles attribuées au Saint-Esprit
        3. Le Saint-Esprit reçoit une attention personnelle
    B. La divinité du Saint-Esprit

IV. THÉORIES ANTITRINITAIRES
    A. Le Sabellianisme
    B. L'Arianisme

V. LA DOCTRINE ÉVANGÉLIQUE DE LA TRINITÉ
    A. L'unité de la substance ou de l'essence
    B. La trinité des Personnes
    C. Conclusions concernant la doctrine évangélique de la Trinité

CHAPITRE V
L'EXISTENCE ET LA NATURE DE DIEU

"La nature et la qualité de religion de toute âme ou race dépendront de la concept que l'on a de Dieu; de même l'esprit et la substance de la théologie seront déterminés par l'opinion que l'on a de Dieu, de Sa nature, de Ses traits caractéristiques et de Sa relation avec les autres êtres. On pourrait presque dire que lorsqu'on a établi son propre concept de Dieu, l'on a écrit sa théologie. Un système de théologie est faible, à moins qu'il ne soit fondé sur une conception claire et satisfaisante de Dieu; et un changement vital dans la pensée d'un homme ou d'une époque, en ce qui concerne Dieu, sera certainement accompagné d'un changement radical à travers tout le domaine de la théologie. Ici donc, il nous faut toutes les compétences nécessaires pour découvrir la vérité. L'humilité, la piété et la diligence doivent constamment être nos compagnons."

— *Dr William Newton Clarke*

Etudiant en théologie: "Monsieur l'évêque, sur quoi un jeune ministre doit-il prêcher?"

L'évêque Stubbs: "Jeune homme, prêchez Dieu, et prêchez pendant environ vingt minutes."

Il suffit à l'homme de regarder autour de lui, et d'observer le merveilleux ordre et l'harmonie de l'univers, la splendeur des cieux, la beauté de la terre, et tout le charme que l'on retrouve dans la variété des plantes et des animaux, pour arriver à la conclusion que toutes ces choses n'ont pas pu se créer par elles-mêmes. L'univers doit avoir eu un Créateur. C'est la conclusion qu'a tiré le psalmiste lorsqu'il dit: *"Les cieux racontent la gloire de Dieu, et l'étendue manifeste l'œuvre de ses mains"* (Psaume 19.1). Tous les peuples ont cru ce que le psalmiste a déclaré, même dans les civilisations les plus anciennes. Et d'ailleurs, on n'a jamais perdu cette idée; mais à chaque époque, la croyance en Dieu a été le fondement sur lequel chaque religion, que celle-ci soit naturelle ou révélée, s'est reposée. Depuis la Grèce antique, jusqu'aux Incas du Pérou, des autels ont été érigés et l'hommage a été rendu à "Celui qui anime l'univers: inconnu, invisible, sans forme, informe — la Cause des causes."

Deux questions se posent immédiatement: Comment pouvons-nous expliquer cette croyance universelle en un Etre surnaturel? Et que pouvons-nous savoir sur Celui-ci? Si nous réduisons ces questions en une déclaration théologique, nous avons devant nous deux sujets théologiques fondamentaux: (1) L'existence de Dieu; et (2) La nature et les attributs de Dieu. Le premier est un concept fondamental et, par conséquent, un facteur déterminant de la pensée théologique, alors que le deuxième donne de la couleur à tout le système de la pensée et de la vie religieuses.

I. L'EXISTENCE DE DIEU

Dieu seul peut se révéler à l'homme. Il l'a fait dans une révélation primordiale que l'on trouve dans les œuvres de la nature et dans la constitution de l'homme; et ensuite dans une révélation secondaire ou plus élevée de Son Esprit dans la conscience de l'homme. La première trouve son point culminant dans la Parole devenue chair, alors que la seconde trouve sa source dans le Christ glorifié par le Saint-Esprit.

A. *L'idée de Dieu est intuitive*

Comment pouvons-nous expliquer la croyance universelle qui admet l'existence de Dieu? Il ne peut y avoir qu'une seule réponse satisfaisante: la connaissance de Dieu est intuitive. C'est ce que le Dr Miley appelle "la faculté de percevoir immédiatement la vérité". C'est la révélation primordiale de Dieu — une vérité suprême introduite dans la constitution même de la nature humaine par son Créateur. C'est une première vérité qui précède et influence toute observation et tout raisonnement. Lorsque nous faisons mention de l'idée de Dieu comme intuitive, nous ne voulons pas dire par là que c'est un concept écrit dans l'âme, avant que celle-ci en soit consciente, une connaissance véritable que l'âme reçoit à la naissance, ou une idée gravée dans l'esprit de telle manière qu'elle se forme inévitablement et indépendamment de l'observation et du raisonnement. Ce que nous voulons vraiment dire, c'est que la nature humaine est telle qu'elle se forme inévitablement une idée de Dieu à travers la révélation, de manière plutôt semblable à l'esprit qui se constitue une connaissance du monde extérieur par l'observation des sens. Il y a trois importants éléments réunis dans cette connaissance de Dieu, à savoir: la raison intuitive ou la capacité d'une connaissance immédiate qui accorde aux hommes la possibilité de connaître Dieu; la révélation ou la présentation de la vérité à la raison intuitive, comme *"la véritable lumière, qui, en venant dans le monde, éclaire tout homme"* (Jean 1:9); et, par suite de l'union des deux éléments précédents, l'idée universelle et nécessaire de Dieu.

B. *Le témoignage des Ecritures.*

Le fait que la révélation écrite commence avec les mots, *"Au commencement, Dieu"*, a une importance capitale. Son existence est admise sans que l'on cherche à la prouver. De plus, les Ecritures affirment qu'il existe dans la nature de l'homme, la conscience d'un Etre Suprême, et par conséquent, elle fait appel à *"la loi écrite dans le cœur"*. Les Saintes Ecritures déclarent qu'en Dieu *"nous avons la vie, le mouvement, et l'être..."* et de lui *"nous sommes de sa race"* (Actes 17:28). Nous devons donc annoncer l'autorité des Ecritures avec assurance afin que *"les perfections invisibles de Dieu, sa puissance éternelle et sa divinité, se voient comme à l'œil, depuis la création du monde, quand on les considère dans ses ouvrages"* (Rom. 1:20). Et de plus, cette première révélation intuitive est d'une telle clarté et d'une telle puissance, que l'apôtre déclare qu' *"ils [les hommes] sont donc inexcusables"* (Rom. 1:20). Le seul athéisme reconnu par les Ecritures est un athéisme pratique qui vient d'une volonté entêtée ou d'un esprit dépravé. C'est un insensé qui a dit: *"Il n'y a point de Dieu"*, c'est-à-dire, *"Il n'y a pas de Dieu pour moi."* (Rom: 1.28; Psaume 14:1; Eph. 2:12).

C. *Les arguments confirmatoires.*

Alors que les vérités intuitives sont évidentes et sont en général considérées comme étant au-delà des preuves de la logique, il y a certaines vérités qui sont intuitives en partie, mais qui pourtant peuvent être acquises, soit par l'expérience soit par la logique. Telle est la vérité concernant l'existence de Dieu. Le fait est intuitif, dans le sens d'une donnée immédiate de la conscience morale et religieuse, et pourtant c'est aussi une vérité qui peut être démontrée par la raison. Les preuves philosophiques de l'existence de Dieu n'appartiennent pas, à proprement parler, à la sphère de la théologie dogmatique chrétienne. Pourtant, dans la théologie chrétienne, il ne faut pas les négliger totalement pour au moins trois raisons: *premièrement*, parce que parfois on emploie mal la déclaration que l'existence de Dieu n'a pas besoin d'être prouvée, et de cette façon on encourage l'incroyance et le scepticisme; *deuxièmement*, parce que lorsqu'on rassemble ces preuves, elles fournissent une défense scientifique pour la foi en Dieu, qui suffit à marquer l'incroyance comme étant une folie ou un péché; et *troisièmement*, parce que ces preuves philosophiques illustrent les voies que l'esprit humain emprunte dans la confirmation de sa croyance dans l'existence de Dieu.

Les arguments confirmatoires sont généralement organisés sous deux titres différents, notamment ceux qui proviennent de la contemplation du monde, et ceux qui proviennent de la contemplation de l'homme. Dans la première division, on classifie les arguments de cette façon: Cosmologique, Téléologique et Historique; dans la seconde, on les classifie ainsi: Ontologique, d'ordre Moral, et Religieux. Tous ces arguments sont parfois réduits, en incorporant les arguments historiques et religieux aux quatre autres.

1. *L'Argument Cosmologique.* C'est un raisonnement qui passe d'un changement ou d'un effet, à la cause de ce changement ou de cet effet. Logiquement, on peut l'exposer comme suit: (1) Chaque événement ou changement doit avoir une cause suffisante et préexistante; (2) l'univers est composé d'un système de changements; (3) par conséquent, il doit y avoir un Etre essentiel et auto-existant, qui est la cause de ces événements et de ces changements. Cet argument se base sur les Ecritures, comme par exemple dans les passages suivants: *"Chaque maison est construite par quelqu'un, mais celui qui a construit toutes choses, c'est Dieu* (Héb. 3:4). *"Toi, Seigneur, tu as au commencement fondé la terre, et les cieux sont l'ouvrage de tes mains"* (Héb. 1:10).

"Avant que les montagnes fussent nées, et que tu eusses créé la terre et le monde, d'éternité en éternité tu es Dieu" (Psaumes 90:2).

    La nature fondamentale de l'esprit humain est telle que celui-ci doit pouvoir admettre des causes appropriées. On a pu observer que même un enfant intelligent a pu faire remonter toutes ces causes à une cause première pour ensuite demander: "Qui a créé Dieu?" Ce raisonnement dans l'enfant devient une habitude établie dans l'esprit de l'homme qui sait qu'il doit supposer une Cause première, elle-même non déterminée, ou alors il doit supposer un commencement des choses sans une cause préalable.

    Considérons l'argument négatif, et supposons que le Créateur n'existe pas. Le monde doit alors pouvoir s'expliquer lui-même. Mais même en concevant que le tout remonte à une quelconque forme simple d'existence, il n'est pas concevable d'établir que cette existence ne remonte à rien du tout. Certains philosophes ont cherché à expliquer le monde par la matière ou la force. Or, il semble clair qu'il ne peut y avoir de mouvement sans matière, et que la matière est donc l'élément le plus original. Mais si l'on suppose que la matière est éternelle, comment pouvons-nous expliquer l'esprit qui est fortement supérieur à la matière et qui peut par lui-même provoquer le mouvement? Dans ce cas, il est possible que l'effet soit supérieur à la cause. Mais toute matière est muable, sujette au changement, et dès lors, par la nature même des choses, ne peut être éternelle. Si elle n'est pas éternelle, elle ne peut donc pas être la Première Cause. Dieu seul est immuable et éternel, et ainsi Il est la seule Première Cause de tout ce qui existe.

    La théorie de l'évolution ne peut elle-même expliquer l'origine du monde, parce que l'évolution, comme le mouvement et la force, doit elle aussi pouvoir s'expliquer. Même si l'on pense que le monde s'avance vers un niveau supérieur par un lent processus et durant une longue période de temps, cela ne peut pas être une explication. Encore une fois, de la manière dont nous comprenons le mouvement, celui-ci a tendance à diminuer, c'est-à-dire, qu'il va du point le plus haut au point le plus bas; alors que l'évolution, au contraire, est supposée aller du bas vers le haut. Cela aussi doit être expliquée. En fait, cela exige encore plus d'explication que celle du simple mouvement. Donc, la théorie de l'évolution, que l'on pensait être capable de se passer de Dieu, exige en réalité la présence de Dieu de plus en plus, parce qu'Il est là non seulement au commencement du processus de la création, mais qu'Il est constamment à l'œuvre à travers tout le processus, et d'une manière adéquate à chaque niveau. Ainsi, quelle que soit l'hypothèse des évolutionnistes, ils ne peuvent prouver comme fait la proposition qui veut que l'univers ait évolué à partir de rien. Les Ecritures nous disent que l'univers a été appelé à l'existence et que sans la Parole de Dieu *"rien de ce qui a été fait n'a été fait sans elle"* (Jean 1:3).

2. *L'Argument Téléologique.* Cet argument est généralement connu sous le nom de l'Argument du Dessein. C'est l'une des preuves les plus anciennes et les plus simples qui ne manque jamais d'être estimé par l'esprit populaire. Essentiellement, cet argument affirme qu'il existe dans l'univers des adaptations quant aux moyens d'arriver à des fins, et que ceux-ci démontrent un objectif ou un dessein, et de ce fait un esprit intentionné ou intelligent. Dans la Genèse, nous trouvons la première forme d'intention à l'égard du monde, lorsqu'il nous est dit que les étoiles sont pour la lumière et que le fruit est pour la nourriture. Cela est souligné plus directement dans le Psaume 94:9-10: *"Celui qui a planté l'oreille n'entendrait-il pas? Celui qui a formé l'œil ne regarderait-il pas? Celui qui corrige les nations ne réprimanderait-il pas? Lui qui enseigne la connaissance aux humains?"* (*Nouvelle Version Segond Révisée*). "Je considère cela comme étant une conclusion inductive légitime", dit J.S. Mill. "La vue, étant un fait, qui ne précède pas mais vient après la création de la structure organique de l'œil, ne peut avoir un rapport avec la production de cette structure que par le moyen d'une cause dernière et non d'une cause efficace. C'est-à-dire, que ce n'est pas la vue par elle-même, mais une idée antérieure à celle-ci qui doit être la cause efficace. Or, cela place immédiatement l'origine comme émanant d'une Volonté intelligente." Il y a plusieurs signes d'un dessein intelli-

gent dans la nature. Ces adaptations dans l'univers s'étendent des orbites du différents soleils, jusqu'à l'adaptation des yeux chez l'insecte. Refuser d'admettre que cela soit le résultat d'un Créateur intelligent, c'est prétendre que toutes ces choses sont attribuables à une loi aveugle et sans cause. Donc, lorsqu'on ne croit pas en Dieu, on réduit le monde entier à un chaos. Par conséquent, il nous est possible de dire que puisque l'argument cosmologique nous donne une idée de Dieu, vu comme une puissance, l'argument téléologique nous conduit à un échelon plus élevé et nous accorde l'idée de Dieu vu comme une Personne, avec liberté, intelligence et ayant un dessein.

3. *L'Argument Ontologique.* Le terme "ontologique" est dérivé de deux mots grecs qui veulent dire "la science de l'existence". C'est là une tentative pour établir le fait "de l'existence réelle, ou de l'existence comme étant une réalité absolue, distincte des phénomènes ou des choses telles qu'elles nous apparaissent". Les germes de l'argument ontologique apparaissent dans les écrits de Platon et d'Aristote, et dans ceux d'Augustin et d'Athanase, mais l'argument appartient vraiment à une époque plus récente. Anselme (1033-1109 ap. J.-C.) a été le premier à l'affirmer sous la forme syllogistique suivante: "Tous les hommes ont une idée de Dieu, et cette idée de Dieu est l'idée d'un Etre absolument parfait, lequel n'a pas de supérieur dans notre pensée. L'idée d'un tel Etre implique nécessairement une existence, sinon il nous serait possible d'imaginer un Etre plus grand." Le Dr Banks nous donne une exposé encore plus simple de cet argument: "Nous avons des idées concernant une bonté, une vérité et une sainteté infinies. Est-ce que ce sont de simples idées? Ou, est-ce qu'il existe un Etre auquel ces idées appartiennent? Si celles-ci ne sont que des idées, comment pouvons-nous expliquer leur existence? Ainsi il y a une certaine mesure de vérité dans la position d'Anselme, à savoir que l'idée même d'un Etre absolu parfait implique Son existence — du moins jusqu'à ce point: que l'existence de l'idée puisse s'expliquer le mieux par la supposition qu'elle dérive du fait. Sinon, les idées les plus nobles connues des hommes ne sont que des illusions" (BANKS, *Manual of Christian*

Doctrine, pp. 44-45). Cet argument nous amène à un échelon plus élevé de notre connaissance confirmatoire sur l'existence de Dieu; et à l'idée d'un Etre personnel, elle ajoute les perfections incommunicables de la Divinité.

4. *L'Argument Moral.* Cet argument se base sur la révélation de Dieu étant juste, mais n'est qu'une autre application du principe causal, appliqué ici au domaine moral plutôt qu'au domaine naturel. L'argument est souvent présenté sous deux formes. *Premièrement*, Il existe en l'homme une conscience qui établit la distinction entre ce qui est bien et ce qui est mal, et qui lui donne un sens de responsabilité, et lui montre ses obligations. Le fait qu'il existe une conscience, qui veut dire "connaître avec" un autre, est l'évidence qu'il existe un Auteur suprême de loi et un Juge, envers qui l'homme a des obligations. Il n'y a pas moyen d'échapper à la conclusion que l'esprit humain est toujours conscient d'un Etre qui surpasse même sa pensée la plus élevée. Bien loin d'être la création de pensée humaine, nous découvrons qu'Il est un Etre supérieur à tout ce que nous pouvons concevoir. Donc, l'homme a un sens du devoir, il est responsable par devant un Chef suprême ou Seigneur, et cela ne pourrait s'expliquer sans l'existence d'un Dieu personnel. La *deuxième* forme de l'argument dépend du fait que dans ce monde la vertu n'est souvent pas récompensée et que le vice n'est pas toujours puni. Cela exige un autre monde dans lequel les adaptations nécessaires peuvent être faites. La conscience de l'homme ne peut s'expliquer sans reconnaître cette loi morale suprême, et elle exige un Gouverneur et un Juge juste. Ainsi, notre propre nature morale nous incite à croire en un Dieu personnel.

5. *L'argument historique.* L'argument historique est étroitement lié à l'argument téléologique d'un côté, et à l'argument moral d'un autre. Il maintient qu'il y a des évidences d'un dessein dans le cheminement moral aussi bien que dans le cheminement naturel de l'histoire, et que cela indique l'existence d'un Gouverneur moral dans le monde. L'idée d'un gouvernement divin dans l'histoire fut reconnue premièrement par le christianisme, et l'apôtre Paul y fait mention avec beaucoup de détails, dans les Actes et dans ses Epîtres.

6. *L'argument religieux.* L'argument tiré de la religion n'est qu'une forme spécialisée de l'argument moral, et ses preuves remontent aux expériences personnelles religieuses des chrétiens. Sous certains rapports, on peut l'appliquer plus facilement que les autres arguments, car pour celui qui fait l'expérience de la grâce de Dieu en Christ, il ne peut pas y avoir d'argument plus puissant. Le témoignage de l'Esprit doit toujours être considérée comme la plus haute forme de témoignage possible. Pourtant, pour cette raison même, cette preuve ne trouve sa force complète que dans ceux qui ont goûté la bonne Parole de Dieu.

Etroitement lié à l'argument religieux, l'on trouve ce qui est parfois mentionné comme provenant directement d'une référence aux Ecritures. Ainsi l'évêque Weaver tire des Ecritures les preuves suivantes: (1) l'accomplissement exact des prophéties, car personne, à part un esprit éternel, ne peut prédire les événements à venir qui dépendent de choix humains; (2) l'accomplissement de miracles qui ne peuvent s'expliquer que sur la base de la puissance et de la volonté de Divinité; (3) l'unité des Ecritures, qui ne peut se comprendre que d'après la théorie d'un Auteur divin qui a inspiré une quarantaine de personnes différentes qui, durant une période d'environ mille six cents ans, ont écrit la Sainte Bible; (4) la façon remarquable dont les Ecritures ont été conservées, ce qui nous donne l'évidence d'une Providence sage et divine; et (5) l'adaptation complète des Ecritures aux besoins de l'humanité, ce qui est une preuve patente que l'Auteur a dû être l'Intelligence suprême, le Père éternel.

En terminant cette étude des évidences concernant l'existence de Dieu, il serait bon de souligner encore une fois que la fonction des Saintes Ecritures et de la théologie chrétienne n'est pas de répondre par le raisonnement ou par des arguments à la question suivante: Existe-il un Dieu? Au contraire, la question qui est au centre des Ecritures, qui se trouve principalement dans l'enseignement des prophètes, des apôtres et de Jésus-Christ Lui-même, est: "Quel Dieu choisirez-vous?" Elie, sur le mont Carmel, s'est écrié: *"Jusqu'à quand clocherez-vous des deux côtés? Si l'Eternel est Dieu, allez après* lui; si c'est Baal, alors allez après lui!" (1 Rois 18:21). Le Maître a affirmé solennellement: *"Vous ne pouvez servir Dieu et Mammon."* Ainsi pour chaque personne, le choix qui a une importance capitale, ce n'est pas de choisir ou de ne pas choisir Dieu, mais de se déclarer comme l'a fait Josué: *"Moi et ma maison, nous servirons l'Eternel"* (Josué 24:15).

II. LA NATURE DE DIEU

On a parfois déclaré que ce n'est pas l'existence de Dieu qui est en question, mais Sa nature; ce n'est pas de savoir si Dieu est, mais ce qu'Il est. Mais, puisque l'esprit n'a la possibilité de définir qu'en limitant l'objet de sa pensée, il devient évident qu'avec ses limites l'esprit humain ne pourra jamais concevoir de façon pertinente le Dieu infini, et dans ce sens ne peut définir correctement la nature de Son Etre. Seul l'Infini peut comprendre l'Infini. Le Nouveau Testament déclare cela explicitement lorsqu'il parle de Dieu *"qui habite une lumière inaccessible, que nul homme n'a vu ni ne peut voir"* (1 Tim. 6:16). Par conséquent, Dieu ne peut être connu qu'en nous révélant Sa personne; mais si ces manifestations sont imparfaites à cause de nos limites humaines, pour autant qu'elles soient comprises de nous, elles doivent être considérées comme procurant une vraie connaissance de Dieu.

A. *Définitions de Dieu*

Avec les limites mentionnées plus haut, nous attirons l'attention sur quelques-unes des déclarations de croyance les plus importantes qui nous apportent les définitions de Dieu les plus couramment acceptées. Notre propre déclaration est la suivante: "Nous croyons en un seul Dieu existant éternellement, infini, Souverain de l'univers; Lui seul est Dieu, Créateur et Administrateur, saint en Sa nature, en attributs et en intention; Il est, en tant que Dieu, trin dans Son être essentiel, révélé comme Père, Fils et Saint-Esprit" (*Manuel*, de l'Eglise du Nazaréen, Article 1). Les *Trente-neuf Articles* de l'Eglise d'Angleterre, nous donne la définition suivante: "Il n'y a qu'un seul vrai Dieu vivant, éternel, sans corps, sans partie, ou passions; d'une puissance, sagesse et bonté infinies; le Créateur et

Préservateur de toutes les choses visibles et invisibles. Et dans l'unité de cette Divinité il y a trois Personnes, d'une seule substance, puissance et éternité; le Père, le Fils et le Saint-Esprit" (Article 1). Les *Vingt-cinq Articles* du Méthodisme nous donne la même définition que ceux de l'Eglise d'Angleterre à l'exception du mot "passions" qui est omis. Le *Catéchisme de Westminster* définit Dieu comme "un Esprit, infini, éternel et immuable dans Son être, Sa puissance, Sa sainteté, Sa justice, Sa bonté et Sa vérité." Toutes ces définitions ne sont que des sommaires variés des vérités qui se trouvent dans la Parole révélée de Dieu.

B. *Les noms de Dieu.*

La nature de Dieu, telle qu'elle est enseignée dans les Saintes Ecritures, a été progressivement révélée à l'homme par l'usage des noms divins. Ces derniers communiquent dans une mesure variée une connaissance de la nature divine, et indiquent quelque chose du mystère impénétrable qui entoure Son Etre. Le premier nom par lequel Dieu s'est révélé, est le terme générique *Elohim*, qui remonte à l'origine de la racine simple du mot qui veut dire "puissance". Il signifie donc que Dieu possède toutes les formes de puissance. Pour cette raison, le mot est généralement employé au pluriel pour exprimer l'ampleur et la gloire des puissances divines, et la majesté de l'Etre en qui toutes ces puissances existent. Le deuxième nom par lequel Dieu s'est révélé est *Jéhovah* ou *Yahvé*. Au lieu d'être un terme générique, ce nom-là est un nom propre; il a été interprété pour Moïse par JE SUIS CELUI QUI SUIS (Exode 3:14). De cette manière le terme unit en un seul concept ce qui pour l'homme est passé, présent et futur, et révèle ainsi la relation personnelle et spirituelle qui existe entre Dieu et les hommes.

Parce que le nom de *Jéhovah* signifie la fidélité de Dieu envers Son peuple, les Juifs ont pris la coutume de former des noms composés exprimant des triomphes personnels et nationaux. Ainsi nous avons les noms de *Jéhovah-jireh*, "l'Eternel pourvoira"; *Jéhovah-nissi*, "l'Eternel ma bannière"; *Jéhovah-shalom*, "l'Eternel envoie la paix"; *Jéhovah-shammah*, "l'Eternel est là"; *Jéhovah-tsidkenu*, "l'Eternel notre justice". *Elohim* et

Jéhovah deviennent souvent *Elohim-Jéhovah*, et de cette manière démontrent Dieu comme Créateur et comme Rédempteur. Un autre terme qui s'applique à la Divinité est *El Shaddaï*, qui provient du mot racine "*shad*" ou sein. De cette manière il veut dire Celui qui "nourrit" ou qui donne la "force" — Celui qui répand Sa Présence dans la vie des croyants. Par le processus de la révélation, le terme a finalement signifié l'Esprit d'Amour, ou le "Consolateur". Le mot *Adonaï* veut dire Seigneur, et il est employé avec les deux termes d'origine *Elohim* et *Jéhovah*, puisqu'il exprime la domination d'une manière que le mot *Jéhovah* ne le fait pas. Parce que le mot *Jéhovah* est le nom incommunicable, les Juifs le considéraient avec une révérence supersticieuse et refusaient de le prononcer, en le remplacant toujours par le mot *Adonaï* ou Seigneur. *Adonaï* est employé avec *Elohim* dans des expressions telles que "mon Seigneur et mon Dieu" (Jean 20:28).

C.   *Le concept chrétien de Dieu.*

En plus des noms divins par lesquels Dieu s'est révélé dans l'Ancien Testament, il y a certains attributs employés par Christ et Ses apôtres dans le Nouveau Testament, pour exprimer la nature de Dieu, selon le concept chrétien. Ces attributs sont les suivants: (1) Dieu est Esprit; (2) Dieu est Vie; (3) Dieu est Lumière; et (4) Dieu est Amour.

1. *Dieu est Esprit.* Saint Jean rapporte les paroles de notre Seigneur lorsqu'Il déclare que *"Dieu est Esprit, et il faut que ceux qui l'adorent, l'adorent en esprit et en vérité"* (Jean 4:24). Par l'emploi du terme "Esprit", la déclaration veut sans aucun doute affirmer la personnalité de Dieu, indiquant de la sorte une relation commune entre Dieu et l'homme. Cette relation commune dans laquelle l'Esprit de Dieu peut se rencontrer avec l'esprit de l'homme devient le terrain propre à la communion spirituelle, et la base de toute adoration véritable. Christlieb signale que nous avons là "la définition la plus profonde de l'Ecriture relative à la nature de Dieu, une définition dont la perfection n' a jamais été atteint par les pressentiments et les aspirations de toute race païenne... L'homme a un esprit, Dieu est Esprit. En Lui l'Esprit ne forme pas simplement une partie de Son

Etre; mais toute l'essence même de Sa nature, Son moi particulier est Esprit. Nous avons ici l'idée de Dieu dans Sa perfection intérieure, tout comme les noms d'*Elohim* et de *Jéhovah* nous parlent principalement de Sa position extérieure. En tant qu'Esprit, Dieu est éternel, d'une clarté et d'une vérité indépendantes, d'une connaissance absolue, le principe d'intelligence de toutes les puissances, dont le regard pénètre tout, et produit la lumière et la vérité dans toutes les directions". Si nous considérons l'Etre Divin comme un Esprit, ayant le même pouvoir sur les forces invisibles que notre intelligence et notre esprit exercent sur chaque partie de notre corps, nous percevrons vaguement au moins la source de toute puissance si visible dans l'univers.

2. *Dieu comme Esprit est Vie.* Jésus a déclaré que *"le Père a la vie en lui-même, ainsi il a donné au Fils d'avoir la vie en lui-même"* (Jean 5.26). Il a aussi dit: *"Je suis le chemin, la vérité, et la vie"* (Jean 14.6). Par le terme "vie", tel qu'il est employé ici, il ne nous faut pas penser à une existence tout simple, mais à une vie organisée, c'est-à-dire, à un organisme qui comprend la vérité, l'ordre, la proportion, l'harmonie, et la beauté au complet. En tant que Vie Absolue, Dieu est exalté au-dessus de toute passivité, de tout amoindrissement, de toute nature transitoire, aussi bien qu'au-dessus de tout accroissement. La vie est dans un certain sens le fond inhérent à tous les attributs. Dans ce sens, il n'est peut-être pas possible de la définir, mais elle se révèle à la conscience par la pensée, les sentiments et la volonté; c'est donc la source de toute raison, de toute émotion et de toute activité dirigée par soi-même.

3. *Dieu comme Esprit est Lumière.* Saint Jean emploie le terme dans son sens le plus général, non comme "une lumière", mais comme "lumière". *"Dieu est lumière, et il n'y a point en lui de ténèbres"* (1 Jean 1:5) Tel qu'il est employé ici, le contraste entre la lumière naturelle et les ténèbres est un symbole d'un contraste encore plus grand, entre la sainteté et le péché. La lumière, c'est l'éclat de la sainte nature intrinsèque du Père, alors que les ténèbres sont la conséquence de la dépravation morale et du péché. Deux importantes doctrines ressortent de ce concept de vie. (1) D'abord, l'idée d'une

dépravation morale causée par l'absence de la lumière. Les Ecritures considèrent cela comme une obscurité éthique, c'est-à-dire, c'est la conséquence d'avoir banni volontairement la lumière. C'est une contradiction envers Dieu et envers notre propre nature supérieure. Derrière cette opposition volontaire à Dieu, saint Paul maintient que Satan s'y trouve, lui qui est le *"dieu de ce siècle, [qui] a aveuglé l'intelligence, afin qu'ils ne vissent pas briller la splendeur de l'Evangile de la gloire de Christ, qui est l'image de Dieu"* (2 Cor. 4:4.). (2) Ensuite, il y a l'idée d'une teneur positive de lumière, qui émane de la sainteté de Dieu. *"Il n'y a point en lui de ténèbres"* (1 Jean 1:5). Cela veut dire qu'au plus profond de Son Etre, il n'y a point de ténèbres, rien qui ne soit pas encore mis à découvert, rien de caché, rien qui ait besoin d'être perfectionné.

4. *Dieu comme Esprit est Amour.* Le troisième attribut fondamental de l'Esprit est l'amour. Saint Jean est très clair. Il dit: *"Dieu est amour"*; et encore, *"Dieu est amour; celui qui demeure dans l'amour demeure en Dieu, et Dieu demeure en lui"* (1 Jean 4:8, 16). L'amour exige un sujet aussi bien qu'un objet, et il exige aussi une relation réciproque entre les deux. L'amour donc, devient le lien de perfection dans la Divinité et aussi le lien d'union entre Dieu et l'homme. La sainteté appartient à la nature de Dieu, comme l'attribut qui Le distingue d'avec tous les autres; l'amour appartient à la libre expression de Sa nature. Au Père appartient, en premier lieu, la vie; au Fils, la lumière; et à l'Esprit, l'amour.

CHAPITRE VI
LES ATTRIBUTS DE DIEU

"Il ne faut pas que nous considérions les attributs divins comme de simples perfections passives, inhérents à la nature divine; ces attributs sont et resteront éternellement actifs, spécialement ceux qui concernent Son gouvernement moral. Qui peut contempler sérieusement tous ces attributs, inhérents à une seule personne et inhérents entre eux, et ne pas être profondément impressionné par Sa grandeur? *"Car l'Eternel est grand et très digne de louange, Il est redoutable par-dessus tous les dieux"* (Psaume 96:4). Bien que Dieu soit grand et incompréhensible, le chrétien fervent peut, par une foi simple, lever les yeux et dire: *"Notre Père qui es aux cieux! Que ton nom soit sanctifié"*, et au plus de profond de son âme, il peut avoir le sentiment que *ce Dieu est notre Dieu aux siècles des siècles*. Il n'y a pas de spectacle plus sublime sur la terre, que de voir un homme, pauvre, fragile et errant, agenouillé, dans l'adoration de ce grand et seul vrai Dieu."

—*L'évêque Weaver*

I. CLASSIFICATION DES ATTRIBUTS DIVINS

A. *Les attributs, les perfections, et les prédicats divins*

Les attributs de Dieu sont ces qualités et perfections qui n'appartiennent qu'à la nature divine. Dans l'emploi exact du mot, une distinction est faite entre les attributs et les perfections. Par attributs nous voulons dire les qualités que les êtres humains attribuent à Dieu lorsqu'ils pensent à Lui. Les perfections sont les qualités qui appartiennent à l'essence divine, et que Dieu attribue à Lui-même. Pourtant, dans l'usage commun, les deux termes sont interchangeables. Il est utile de faire une distinction prudente entre les attributs et les prédicats divins. Un prédicat est tout ce qui peut être affirmé de Dieu, comme par exemple Ses qualités de souverain et de créateur, mais qui n'attribue à Dieu aucune qualité essentiel ou aucun trait distinct. Prédicat est un terme plus étendu que celui d'attribut et il englobe ce dernier. Cependant, les attributs n'englobent pas les prédicats.

B. Les erreurs à éviter en considérant les attributs divins

Lorsque nous considérons les attributs divins, il y a deux erreurs auxquelles il nous faut prendre garde. *Premièrement*, il nous faut éviter de trop simplifier les attributs, afin de préserver l'unité divine. On peut admettre que la liste considérable des attributs, qui se trouvent dans de nombreux ouvrages sur la théologie systématique, n'est pas vraiment pertinente à la simplicité de la conception chrétienne de Dieu. Mais si l'on réduit excessivement le nombre des attributs, on affaiblit la conception des perfections divines. Nous devrions chercher à connaître Dieu autant que possible, et il nous faut accorder une importance à toute l'étendue des perfections, telles qu'elles sont révélées dans les Saintes Ecritures. *Deuxièmement*, il ne faut pas tomber dans l'erreur de considérer Dieu uniquement comme le produit total des attributs, arrangés selon un certain principe d'unité. Dans notre discussion séparée des attributs, nous ne suggérons pas que la nature divine soit divisée en différentes parties, mais plutôt que tous les attributs font partie d'une seule nature. Aucun attribut provient d'un autre, ni ne précède un autre. Toutes les perfections de Dieu sont éternelles.

C. La classification des attributs de Dieu

Une classification correcte a une grande valeur pour faire ressortir les traits distincts de la nature divine. Une des formes les plus simples de classification est la double division qui se fait entre les attributs d'aspect naturel et d'aspect moral. D'après cette classification, les attributs d'aspect naturel sont ceux qui sont essentiels à Sa nature et qui n'impliquent pas l'exercice de Sa volonté. Citons par exemple: l'aséité, l'infinité, l'éternité, l'immensité, l'immutabilité, et d'autres caractéristiques du même genre. Les attributs d'aspect moral sont les qualités de Son caractère, et demandent l'exercice de Sa volonté. La justice, la miséricorde, l'amour, la bonté, et la vérité se trouvent dans cette catégorie. La faiblesse de cette classification réside dans le fait qu'elle rassemble en un groupe les attributs relatifs de Dieu dans Ses rapports avec la création et ceux qui s'appliquent à Lui, en dehors de Sa relation avec le monde.

Une seconde classification organise les attributs en trois divisions: (1) les attributs absolus, ou ces qualités qui appartiennent à Dieu dans Son essence et en dehors de Son œuvre créatrice; (2) Les attributs relatifs, ou ceux qui proviennent de la relation qui existe entre le Créateur et la création, et qui par nécessité exige la créature pour être manifestés; et (3) les attributs d'apects moraux, ou ceux qui font partie de la relation qui existe entre Dieu et les êtres moraux vivant sous Son gouvernement — spécialement l'homme. C'est cette dernière classification que nous adoptons. C'est la méthode d'adaptation la plus simple, et c'est en même temps la forme de présentation la plus claire.

II. LES ATTRIBUTS ABSOLUS DE DIEU

Par attributs absolus nous voulons parler de ces qualités qui se rapportent au mode d'*existence* de Dieu, en contraste avec ces qualités qui font mention de Son mode d'*opération* ou d'*activité*. Ils doivent être conçus, pour autant que cela est possible, comme s'ils n'avaient aucune relation avec la créature. Ils sont absolus dans le fait qu'ils ne sont pas limités par le temps ou l'espace, sont indépendants de toute autre existence, et sont parfaits en eux-mêmes. Ils trouvent leur fondement dans le fait que Dieu est par Lui-même, un Etre absolu. Ils sont inhérents dans le fait qu'ils appartiennent à l'esprit et qu'ils sont essentiels à toute conception juste de la nature divine. Ils sont les attributs d'un Etre personnel, et peuvent se résumer par les termes spiritualité, infinité, éternité, immensité, immutabilité et perfection.

A. *La spiritualité comme un attribut de Dieu*

Notre Seigneur Jésus-Christ a déclaré que *"Dieu est esprit"* (Jean 4:24). Parce qu'Il est Esprit, il s'ensuit nécessairement qu'Il est une Personne réelle, vivante et incorporelle. Il se distingue de ce qu'Il a créé, et Il est un agent conscient de Sa personne, intelligent et volontaire. De plus, il s'ensuit que par la nature même de l'Esprit, Dieu est un être moral aussi bien qu'intellectuel. La spiritualité en tant qu'attribut se voit étroitement liée à l'esprit en tant qu'essence; par conséquent, nous lui accordons une première place dans notre considération des perfections divines. Le terme spiritualité est employé ici dans le sens de l'aséité ou d'une substance indépendante, qui comprend parfois l'unité de même que la simplicité. Par aséité nous voulons parler d'une substance indépendante, ou de l'autoexistence de Dieu. Cela indique le fait que le fondement de toute existence reside à Dieu seul. *"Le Dieu qui fait le monde et tout ce qui s'y trouve, étant le Seigneur du ciel et de la terre, n'habite point dans des temples faits de mains d'homme; il n'est point servi par des mains humaines, comme s'il avait besoin de quoi que ce soit, lui qui donne à tous la vie, la respiration, et toutes choses"* (Actes 17: 24-25).

Le terme simplicité s'applique à l'esprit pur et non composé. "Il est Esprit et non corps", dit Watson, "esprit et non matière. Il est pur Esprit, sans rapport avec la forme ou les organes du corps." Ce concept est exprimé dans le credo révisé par John Wesley et qui déclare: "Il n'y a qu'un seul vrai Dieu vivant, éternel, sans corps, parties ou passions." En ce qui concerne la spiritualité, Paley déclare qu'elle "exprime une idée faite d'éléments positifs et négatifs; la partie négative consiste de l'exclusion de certaines propriétés connues de la matière, particulièrement la solidité, l'inertie, la divisibilité et la gravitation. La partie positive, comprend la pensée perceptive, la volonté et l'action, ou la source du mouvement; la qualité, peut-être, dans laquelle réside la supériorité essentielle de l'esprit sur la matière — qui ne peut se mouvoir à moins d'être mise en mouvement et qui doit se mouvoir lorsqu'elle est poussée."

Par le fait que l'esprit est simple et non composé, nous avons une idée de l'unité telle qu'elle est attribuée à Dieu. L'unité est souvent considérée comme étant un attribut séparé. Elle est conçue pour nous enseigner qu'il n'y a qu'un seul Dieu et que Son unité fait partie de Son autoexistence. Un seul être, existant par lui-même, remplace pour toujours la nécessité d'un autre, parce que cela implique la possession de toutes les perfections. *"Il n'y a qu'un seul Dieu"* (1 Cor. 8:4). C'est l'attribut de l'autoexistence qui établit cette position, et qui de plus est maintenue et fortifiée par l'attribut de l'éternité.

Les Ecritures de l'Ancien et du Nouveau Testament enseignent l'unité et la spiritualité de Dieu. *"Ecoute, Israël! L'Eternel, notre Dieu, est le seul Eternel* (Deut. 6:4). *"Toi seul, tu es Dieu* (Psaume 86:10). *"Y a-t-il un autre Dieu que moi? Il n'y a pas d'autre rocher, je n'en connais point"* (Esaïe 44:8). *"Car je suis Dieu, et il n'y en a point d'autre"* (Esaïe 45:22). *"Le Seigneur, notre Dieu, est l'unique Seigneur"* (Marc 12:29)."*Or, la vie éternelle, c'est qu'ils te connaissent, toi, le seul vrai Dieu, et celui que tu as envoyé, Jésus-Christ"* (Jean 17:3). *"Néanmoins, pour nous, il n'y a qu'un seul Dieu"* (1 Cor. 8:6)."*Un seul Dieu et Père de tous, qui est au-dessus de tous, et parmi tous, et en tous"* (Eph. 4:6). *"Car il y a un seul Dieu, et aussi un seul médiateur entre Dieu et les hommes, Jésus-Christ homme"* (1 Tim. 2:5)." Lorsque l'on rejette l'unité divine, si clairement établie dans les passages précédents, l'on tombe dans l'erreur du paganisme. Même si la spiritualité de Dieu est en grande partie incompréhensible pour nous, quand elle est considérée du point de vue de l'aséité, de la simplicité et de l'unité, elle représente toutefois un attribut essentiel. L'idée de Dieu en tant qu'Esprit personnel est le seul concept de la croyance religieuse qui soit conforme à l'homme, en tant qu'un être dépendant et responsable. Quelqu'un a dit: "Cela représente une des vérités premières, la plus grande, la plus sublime et la plus nécessaire dans l'étendue de la nature: Il y a un Dieu, la cause de toutes choses, la source de toute perfection, sans parties ou dimensions, parce qu'Il est éternel, Il remplit les cieux et la terre, Il pénètre, gouverne et maintient toutes choses, parce qu'Il est un Esprit infini."

B. *L'infinité comme un attribut de Dieu*

Par infinité, nous entendons qu'il n'y a pas de frontières ou de limites à la nature divine. C'est un terme qui s'applique à Dieu seul, et en tant que tel il s'applique particulièrement aux attributs personnels de puissance, de sagesse et de bonté. C'est pourquoi nous avons la déclaration du credo que Dieu est "d'une puissance, d'une sagesse et d'une bonté infinies". Le Dr Foster considère l'attribut de l'infinité comme la base des attributs voisins — l'éternité et l'immensité. St Augustin nous dit:

"Il sait comment être partout dans Son être entier et ne pas être limité par aucun endroit. Il sait comment venir sans pour cela quitter l'endroit où Il était; Il sait comment s'éloigner sans partir de l'endroit d'où Il venait... Il est partout dans Son être entier, retenu par aucun espace, par aucune limite, ne peut être divisé en parties, muable en aucun cas, et il remplit les cieux et la terre par la présence de Sa puissance." Le terme "infinité" ne s'applique qu'à l'Esprit personnel, et le mot devrait être employé dans son intégrité pour tout simplement exprimer tout ce qui ne peut admettre de limite.

C. *L'éternité comme un attribut de Dieu*

Par éternité comme attribut de Dieu nous entendons qu'Il n'est pas limité par le temps, qu'Il est libre quant aux distinctions temporaires du passé et de l'avenir, et que Sa vie ne peut pas avoir de succession. Cela s'exprime principalement dans le nom: *"JE SUIS CELUI QUI SUIS"* (Exode 3:14); ou comme saint Jean l'exprime: *"Celui qui est, qui était, et qui vient, le Tout-Puissant"* (Apoc. 1:8). Ce n'est pas seulement l'indépendance de Dieu qui est proclamée ici, mais Son éternité aussi. Cette doctrine est encore affirmée dans les Ecritures par les passages suivants: *"Le Dieu d'éternité est un refuge, et sous ses bras éternels est une retraite" (Deut. 33:27). "D'éternité en éternité tu es Dieu"* (Psaume 90:2). *"Mais toi tu restes le même, et tes années ne finiront point"* (Psaume 102:28). *"Car ainsi parle le Très-Haut, dont la demeure est éternelle et dont le nom est saint"* (Esaïe 57:15). *"Et dont l'origine remonte aux temps anciens, aux jours de l'éternité"* (Michée 5:1.) *"Au roi des siècles, immortel, invisible, seul Dieu, soient honneur et gloire, aux siècles des siècles! Amen!"* (1 Tim. 1:17). *"Ils ne cessent de dire jour et nuit: Saint, saint, saint est le Seigneur Dieu, le Tout-Puissant, qui était, qui est, et qui vient!"* (Apoc. 4:8). Le fait que Dieu *a toujours été* et qu'Il *sera toujours* va au-delà de la capacité de compréhension humaine. "Ces faits", dit l'évêque Weaver, "établissent dans notre pensée la réalité qu'il y a en Dieu un mode d'existence qui est complètement différent du nôtre; que tout ce qui est, a été, ou sera, fait partie de Sa conscience sereine et toujours présente; que

Dieu est par rapport à ce que nous appelons temps, ce qu'Il est par rapport à l'espace; que Celui qui habite l'immensité, habite également l'éternité" (WEAVER, *Christian Theology*, p. 23).

D. *L'immensité comme un attribut de Dieu*

Comme attribut, l'immensité exprime le contraste entre le monde de l'espace, et le mode d'existence de Dieu, un peu de la même manière que l'éternité exprime le contraste temporel. Tout comme le temps est né de l'éternité, ainsi l'espace est né de l'immensité. Cet attribut est mentionné directement, mais une seule fois dans la Bible, et cela dans deux passages parallèles qui se trouvent dans 2 Chroniques 6:18 et 1 Rois 8:27: *"Voici les cieux et les cieux des cieux ne peuvent te contenir: combien moins cette maison que j'ai bâtie!"* Pourtant, il y a d'autres passages qui enseignent indirectement la même vérité. *"Ainsi parle l'Eternel: le ciel est mon trône, et la terre mon marche pied"* (Esaïe 66:1). *"Quelqu'un se tiendra-t-il dans un lieu caché, sans que je le voie? dit l'Eternel. Ne remplis-je pas, moi, les cieux et la terre? dit l'Eternel"* (Jér. 23:24). L'appel des Ecritures ici est tout d'abord un appel à la dévotion, et il est adressé afin de mettre en garde celui qui adore contre le danger de localiser inutilement sa pensée de Dieu.

E. *L'immutabilité comme un attribut de Dieu*

Cet attribut exprime le caractère d'inaltérabilité de Dieu, que ce soit dans Sa nature ou dans Ses attributs, dans Ses desseins ou dans Sa conscience. Pourtant, cela ne veut pas dire qu'il y a une uniformité rigide de l'être. Cela se rapporte au fait que Sa nature et Ses attributs sont toujours en harmonie avec les activités de Sa création et de Sa providence. Il aime la justice et déteste l'iniquité, et par conséquent, Son gouvernement d'aspect moral est toujours en harmonie avec Sa nature d'amour parfait. Il considère une personne, tantôt avec déplaisir, tantôt avec approbation, selon que la personne est désobéissante ou vertueuse. L'immutabilité divine est vitale à la moralité aussi bien qu'à la religion. Ici encore, nous avons les enseignements justes et satisfaisants des Saintes Ecritures. *"Mais toi, tu restes le même, et tes années ne finiront point"* (Psaume 102:28).

"Car je suis l'Eternel, je ne change pas" (Malachie 3:6). *"Toute grâce excellente et tout don parfait descendent d'en haut, du Père des lumières, chez lequel il n'y a ni changement, ni ombre de variation"* (Jacques 1:17). "C'est là la perfection", dit le Dr Blair, "qui distingue peut-être plus que toute autre chose la nature divine d'avec la nature humaine, donne une énergie complète à tous Ses attributs et Lui donne droite à l'adoration la plus élevée. De là sont dérivés l'ordre régulier de la nature et la stabilité de l'univers. Le Dieu éternel qui s'est révélé Lui-même comme le JE SUIS à Moïse, est le JE SUIS d'aujourd'hui, infini, éternel, inchangeable dans Son Etre, Sa sagesse, Sa puissance, Sa sainteté, Sa justice, Sa bonté et Sa vérité."

F.   La perfection comme un attribut de Dieu

Voilà l'attribut qui achève et qui harmonise toutes les autres perfections. Rien ne manque à l'être de Dieu, lequel est nécessaire à la félicité. Cet attribut est une unité. Il est unique. Il est absolu. Plutôt que d'être une association de perfections individuelles ou le point culminant d'un processus vers la perfection, cet attribut est la source même de toute autre perfection. Il élimine toute possibilité d'un défaut. Lorsque notre Seigneur a dit: *"Soyez donc parfaits, comme votre Père céleste est parfait"* (Matt. 5:48), Il présentait le Père comme le *Summum Bonum* [le Bien Suprême] de toute bonté spirituelle et la raison majeure du bonheur et de la dévotion de l'homme. Puisqu'Il est Celui qui est parfait, le Père comprend dans Son propre être, tout ce qui est nécessaire à notre bonheur éternel.

III. LES ATTRIBUTS RELATIFS DE DIEU

Les attributs relatifs ne doivent pas être considérés comme essentiellement différents des attributs absolus, mais plutôt comme les mêmes perfections sous une autre forme. Seul le point de vue est différent. Par conséquent, l'indépendance divine s'exprime par l'omnipotence ou par la puissance complète de Dieu, de même que l'immensité divine, considérée par rapport à l'espace, et l'éternité par rapport au temps, avec la qualité très proche de l'immutabilité, s'exprime par l'omniprésence de Dieu. Pourtant, l'omniscience ne semble pas être en relation aussi directe avec les attributs absolus tels que nous les avons considérés. Elle appartient plus particulièrement à la personnalité, et devient le point de transition logique entre les attributs métaphysiques et éthiques ou moraux.

A. *L'omniprésence de Dieu*

L'immensité divine est la présupposition à l'attribut de l'omniprésence. Le Dr Dick établit la différence entre eux de la façon suivante: "Lorsque nous appelons Sa nature immense, nous voulons dire qu'elle n'a pas de limites; lorsque nous déclarons qu'elle est omniprésente, nous faisons savoir qu'elle est présente partout où se trouvent Ses créatures" (DICK, *Theology*, Lecture 19). Mais, alors même que Dieu est omniprésent, Il établit des rapports différents avec Ses créatures. "Dieu est présent d'une façon particulière dans la nature", dit l'évêque Martensen, "et d'une façon particulière dans l'histoire, dans l'Eglise et dans le monde; Il n'est pas présent de la même façon dans les cœurs de Ses saints, et dans le cœur des incroyants; dans les cieux et en enfer" (MARTENSEN, *Christian Dogmatics,* p. 94).

En tenant compte de notre discussion précédente sur l'unité de Dieu, nous remarquons aussi que Dieu est toujours présent, à chaque étape, avec Son être en entier. C'est de cette façon que la personne fervente peut toujours L'adorer comme un secours qui ne manque jamais dans le besoin. *"Car ainsi parle le Très-Haut, dont la demeure est éternelle et dont le nom est saint: J'habite dans les lieux élevés et dans la sainteté; mais je suis avec l'homme contrit et humilié, afin de ranimer les esprits humiliés, afin de ranimer les cœurs contrits"* (Esaïe 57:15). *"Ne suis-je un Dieu que de près, dit l'Eternel, et ne suis-je pas aussi un Dieu de loin? Quelqu'un se tiendra-t-il dans un lieu caché sans que je le voie? dit l'Eternel. Ne remplis-je pas, moi, les cieux et la terre? dit l'Eternel"* (Jér. 23:23-24). Que Dieu est transcendantalement grand! *"L'Eternel regarde du haut des cieux, Il voit tous les fils de l'homme"* (Psaume 33:13). Il est non seulement un secours qui ne manque jamais dans le besoin, mais une présence qui s'oppose au péché. Le péché ne peut être commis là où Il n'est pas. Il connaît non seulement chaque acte commis et chaque parole parlée, mais aussi chaque pensée et chaque motif considérés et chaque sentiment que l'on s'est permis.

"Ô que ces pensées puissent posséder mon cœur,
Partout où je vais, partout ou je me repose!
Afin que mes passions les plus faibles n'osent
Consentir à pécher, car Dieu est là."

B. *L'omnipotence de Dieu.*

L'omnipotence de Dieu se rattache à l'attribut absolu de l'aséité (autoexistence), en tant que personnalité qui s'exprime dans la volonté. Parce qu'elle est l'expression de la volonté divine, elle a aussi un rapport direct et vital avec les attributs moraux de Dieu. L'omnipotence se décrit comme cette perfection de Dieu par le moyen de laquelle Il est capable de faire tout ce qu'Il veut. Voilà la description scripturaire: *"Rien n'est trop difficile pour toi"* (Jér. 32:17, *La Bible en français courant*). *"Notre Dieu est au ciel, Il fait tout ce qu'il veut"* (Psaume 115.3). Tout ce qui Lui est impossible ne l'est pas à cause d'une limite de Sa puissance, mais uniquement parce que Sa nature est ainsi faite, de la même manière que Sa sainteté n'est pas compatible avec le péché.

Les Ecritures sont remplies d'expressions concernant la puissance de Dieu. *"Dieu a parlé une fois; deux fois j'ai entendu ceci: c'est que la force est à Dieu"* (Psaume 62:12). *"Que toute la terre craigne l'Eternel! Que tous les habitants du monde tremblent devant lui! Car il dit, et la chose arrive; Il ordonne, et elle existe"* (Psaume 33:8-9). *"Tout pouvoir m'a été donné dans le ciel et sur la terre"* (Matt. 28:18). *"Le Seigneur, notre Dieu tout-puissant, est entré dans son règne"* (Apoc. 19:6). Aucune doctrine n'a de valeur religieuse plus importante que celle de l'omnipotence divine. Elle est le fondement d'une adoration religieuse de Dieu profonde et continue; c'est aussi le principe et le ferme soutien qui favorisent la simple confiance et l'assurance. Elle a courageusement conduit notre Seigneur à la croix, dans la confiance que par le moyen de l'omnipotence de Dieu, Sa cause triompherait même de la mort, le dernier ennemi. Elle a donné le courage nécessaire aux saints de tous les temps, et malgré le découragement ou l'apparente défaite, elle leur a permis d'être plus que vainqueurs. En effet, Dieu *"peut faire, par la puissance qui agit en nous, infiniment au-delà de tout ce que nous demandons ou pensons, à lui soit la gloire dans l'Eglise et en Jésus-Christ, dans toutes les générations, aux siècles des siècles! Amen!"* (Eph. 3:20-21).

C. L'omniscience de Dieu

Par omniscience nous entendons la connaissance parfaite que Dieu possède de Lui-même et de toutes choses. C'est la perfection sans limite de ce qui en nous est appelé connaissance. Par conséquent, nous lisons que *"Son intelligence n'a point de limite"* (Psaume 147:5). *"Même les ténèbres ne sont pas obscures pour toi, la nuit brille comme le jour, et les ténèbres comme la lumière"* (Psaume 139:12). *"Je suis Dieu, et nul n'est semblable à moi. J'annonce dès le commencement ce qui doit arriver, et longtemps d'avance ce qui n'est pas encore accompli"* (Esaïe 46:9-10). *"O profondeur de la richesse, de la sagesse et de la science de Dieu! Que ses jugements sont insondables, et ses voies imcompréhensibles!"* (Rom. 11:33). *"Nulle créature n'est cachée devant lui, mais tout est nu et découvert aux yeux de celui à qui nous devons rendre compte"* (Héb. 4:13). *"Car si notre cœur nous condamne, Dieu est plus grand que notre cœur, et il connaît toutes choses"* (1 Jean 3.20). *"Et toutes les Eglises connaîtront que je suis celui qui sonde les reins et les cœurs"* (Apoc. 2:23)."

L'attribut de l'omniscience occupe une place critique et importante dans la théologie, parce qu'il est étroitement lié au gouvernement moral de Dieu. Il y a quelque chose, concernant cet attribut, qui est particulièrement compliqué. Il possède une relation intime avec la Personnalité unique et divine. Le premier problème qui se pose, par rapport à cet attribut, est la question de la connaissance divine concernant les événements contingents que l'on appelle communément une préconnaissance. Les événements contingents sont ceux qui peuvent se produire, mais pas de façon certaine, ceux qui sont sujets à la chance ou à des conditions imprévues, et ceux qui dépendent de la liberté d'action de l'homme.

En ce qui concerne le problème de la préconnaissance divine, les théologiens tant arminiens que calvinistes s'en tiennent à la *scientia necessaria* ou la connaissance nécessaire et éternelle que Dieu a de Lui-même. Une personnalité infinie laisse supposer une conscience ou une connaissance de soi infinie. De même, les théologiens arminiens et calvinistes croient en la *scientia libera,* ou la liberté de connaissance que Dieu a des personnes et des choses en dehors de Lui-même. Pourtant, ils diffèrent quant au fondement de cette préconnaissance. En général, les Arminiens maintiennent que Dieu a une connaissance de pure contingence. Pour leur part, les Calvinistes associent cette préconnaissance avec les décrets que Dieu a décidés en Lui-même. Il y a une position médiatrice connue communément sous le nom de *scientia media* ou la connaissance de ce qui est hypothétique. C'est la connaissance conditionnelle selon laquelle Dieu est exactement au courant, non seulement de tout ce qui se produira, mais aussi de tout ce qui pourrait ou ne pourrait pas se produire, selon certaines conditions non existentes. Que la connaissance soit libre ou conditionnelle, nous pouvons sagement conclure avec Van Oosterzee qu'"absolument rien n'est exclu de la connaissance divine". Le second problème difficile, associé avec l'omniscience de Dieu, est le rapport qui existe entre la préconnaissance et la prédestination. La position calviniste identifie la préconnaissance et la prédestination, et maintient que les décrets divins sont à base de tous les événements, y compris les actions volontaires des hommes. "Dieu ne prévoit les événements futurs", dit Calvin, "qu'en conséquence de Ses décrets qui déclarent qu'ils devraient se produire." Les Arminiens soutiennent que cette opinion s'oppose diamétralement à la liberté d'action de l'homme, et que par conséquent elle est inacceptable.

La position arminienne maintient que le pouvoir du choix contraire est un élément constitutif de la liberté humaine, et que la préconnaissance doit se rapporter à des actions libres et par conséquent à une contingence pure. La déclaration du Dr Pope, à ce sujet, mérite d'être considérée soigneusement: "Ce n'est pas la préconnaissance divine qui détermine ce qui a lieu, mais ce qui a lieu détermine la préconnaissance divine... La prédestination doit avoir ses droits; tout ce que Dieu veut faire a été prédéterminé. Mais tout ce que la liberté humaine accomplit, Dieu peut seulement le préconnaître; sans quoi la liberté n'est plus liberté" (POPE, *Compendium of Christian Theology*, t. I, p. 318). Quant au rapport qui existe entre l'omniscience divine et la liberté humaine, le Dr Hills observe: "Certains refusent d'admettre la liberté parce qu'elle est contradictoire à l'omniscience. Mais la simple connaissance de Dieu n'influence rien, ni ne change d'aucune manière la nature des choix humains; pour la simple raison que c'est une connaissance et non une influence ou une causalité. Il y a un million d'années, Dieu savait de façon certaine comment A.B. ferait un choix libre cet après-midi. Il sait qu'il était libre de faire ce choix, et l'aurait peut-être fait différemment. Mais s'il l'avait fait, Dieu aurait su à l'avance qu'il le ferait différemment. La préconnaissance de Dieu se fait d'après le libre choix de l'homme et non le libre choix d'après la préconnaissance. Ce qu'un homme a fait librement cet après-midi, a déterminé ce que ses voisins ont vu qu'il faisait: cela aussi détermine ce que Dieu avait su à l'avance qu'il ferait. Comment Dieu peut-Il ainsi savoir à l'avance les futures décisions libres de l'homme demeure un mystère, comme tous les autres faits infinis de Sa nature" (HILLS, *Fundamentals of Christian Theology*, t. I, p. 209).

Pour terminer notre discussion concernant la relation entre la préconnaissance divine et la prédestination, prenons note d'une déclaration de William Newton Clarke: "En réalité pratiquement personne ne croit que la connaissance de Dieu des événements soit la vraie cause des événements ou détruise la réalité des autres causes. Tous les hommes savent en pratique que ce n'est pas le cas. Dieu doit savoir si les fleurs du pommier d'une certaine année accompliront leur promesse: mais personne ne pense que Sa connaissance puisse prendre la place des forces naturelles qui produisent le fruit ou empêchent sa production. Il en est de même dans le domaine de la liberté d'action... Si nous affirmons que la connaissance de Dieu de nos actions rend celles-ci involontaires, nous allons à l'encontre de toute l'expérience et de tout le sens commun de l'humanité. Si nous affirmons que la connaissance de Dieu détruit l'efficacité des forces dont Il prévoit l'opération, particulièrement lorsque ces forces représentent la volonté humaine, nous affirmons qu'il n'y a qu'une seule volonté dans l'univers, la volonté de Dieu, et par conséquent nous englobons l'humanité dans un véritable fatalisme" (CLARKE, *An Outline of Christian Theology*, p.85).

D. La sagesse de Dieu

En tant qu'attribut divin, la sagesse est étroitement liée à l'omniscience dont elle dépend. Pourtant, les théologiens arminiens traitent souvent ce sujet séparément. Tel qu'il est décrit par Wakefield, c'est "l'attribut qui par Sa nature même Lui permet de connaître et d'ordonner toutes choses, pour l'avancement de Sa gloire et pour le bien de Ses créatures". Même si la sagesse et la connaissance sont étroitement liées, la distinction est claire. La connaissance, c'est la compréhension des choses telles quelles sont, et la sagesse c'est l'adaptation de cette connaissance pour atteindre certains buts. Tout comme la connaissance est nécessaire à la sagesse, ainsi l'omniscience est nécessaire à Sa sagesse infinie. L'Ancien et le Nouveau Testament contiennent tous deux un grand nombre de références concernant cet attribut. *"En Dieu résident la sagesse et la puissance. Le conseil et l'intelligence lui appartiennent"* (Job 12:13). *"Que tes œuvres sont en grand nombre, ô Eternel! Tu les a toutes faites avec sagesse."* (Psaume 104:24). *"Christ...puissance de Dieu et sagesse de Dieu"* (1 Cor. 1.23-24). *"Au roi des siècles, immortel, invisible, seul Dieu, soient honneur et gloire, aux siècles des siècles! Amen!"* (1 Tim. 1:17).

E. La bonté de Dieu

La bonté de Dieu représente cet attribut par lequel Dieu accorde le bonheur à Ses créatures. C'est cette excellence qui pousse Dieu à infuser l'existence et la vie à des choses finies et à leur donner des dons tels qu'ils sont capables de les recevoir. La bonté de Dieu est volontaire. Elle se rapporte principalement à Sa bienveillance ou à cette disposition qui cherche à promouvoir le bonheur de Ses créatures. Elle se rattache à l'amour, mais l'amour se limite à des personnes sensibles ou à celles qui sont capables de rendre l'amour, alors que la bonté s'applique à la création toute entière. Aucun passereau *"n'est oublié devant Dieu"* (Luc 12:6). Le psalmiste semble avoir eu de la joie à méditer sur la bonté de Dieu. *"Oui le bonheur et la grâce m'accompagneront tous les jours de ma vie, et j'habiterai dans la maison de l'Eternel jusqu'à la fin de mes jours"* (Psaume 23:6). *"La bonté de Dieu subsiste toujours"* (Psaume 52:3). *"Oh! combien est grande ta bonté, que tu tiens en réserve pour ceux qui te craignent"* (Psaume 31:20). Dans le Nouveau Testament, saint Paul parle de la bonté de Dieu telle qu'elle nous conduit à la repentance (Rom. 2:4); et dans Gal 5:22 et Eph. 5:9, il mentionne la bonté comme un des fruits de l'Esprit.

IV. LES ATTRIBUTS MORAUX DE DIEU

Les attributs moraux de Dieu se rapportent à Son gouvernement sur des créatures libres et intelligentes. Puisque des obligations morales sont essentielles à l'existence et à la continuité d'une société, la connaissance de Dieu sera toujours un facteur décisif dans la vie communautaire de l'homme. Il y a une différence marquée entre les attributs métaphysiques (absolus et relatifs) et les attributs éthiques ou moraux. Les attributs métaphysiques et éthiques peuvent tous deux être compris d'une certaine façon par la compréhension limitée de l'homme. Cependant, les attributs éthiques dépendent plus particulièrement d'une expérience commune pour être compris. L'homme est créé à l'image de Dieu, et, en tant qu'être raisonnable, est capable dans les limites de sa finitude de comprendre les attributs naturels de Dieu. Toutefois, l'homme est tombé dans le péché, et par conséquent il lui manque une base personnelle intérieure pour comprendre le caractère moral et spirituel de Dieu. Seuls ceux qui ont le cœur pur voient Dieu. La sainteté de Dieu agit comme une barrière à l'approche de l'homme pécheur. Il n'y a pas de lieu de rencontre, ni de base d'entente pour la compréhension. C'est uniquement par l'œuvre médiatrice de Jésus-Christ que l'homme peut devenir un participant de la nature divine, et peut ainsi apprendre à connaître Dieu dans le sens le plus profond et le plus vrai. Ce n'est que de cette manière que la sainteté et l'amour de Dieu peuvent être vraiment compris.

Les attributs moraux de Dieu peuvent être analysés de plusieurs manières. Ils peuvent tous être réduits en deux parties: Sa sainteté et Son amour; ou, on peut les arranger en trois groupes principaux: la sainteté, l'amour et la grâce. En ce qui nous concerne, il est bien de les considérer séparément dans l'ordre suivant: la sainteté, l'amour, la justice, la droiture, la vérité et la grâce.

A. *La sainteté de Dieu*

Trois positions générales ont été prises par les théologiens concernant la sainteté de Dieu: (1) elle peut être considérée comme un seul attribut à côté d'autres attributs, et coordonnés à ces derniers; (2) elle peut être considérée comme le produit total de tous les autres attributs; et (3) elle peut être considérée comme la nature de Dieu dont les attributs ne représentent qu'une expression. "La sainteté de Dieu", dit Wakefield, "est considérée communément comme un attribut qui se distingue de toutes les autres perfections; mais nous pensons que cela est une erreur. La sainteté est un terme complexe, et ne dénote pas tant un attribut particulier qu'un caractère général de Dieu qui résulte de toutes Ses perfections morales... La sainteté de Dieu n'est pas et ne peut pas être quelque chose de différent en dessous duquel toutes ces perfections sont comprises." Une position semblable est adoptée par le Dr Dick qui affirme que "la sainteté n'est pas un attribut particulier, mais le caractère général de Dieu, résultant de Ses attributs moraux". Le Dr Wardlaw décrit la sainteté comme "l'union de tous les attributs, comme la lumière blanche est l'union de tous les rayons colorés du spectre". Le Dr Pope maintient que les deux perfections divines, la sainteté et l'amour, peuvent être appelées la nature morale de Dieu: "Ils sont deux perfections ascendants dont l'union et l'harmonie n'ont pas encore été entièrement expliquées." Il indique que ces deux termes sont les seuls qui unissent l'essence et les attributs de Dieu. En tant qu'essence, ils constituent la nature morale de Dieu; en tant qu'attributs, ils sont la révélation de cette nature à travers l'économie de la grâce divine.

Une des meilleures descriptions de la sainteté de Dieu nous est donnée par le Dr William Newton Clarke: "La sainteté, c'est la plénitude glorieuse de la supériorité morale de Dieu, considérée comme le principe de Sa propre action et comme le norme pour Ses créatures" (CLARKE, *An Outline of Christian Theology*, p. 89). On y trouve *le caractère, la cohérance et les conditions requises*. Premièrement, en Dieu, la sainteté est la perfection de l'excellence morale, laquelle existe en Lui sans origine et sans source. *"Qui est comme toi parmi les dieux, ô Eternel? Qui est comme toi magnifique en sainteté, digne de louanges, opérant des prodiges?"* (Exode 15:11). *"Saint, saint, saint est l'Eternel des armées! toute la terre est pleine de sa gloire!"* (Esaïe 6:3). *"Je te célébrerai avec la harpe, Saint d'Israël!"* (Psaume 71:22). *"Ils ne cessent de dire jour et nuit: Saint, saint, saint est le Seigneur Dieu, le Tout-Puissant, qui était, qui est, et qui vient!"* (Apoc. 4:8). *"Qui ne craindrait, Seigneur, et ne glorifierait ton nom ? Car seul tu es saint"* (Apoc. 15:4).

Deuxièmement, la sainteté est le principe de l'activité même de Dieu: *"Tes yeux sont trop purs pour voir le mal, et tu ne peux pas regarder l'iniquité"* (Hab. 1:13). *"L'Eternel est juste dans toutes ses voies, et miséricordieux dans toutes ses œuvres"* (Psaume 145:17). Il est dit à propos de Christ: *"Tu as aimé la justice, et tu as haï l'iniquité; c'est pourquoi, ô Dieu, ton Dieu t'a oint d'une huile de joie au-dessus de tes égaux"* (Héb. 1:9). La sainteté de Dieu est à la fois positive et négative, laissant supposer la possession de toute la bonté positive et l'absence de tout mal.

Troisièmement, la sainteté est la norme pour les créatures de Dieu. *"Car je suis l'Eternel, votre Dieu; vous vous sanctifierez, et vous serez saints, car je suis saint"* (Lév. 11:44). *"De nous permettre, après que nous serions délivrés de la main de nos ennemis, de le servir sans crainte, en marchant devant lui dans la sainteté et dans la justice tous les jours de notre vie"* (Luc 1:74-75). *"Mais, puisque celui qui vous a appelés est saint, vous aussi soyez saints dans toute votre conduite, selon qu'il est écrit: Vous serez saints, car je suis saint"* (1 Pierre

1.15-16). L'homme est donc appelé à être saint, pas d'une manière absolue, car la sainteté absolue n'appartient qu'à Dieu, mais relativement, de la sainteté que Dieu communique aux anges et aux hommes. Mais, comment l'homme pécheur peut-il devenir saint? Cela n'est possible que par l'expiation de Christ, qui immédiatement protège la sainteté de Dieu et la restaure à l'homme en le rendant participant de la nature divine.

Dans la Trinité, la vie est particulièrement la propriété du Père, la lumière celle du Fils, et l'amour celle de l'Esprit. Mais, d'une manière fondamentale, on attribue à chacun d'eux une nature qui est caractérisée comme sainte, et la triple attribution d'adoration et de louange, *"Saint, saint, saint est l'Eternel des Armées"*, ne se rapporte pas à la vie, ou à la lumière, ou à l'amour, mais à la sainteté. Il est donc possible de dire que la sainteté dans le Père est le mystère de la vie, séparée, distincte et sans origine; la sainteté dans le Fils est la lumière, qui à travers la profondeur de Son être infini, ne révèle aucune obscurité, rien qui ne puisse être découvert, rien d'inachevé, rien qui doive être amené à la perfection; la sainteté dans l'Esprit, c'est la révélation de l'amour qui existe entre le Père et le Fils, et que saint Paul appelle le lien de la perfection. Dans le Père, la sainteté est originale et sans source, le fondement de la révérence et de l'adoration, et la norme de toute bonté morale. Dans le Fils, la sainteté est révélée, et par son offrande propitiatoire l'homme peut devenir saint et entrer en communion avec le Père. Dans l'Esprit, la sainteté est transmise et devient accessible à l'homme. C'est par l'Esprit que nous devenons participants de la nature divine. D'où le terme "Saint Esprit" qui affirme non seulement la nature de l'Esprit comme étant Lui-même saint, mais déclare aussi que Sa fonction et Son œuvre est de rendre les hommes saints.

B. *L'amour de Dieu*

Saint Jean établit une vérité profonde avec la déclaration que *"Dieu est amour; et celui qui demeure dans l'amour demeure en Dieu, et Dieu demeure en lui"* (1 Jean 4:16). La nature de Dieu est un amour saint. La sainteté et l'amour font également partie de la nature de Dieu. La sainteté représente la pureté, le caractère moral et la supériorité de l'amour de Dieu. La sainteté de Dieu exige qu'Il agisse toujours d'un amour pur, et l'amour doit toujours amener ses objets vers la sainteté. L'amour de Dieu est en réalité le désir d'infuser la sainteté, et ce désir n'est satisfait que lorsque les êtres qu'Il recherchent sont rendus saints. Par conséquent, nous lisons que *"Dieu prouve son amour envers nous, en ce que, lorsque nous étions encore des pécheurs, Christ est mort pour nous"* (Rom. 5:8); et encore: *"Cet amour consiste, non point en ce que nous avons aimé Dieu, mais en ce qu'il nous a aimés et a envoyé son Fils comme victime expiatoire pour nos péchés:* (1 Jean 4:10)."

Par conséquent, l'amour de Dieu est la nature de Dieu, du point de vue de Sa communication personnelle avec les hommes. Schleiermacher décrit l'amour comme "l'attribut en vertu duquel Dieu se révèle". Le Dr Francis J. Hall le décrit comme "l'attribut qui a pour raison le fait que Dieu veut une communion personnelle entre Lui-même et ceux qui sont saints ou capables de le devenir". William Newton Clarke unit les deux facteurs, et décrit l'amour de Dieu comme "le désir de Dieu d'infuser Sa vie et tout ce que est bien aux autres êtres, et de les posséder pour Sa propre communion spirituelle". Il est évident, d'après ces définitions, qu'il existe au moins trois principes essentiels dans l'amour: l'autocommunication, la communion, et le désir de posséder l'objet aimé. L'amour de Dieu doit pouvoir s'exprimer dans ce double désir de posséder d'autres êtres pour Lui-même, et de leur communiquer Sa nature et tout ce qui est bien.

On a souvent remarqué que la mère qui se sacrifie pour son enfant, représente la personne dont le désir d'un amour réciproque de la part de l'enfant est le plus profond et inextinguible. Quel que soit le renoncement ou le sacrifice d'amour, il est toujours accompagné du désir d'obtenir une réaction réciproque. Par le dévouement même d'une mère pour son fils, cette mère affirme sa personnalité distincte. Le renoncement de soi-même et l'affirmation de soi-même doivent être égaux. Ni l'un ni l'autre ne peut augmenter sans l'autre, si l'on veut entretenir l'amour. Si l'affirmation de soi n'est pas accompagnée par son équivalent de renoncement de soi-même, nous n'avons pas de l'amour, mais de l'égoïsme, sous le déguisement de l'amour; si le renoncement de soi-même n'est pas maintenu en équilibre, par l'affirmation de soi, nous n'avons pas de l'amour, mais de la faiblesse. Or, nous trouvons en Dieu ces deux impulsions qui forment l'amour — le désir de posséder les autres, et le désir d'infuser Sa vie en eux. À mesure que l'amour se développe, il se sacrifie encore davantage et son désir de posséder l'objet aimé augmente. C'est parce que l'amour en Dieu est parfait que nous pouvons lire dans le texte familier que *"Dieu a tant aimé le monde, qu'Il a donné Son Fils unique"* (Jean 3:16). C'est pourquoi, quand saint Jean déclare que *"Pour nous, nous l'aimons, parce qu'il nous a aimés le premier"*, il exprime ainsi cet amour réciproque qui réjouit le cœur de Dieu.

L'amour est communément considéré comme ayant deux formes principales — l'amour de bienfaisance et l'amour de complaisance. "L'amour de bienfaisance", dit le Dr Henry B. Smith, "c'est cette inclination de Dieu, ou cette forme ou modification de l'amour divin qui amène Dieu à communiquer le bonheur à des créatures sensibles, et qui L'amène à se réjouir de tout leur bonheur. L'amour de complaisance est cet élément dans l'amour divin qui amène Dieu à communiquer et à se réjouir de la sainteté de Ses créatures. L'amour de bienfaisance peut être considéré ayant un rapport au bonheur, l'amour de complaisance à la sainteté; mais ils font tous les deux partie de l'amour divin, tous les deux ensemble et non un par lui-même. La complaisance consiste à jouir de quelque chose. La bienfaisance, c'est l'inclination à faire du bien à quiconque" (H.B. SMITH, *System of Christian Theology*, p. 38).

Il y a deux sujets qui sont étroitement liés au concept de l'amour divin — l'idée de la bénédiction et l'idée de la colère. L'évêque Martensen décrit la sainteté comme un terme "qui exprime une vie qui est complète en elle-même", ou "la réflexion des rayons de l'amour qui après avoir passé à travers Son royaume, reviennent à Lui." Le mot est souvent traduit par bonheur, mais ce dernier n'est pas assez fort pour transmettre la signification complète du mot original. Deux positions ont été prises concernant la colère de Dieu; premièrement, qu'elle n'est pas incompatible avec l'amour divin, et ensuite que ce n'est qu'une simple façon humaine de parler, qui n'a aucune réalité dans la nature de Dieu. La première position est la position chrétienne qui maintient que la colère est le côté obvers de l'amour, nécessaire à la Personnalité divine, ainsi qu'à l'amour lui-même. La colère divine doit donc être considérée comme la haine de l'iniquité, et elle représente, au sens propre du mot, la même émotion qui est employée pour la justice et connue sous le nom d'amour divin.

C. *La justice et la droiture de Dieu*

Les attributs de justice et de droiture sont étroitement liés à la sainteté. Le Dr Strong les considère comme une sainteté transitive; il veut dire par là que la manière dont Dieu traite Ses créatures est toujours conforme à la sainteté de Sa nature. Même si elles sont étroitement liées, la justice et la droiture peuvent se distinguer l'une de l'autre, ainsi que de la sainteté. Le terme sainteté fait allusion à la nature ou à l'essence de Dieu comme telle, alors que la droiture représente Sa norme d'activité, conformément à cette nature. La droiture est le fondement de la loi divine, la justice est l'administration de cette loi. Lorsque nous considérons Dieu comme l'Auteur de notre nature morale, nous Le concevons comme étant saint. Lorsque nous pensons à Sa nature morale comme la norme de Son action, nous Le concevons comme étant vertueux. Lorsque nous L'envisageons administrant Sa loi par le moyen de récompenses et de punitions, nous Le considérons comme étant juste.

L'attribut de Justice est communément divisé entre le pouvoir *législatif* qui *détermine* le devoir moral de l'homme et établit les conséquences en récompenses et en pénalités, et le pouvoir *judiciaire,* parfois connu sous le nom de justice distributive, selon lequel Dieu *attribue* des récompenses et des pénalités à tous les hommes selon leurs œuvres. La justice selon laquelle Il récompense la personne obéissante est parfois connue sous le nom de justice *rémunérative,* alors que celle qu'Il emploie pour punir le coupable est une justice de *rétribution* ou de *justification*. Mais qu'Il soit législateur ou juge, Dieu est éternellement et absolument juste. Il n'y a aucun doute à ce sujet.

Un grand nombre de références bibliques ne font aucune distinction entre les termes justice et droiture. Cependant, l'étudiant consciencieux sera impressionné par les diverses manières par lesquelles ces attributs sont combinés. *"Les jugements de l'Éternel sont vrais, ils sont tous justes"* (Psaume 19:10). *"La justice et l'équité sont la base de ton trône"* (Psaume 89:15). *"Il n'y a point d'autre Dieu que moi, je suis le seul Dieu juste et qui sauve"* (Esaïe 45:21). *"L'Eternel est juste au milieu, d'elle, il ne commet point d'iniquité"* (Sophonie 3:5). *"Qui rendra à chacun selon ses œuvres"* (Rom. 2:6). *"Tes œuvres sont grandes et admirables, Seigneur Dieu tout-puissant! Tes voies sont justes et véritables, roi des nations!"* (Apoc. 15:3).

D. La vérité comme un attribut de Dieu

Tout comme la justice et la droiture, l'attribut de la vérité est étroitement lié à la sainteté. Il est communément traité en tant que véracité et fidélité. Par véracité nous voulons dire que toutes les manifestations de Dieu envers Ses créatures se conforment exactement à Sa propre nature divine. Lorsque les Ecritures parlent du Dieu de vérité, elles communiquent ainsi l'idée de Sa véracité. Par fidélité nous voulons parler de l'accomplissement des promesses de Dieu, que ces promesses soient données directement dans Sa parole ou qu'elles soient suggérées indirectement dans la nature ou le caractère de l'homme. La Bible abonde en références sur la véracité de Dieu. *"Tu me délivreras, Eternel, Dieu de vérité!"* (Psaume 31:6). *"Le fondement de ta parole est la vérité"* (Psaume 119:160). *"Je suis le chemin, la vérité, et la vie"* (Jean 14:6). Les références à Sa fidélité sont aussi précises et nombreuses. *"C'est un Dieu fidèle est sans iniquité, il est juste et droit"* (Deut. 32:4). *"Mais la parole de notre Dieu subsiste éternellement"* (Esaïe 40:8). *"Celui qui vous a appelé est fidèle, et c'est lui qui le fera"* (1 Thess. 5:24). *"Si nous confessons nos péchés, il est fidèle et juste pour nous les pardonner, et pour nous purifier de toute iniquité"* (1 Jean 1:9).

E. La grâce et ses attributs connexes

Saint Jean parle de Jésus comme de la Parole "pleine de grâce et de vérité" (Jean 1:14, 16-17) et, par conséquent, fait de ces deux éléments des perfections coordonnées de la Nature divine. La *grâce* peut être décrite comme "une faveur non méritée" et toutes les "grâces" représentent différentes formes de bonté et d'amour de Dieu. La *miséricorde*, c'est l'amour exercé envers le misérable et elle comprend la pitié ainsi que la compassion (Matt. 9:36). La *longanimité*, c'est l'amour dans la suspension ou la diminution de la punition. *"Ou méprises-tu les richesses de sa bonté, de sa patience et de sa longanimité, ne reconnaissant pas que la bonté de Dieu te pousse à la repentance"* (Rom. 2:4). L'amour de Dieu manifesté envers les hommes est généralement connu sous le nom de bonté ou bienveillance. *"Mais lorsque la bonté de Dieu notre Sauveur et son amour pour les hommes ont été manifestés, il nous a sauvés...selon sa miséricorde"* (Tite 3:4-5). Le mot traduit par justice est souvent employé dans le sens de bienveillance, et saint Paul mentionne la bénignité parmi les aspects du fruit de l'Esprit (Gal. 5:22). La grâce de Dieu est universelle et impartiale. Il donne à Ses créatures autant de bonté qu'ils ont la capacité de recevoir. *"L'Eternel est bon envers tous, et ses compassions s'étendent sur toutes ses œuvres"* (Psaume 145:9). *"Mais autant les cieux sont élevés au-dessus de la terre, autant sa bonté est grande pour ceux qui le craignent"* (Psaume 103:11). *"Mais toi, Seigneur, tu es un Dieu miséricordieux et compatissant, lent à la colère, riche en bonté et en fidélité"* (Psaume 86:15).

Nous avons traité ce sujet des attributs en profondeur pour deux raisons: *premièrement,* la description de ces perfections, par leur harmonie et leur proportion, est la gloire de la théologie; et *deuxièmement,* parce que les hérésies qui ont entraîné les discordes les plus grandes dans l'Eglise se sont formées d'après des notions indignes et déformées des attributs divins. Par conséquent, il est essentiel que chaque disciple de Christ reçoive un enseignement approfondi sur l'existence et la nature de Dieu.

CHAPITRE VII
LA TRINITÉ

"Que Dieu le Père puisse m'adopter entièrement comme Son enfant. Que Dieu le Fils puisse habiter dans mon cœur par la foi. Que Dieu le Saint-Esprit purge ma conscience de toutes vaines œuvres, et qu'Il purifie mon âme de toute injustice! Que la sainte et la glorieuse *Trinité* bénie me prenne avec les miens, et que nous puissions Lui appartenir en tout temps et pour l'éternité!

"O Toi, Jéhovah l'incompréhensible; Toi, la Parole éternelle; Toi, l'Esprit éternel qui pénètre tout: Père! Fils! et Saint-Esprit!; dans la plénitude de la Divinité éternel, par Ta lumière, moi, dans une certaine mesure, je peux Te voir; et par Ta proximité condescendante que Tu accordes à ma nature, je peux T'aimer, car Tu m'as aimé. Que par Ta puissance je puisse commencer, continuer et achever chaque projet et chaque travail, afin de Te glorifier en montrant combien Tu as aimé l'homme, et combien l'homme peut être ennobli et embelli en T'aimant! C'est là que je suis établi, c'est là que je me perds, et c'est là que je trouve mon Dieu et que je me trouve moi-même!"

—*Dr Adam Clarke*

La doctrine de la Trinité qui maintient qu'il y a trois Personnes dans une seule Divinité est l'une des vérités les plus sacrées de l'Eglise chrétienne. Ce n'est pas simplement une doctrine spéculative ou théorique, mais c'est une doctrine qui se rattache à notre salut éternel. Dieu le Père a envoyé Son Fils dans le monde pour nous racheter; et Dieu le Saint-Esprit opère cette œuvre rédemptrice dans notre âme. La Trinité, par conséquent, participe de manière vitale à l'œuvre du salut, et la vérité doit être recherchée d'après cet aspect pratique et religieux de la doctrine.

Les premiers chrétiens se sont rendu compte que si Christ n'était pas divin, ils ne pouvaient L'adorer sans devenir eux-mêmes des idolâtres. D'autre part, Il les avait sauvés, et par Lui ils avaient reçu le don du Saint-Esprit. Ils reconnaissaient donc qu'Il doit être divin. La question de la divinité de Christ, et de Ses rapports concernant la Trinité et l'Eglise, s'est posée très tôt. Ces questions ainsi que d'autres sujets importants concernant la Trinité n'ont pas été le résultat d'une spéculation philosophique, et ne peuvent pas se résoudre de cette manière. Ce sont des vérités d'une révélation divine et il nous faut examiner les Ecritures afin d'obtenir un enseignement de bonne source sur cet important sujet.

I. L'UNITÉ ET LA TRINITÉ DE DIEU

A. *L'unité de Dieu*

Par "unité de Dieu", nous comprenons qu'il n'y a qu'un seul Dieu dans l'univers, qui est Être infini, éternel et autoexistant. C'est là une vérité qui est ou affirmée ou suggérée dans l'ensemble total des Ecritures. Dans l'Ancien Testament, l'Israélite confessa sa foi par les paroles: *"Ecoute, Israël! l'Eternel, notre Dieu, est le seul Eternel"* (Deut. 6:4). Afin de préserver Son peuple contre un polythéisme païen, Dieu lui a donné le premier commandement fondamental: *"Tu n'auras pas d'autres dieux devant ma face"* (Exode 20:3); et à cela fut ajouté une autre exhortation: *"Sache donc en ce jour, et retiens dans ton cœur que l'Eternel est Dieu, en haut dans le ciel et en bas sur la terre, et qu'il n'y en a point d'autre"* (Deut. 4:39).

Dans le Nouveau Testament nous trouvons aussi des déclarations explicites concernant l'unité de Dieu: *"Jésus répondit: Voici le premier: Ecoute, Israël, le Seigneur, notre Dieu, est l'unique Seigneur"* (Marc 12:29). *"Or, la vie éternelle, c'est qu'ils te connaissent, toi, le seul vrai Dieu, et celui que tu as envoyé, Jésus-Christ"* (Jean 17:3). *"Il n'y a qu'un seul Dieu. Car, s'il est des êtres qui sont appelés dieux, soit dans le ciel, soit sur la terre, comme il existe réellement plusieurs dieux et plusieurs seigneurs, néanmoins, pour nous, il n'y a qu'un seul Dieu, le Père, de qui viennent toutes choses et pour qui nous sommes, et un seul Seigneur, Jésus-Christ, par qui sont toutes choses et par qui nous sommes"* (1 Cor. 8: 4-6). *"Or, le médiateur n'est pas médiateur d'un seul, tandis que Dieu est un seul"* (Gal. 3:20).

B. *La trinité de Dieu*

Bien que l'unité de Dieu soit affirmée par les Unitariens aussi bien que par les Trinitaires, il existe pourtant une immense différence entre les positions qu'ils prennent. Les Unitariens attribuent toutes les perfections de Dieu au Père comme étant la seule Divinité; alors que les Trinitaires affirment que "dans l'unité de la Divinité il y a trois personnes d'une seule substance, puissance et éternité — le Père, le Fils et le Saint-Esprit". Cela ne crée pourtant pas trois Dieux. "Il y a", dit le Dr Gill, "une seule essence divine, même s'il existe différentes manières d'exister en elle, que nous appelons personnes; et ces dernières possèdent toute l'essence de manière indivise. Et cette unité n'est pas une unité de parties, formant une seule composition, comme le font l'âme et le corps de l'homme, car Dieu est un Esprit simple et non composé."

1. *Des prévisions de la Trinité dans l'Ancien Testament.* La doctrine de la Trinité est prévue dans l'Ancien Testament; mais, tout comme d'autres vérités du Nouveau Testament, elle se limitait à une forme de semence ou de germe dans l'Ancien Testament. C'est seulement par la révélation complète de Dieu en Christ que cette vérité a pu se développer entièrement. Considérons quelques-unes de ces vérités en germe. L'emploi du pluriel pour désigner la Divinité a été considéré comme une prévision de la Trinité. *"Au commencement Dieu* [Elohim, ou les Dieux] *créa les cieux et la terre"* (Gen. 1:1). *"Puis Dieu dit: Faisons l'homme à NOTRE image, selon NOTRE ressemblance"* (Gen. 1:26). *"L'Eternel Dieu dit: Voici, l'homme est devenu comme l'un de NOUS"* (Gen. 3:22). Wakefield indique qu'il y a une préférence du pluriel, même lorsque le motif est d'affirmer, de la manière la plus solennelle, l'unité de Dieu. Cela est illustré dans l'appel à l'Israël antique: *"Ecoute, Israël! l'Eternel* [Elohenu, nos Dieux], *notre Dieu, est le seul Eternel"* (Deut. 6:4). L'idée de la Trinité se trouve aussi implicitement dans les références de l'Ancien Testament à "l'ange de l'Eternel". *"Voici, j'envoie un ange devant toi, pour te protéger en chemin, et pour te faire arriver au lieu que j'ai préparé...car mon nom est en lui"* (Exode 23:20-21). L'Eternel est mentionné ici; ensuite l'ange ou le messager (la Parole); et finalement, l'Esprit (*"mon nom est en lui"*). La bénédiction d'Aaron emploie le nom de l'Eternel dans un triple sens. *"Que l'Eternel te bénisse, et qu'il te garde! Que l'Eternel fasse luire sa face*

sur toi, et qu'il t'accorde sa grâce! Que l'Eternel tourne sa face vers toi, et qu'il te donne la paix!" (Nombres 6:24-26). Les trois éléments de cette formule pourraient correspondre à l'amour de Dieu, à la grâce du Seigneur Jésus-Christ, et à la communion du Saint-Esprit (comparez 2 Cor. 13:14). Le *Trisagion*, ou le triple emploi du mot saint par Esaïe se rapproche beaucoup de cette forme: *"Saint, saint, saint est l'Eternel des armées!"* (Esaïe 6:3). C'est un acte de dévotion dans lequel le terme saint est employé également et convenablement, pour chacune des Personnes de la Trinité adorable. Finalement, il y a de nombreuses références au Messie, dont nous n'en citerons qu'une seule. *"Et maintenant, le Seigneur, l'Eternel, m'a envoyé avec son Esprit"* (Esaïe 48:16). Le Messie se déclare manifestement comme étant celui qui a été envoyé par le Seigneur, l'Eternel et Son Esprit.

2. *Le Fils et l'Esprit dans le Nouveau Testament*. L'Ancien Testament ne prédit pas la venue du Fils, de façon directe et immédiate, parce que la Paternité de Dieu ne s'était pas entièrement révélée. La paternité et la position filiale sont toutes deux des révélations du Nouveau Testament, et l'une a attendu l'autre. Mais l'idée d'une filiation filtre à travers l'Ancien Testament, et on la retrouve particulièrement dans l'emploi des termes comme "Parole" et "Sagesse" qui expriment d'une manière plus distincte le Logos Divin, ou la "Parole" qui devait être incarnée: *"Et la Parole a été faite chair, et elle a habité parmi nous, pleine de grâce et de vérité; et nous avons contemplé sa gloire, une gloire comme la gloire du Fils unique venu du Père"* (Jean 1:14). Il nous faut donc examiner le Nouveau Testament pour trouver la révélation complète du Fils comme étant la Seconde Personne de la Trinité; et pour trouver la Personnalité et la Divinité du Saint-Esprit comme étant la Troisième Personne adorable.

II. LA DIVINITÉ DE NOTRE SEIGNEUR JÉSUS-CHRIST

Les Ecritures sont riches en enseignements relatifs à la divinité de Christ. L'étendue entière d'un tel enseignement est si vaste que nous ne devons limiter notre discussion qu'à quelques textes importants servant de preuve. La divinité de Christ est appuyée par les passages de l'Ecriture qui font mention de: (1) Sa préexistence; (2) Ses noms et titres divins; (3) Ses attributs divins; (4) Son œuvre divine; et (5) ceux qui Le présentent comme Celui qui mérite notre adoration et hommage divins.

A. *La préexistence de Christ*

"Celui qui vient après moi m'a précédé, car il était avant moi" (Jean 1:15. Tel est le témoignage de Jean-Baptiste concernant Jésus-Christ. Notre Seigneur a Lui-même déclaré: *"Je suis le pain vivant qui est descendu du ciel"* (Jean 6:51). *"Et maintenant toi, Père, glorifie-moi auprès de toi-même de la gloire que j'avais auprès de toi avant que le monde fût"* (Jean 17:5). Ces textes rendent suffisamment clair le fait que Christ n'était pas uniquement préexistant avant Son Incarnation, mais aussi avant la fondation du monde.

B. *Les noms et les titres divins de notre Seigneur*

La divinité de Christ est clairement enseignée par les noms et titres divins que les Saintes Ecritures Lui attribuent. Il est appelé Seigneur. *"Préparez le chemin du Seigneur"* (Matt. 3:3). Il est aussi appelé Dieu. *"Au commencement était la Parole, et la Parole était avec Dieu, et la Parole était Dieu"* (Jean 1:1). *"Et de qui est issu, selon la chair, le Christ, qui est au-dessus de toutes choses, Dieu béni éternellement. Amen!"* (Rom. 9:5). *"En attendant la bienheureuse espérance, et la manifestation de la gloire de notre grand Dieu et Sauveur Jésus-Christ"* (Tite 2:13).

C. *Les attributs divins de Jésus-Christ*

Tout un groupe splendide d'attributs divins est accordé à notre Seigneur. Parmi ceux-ci se trouvent (1) L'éternité: *"Mais il a dit au Fils: Ton trône ô Dieu, est éternel; le sceptre de ton règne est un sceptre d'équité"* (Héb. 1:8). (2) L'omniprésence: *"Car là où deux ou trois sont assemblés en mon nom, je suis au milieu d'eux"* (Matt. 18:20). (3) L'omniscience: *"...Christ, mystère dans lequel sont cachés tous les trésors de la sagesse et de la science"* (Col. 2:2-3). (4) L'omnipotence: *"Tout pouvoir m'a été donné dans le ciel et sur la terre"* (Matt. 28:18). (5) L'immutabilité: *"Ils périront, mais tu subsistes; ils vieilliront tous comme un vêtement, tu les rouleras comme un manteau et ils seront changés, mais toi, tu restes le même, et tes années ne finiront point"* (Héb. 1:11-12). *"Jésus-Christ est le même hier, aujourd'hui et éternellement"* (Héb. 13:8).

D. Les œuvres divines de Christ

Les œuvres de Christ, telles qu'elles sont décrites dans le Nouveau Testament, sont d'une telle nature, que Dieu seul peut en être l'auteur. "L'évidence est cumulatif, d'une façon écrasante, que le Christ des Ecritures est Dieu en essence, en Son être, et dans Ses attributs." Les œuvres de Christ, étant divines, comprennent: (1) La création: *"Toutes choses ont été faites par elle [la Parole, Christ], et rien de ce qui a été fait n'a été fait sans elle"* (Jean 1:3). *"Elle était dans le monde, et le monde a été fait par elle, et le monde ne l'a point connue"* (Jean 1:10). Saint Paul a dit: *"Car en lui ont été créées toutes les choses qui sont dans les cieux et sur la terre, les visibles et les invisibles, trônes, dignités, dominations, autorités. Tout a été créé par lui et pour lui"* (Col. 1:16). La preuve est claire est sans équivoque que c'est Christ qui a créé les mondes. (2) La préservation et la conservation: *"Il est avant toutes choses, et toutes choses subsistent en lui (adhérent et se tiennent ensemble)"* (Col 1:17). En Hébreux 1:3, nous lisons que *"Le Fils est le reflet de sa gloire et l'empreinte de sa personne, et soutenant toutes choses par sa parole puissante, a fait la purification des péchés et s'est assis à la droite de la majesté divine dans les lieux très hauts."* (3) Le pardon des péchés: *"Jésus, voyant leur foi, dit au paralytique: Mon enfant, tes péchés te sont pardonnés... Or, afin que vous sachiez que le Fils de l'homme a sur la terre le pouvoir de pardonner les péchés: Je te l'ordonne, dit-il au paralytique, lève-toi, prends ton lit, et va dans ta maison"* (Marc 2:5, 10-11). Ainsi, Jésus a défendu Son autorité divine de pardonner les péchés, lorsqu'Il a guéri le malade. Saint Pierre affirme cette vérité dans sa déclaration concernant Christ: *"Dieu l'a élevé par sa droite comme Prince et Sauveur, pour donner à Israël la repentance et le pardon des péchés"* (Actes 5:31). (4) Finalement, la divinité de Christ est attestée par Son don du Saint-Esprit aux croyants. *"Et voici, j'enverrai sur vous ce que mon Père a promis;*

mais vous, restez dans la ville jusqu'à ce que vous soyez revêtus de la puissance d'en haut" (Luc 24:49). La venue du Saint-Esprit au jour de Pentecôte rend témoignage à la divinité essentielle de notre Seigneur Jésus-Christ.

E. Christ reçoit une adoration et un hommage divins

Dieu seul est digne de recevoir l'adoration de l'homme. Lorsque saint Jean, saisi par une glorieuse vision, tomba aux pieds de l'ange, le ordre fut: *"Adore Dieu"* (Apoc. 19:10). Pourtant, une telle adoration a été acceptée par Jésus-Christ sans hésitation et sans gêne. *"Ceux qui étaient dans la barque vinrent se prosterner devant Jésus, et dirent: Tu es véritablement le Fils de Dieu"* (Matt. 14:33). L'auteur de l'Epître aux Hébreux nous informe que les anges mêmes L'adorent: *"Et lorsqu'il introduit de nouveau dans le monde le premier-né, il dit: Que tous les anges de Dieu l'adorent!"* (Héb. 1:6) Ces faits témoignent que Jésus-Christ, en tant que Dieu, est digne de notre hommage et de notre adoration.

Que ce soient par des déclarations précises ou par des suggestions, le Nouveau Testament enseigne sans cesse l'unité et l'égalité de Jésus-Christ et du Père. Les Juifs sceptiques qui ont entendu Christ parler clairement, ont compris qu'Il prétendait être égal à Dieu (Jean 5:18). La formule de baptême (Matt. 28:19), dans laquelle le nom du Fils est associé à celui du Père et du Saint-Esprit sur un pied d'égalité, est encore un témoignage de Sa divinité. Cette égalité Lui appartenait de droit inhérent (Phil. 2:6). La forte impression que Jésus-Christ a produit sur Ses contemporains et sur des multitudes de personnes depuis ce jour-là, prouve en effet qu'Il est en vérité le Fils même de Dieu.

F. Signification de la doctrine de la divinité de Christ

Jésus-Christ est-Il vraiment et véritablement Dieu? Voilà une question d'un aspect profond et d'une portée considérable. Le plan du salut tout en entier dépend de cette question. C'est une question que seule la Parole de Dieu peut résoudre, et, comme nous l'avons constaté, les Ecritures y répondent affirmativement. Les auteurs sacrés font des déclarations au sujet de notre Seigneur

Jésus-Christ qui, selon toute interprétation impartiale, ne peuvent dire autre chose que le fait qu'Il est vraiment et véritablement Dieu. Quant à la signification d'une telle chose, nous ne pouvons faire mieux que de citer l'évêque Weaver: "Tout le plan de la rédemption humaine, par l'intermédiaire des mérites de Jésus-Christ, repose sur la doctrine de la divinité suprême de Christ, ou du fait qu'Il était vraiment et véritablement Dieu manifesté dans la chair. Si nous enlevons cette pierre angulaire de notre saint christianisme, l'immortalité et la vie éternelle disparaîtront. Si nous permettons à Jésus-Christ de devenir Dieu, nous avons alors un rocher solide sur lequel nous pouvons construire notre espoir du ciel. Si nous renions cela, notre espoir se dissipe. La divinité de Christ, l'aspect filial divin, la divinité du Saint-Esprit, et la Trinité sont tous plus ou moins enrobés de mystère. Tout comme l'existence de Dieu, cette vérité nous est révélée, mais qui peut comprendre cette éternité et cette spiritualité? Nous ne savons rien en ce qui concerne la mode de l'existence divine. Les Ecritures nous donnent un enseignement abondant, relatif à l'existence de trois personnes distinctes mais non séparées dans un seul vrai Dieu. Si pour obtenir le salut éternel, il fallait la condition requise de comprendre ces grandes vérités, nous ne pourrions jamais être sauvés. Heureusement pour nous, lorsque nous nous approchons de Dieu, Il n'exige pas que nous sachions ce qu'Il est, mais que nous croyons qu'Il existe, et qu'Il récompense ceux qui Le cherche assidûment. Jésus-Christ, le Fils divin, la Seconde Personne de la Sainte Trinité, est Dieu manifesté dans la chair, et par cet acte d'abaissement est devenu le seul moyen par lequel la vie éternelle peut être obtenue." *"A Lui soit la gloire et la domination aux siècles des siècles. Amen."*

III. LA PERSONNALITÉ ET LA DIVINITÉ DU SAINT-ESPRIT

Il n'est pas nécessaire de traiter ce thème de la manière étendue que nous avons employée pour le sujet précédent, parce que cela comprend un grand nombre des mêmes principes. Pourtant, du point de vue de l'adoration, il y a une différence considérable entre le fait de croire que le Saint-Esprit est une puissance impersonnelle, ou qu'Il est une influence qui émane de Dieu, ou qu'Il est une Personne divin avec qui nous pouvons être en communion et qui désire être en communion avec nous. Il y a une différence pratique considérable entre le fait de croire que le Saint-Esprit n'est qu'une simple puissance que nous pouvons ou que nous ne pouvons pas choisir d'employer dans notre faiblesse, ou qu'Il représente une Personnalité — sage, sainte, bienveillante, toute-puissante — qui désire nous saisir et nous employer pour Sa gloire.

A. *La personnalité du Saint-Esprit*

Le Saint-Esprit est une Personne qui se distingue du Père et du Fils; cela est enseigné clairement dans les Ecritures. Prenons note de plusieurs des passages que les Ecritures enseignent à ce sujet.

1. *Les noms et pronoms personnels qui se rattachent au Saint-Esprit.* En plus des termes comme "l'Esprit", "l'Esprit de Dieu" et "l'Esprit de gloire", notre Seigneur fait mention de l'Esprit comme étant le "Consolateur" ou un "autre Consolateur". Cela n'est pas un terme impersonnel, mais qui s'applique à Christ Lui-même et qui est traduit par "avocat" dans 1 Jean 2:1. Cela veut dire consolateur, guide, instructeur, ou "celui qui fortifie, étant avec vous". Lors de Son discours consolateur adressé à Ses disciples, Jésus a parlé simplement et de façon rassurante en ce qui concerne le Consolateur qui devait prendre Sa place, continuer Son œuvre, et demeurer avec eux [et nous] à jamais. Prenez note des passages suivants: *"Mais le consolateur, l'Esprit-Saint, que le Père enverra en mon nom, vous enseignera toutes choses, et vous rappellera tout ce que je vous ai dit"* (Jean 14:26). *"Il vous est avantageux que je m'en aille, car si je ne m'en vais pas, le consolateur ne viendra pas vers vous; mais, si je m'en vais, je vous l'enverrai. Et quand il sera venu, il convaincra le monde en ce qui concerne le péché, la justice, et le jugement"* (Jean 16:7-8). *"Quand le consolateur sera venu, l'Esprit de vérité, il vous conduira dans toute la vérité; car il ne parlera pas de lui-même, mais il dira tout ce qu'il aura entendu, et il vous annoncera les choses à venir. Il me glorifiera, parce qu'il prendra de ce qui est à moi, et vous l'annoncera. Tout ce que le Père a est à*

moi. C'est pourquoi j'ai dit qu'il prend de ce qui est à moi, et qu'il vous l'annoncera" (Jean 16: 13-15). Prenez note que dans ces passages le pronom masculin est employé et qu'il s'applique directement au Saint-Esprit environ quatorze fois. Cela est encore plus important, si l'on considère le fait que l'on ne se préoccupe pas de la syntaxe ordinaire grecque en employant le pronom masculin (par exemple, au verset 13) lorsque que *pneuma,* le mot traduit par esprit, est du genre *neutre* et ordinairement exigerait un pronom neutre à sa place. Cela est un exemple remarquable de la manière dont l'enseignement de la Bible, en ce qui concerne la personnalité du Saint-Esprit, domine même sur une construction grammaticale.

2. *Les actions personnelles attribuées au Saint-Esprit.* Dans les passages scripturaires cités plus haut, il y a au moins dix actions personnelles qui sont attribuées au Saint-Esprit. Il est dit que le Saint-Esprit doit (1) être envoyé, et qu'Il doit (2) enseigner, (3) venir, (4) corriger, (5) guider, (6) parler, (7) entendre, (8) montrer, (9) prendre, et (10) recevoir. A cette liste d'actions *personnelles,* on peut en ajouter d'autres de caractère semblable comme: inspirer les hommes à parler de la part de Dieu (1 Pierre 1:11; 2 Pierre 1:21); enseigner et commander (Jean 14:21; Actes 8:29); témoigner de Christ (Jean 15:26); administrer les affaires de l'Eglise (Actes 13:2; 16:6-7); et agir comme l'agent dans la régénération (Jean 3:6) et dans l'entière sanctification (2 Thess. 2:13). Si le Saint-Esprit n'était qu'une simple influence, une qualité, un attribut, ou une énergie abstraits, comment pourrions-nous justifier les actions personnelles qui Lui sont attribuées?

3. *Le Saint-Esprit reçoit une attention personnelle.* Une dernière évidence concernant la personnalité du Saint-Esprit est de noter que la manière dont Il est traité ne peut s'appliquer qu'à une Personne. Les hommes peuvent se rebeller contre Lui: *"Mais ils ont été rebelles, ils ont attristé son Esprit saint; et il est devenu leur ennemi, il a combattu contre eux"* (Esaïe 63:10). On peut Lui mentir: *"Pierre lui dit: Ananias, pourquoi Satan a-t-il rempli ton cœur, au point que tu mentes au Saint-Esprit, et que tu aies retenu une partie du prix du champ?"* (Actes 5:3). On peut blasphémer contre Lui:

"C'est pourquoi je vous dis: Tout péché et tout blasphème sera pardonné aux hommes, mais le blasphème contre l'Esprit ne sera point pardonné" (Matt. 12:31). Il est impensable d'imaginer que les hommes pourraient se rebeller, mentir, ou blasphémer contre une puissance impersonnelle. De telles activités n'appartiennent qu'à des personnes.

Le Dr John Owen a très bien illustré notre pensée en ce qui concerne la personnalité du Saint-Esprit dans la déclaration suivante: "Si un homme honnête et sage venait vous dire que dans un certain pays, où il a été, il y a un excellent gouverneur qui se décharge sagement des fonctions de son poste, qui écoute les problèmes, qui distingue les droits, accorde la justice, vient à l'aide des pauvres et réconforte les découragés — ne pensez-vous pas que par cette description il voulait montrer une personne juste, sage, diligente, intelligente? Pouvez-vous imaginer qu'il voulait parler du soleil et du vent qui, par leur douce influence, rendraient le pays productif et tempéré, et rendraient les habitants disposés à la gentillesse et à la bienveillance; et que le gouverneur n'est qu'une simple façon de parler? Le cas qui se trouve devant nous est exactement le même. Les Écritures nous disent que le Saint-Esprit gouverne et fait toutes choses d'après le conseil de Sa propre volonté. Quel homme ajoutera foi à ce témoignage et ne pourra concevoir un Esprit autre qu'une Personne sainte, sage, intelligente?"

B. *La divinité du Saint-Esprit*

La divinité du Saint-Esprit peut être prouvée par les Ecritures dans un ensemble de textes comme dans le cas de la filiation divine. Le nom de Dieu, Ses attributs, Ses œuvres, et Son adoration s'appliquent tous au Saint-Esprit. Quelques textes caractéristiques suffiront pour illustrer cet exemple de vérité. Parmi les attributs qui n'appartiennent à aucun autre être dans l'univers, sauf Dieu, et qui sont attribués au Saint-Esprit, on trouve: (1) L'éternité: *"Combien plus le sang de Christ, qui, par un esprit éternel, s'est offert lui-même sans tache à Dieu, purifiera-t-il votre conscience des œuvres mortes, afin que vous serviez le Dieu vivant!"* (Héb. 9:14). (2) L'omnipotence: *"Par la puissance des miracles et des prodiges, par la puissance de l'Esprit de Dieu"* (Rom. 15:19). (3) L'omniprésence: *"Où irais-je loin de ton Esprit, et où fuirais-je loin de ta face?"* (Psaume 139:7). (4) L'omniscience: *"Car l'Esprit sonde tout, même les profondeurs de Dieu. Lequel des hommes, en effet, connaît les choses de l'homme, si ce n'est l'esprit de l'homme qui est en Lui? De même, personne ne connaît les choses de Dieu, si ce n'est l'Esprit de Dieu"* (1 Cor. 2:10-11).

Saint Pierre accusa Ananias de mentir au Saint-Esprit, et affirma que c'était mentir à Dieu, enseignant par là que le Saint-Esprit est Dieu: *"Pierre lui dit: Ananias, pourquoi Satan a-t-il rempli ton cœur, au point que tu mentes au Saint-Esprit?... Ce n'est pas à des hommes que tu as menti, mais à Dieu"* (Actes 5:3-4). Une comparaison entre Jean 1:12-13 et Jean 3:5-7 révèle que la nouvelle naissance — être né de Dieu — est attribuée à Dieu et au Saint-Esprit, ce qui nous enseigne que le Saint-Esprit est Dieu. Un nombre de références du Nouveau Testament, se rapportant à l'Ancien Testament sont dignes d'intérêt. Le mot "Seigneur" ou " Jéhovah" est trouvé dans des passages de l'Ancien Testament; alors que dans les citations du Nouveau Testament, l'activité est expressément attribuée au Saint-Esprit. En Esaïe 6:8-10, le prophète déclare qu'il a entendu la "voix du Seigneur." Lorsqu'il fait mention de ce passage en Actes 28:25-27, saint Paul déclare: *"C'est avec raison que le Saint-Esprit, parlant à vos pères par le prophète Esaïe a dit..."* En Exode 16:7, les enfants d'Israël sont décrits comme murmurant contre l'Eternel. En Hébreux 3:7-9, les Israélites sont décrits comme ayant tentés et éprouvés le Saint-Esprit. Il est évident que le Saint-Esprit, dans la pensée du Nouveau Testament, occupe clairement une position de divinité.

De plus, le nom du Saint-Esprit est associé avec celui du Fils et du Père, d'une telle manière que celle-ci décrit une position d'égalité complète et entière. Cela est vrai de la formule de baptême et de la bénédiction apostolique: *"Allez, faites de toutes les nations des disciples, les baptisant au nom du Père, du Fils et du Saint-Esprit"* (Matt. 28:19). *"Que la grâce du Seigneur Jésus-Christ, l'amour de Dieu, et la communion du Saint-Esprit, soient avec vous tous!"* (2 Cor. 13:13).

Finalement, l'opération ou l'œuvre du Saint-Esprit attestent de Sa propre divinité. La création et la préservation de l'univers inorganique ont été attribuées à l'Esprit de Dieu (Gen. 1:2-3; Psaume 104:29-30; Job 33:4). Il rend témoignage de la vérité en ce qui concerne notre Seigneur Jésus-Christ (Actes 5:30-32; Jean 15:26). "Il convaine le monde en ce qui concerne le péché, la justice, et le jugement" (Jean 16:8-11). Il régénère les croyants (Tite 3:5). Il fortifie ceux qui sont de vrais chrétiens et habite en eux (1 Cor. 6:19; Eph. 3:16). Il rend témoignage du fait qu'ils sont en effet des enfants de Dieu (Rom. 8:16); il leur permet de posséder et de montrer des traits caractéristiques semblables à ceux de Christ (Gal. 5:22-23); Il guide et enseignent les croyants sincères (Jean 16:13; 1 Cor. 2:9-15); leur permet de communiquer efficacement aux autres la vérité qu'ils ont eux-mêmes reçue de Dieu (Actes 1:8); Il fortifie la vie de prière (Jude v. 20; Eph. 6:18; Rom 8:26). Il appelle et dirige les croyants au service chrétien (Actes 13:2; Actes 16:6-7; Actes 8:29); et Il purifie par la foi (Actes 15:8-9). Ces activités, de même que d'autres activités de l'Esprit de Dieu, rendent témoignage de Sa divinité et de Son égalité complètes avec le Fils et avec le Père.

IV. THÉORIES ANTITRINITAIRES

Il y a deux erreurs de première importance qui ont de temps en temps fait surface dans l'Eglise. Toutes deux sont le résultat du Monarchianisme des premiers temps qui, à cause d'une idée fausse sur la nature de l'unité divine, a maintenu que la doctrine de la Trinité était inconciliable avec cette unité. Ces erreurs sont le Sabellianisme et l'Arianisme.

A. *Le Sabellianisme*

Cette forme de Monarchianisme tire son nom de Sabellius (vers 250-260 de notre ère), qui affirmait qu'il n'y avait pas trois Personnes dans la Trinité, mais que l'unique Dieu se manifestait sous trois aspects ou formes différents. Dieu comme Père est le Créateur; le même Dieu comme Fils se manifestait par l'Incarnation comme Rédempteur; alors que l'Esprit est le même Dieu, se manifestant dans la vie spirituelle de l'Eglise. On peut facilement voir que cela n'est pas une Trinité de Personnes, mais simplement une trinité de manifestations. Cette doctrine a une base unitaire et non trinitaire. Le principe est panthéiste par le fait que c'est Dieu Lui-même qui évolue, d'abord comme Jéhovah, ensuite plus clairement envers Ses créatures comme le Fils, et de manière encore plus complète et spirituelle par le Saint-Esprit. Cette doctrine s'oppose nettement à celle des Ecritures, parce que dans les Ecritures le Père s'adresse constamment au Fils, et le Fils s'adresse au Père. C'est donc avec raison que le christianisme rejette une telle doctrine.

B. *L'Arianisme*

L'Arianisme est aussi une forme de Monarchianisme, mais qui se place à l'extrémité opposée de la position précédente. Il tire son nom du prêtre Arius (256-336 de notre ère) qui occupait une situation importante dans l'Eglise d'Alexandrie. Il fut sans aucun doute l'un des plus terribles ennemis que l'Eglise ait rencontrés dans le développement de la doctrine de la Trinité. Arius a cherché à donner à Christ une place au-dessus de celle de la création, et pourtant en dehors de la Divinité (voir le Chapitre II, Sec. III). Il affirmait que lorsque Dieu décida de créer le monde, Il fut nécessaire de créer d'abord la "Parole" ou le Fils comme Son Agent. Le Fils était donc une créature dont la nature était différente de celle de Dieu. Au lieu de dire que le Fils était Dieu, il dit seulement qu'Il était "comme Dieu". D'après Arius, Christ n'a pris que la forme humaine dans l'Incarnation, pas une âme humaine, et la même relation existe entre le Saint-Esprit et le Fils, qu'entre le Fils et le Père. L'Esprit et le Fils sont tous deux des créatures. C'est donc avec raison que l'Eglise a rejeté cet enseignement subversif par rapport à la vraie doctrine de la rédemption. Il est aussi clair, qu'une fausse doctrine en ce qui concerne la Personne de Christ, rend impossible une doctrine valide de la Trinité.

V. LA DOCTRINE ÉVANGÉLIQUE DE LA TRINITÉ

La doctrine évangélique de la Trinité, telle qu'elle est généralement considérée par l'Eglise, est expimée de la meilleure façon par les paroles des anciens credos et des confessions de foi. Le symbole dit d'Athanase représente la déclaration la plus explicite:

> "Nous adorons un Dieu dans la Trinité, et la Trinité dans l'Unité, sans confusion des Personnes et sans division de la substance. Car le Père est une Personne, et le Fils une autre, et le Saint-Esprit une autre. Mais la Divinité du Père, du Fils et du Saint-Esprit est une, leur gloire est égale, et leur majesté co-éternelle."

Les *Trente-neuf Articles*, tels qu'ils sont révisés par John Wesley, déclarent que "dans l'unité de cette Divinité, il y a trois personnes, d'une seule substance, puissance et éternité — le Père, le Fils, et le Saint-Esprit". Par conséquent, il est possible de dire que la doctrine évangélique affirme que la Divinité est une seule substance, et que dans l'unité de cette substance, il y a trois existences ou Personnes; et de plus, que cela doit être maintenu de telle manière à ne pas diviser la substance et à ne pas confondre les Personnes.

A. *L'unité de la substance ou de l'essence*

Le terme unité s'applique à la substance ou à la nature de Dieu; la trinité s'applique à Sa personnalité. La distinction se fait dans les personnes et non dans la substance. Il n'y a pas trois Dieux en une Personne, mais trois Personnes en un seul Dieu. La nature à laquelle Elles participent n'est pas divisée. L'Eglise n'a jamais enseigné que l'une d'Elles et les trois peuvent être employées dans le même sens. Elle applique le terme unité à la substance, et la trinité aux Personnes, ou les distinctions dans cette substance unique. La formule évangélique est: "Une substance; trois personnes."

B. *La trinité des Personnes*

Le terme "personne", tel qu'il employé ici, est une traduction du mot grec *hypostasis*, et il faut le distinguer soigneusement de l'usage moderne du mot personne tel qu'il s'applique à l'être tout entier. Lorsque nous parlons de Dieu en tant que Personne, nous employons en réalité le terme moderne pour exprimer la nature d'une seule substance; lorsque nous parlons de "personnes" dans le sens trinitaire, nous faisons mention aux *Hypostases* ou aux distinctions qui se trouvent dans cette substance unique. La confusion peut facilement être créée par l'emploi d'un mot dans des connotations ou des sens différents, et il nous faut soigneusement protéger la définition correcte de ces termes. L'Eglise a toujours maintenu qu'il y a quelque chose qui va au-delà d'une trinité "économique" de manifestations, comme l'enseigne le Sabellianisme. L'Eglise enseigne que la Trinité exprime non seulement la relation extérieure de Dieu avec l'homme, mais aussi Sa relation intérieure avec Lui-même; et que par conséquent, il y a une Trinité "essentielle" aussi bien qu' "économique".

Wakefield se déclare de la manière suivante en ce qui concerne le sujet précédent: "Dans le langage ordinaire, le terme *personne* signifie un être intelligent. Par conséquent, dans le sens strictement philosophique, deux personnes ou plus, seraient deux êtres ou plus, intelligents et distincts. Si le terme *personne* était appliqué ainsi à la Trinité de la Divinité, une pluralité de dieux s'ensuivrait; alors que si on le considère dans un sens appelé *politique,* la personnalité ne représenterait qu'une *relation* dérivant de la position. Par conséquent, la Personnalité en Dieu ne peut être comprise dans aucun des sens cités plus haut, si nous voulons rendre hommage au témoignage des Ecritures. Dieu est *un Etre unique*. Mais Il est plus qu'un Etre unique ayant trois *relations,* car les *actions personnelles,* telles que nous les envisageons dans des personnes distinctes, et qui pour la plupart caractérisent une personnalité sans ambiguïté, sont attribuées à chacune des Personnes de la Trinité. Donc, la doctrine de l'Ecriture affirme que les Personnes ne sont pas *séparées,* mais distinctes, et qu'Elles sont liées à un point tel qu'Elles ne deviennent qu'un *seul* Dieu. En d'autres termes, que la nature divine existe sous la distinction personnelle du Père, du Fils et du Saint-Esprit, et que ces trois Personnes possèdent également et entre Elles la nature et les perfections de la divinité suprême" (WAKEFIELD, *Christian Theology,* pp. 178-179. Voir aussi W.N. CLARKE, *Outline of Christian Theology,* pp. 161-181).

C. *Conclusions concernant la doctrine évangélique de la Trinité*

Comme nous l'avons indiqué précédemment, la doctrine de la Trinité n'est pas simplement une théorie spéculative ou philosophique, mais une doctrine pratique qui nous est révélée dans les Saintes Ecritures. Il n'est pas possible de refuser d'admettre que dans cet enseignement, (1) il n'y a qu'un seul vrai Dieu; et, (2) des attributs, des titres et des prédicats qui n'appartiennent qu'au seul vrai Dieu sont attribués à Jésus-Christ aussi bien qu'au Saint-Esprit. Mais, nous sommes toujours ramenés à la pensée que l'Etre de Dieu est, dans les termes de saint Paul, un *mystère,* et que nous avons reçu le commandement d'*adorer* "l'Unité dans la Trinité et la Trinité dans l'Unité", sans nécessairement pouvoir comprendre ce rapport.

"La doctrine biblique de la trinité", dit Ralston, "est l'un de ces sublimes et glorieux mystères que la pensée de l'homme, du moins pendant qu'elle est envelopée d'argile, ne peut pénétrer. Nous pouvons étudier et méditer jusqu'à ce que nous nous perdions en pensée, sans pourtant jamais comprendre la manière de vivre et la nature de l'être divin." Le Dr Pope donne un avertissement: "Il est bien de se familiariser avec les termes qui expriment le rapport qui existe entre l'Unité et la Trinité. Aucun étudiant réfléchi ne s'en débarrassera ou ne les minimisera. La Divinité est l'Essence Divine ou la Substance ou la Nature; les Trois sont des Existences, des *Hypostases,* et des Personnes... Un des résultats d'une étude sérieuse et respectueuse, se révélera dans la discipline qui rend chaque mot fidèle à l'honneur égal de chacune des Personnes adorables, et cela dans l'unité des deux Autres, et dans l'unité de la Divinité, en adorant et en priant chacune avec une réserve sacrée."

Il n'est donc pas étonnant que l'Eglise non seulement nous a donné des déclarations doctrinaires explicites concernant cette importante vérité, mais qu'à l'intention du culte elle les a mises en musique dans le fameux *Gloria!* C'est là que se résume tous les enseignements touchant la Trinité, tels qu'ils sont employés dans le culte d'adoration. Ne pourrons-nous pas alors dire avec respect: "Gloire soit au Père, et au Fils, et au Saint-Esprit. Comme il était au commencement, est maintenant et sera pour toujours, aux siècles des siècles. Amen!"

TROISIÈME PARTIE

LA DOCTRINE DE L'HOMME ET LE PROBLÈME DU PÉCHÉ

Introduction

Dans cette partie, nous passons de notre étude de la nature de Dieu à une considération de Son œuvre ou activité. Le premier aspect que nous allons aborder concerne la création. L'œuvre créatrice de Dieu, telle qu'elle est rapportée dans le livre de la Genèse, a été le sujet d'une grande controverse au cours de récentes années Il est pourtant encourageant d'observer que lorsque le récit de la Genèse est étudié soigneusement et sans préjugés, il se trouve être remarquablement en harmonie avec les *faits* établis de la science moderne. La supériorité du récit biblique concernant les origines, comparée à d'autres explications pareilles, devient évidente même pour l'observateur occasionnel.

L'étude de la création offre une transition naturelle entre la doctrine de Dieu, et l'étude de l'homme dans son besoin de rédemption. L'homme a été le point culminant de l'activité créatrice de Dieu. Par conséquent, nous accordons une importance toute particulière à l'origine de la race humaine, à la nature de l'homme, et à la sainteté primitive, ou à la condition spirituelle de l'homme avant l'entrée du péché dans le monde.

Notre étude de l'homme primitif conduit à son tour à une considération de la doctrine du péché. On ne peut trop insister sur le fait qu'il est nécessaire d'avoir une connaissance correcte à ce sujet, et que notre point de vue scripturaire doit être maintenu avec ténacité. Notre conception du péché déterminera largement notre point de vue en ce qui concerne d'autres doctrines chrétiennes, notamment les doctrines relatives au salut.

La création, l'homme et le péché: voilà les thèmes de notre présente étude. Que la diligence, l'honnêteté et le Saint-Esprit Lui-même soient constamment nos compagnons de route durant cette étude.

TROISIÈME PARTIE

LA DOCTRINE DE L'HOMME ET LE PROBLÈME DU PÉCHÉ

Chapitre VIII
La cosmologie

I. LE RÉCIT SCRIPTURAIRE DE LA CRÉATION
   A. La nature de la cosmologie
   B. Les théories de la création
      1. La théorie physique ou de la matière
      2. L'émanation ou la théorie panthéiste
      3. La théorie de l'évolution naturelle
      4. La théorie de la création continue
   C. La relation entre Dieu et la création
      1. La création et la Trinité
      2. La création et les attributs de Dieu
      3. La création et le Logos
   D. L'hymne de la création
   E. La cosmologie mosaïque
      1. Les différentes sortes d'interprétation
      2. Les jours de la création
      3. La création primaire et secondaire
   F. L'ordre de la création
      1. La création primaire ou d'origine
      2. La création secondaire ou de la formation
      3. Les périodes de création
      4. La théorie de la restauration
   G. L'objectif de la création

II. LES ANGES ET LES ESPRITS
   A. La nature, les attributs, et le ministère des anges
   B. Satan

III. LA RELATION ENTRE DIEU ET SA CRÉATION
   A. La conservation
   B. La préservation
   C. Le gouvernement

Chapitre IX
L'anthropologie

I. L'ORIGINE DE L'HOMME
   A. La nature de l'anthropologie
   B. Les deux récits scripturaires de la création de l'homme
      1. Le premier récit de la création de l'homme
      2. Le deuxième récit de la création de l'homme
   C. L'origine de la femme
   D. L'unité de la race et sa communauté d'origine

II. LA NATURE DE L'HOMME
   A. Les éléments qui constituent la nature humaine
      1. La théorie de la dichotomie
      2. La théorie de la trichotomie
   B. L'état primitif de l'homme
   C. L'origine de l'âme
      1. La théorie de la préexistence des âmes
      2. La théorie du créationisme
      3. La théorie du traducianisme
   D. L'image de Dieu dans l'homme
      1. L'image naturelle de Dieu dans l'homme
      2. L'image morale de Dieu dans l'homme
   E. La nature de la sainteté primitive
      1. Pas une simple possibilité de sainteté
      2. Pas une sainteté éthique
      3. La présence du Saint-Esprit

Chapitre X
La doctrine du péché

I. LA TENTATION ET LA CHUTE DE L'HOMME
   A. Le récit de la chute de l'homme dans la Genèse
   B. La nécessité d'une période de probation pour l'homme
   C. La chute de l'homme

II. SATAN ET L'ORIGINE DU PÉCHÉ
   A. La doctrine de Satan
      1. L'origine de Satan
      2. Satan comme l'Antéchrist

        3. Satan et l'œuvre rédemptrice de Christ
        4. La royaume de Satan
    B. Résumé de l'enseignement scripturaire concernant l'origine du péché

III. LA NATURE ET LA PÉNALITÉ DU PÉCHÉ
    A. La terminologie scripturaire relative au péché
    B. Les définitions du péché
    C. Les conséquences du péché
        1. La nature de la culpabilité
        2. La nature de la pénalité

IV. LE PÉCHÉ ORIGINEL OU LA DÉPRAVATION HÉRITÉE
    A. La terminologie
    B. Le fait du péché originel
    C. Le fait de la dépravation héritée
    D. La nature de la dépravation héritée
    E. La transmission du péché originel
    F. La dépravation et l'infirmité

CHAPITRE VIII
LA COSMOLOGIE

> "La gloire de la cosmogonie mosaïque se trouve dans le témoignage qu'elle rend à Dieu, qui du début à la fin y règne suprême, que ce soit comme l'Elohim du premier chapitre, ou comme le Jéhovah-Elohim du deuxième chapitre. Il est le Créateur absolu d'un univers qui n'est pas Lui-même, qui s'est développé d'après des lois qui dans ce récit sont présentées comme communiquant successivement une série de décrets et d'impulsions. Le commencement de chaque grand développement est marqué, et rien de plus. Aussi longtemps que nous maintiendrons ce principe, le document original restera inattaquable."
> —*William Burt Pope*

LE RÉCIT SCRIPTURAIRE DE LA CRÉATION

A. *La nature de la cosmologie*

La cosmologie, c'est l'étude qui a pour sujet l'origine et la nature de l'univers comme faisant partie d'un système ordonné ou d'un cosmos. Pourtant, en théologie le terme se borne généralement à considérer le sujet de la nature séparément de celui de l'homme. L'étude de l'origine et de la nature de l'homme est considérée sous les différentes catégories suivantes: l'anthropologie, qui a pour sujet l'homme dans son état original; et l'hamartiologie qui a pour sujet l'homme dans son état de chute ou de péché.

Au début des temps, il semble que les gens avaient une très faible conception du monde comme tel. Mais, à mesure qu'ils se mettaient à observer le monde dans lequel ils vivaient et les cieux qui étaient au-dessus d'eux, l'expression "les cieux et la terre" a été employée pour décrire l'univers créé. Les nations qui habitaient près de la mer parlaient souvent "des cieux, de la terre et de la mer".

Les peuples de l'antiquité ont trouvé qu'il était extrêmement difficile d'expliquer l'origine de la matière de base ou primaire, de laquelle tout a été formé. Ils acceptaient communément le principe "rien ne vient de rien"; et, par conséquent, ils ne pouvaient pas admettre que le monde fut créé à partir de rien. Ainsi, ils ont généralement cru en deux principes éternels, Dieu et une matière auto-existante, ne dépendant pas l'un de l'autre. En réalité, le principe "rien ne vient de rien" semble être entièrement vrai lorsqu'il s'applique uniquement à des causes matérielles; mais cela n'est pas vrai en ce qui concerne Dieu comme la Cause efficace. En général, les anciens croyaient que la matière primaire était une sorte d'air léger, ou un éther, liquide et mobile, avec lequel la terre avait été formée. Le point de vue des Hébreux était différent des concepts précédents. Ils considéraient l'univers plutôt d'après le modèle d'un édifice, dont les matériaux ont été créés par Dieu qui était aussi le Constructeur de la structure.

B. *Les théories de la création*

Le récit scripturaire de la création sera plus significatif si on le considère par rapport à différentes opinions non chrétiennes. Dans notre discussion, nous mentionnerons brièvement les théories suivantes: (1) La théorie physique ou de la matière; (2) l'émanation ou la théorie panthéiste; (3) la théorie de l'évolution naturelle; et (4) la théorie de la création continue.

1. *La théorie physique ou de la matière.* Cette théorie de la création présuppose l'éternité de la matière. L'hypothèse d'une génération spontanée remplace Dieu dans son rôle de Constructeur de l'univers. C'est l'application d'une philosophie matérialiste à l'idée de la création, et qui provient du rationalisme du XIXe siècle. Toute théorie comme celle-ci, qui omet de faire de Dieu l'Agent actif personnel de la création, est évidemment inacceptable dans la théologie chrétienne.

2. *L'émanation ou la théorie panthéiste.* Ce point de vue maintient que le monde n'a ni été créé ni été formé avec une matière préexistante, mais doit être considéré comme étant la prolongation de la substance divine. Elle émane de Dieu comme le jet d'eau d'une fontaine, ou comme les rayons de lumière provenant du soleil. La faiblesse de cette théorie est la faiblesse du panthéisme lui-même qui renie la personnalité de Dieu, qui néglige d'admettre la liberté et l'immortalité de l'homme, et dont les hypothèses de base restent non seulement non prouvées mais ne peuvent être prouvées.

3. *La théorie de l'évolution naturelle.* Cette théorie est semblable, sinon identique, à celle de la génération spontanée. Au lieu de résoudre le problème de la création, l'évolution naturaliste ne fait que la repousser de plus en plus loin dans le passé. La question de l'origine demeure sans réponse. La théorie échoue en ce qui concerne trois points essentiels: (1) Elle n'a pas été capable de combler le vide immense entre ce qui est inanimé et ce qui est animé. (2) Elle ne peut passer de la vie diffuse du domaine végétal à la vie consciente et somatique du royaume animal. (3) Elle ne peut pas franchir le vide qui existe entre la vie somatique des animaux à la vie rationnelle, consciente et spirituelle de l'homme. Seule l'activité créatrice de Dieu a pu créer une vie végétale, animale et personnelle.

4. *La théorie de la création continue.* Ce point de vue met en question l'idée de la création comme étant une simple action complète, en faveur d'une création ayant un processus continu. Cette théorie est souvent maintenue par les évolutionnistes théistes. Elle affirme que l'évolution organique s'est faite non par les forces de la matière, mais par une force divine travaillant dans cet organisme. Cette activité divine est parfois identifiée au processus créateur continu, et parfois se limite à certains points importants dans son développement.

C. La relation entre Dieu et la création

La doctrine scripturaire de la création maintient que l'univers a eu un commencement; qu'il n'est éternel ni par la matière ni par la forme; que cet univers ne s'est pas créé lui-même, et qu'il doit son origine à la puissance omnipotente et inconditionnelle de la volonté de Dieu. Voilà la conception chrétienne. Elle comprend: (1) une croyance en un Dieu tout-puissant, selon laquelle le monde a été créé de rien, uniquement par la volonté divine; (2) le concept de Dieu dans la Trinité de Sa Nature; (3) une manifestation des attributs de Dieu — l'omnipotence, la sagesse, et l'amour; et (4) la croyance en une création au moyen de la Parole divine.

1. *La création et la Trinité.* Les Ecritures enseignent d'une façon claire que dans l'œuvre de la création le Fils et l'Esprit étaient associés au Père. Saint Paul parle de la relation entre le Père et le Fils dans la création, de la

manière suivante: *"Il n'y a qu'un seul Dieu, le Père, de qui viennent toutes choses et pour qui nous sommes, et un seul Seigneur, Jésus-Christ, par qui sont toutes choses et par qui nous sommes"* (1 Cor. 8:6). Le rôle de l'Esprit dans la création est mentionné par le psalmiste dans sa déclaration: *"Tu envoies ton souffle* [ton Esprit]: *ils sont créés"* (Psaume 104:30). Cela confirme le récit de la Genèse concernant le début de la création. L'Esprit est représenté ici comme se mouvant au-dessus des eaux — planant sur les eaux — faisant d'un chaos quelque chose d'ordre et de beau (Gen. 1:2). Ce passage, ainsi que bien d'autres, révèlent que toutes les Personnes de la Trinité ont eu une part active dans la création.

2. *La création et les attributs de Dieu.* Un grand nombre des attributs de Dieu sont révélés dans la création. Il est donc possible de dire que le monde est tel qu'il est, parce que Dieu est tel qu'Il est. L'existence même d'un univers, si vaste et si complexe que cela bouleverse l'imagination, révèle Sa puissance omnipotente. L'ordre et la perfection de l'univers indiquent Son omniscience incommensurable. Sa sagesse et Sa bonté se révèlent dans la préparation de toutes choses pour le bonheur et l'enrichissement de l'homme. La création de l'homme même trouve son origine dans l'amour débordant de Dieu, alors qu'Il cherchait de nouveaux objets sur qui cet amour pouvait être répandu. La nature révèle partout les perfections de notre Dieu. Le psalmiste a bien dit en s'exclamant: *"Que tes œuvres sont en grand nombre, ô Eternel! Tu les as toutes faites avec sagesse. La terre est remplie de tes biens"* (Psaume 104:24).

3. *La création et le Logos.* Par quels moyens Dieu a-t-Il créé toutes choses? Les Ecritures donnent une réponse à cela: *"Les cieux ont été faits par la parole de l'Eternel, et toute leur armée par le souffle de sa bouche"* (Psaume 33:6). Mais cette parole ne doit pas être considérée comme étant impersonnelle. C'est Christ comme le *Logos* ou la Parole. Il est le Médiateur dans la création aussi bien que dans la rédemption. *"Au commencement était la Parole, et la Parole était avec Dieu, et la Parole était Dieu... Toutes choses ont été faites par elle, et rien de ce qui a été fait n'a été fait sans elle"* (Jean 1:1, 3). *"Car en lui ont été créées toutes les choses qui sont dans les cieux*

et sur la terre, les visibles et les invisibles, trônes, dignités, dominations, autorités. Tout a été créé par lui et pour lui. Il est avant toutes choses, et toutes choses subsistent en lui" (Col. 1:16-17). La Parole voilée de l'Ancien Testament, dans des expressions telles que *"Dieu dit"*, et *"Qu'il y ait"*, se trouve être dans le Nouveau Testament non seulement comme la Parole parlée, mais la Parole qui parle, notre Seigneur Jésus-Christ Lui-même. C'est par Lui que les désirs et les projets du Père dans la création deviennent une réalité. C'est parce que le *Logos* ou la Parole a été le Médiateur de l'objectif et de l'efficacité dans la création, que la Parole incarnée, Jésus-Christ, est devenu le Médiateur de la grâce qui révèle et qui rend capable dans la rédemption.

D. *L'hymne de la création*

Le Livre de la Genèse commence par un psaume inspiré que l'on connaît parfois sous le nom d'"Hymne de la création", ou de "Poème de l'aurore". Nous ne voulons pas dire par là que le livre est une allégorie ou un livre de fiction, mais plutôt qu'il est une véritable description historique, écrit sous forme poétique. Il est donc à propos que l'harmonie de la création dans laquelle les étoiles du matin ont chanté ensemble et tous les fils de Dieu ont crié de joie, devait nous être révélée par les harmonies d'une description poétique. Voilà le rythme bien équilibré, le mouvement majestueux, les refrains récurrents et le mélange de beauté et de puissance qui caractérisent la grande poésie. Lorsqu'il fait mention du sujet, le Dr Thomas C. Porter dit: "Pour celui qui pourrait s'emparer de cette grande idée et qui d'un seul coup d'œil serait capable de voir le tout, la création entière alors apparaîtrait comme un hymne solennel, comme un grand oratorio qui débutant par quelques notes basses et faibles, prend graduellement de l'ampleur et de la puissance, et s'enflant de plus en plus, passe d'une certaine harmonie à une harmonie encore plus élevée jusqu'a ce qu'il atteigne l'éclat d'expression le plus grandiose, le diapason qui trouve son expression la plus complète dans l'homme."

E. *La cosmogonie mosaïque*

Le récit chrétien de l'origine et de l'organisation de l'univers est exposé dans l'Hymne de la création. Dans notre étude du sujet, nous examinerons avec une attention particulière trois thèmes: (1) Les différentes sortes d'interprétation; (2) les jours de la création; et (3 la création primaire et secondaire.

1. *Les différentes sortes d'interprétation.* Le récit mosaïque de l'origine de l'univers, qui comprend l'origine de la terre et de l'homme, a été interprété de différentes manières. Certains critiques modernes ont considéré le récit comme étant mythologique. Mais ni le ton ni le contenu du récit ne justifie cette interprétation. Jésus ainsi que les apôtres l'ont traité comme une histoire sacrée (voyez Matthieu 19:4). Une seconde forme d'interprétation est la méthode allégorique, qui s'est formée à partir de l'influence de certains érudits situés dans le grand centre d'enseignement grec, à Alexandrie. Un certain nombre des premiers pères de l'Eglise ont adopté cette méthode. Elle est presque aussi inacceptable que la méthode mythologique. Une autre méthode d'interprétation est connue sous le nom d'"hypothèse de vision". Cela concerne le récit de la Genèse qui résulterait d'une série de visions racontées de telle manière que la vérité basée sur des faits se mélangeait avec les conceptions intérieures du voyant. Cette explication n'a jamais été acceptée par l'Eglise. Le point de vue chrétien accepte le récit mosaïque comme l'histoire réelle concernant l'origine du monde. Jésus-Christ a déclaré que ce récit était sacré, et Il s'en est référé comme étant divinement inspiré. Par conséquent, ce récit est pour nous final et fait autorité, quelle que soit la différence des interprétations, dans leurs détails ou dans les points qu'elles mettent en relief.

2. *Les jours de la création.* Le récit de la Genèse concernant la création est principalement un document religieux. On ne peut pas le considérer comme une déclaration scientifique, et pourtant il ne faut pas le considérer comme étant opposé à la science. Le mot hébreu *yom* qui est traduit par "jour" n'apparaît pas moins de 1480 fois dans l'Ancien Testament, et il est traduit par plus de cinquante mots différents, y compris des termes comme "temps", "vie", "aujourd'hui", "âge", "pour toujours", "continuellement" et "perpétuellement". Avec un usage aussi flexible du terme original, il est impossible de dogmatiser ou d'exiger une restriction absolue à un seul de ces sens.

La meilleure exégèse hébraïque n'a jamais considéré les jours de la Genèse comme des journées solaires, mais comme des périodes de temps d'une durée indéfinie. La doctrine d'une immense période de temps ayant précédé les six jours de création était un point de vue commun parmi les premiers pères et docteurs de l'Eglise. Augustin a fait mention de certaines périodes comme étant des jours "divisés par Dieu" en contraste avec des jours solaires ou des jours "divisés par le soleil". Il affirme que le mot "jour" ne s'applique pas à la durée du temps, mais aux limites de grandes périodes. Beaucoup d'autres pères de l'Eglise, docteurs juifs érudits et beaucoup de théologiens modernes acceptent la même interprétation. D'autres écrivains, en reconnaissant que le mot hébreu pour "jour" peut signifier une période de temps définie ou indéfinie, considèrent la question irrésolue.

3. *La création primaire et secondaire.* Le récit mosaïque de la création établit une distinction entre la première création de la matière dans le sens de son origine, et de la création secondaire ou de la formation de cette matière par l'élaboration consécutive d'un univers ordonné. La création primaire est directe et immédiate; la création secondaire est toujours indirecte et médiate. Dans la première, Dieu amène à la vie la matière première pour la construction; dans la dernière, Il forme et façonne des objets spécifiques. *Toutes deux* sont *réellement* des actions *créatrices* de la Divinité: l'une est directe; l'autre est indirecte. Toutes deux seront expliquées en détail dans la section suivante.

F. *L'ordre de la création*

En considérant l'ordre de la création, tel qu'il est donné dans le Livre de la Genèse, plusieurs sujets seront examinés: (1) La création primaire ou d'origine; (2) la création secondaire ou de la formation; (3) les périodes de création; et (4) la théorie de la restauration.

1. *La création primaire ou d'origine.* Le mot "créa" (passé simple du verbe "créer") est employé cinq fois dans le récit de la Genèse. C'est une traduction du mot hébreu *bara* qui signifie origine, ou création *de novo*. Le mot apparaît dans les versets suivants: "*Au commencement, Dieu créa les cieux et la terre* (Gen. 1:1.) *"Dieu créa les grands poissons"* [géants, ou monstres de mer] (Gen. 1:21).

"Dieu créa l'homme à son image, il le créa à l'image de Dieu, il créa l'homme et la femme" (Gen. 1:27). Il semble évident que le mot "créa", tel qu'il est employé ici, fait mention du commencement de l'existence d'une chose. Ce qui avait été amené en existence, n'avait jamais existé auparavant, sous aucune forme quelconque.

Le Dr Adam Clarke traduit Genèse 1:1 de la manière suivante: "Dieu, au commencement, a créé la substance des cieux et la substance de la terre", c'est-à-dire, la *prima materia,* ou la matière première avec laquelle les cieux et la terre ont été successivement formés. La première étape de la création a donc été d'amener à l'existence une substance matérielle ou matière dont la condition était chaotique et informe.

La seconde origine a été celle de la vie somatique ou de l'âme. *"Dieu créa selon leur espèce les grands monstres marins et tous les êtres vivants* [Litt.: d'âme vivante] *qui nage"* (Gen. 1:21, *Nouvelle version Segond révisée,* 1978). Là, encore une fois, apparaît toute une entité nouvelle. Elle s'appelle la vie somatique, (de *soma,* un corps). Cette nouvelle vie individuelle reçoit un corps indépendant et distinct de la vie diffuse qui se trouve dans le domaine végétal. Le mot "âme" tel qu'il est employé ici, s'applique à une entité immatérielle, qui, marquée par une sensation, un sentiment et une volonté, caractérise ce nouvel ordre de création. Le mot n'est pas synonyme du mot "esprit" qui est employé pour la nature immatérielle de l'homme dans sa relation avec la divinité et l'ordre moral.

La troisième action créatrice de Dieu, dans le sens de l'origine, a produit l'arrivée d'un être personnel. *"Dieu créa l'homme à son image, il le créa à l'image de Dieu, il créa l'homme et la femme"* (Gen. 1:27). Nous avons ici la création d'un homme conscient, un être qui sait, et qui sait qu'il sait. C'est un individu qui a toute liberté morale d'action et qui est responsable de ses actions. Il a été créé à l'image de Dieu.

2. *La création secondaire ou de la formation.* Dans la section précédente, nous avons parlé de la création dans le sens de l'origine. Trois entités nouvelles — la matière, l'âme et l'esprit — ont été amenées à la vie. Mais Dieu n'est pas uniquement un Créateur de matières. Il est aussi le Modeleur et l'Architecte. Il crée par la formation,

avec du matériel qui existe déjà. Il crée à travers la création elle-même, et pourtant Il le fait par des décrets créateurs comme dans le cas de l'origine.

Dans le récit de la Genèse, nous trouvons une série de sept actes formateurs au moyen desquels Dieu transforme des matériaux d'aspect chaotique et informe, mais préexistants et préparés, en un univers ordonné et magnifiquement formé. Ces sept décrets de Dieu constituent Sa création secondaire. Ils sont les suivants: (1) *"Que la lumière soit"* (Gen. 1:3). Cela est la formation de la lumière cosmique que l'on considère parfois comme la chaleur ou la lumière rayonnante. (2) *"Qu'il y ait une étendue entre les eaux* [ou firmament]*"* (Gen. 1:6). *"Que les eaux qui sont au-dessous de ciel se rassemblent en un seul lieu, et que le sec paraisse"* (Gen. 1:9). (3) *"Que la terre produise de la verdure"* (Gen. 1.11). Nous avons ici l'introduction d'une nouvelle force dans la matière, un élément vital donnant naissance à une matière germinale animée, et qui rend possible le domaine des objets vivants. Prenez note que ce nouvel élément est amené à la vie par un décret Divin, mais non séparé du monde préexistant. La déclaration n'est pas "Qu'il y ait de la verdure", mais, *"Que la terre produise de la verdure"*. (4) *"Qu'il y ait des luminaires dans l'étendue du ciel"* (Gen. 1:14). A un moment approprié, la lumière provenant de ces luminaires accordera les conditions nécessaires à un développement supplémentaire dans le domaine organique. (5) *"Que les eaux se mettent à grouiller d'êtres vivants* [Litt.: d'âme vivante], *et que sur la terre des oiseaux volent sous l'étendue céleste"* (Gen. 1:20. *Nouvelle version Segond révisée,* 1978). (6) *"Que la terre produise des êtres vivants selon leur espèce"* (Gen. 1:24, *Nouvelle version Segond révisée,* 1978)." Dans le cinquième et le sixième acte formateur, on ne fait mention que de la création du matériel ou des organismes physiques qui revêtent les âmes vivantes, créées [dans le sens de l'origine] à ce moment-là (Gen. 1:21) dans le plan créatif. (7) *"Faisons l'homme"* (Gen. 1:26). Même l'action formative dans cette circonstance n'est pas exactement en parallèle avec les actes précédents. Au lieu de dire: "Que la terre produise l'homme", il est écrit: *"Faisons l'homme."* Le mot formateur *faisons* fait mention du corps matériel de l'homme qui le lie à l'univers physique. Dans le mot *créer* (Gen. 1:27), comme nous l'avons noté auparavant, nous retrouvons l'origine de l'être spirituel de l'homme, fait à l'image et à la ressemblance avec Dieu. Un ordre logique et naturel est évident dans les différentes étapes du développement formateur. Chaque étape prépare le chemin pour celle qui va suivre. Le tout atteint de façon remarquable son point culminant et se réunit dans le refrain final *"Dieu vit tout ce qu'il avait fait; et voici, cela était très bon"* (Gen. 1:31).

3. *Les périodes de création.* Dans le récit mosaïque de la création, le trait peut-être le plus remarquable est la disposition ordonnée, en étapes et en périodes, que l'on appelle "journées de création". Dans le sens de l'origine, la création est instantanée; mais dans sa formation, elle est graduelle et cumulative. Il y a une révélation progressive dans une échelle ascendante d'actes créateurs. Chaque étape est préparatoire à ce qui va lui succéder, et c'est aussi une prophétie de ce qui va suivre.

L'étude du récit de la Genèse révèle certains faits qui prennent une signification croissante avec chaque découverte scientifique. *Premièrement,* il y a deux grandes ères mentionnées, ayant chacune trois journées de création — l'ère inorganique et l'ère organique. *Deuxièmement,* chacune de ces grandes ères commence avec l'apparition de la lumière — l'une avec la création de la lumière cosmique, et l'autre avec la lumière émanant des luminaires créés. *Troisièmement,* chacune de ces ères se termine avec une journée dans laquelle une œuvre double s'est accomplie. La première est une action qui complète ou perfectionne ce qui la précède, et la deuxième est la prophétie de ce qui doit venir. Cet arrangement peut être organisé sous une forme schématique comme celle qui suit:

L'ère inorganique

1er jour — la lumière cosmique.
2e jour — le firmament — l'eau et l'atmosphère
3e jour — la terre sèche (ou le contour de la terre et des mers). La création de la verdure (transitionnelle et prophétique).

LA COSMOLOGIE   145

L'ère organique

4ᵉ jour — les luminaires.
5ᵉ jour — les animaux inférieurs — les poissons et les oiseaux.
6ᵉ jour — les animaux de la terre. Création de l'homme (transitionnelle et prophétique).

La création de la verdure, qui pour des raisons physiques appartient au troisième jour, est le point culminant de l'ère inorganique et la prophétie de l'ère organique qui suit immédiatement. Il nous est aussi possible de dire que l'homme, le point culminant de l'œuvre du sixième jour, représente lui aussi une prophétie pour une période incommensurable, l'époque nouvelle dans laquelle la volonté de Dieu sera faite sur la terre comme au ciel.

Avec l'augmentation rapide des découvertes de la science, le récit de la Genèse a vite été mis en question par des hommes qui semblaient être des experts dans le domaine de l'investigation. Mais des hommes chrétiens, éminents en science aussi, après une étude et une recherche prolongées, ont déclaré que non seulement il n'y avait pas de conflits entre la Genèse et la science moderne, mais qu'il y avait un parallèle remarquable entre les deux. Hugh Miller, très connu en géologie, n'a trouvé aucun déplacement de faits dans le récit de la Genèse. Les professeurs Winchell, Dana, Guyot, et Dawson, parmi les premiers hommes de science, ont maintenu que l'ordre des événements dans la cosmogonie des Ecritures correspondait essentiellement à la découverte de la science moderne. Sir William Ramsay a déclaré: "Entre le vérité essentielle du christianisme et les faits établis de la science, il n'existe aucun vrai antagonisme." Si l'on s'oriente par rapport au premier jour de la création, les autres jours suivent alors dans un ordre exact et scientifique. Ces périodes de temps n'ont jamais été organisées par les scientifiques dans un ordre fondamental autre que celui du premier chapitre de la Genèse. L'évidence paléontologique justifie l'ordre et la disposition de la vie tels qu'ils sont donnés dans la Genèse. Le décret de création, dans sa triple expression du premier chapitre de la Genèse, est une explication suffisante pour l'existence de ce qui est vivant et non vivant, et avec les découvertes croissantes de la science est confirmée chaque jour par les plus grands esprits de la terre.

4. *La théorie de la restauration*. Pour expliquer les grandes périodes géologiques, beaucoup d'érudits chrétiens interprètent le premier verset du récit créatif comme une déclaration d'introduction sans référence à un ordre temporel. Il y a lieu de croire qu'un immense intervalle de temps s'est écoulé depuis ce verset et les événements rapportés dans les prochains versets. De cette façon, les longues périodes de création que la géologie exige peuvent être expliquées, sans considérer les journées de la Genèse comme étant autres que des jours solaires de vingt-quatre heures chacun.

Liée étroitement à la théorie que nous venons de mentionner est la théorie de la restauration qui est plus ou moins maintenue dans l'Eglise. D'après ce point de vue, la première déclaration: *"Au commencement Dieu créa les cieux et la terre"*, représente une création initiale et parfaite. La déclaration suivante: *"La terre était informe et vide; il y avait des ténèbres à la surface de l'abîme"*, fait mention d'une grande catastrophe dans laquelle tout ce qui était sur la terre fut détruit. Après une longueur de temps indéterminée, Dieu a recréé la terre, la revivifiant en une semaine de six jours solaires. Pour justifier ce point de vue, les paroles d'Esaïe sont citées: *"Le créateur des cieux, le seul Dieu, qui a formé la terre, qui l'a faite et qui l'a affermie, qui l'a créée pour qu'elle ne fût pas déserte* [c'est-à-dire, Il ne l'a pas créée un désert], *qui l'a formée pour qu'elle fût habitée"* (Esaïe 45:18).

G. *L'objectif de la création*

Le terme grec *aeon* ("âge" ou "monde") est employé pour décrire la succession des époques et des périodes qui ont passé à travers les siècles et qui ont impliqué les aspects physiques et moraux du monde. Le premier *aeon* a été la période indéfinie de formation qui date d'avant le ciel et la terre actuels. Cette période s'est caractérisée par le chaos des temps géologiques, et par une confusion spirituelle et morale à cause de l'apostasie d'une partie des anges.

Le deuxième âge correspond à l'économie présente. Les Ecritures nous enseignent clairement que vers sa fin, des forces puissantes, à présent freinées, seront relâchées. Cela se terminera avec des changements radicaux et par l'apparition de nouveaux cieux et d'une nouvelle terre. Saint Pierre décrit ces changements cataclysmiques de la façon suivante: *"Le jour du Seigneur viendra comme un voleur; en ce jour, les cieux passeront avec fracas, les éléments embrasés se dissoudront, et la terre avec les œuvres qu'elle renferme sera consumée. Puisque donc toutes ces choses doivent se dissoudre, quelles ne doivent pas être la sainteté de votre conduite et votre piété, tandis que vous attendez et hâtez l'avènement du jour de Dieu, à cause duquel les cieux enflammés se dissoudront et les éléments embrasés se fondront! Mais nous attendons, selon sa promesse, de nouveaux cieux et une nouvelle terre, où la justice habitera"* (2 Pierre 3:10-13). Du point de vue spirituel et moral, l'âge présent est caractérisé par deux événements d'une importance capitale: la chute de l'homme dans le péché et la glorieuse incarnation de Jésus-Christ, afin que l'homme puisse avoir un nouveau départ spirirtuel.

Le troisième *aeon* (âge) commencera avec le retour de Christ, lorsqu'Il introduira l'âge à venir. Selon l'aspect physique, cet âge nouveau se manifestera dans un ciel nouveau et une terre nouvelle. Sur le plan moral, ce sera un âge qui sera libéré du péché et de tout désordre moral.

Donc, la théologie trouve l'objectif final de la création dans le royaume de Dieu. Ce royaume se trouve dès maintenant dans la possession de *"la justice, la paix et la joie, par le Saint-Esprit"* (Rom. 14:17), et un espoir futur. Jésus-Christ a été Lui-même la personnification parfaite des principes sur lesquels le royaume s'appuie. Grâce à Son œuvre rédemptrice, les hommes peuvent dès maintenant être délivrés du péché; par la réalisation complète de cette œuvre, Son peuple sera délivré des conséquences du péché. Dans les temps à venir, Son Royaume sera introduit comme l'accomplissement complet des idéaux éthiques et spirituels les plus hauts de l'homme. Par conséquent, dans le sens final, la création physique trouve sa signification dans les aspirations et les possibilités morales et spirituelles de l'homme, tout comme elles trouvent leur entière satisfaction dans la réalisation complète du royaume de Dieu.

II. LES ANGES ET LES ESPRITS

Les Ecritures nous enseignent clairement qu'il existe un ordre d'intelligences plus grandes que celui de l'homme, et affirme en plus que ces êtres sont associés à l'homme par la providence ainsi que par le système de rédemption. Ils s'appellent *esprits* pour marquer leur nature spécifique; et *anges* pour indiquer leur mission On sait relativement peu de choses concernant ces êtres, et c'est dans les Ecritures que toutes ces choses sont révélées. Ce sont des esprits qui ont été créés, mais le moment de leur création n'est pas clairement indiqué.

A. *La nature, les attributs, et le ministère des anges*

Les anges sont souvent décrits comme ayant un esprit pur, c'est-à-dire, qu'ils sont des êtres incorporels et immatériels. L'Eglise considère en général que les anges n'ont pas de corps. Pourtant, le Dr Pope insiste que Dieu seul est d'un Esprit pur et essentiel, et que les anges sont vêtus de vêtements immatériels, tels que saint Paul les décrit dans sa déclaration: *"Il y a aussi un corps spirituel"* (1 Cor. 15:44). S'ils ne possèdent pas de corps, la Bible nous enseigne qu'à l'occasion ils prennent des corps humains, que ce soit en apparence ou en réalité, afin de converser avec les hommes (Genèse 18:1-2; 19:1,10). Ils sont supérieurs en force et en puissance (2 Pierre 2:11), et sont puissants en force (Psaume 103:20).

Les Ecritures indiquent que l'homme jouit d'une richesse d'expérience que les anges ne reçoivent pas. Saint Pierre parle des prophètes *"qui étaient les dispensateurs de ces choses, que vous ont annoncées maintenant ceux qui vous ont prêché l'Evangile par le Saint-Esprit envoyé du ciel, et dans lesquelles les anges désirent plonger leurs regards"* (1 Pierre 1:12). Saint Jean et saint Paul font tous deux mention de limites semblables dans l'expérience des anges. Ils ne sont que de simples témoins de la gloire rédemptrice de l'homme, mais eux-mêmes ne peuvent pas participer avec Christ de la même manière réelle. L'auteur du cantique avait sans doute raison

LA COSMOLOGIE

lorsqu'il a observé que "les anges n'ont jamais connu la joie que notre salut apporte".

Les attributs que l'on associe généralement aux anges comprennent souvent l'indivisibilité, l'immutabilité, l'illocalisation [non confiné à un lieu particulier] et l'agilité. Puisqu'ils sont indivisibles et immuables, les anges peuvent donc être décrits comme invisibles, incorruptibles et immortels. Ils ne sont pas omniprésents, mais sont toujours présents quelque part. Ils se déplacent rapidement et avec aise. Ils doivent être considérés comme des individus, mais n'ont aucune relation raciale. Ils ne sont ni du genre masculin ou féminin et ne se reproduisent pas (Matt. 22:30). Il y a des rangs et des classes parmi les anges, tels que les chérubins, les séraphins, les trônes, les dignités, les dominations, les puissances et les archanges.

Le ministère le plus important des anges est de servir Dieu. Lorsqu'il est dit *"que tous les fils de Dieu poussaient des cris de joie"* (Job 38:7), c'est une mention des anges dans leur rôle de fils. Leur devoir principal est d'être au service de ceux qui doivent hériter le salut. Ils étaient présents à la création, lorsque la loi a été donnée, à la naissance de Christ, après la tentation dans le désert, à Gethsémané, à la résurrection et à l'ascension. L'auteur de l'Epître aux Hébreux se demande donc: *"Ne sont-ils pas tous des esprits au service de Dieu, envoyés pour exercer un ministère en faveur de ceux qui doivent hériter du salut?"* (Héb. 1:14).

Dans leur état original, les anges étaient des êtres saints, qui possédaient la liberté d'action et étaient sujets à une période de mise à l'épreuve. Ils étaient destinés à choisir volontairement le service de Dieu et à se préparer à la fonction gratuite d'être au service de ceux qui doivent hériter du salut. Ils n'ont pas tous gardé leur condition initiale, mais certains sont tombés dans le péché et se sont rebellés contre Dieu (Jude v. 6). Ainsi nous entendons parler du *"jugement du diable"* (1 Tim. 3:6), qui, comme nous l'avons compris d'après les Ecritures, est à la tête de la section des anges qui sont tombés. Pour cette raison, Satan est appelé *"le prince de la puissance de l'air"* (Eph. 2:2) et ses cohortes sont mentionnés comme étant *"les esprits méchants dans les lieux célestes"* (Eph.

6:12). Il nous est possible de croire qu'après la période de mise à l'épreuve, les anges de bonne conduite ont été confirmés dans la sainteté et admis à une condition de gloire que leur a permis de voir continuellement la face de Dieu (Matt. 18:10). La chute des anges de mauvaise conduite, peut être considérée comme une apostasie volontaire, et l'on présume que leur péché était l'orgueil (1 Tim. 3:6). En conséquence de leur péché, ils tombent sous la condamnation de Dieu (2 Pierre 2:4), et seront punis éternellement (Matt. 25:41). Leur disposition est hostile envers Dieu, et ce dessein diabolique est centré sur Satan qui est leur chef.

B. Satan

Satan est un être personnel, qui est à la tête du royaume des esprits mauvais. Il est l'antéchrist essentiel. Deux noms lui sont le plus souvent attribués, qui tous deux décrivent son caractère. Il est Satan, ou l'adversaire; et le diable, ou le faux accusateur. Notre Seigneur le décrit comme celui qui sème la semence de l'erreur et du doute dans l'Eglise (Matt. 13:39), et comme un meurtrier et le père du mensonge (Jean 8:44). Il est capable de se transformer en un ange de lumière (2 Cor. 11:14). Ce sujet recevra une plus grande attention en ce qui concerne l'origine du mal (voir Chapitre IX, Section II).

III. LA RELATION ENTRE DIEU ET SA CRÉATION

Le Dieu de la création est aussi le Dieu de la providence. Il maintient ce qu'Il a créé et Il s'en occupe, et Sa miséricorde se retrouve dans toutes Ses œuvres. Sa providence exprime Sa bonté, Sa sagesse, Sa puissance et Ses autres attributs. La providence est attribuée au Père (Jean 5:17), au Fils (Col. 1:17; Héb. 1:3) et au Saint-Esprit (Psaume 104.30). Pourtant, elle est généralement attribuée au Père.

La providence peut se définir comme l'activité du Dieu de la Trinité par laquelle Il préserve, Il prend soin et dirige le monde qu'Il a fait. Le sujet peut être divisé de façon générale en une *Providence générale,* selon laquelle Dieu s'occupe du monde et de tout ce qui est dedans; et en une *Providence spéciale,* qui fait plus particulièrement mention de Son amour pour les humains. En d'autres occasions, le sujet est classé en une *Providence ordinaire,* qui entend la pratique générale de l'amour de Dieu grâce aux lois et les principes établis; et en une *Providence extraordinaire,* ou l'intervention miraculeuse de Dieu dans le cours ordinaire de la nature ou de l'histoire. Nous allons aborder le sujet de la Providence sous les divisions principales suivantes: *premièrement,* la conservation, faisant mention de la nature inanimée; *deuxièmement,* la préservation, faisant mention de la nature animée, et les besoins des créatures des royaumes non humains; et *troisièmement,* Son gouvernement, telle qu'il s'applique à l'homme.

A. *La conservation*

La conservation est la providence de Dieu qui préserve dans le domaine de l'univers physique. Elle se préoccupe de la relation de Dieu avec le monde. Les Ecritures enseignent clairement que Dieu maintient diligemment toutes choses avec la parole de Sa puissance. *"Lui qui donne à tous la vie, la respiration, et toutes choses"* (Actes 17:25*b*). *"Car en lui nous avons la vie, le mouvement, et l'être"* (Actes 17:28). *"Il est avant toutes choses, et toutes choses subsistent en lui"* (Col. 1:17). Charles Wesley résume la croyance évangélique de la conservation dans la déclaration précise suivante: "Dieu est aussi Celui qui soutient toutes les choses qu'Il a faites. Il supporte, Il maintient, et Il soutient toutes choses créées par la parole de Sa puissance; par la même parole puissante qui les a créées de rien. Et cela était absolument nécessaire pour le commencement de leur existence, et c'est également nécessaire pour la continuation de celle-ci; si Sa puissante influence devait se retirer, elles ne pourraient pas subsister un moment de plus."

Alors que l'Eglise a généralement maintenu une croyance dans la présence immédiate de Dieu, dans la conservation de l'univers de la matière, elle a aussi considéré les lois de la nature comme une constatation des principes de l'activité divine. La relation exacte entre Dieu et Ses lois n'a pas pu être facilement déterminée, et les penseurs chrétiens ont maintenu une variété d'opinions. Alors que la plupart reconnaissent les lois, les principes et les causes secondaires dans la conservation du monde, ils ne font pas de ces lois des intermédiaires actifs qui pourraient remplacer Dieu et Le bannir de l'univers.

B. La préservation

Le mot préservation est employé pour désigner l'œuvre de la Providence dans le domaine animé, personnel et impersonnel. La compassion providentielle de Dieu s'étend jusqu'aux formes les plus basses de la vie. Il dirige les classes les plus faibles du royaume animal, largement par leur appétit et par leur instinct. *"Les fourmis, peuple sans force, préparent en été leur nourriture"* (Prov. 30:25). *"Les yeux de tous espèrent en toi, et tu leur donnes la nourriture en son temps. Tu ouvres ta main, et tu rassasies à souhait tout ce qui a vie"* (Psaumes 145:15-16). Cette compassion providentielle s'étend aussi jusqu'à l'homme, en général en tant que créature de Dieu. Notre Seigneur Jésus-Christ a dit que le Père *"fait lever son soleil sur les méchants et sur les bons, et il fait pleuvoir sur les justes et sur les injustes"* (Matt. 5:45).

C. Le gouvernement

Parce que l'homme a toute liberté d'action, la relation de Dieu avec l'homme dans Son administration est différente de celle qu'Il a avec l'univers de la matière dans la conservation, et dans le domaine animé de la préservation. Dieu reconnaît et honore la liberté de l'homme. Il exerce Son influence sur l'homme, mais ne contraint pas ce dernier jusqu'à ce que la liberté d'action et la responsabilité soient mises à l'écart. L'action qui en résulte n'est pas directement l'œuvre de Dieu, mais celle de la créature à qui appartient l'action. On a généralement fait la distinction entre quatre modes de gouvernement divin. (1) *Permissif.* "Lorsque nous disons que Dieu a permis un événement", dit Wakefield, "il ne faut pas comprendre le terme comme s'il voulait dire que Dieu l'avait autorisé, ou qu'Il avait donné son consentement; mais plutôt que cela n'a pas poussé Sa puissance à l'empêcher. Dieu permet le péché, mais Il ne l'approuve pas; car, puisqu'Il est infiniment saint, le péché doit toujours être l'objet de Son aversion. Par conséquent, Il témoigne contre les péchés mêmes qu'Il a permis aux hommes de faire, en prononçant des menaces contre eux et finalement en les punissant de leurs crimes" (WAKEFIELD, *Christian Theology*, p. 266), (cf. 2 Chron. 32:31; Psaume 81:12-14; Osée 4:17; Acts 14:16; Romains 1:24,

28). (2) *Préventif.* Cela est l'acte restrictif de Dieu par lequel Il empêche les hommes de commettre le péché (cf. Genèse 20:6; Gen. 31:24; Psaume 19:14). (3) *Directif.* Dieu annule les mauvaises actions des hommes et en retire des conséquences qui n'étaient pas prévues par ceux qui font le mal. On appelle cela parfois une providence qui transcende. Joseph dit à ses frères: *"Vous aviez médité de me faire du mal: Dieu l'a changé en bien, pour accomplir ce qui arrive aujourd'hui, pour sauver la vie à un peuple nombreux"* (Genèse 50:20; voir aussi Psaume 76:10; Esaïe 10:5; Jean 13:27; Actes 4:27-28; Romains 9:17-18). (4) *Déterminatif.* Par cela nous voulons parler de l'autorité que Dieu a sur les bornes du péché et de la méchanceté. *"L'Eternel dit à Satan: Voici, tout ce qui lui appartient, je te le livre; seulement, ne porte pas la main sur lui"* (Job 1:12; voir aussi Job 2:6; Psaume 124:2-3; 2 Thess. 2:7). Un des passages les mieux connus et cités le plus souvent illustre cette vérité: *"Dieu, qui est fidèle, ne permettra pas que vous soyez tentés au-delà de vos forces; mais avec la tentation il préparera aussi le moyen d'en sortir, afin que vous puissiez la supporter"* (1 Cor. 10:13).

Pour terminer, il serait bien de se souvenir que l'idée-clé de la doctrine chrétienne sur la Providence divine est que Dieu règne sur tout avec amour. Cet amour atteint son expression triomphale lorsque saint Paul déclare que *"nous savons du reste, que toutes choses concourent au bien de ceux qui aiment Dieu, de ceux qui sont appelés selon son dessein"* (Rom. 8.28).

CHAPITRE IX
L'ANTHROPOLOGIE

> *"Puis Dieu dit: Faisons l'homme à notre image... Dieu créa l'homme à son image, il le créa à l'image de Dieu... L'Eternel Dieu forma l'homme de la poussière de la terre, il souffla dans ses narines un souffle de vie et l'homme devint un être vivante"*
>
> (Genèse 1:26, 27; 2.7).
>
> *"Quand je contemple les cieux, ouvrage de tes mains, la lune et les étoiles que tu as créées: Qu'est-ce que l'homme, pour que tu te souviennes de lui? Et le fils de l'homme, pour que tu prennes garde à lui? Tu l'as fait de peu inférieur à Dieu, et tu l'as couronné de gloire et de magnificence, tu lui as donné la domination sur les œuvres de tes mains, tu as tout mis sous ses pieds"*
>
> (Psaume 8:4-7).

I. L'ORIGINE DE L'HOMME

A. *La nature de l'anthropologie*

L'anthropologie est la science ou l'étude de l'homme. En tant que science celle-ci se rapporte aux questions qui concernent l'homme primitif, la distinction des races, et les éléments qui font partie du développement et des progrès de l'homme. Dans le sens théologique, le terme se limite à l'étude des aspects d'ordre moral et religieux de l'homme, avec une attention particulière à l'état de l'homme avant sa chute. Pour comprendre ces problèmes, il nous faut examiner certains thèmes qui se rapportent plus particulièrement à l'anthropologie, dans la définition plus vaste de celle-ci en tant que science. Nous accorderons une certaine attention aux sujets suivants: (1) l'origine de l'homme; (2) les éléments qui constituent la nature humaine; (3) l'unité de la race humaine et l'origine de sa communauté; (4) l'origine de l'âme; (5) l'image de Dieu dans l'homme; et (6) la nature de la sainteté primitive.

B. *Les deux récits scripturaires de la création de l'homme*

A part la révélation divine, l'homme n'a eu que de vagues théories mythologiques en ce qui concerne son origine. Les hommes ont souvent considéré qu'ils étaient nés de la terre, des rochers, des arbres, des animaux sauvages, des dieux, ou qu'ils avaient évolué de quelque forme inférieure de vie. La révélation qui se trouve dans la Sainte Bible doit toujours être notre autorité en ce qui concerne l'origine de l'humanité. Les seuls récits que nous avons et qui font autorité sur l'origine de l'homme, sont ceux que nous trouvons dans le premier et le deuxième chapitre de la Genèse.

1. *Le premier récit de la création de l'homme.* Dans le premier récit scripturaire se rapportant à l'origine de l'homme, nous retrouvons le décret créateur de la Divinité: *"Faisons l'homme à notre image, selon notre ressemblance."* La création de l'homme représente et est le point culminant de toutes les actes créateurs précédents. L'homme se voit immédiatement uni avec ces actes précédents comme le couronnement de la création, et il se distingue de ces actes comme un nouvel ordre d'existence. La création de l'homme a été l'achèvement d'une œuvre vers laquelle se tournaient tous les actes précédents de la création. Dans Sa providence, Dieu avait préparé toutes choses pour la subsistance et le plaisir de l'homme. Tout avait été arrangé pour le développement parfait de l'homme, selon l'idéal divin.

2. *Le deuxième récit de la création de l'homme.* Le deuxième récit plus détaillé concernant l'origine de l'homme se trouve en Genèse 2:4-35. Ce récit est présenté comme le point de départ pour la considération spécifique de l'histoire personnelle de l'homme. Nous avons là un double acte créateur: *"L'Eternel Dieu forma l'homme de la poussière de la terre, il souffla dans ses narines un souffle de vie et l'homme devint un être* [Litt.: une âme vivante] *vivante"* (Gen. 2:7). Le premier acte créateur consiste dans la formation du corps de l'homme de la poussière de la terre, et des produits chimiques dont elle est composée. Le mot "former" introduit l'idée d'une création qui s'est faite avec des matériaux préexistants. Il n'y a aucune supposition ici qui puisse soutenir le point de vue évolutionniste d'un lent développement de l'homme, provenant d'un royaume animal inférieur. Au moment où la poussière a cessé d'être de la poussière, celle-ci a existé dans la chair et les os qui forment le corps humain. Pourtant,

ce récit nous enseigne que selon un certain aspect de son être, l'homme est joint à la nature; et que selon cet aspect inférieur il est le point culminant du royaume animal, et qu'au point de vue de structure et de forme, il en représente la perfection.

Mais le trait caractéristique de la création de l'homme se trouve dans la déclaration finale: *"Il souffla dans ses narines un souffle de vie et l'homme devint un être* [Litt.: une âme vivante] *vivante."* Nous avons là une nouvelle création unique, et non seulement une simple formation. Dieu a fait de l'homme un esprit — un être conscient et capable d'autodétermination — en d'autres termes: une personne. Par le souffle divin, l'homme est devenu un esprit immortel.

C. *L'origine de la femme*

Dans Genèse 2:21-23, nous avons le récit du processus par lequel l'homme générique est devenu deux sexes. Cette déclaration a été une cause de perplexité pour un grand nombre de commentateurs, et beaucoup de théories ont été suggérées pour son interprétation. Saint Paul nous dit qu'*"Adam a été formé le premier, Eve ensuite"* (1 Tim. 2:13). Par cela il veut dire que l'homme a été perfectionné le premier, et l'Eternel Dieu a pris du corps de l'homme ce qu'il fallait pour créer la femme. Ce fait a été reconnu par Adam lorsqu'il a dit: *"Voici cette fois celle qui est os de mes os et chair de ma chair! on l'appellera femme, parce qu'elle a été prise de l'homme"* (Gen. 2:23).

Le mot hébreu qui a été traduit par "côte" dans la Genèse est regrettable. Le mot original se trouve quarante-deux fois dans l'Ancien Testament, et dans aucune autre circonstance il n'est traduit par "côte". Il est traduit en général par "côté" ou "côtés". L'exposé biblique enseigne clairement que chaque individu de la race, y compris la première mère, a son représentant antitype dans le premier homme. L'aspect générique de la création de l'homme est présenté non seulement du point de vue physique, mais aussi comme la théologie qui forme la structure sociale dans la relation du mariage. Saint Paul développe cet aspect du récit de la Genèse, et nous donne un des plus beaux et des plus éloquents symboles de la relation entre Christ et Son Eglise (Ephésiens 5:23-32).

D. L'unité de la race et sa communauté d'origine

Les Ecritures affirment l'unité de la race ainsi que sa communauté d'origine. Le nom "Adam" a été à la fois celui d'un individu et celui d'une famille — le nom personnel du premier homme et le nom générique de l'humanité. Saint Paul déclare que Dieu *"a fait que tous les hommes, sortis d'un seul sang, habitassent sur toute la surface de la terre"* (Actes 17:26). Avec la création de la première paire, la Bible nous enseigne que toutes les races de l'humanité tirent leur origine de parents communs (Genèse 3:20).

L'évidence scientifique à tendance à soutenir le point de vue scripturaire de l'unité de la race et de sa communauté d'origine. Parmi les évidences qui sont présentées à l'appui, nous retrouvons les suivantes: (1) une similarité des traits caractéristiques physiques que l'on retrouve dans tous les êtres humains; (2) une similarité des caractéristiques, tendances et capacités d'ordre mental; (3) une similarité des principes de base dans les langues; et, (4) une vie religieuse de base universelle avec des traditions qui indiquent un lieu de rencontre commun et une unité de vie religieuse. D'après l'opinion de la science, qui se base sur beaucoup de preuves par accumulation, on considère que les races de l'humanité avaient un point d'origine commun, quelque part dans le Proche Orient, probablement en Mésopotamie.

II. LA NATURE DE L'HOMME

A. Les éléments qui constituent la nature humaine

La double position de l'homme, à la fois une partie de la nature mais aussi un esprit libre qui surpasse la nature, donne lieu a des questions compliquées en ce qui concerne les éléments qui constituent sa personnalité. Ces questions ont conduit à l'élaboration de théories dont les deux plus importantes sont celles de la *dichotomie* et de la *trichotomie* qui considèrent l'homme sous un double ou une triple aspect.

1. *La théorie de la dichotomie.* Ce point de vue maintient que l'homme se compose de deux sortes de natures

ou d'essences — une partie qui constitue la matière (le corps) et une partie immatérielle (l'âme ou l'esprit). Le dichotomiste insiste sur le fait que l'homme ne consiste que de deux, et seulement deux, éléments ou substances distincts — la matière et la pensée, ou ce qui est matériel et ce qui est spirituel. En général, une distinction est faite entre l'âme et l'esprit. La partie immatérielle de l'homme s'appelle âme lorsque celle-ci est considérée comme la puissance qui anime l'organisme physique ou qui relie la personnalité au monde des sens; elle s'appelle esprit lorsqu'elle est considérée comme l'agent rationnel ou moral qui relie la personnalité avec le monde de la foi. Le Dr Strong compare la partie immatérielle de l'homme à l'étage supérieur d'une maison, mais avec des fenêtres qui donnent sur deux directions: la terre et le ciel.

2. *La théorie de la trichotomie.* Cette théorie maintient qu'il y a dans l'homme trois éléments constituants: l'esprit rationnel, l'âme animale et le corps. Plusieurs passages des Ecritures, particulièrement dans le Nouveau Testament, semblent indiquer que l'homme possède une triple nature. Ainsi saint Paul prie pour que *"tout votre être, l'esprit, l'âme et le corps, soit conservé irrépréhensible"* (1 Thess. 5:23). L'on maintient généralement que de telles expressions étaient employées pour exprimer la totalité de l'être dans la nature de l'homme. Un tel emploi était courant dans l'Eglise primitive, ayant été dérivé de la philosophie de Platon.

Bien que les Ecritures semblent confirmer la théorie de la dichotomie, une trichotomie pratique dans le parler ordinaire et dans l'usage scripturaire semble être bien évidente. Pourtant, il faut toujours se souvenir que le corps, l'âme et l'esprit sont normalement unis pour former une personnalité bien intégrée dont la fonction est celle d'une unité.

B. *L'état primitif de l'homme*

Les Ecritures n'appuient aucunement le point de vue évolutionniste qui prétend que l'état de l'homme primitif était celui d'un barbare à partir duquel il a évolué par un lent processus de développement, jusqu'à un état de civilisation. La Bible enseigne plutôt que dès son origine l'homme a été créé à un état de maturité et de perfection.

Cette perfection n'était pas telle qu'elle empêchait tout autre progrès ou développpement, mais elle doit être comprise dans le sens d'une véritable adaptation au dessein pour lequel l'homme avait été créé. Quant à la maturité, les Ecritures s'opposent catégoriquement à un enseignement qui considère l'homme primitif comme ayant une condition physique grossière et une faible mentalité, qu'il aurait lui-même développé lentement un langage et qu'il n'aurait pris conscience que progressivement des concepts d'ordre moral et religieux. Pour les chrétiens, le point de vue scripturaire est ici décisif.

Le récit biblique conteste aussi l'hypothèse évolutionniste relative à l'antiquité de l'homme. Alors que les évolutionnistes insistent sur la nécessité d'innombrables millions d'années, afin d'accorder le temps nécessaire au développement de l'homme, les Ecritures nous enseignent qu'au plus quelques milliers d'années sont suffisantes. Des chronologies admises comme celles de Ussher et de Hales diffèrent quelque peu parce que les généalogies sur lesquelles elles se basent sont variables. Pourtant, il semble que la création de l'homme au cinquième ou sixième millénaire avant Christ, telle qu'elle est établie dans ces chronologies, accorde suffisamment de temps pour tous les développements raciaux et linguistiques, et permet aussi à la population d'augmenter jusqu'à son niveau présent.

C. *L'origine de l'âme*

Les hommes en tant que "personnes" sont séparés et distincts les uns des autres et doivent toujours l'être. Toutefois, chacun possède une nature humaine commune, et ensemble ils forment un organisme vivant qui constitue la race humaine. L'homme est à la fois un individu et un être racial. La relation entre de tels individus et la race est un problème à la fois philosophique et théologique. Nous admettons que les corps se propagent par la race au moyen du parentage, mais que pouvons-nous dire sur l'origine des âmes? La question touche non seulement à la nature de l'homme, mais elle se rapporte aussi à Dieu et à Son importance immanente dans les processus naturels de la propagation de la race. Nous allons examiner brièvement trois théories concernant l'origine des âmes qui ont dominé la pensée de l'Eglise: (1) la théorie de la préexistence des âmes; (2) la théorie du créationisme, et (3) la théorie du traducianisme.

1. *La théorie de la préexistence des âmes.* Ce point de vue vient d'une philosophie platonicienne et a produit un certain nombre d'opinions hérétiques dans l'Eglise primitive. Certains théologiens appuyaient cette théorie et ils expliquaient par conséquent la possession par l'âme d'idées qui ne pouvaient pas se dériver du monde des sens. Origène, qui est le meilleur représentant de cette théorie, s'inquiétait apparemment de l'inégalité des conditions dans lesquelles les hommes venaient au monde, et il tenta d'expliquer cela par le caractère de leurs péchés dans un état précédent. Dans les temps modernes, la théorie est réapparue pour expliquer une dépravation innée. Certaines personnes soutiennent que seul un acte déterminé dans un état précédent occasionnerait cette condition innée.

2. *La théorie du créationisme.* Cette théorie maintient que Dieu a immédiatement créé chaque âme humaine, le corps ayant été propagé par les parents. Cette théorie semble être étroitement liée aux efforts qui cherchent à donner de l'importance à l'individu, à l'encontre d'une importance accordée à la continuité et à la solidarité raciales. L'Eglise Catholique et les Eglises Réformées accordent une importance caractéristique à cette théorie. Le créationisme est parfois associé à la trichotomie et parfois à la dichotomie. Dans le premier cas, l'esprit seul est considéré comme provenant directement de la création de Dieu, l'âme ayant été propagée avec le corps. Lorsque le créationisme se rattache à la dichotomie, l'on maintient que le corps seul a été propagé par la race, l'esprit ou l'âme ayant été immédiatement créés par Dieu.

3. *La théorie du traducianisme.* Cette théorie maintient que les âmes des hommes aussi bien que leurs corps trouvent leur origine dans leurs parents. Elle affirme que de nouvelles âmes se forment de l'âme d'Adam comme les pousses de la vigne ou d'un arbre. Cette théorie a été largement maintenue dans les Eglises protestantes. Elle laisse supposer que la race à été immédiatement créée dans la personne d'Adam, en ce qui concerne le corps et l'âme, et que tous deux sont propagés par la génération

naturelle. Ainsi l'expression *"Adam...engendra un fils à sa ressemblance, selon son image"* (Gen.5:3) est interprétée comme voulant dire que c'est l'homme complet qui engendre et qui est engendré. Cette théorie semble donner la meilleure explication en ce qui concerne le péché originel et la dépravation. Parmi les théologiens arminiens aucune importance particulière n'est attribuée à la question concernant l'origine des âmes.

D.   L'image de Dieu dans l'homme

La note caractéristique du récit scripturaire de l'origine de l'homme se trouve dans le fait qu'il a été créé à l'image de Dieu. Ce fait le distingue des ordres inférieurs de la création, et en même temps, le relie immédiatement au monde spirituel. Pour pouvoir comprendre entièrement ce qui signifie l'expression *"à l'image de Dieu"*, nous divisons facilement notre sujet en deux parties: (1) l'image naturelle de Dieu; et (2) l'image morale de Dieu.

1. *L'image naturelle de Dieu dans l'homme.* Cela se rattache à la constitution originale de l'homme en ce qui concerne ce qui fait de lui un homme, et par contre le distingue de la création inférieure des animaux. Il est tout à fait possible de résumer cela sous le terme "personnalité". En raison de sa personnalité, l'homme possède certaines puissances, facultés, et certains traits caractéristiques. Parmi ces derniers, nous en trouvons trois qui ont une signification particulière: la spiritualité, la connaissance et l'immortalité.

La spiritualité est l'élément le plus profond dans la ressemblance de l'homme avec Dieu. Saint Jacques parlent des hommes *"faits à l'image de Dieu"* (Jacques 3:9), et par là laisse supposer l'indestructibilité de l'image naturelle de Dieu dans l'homme. L'esprit dans l'homme est comme l'esprit en Dieu, l'aspect fini d'une part et de l'autre l'aspect infini. La nature spirituelle elle-même est l'image de Dieu.

Les puissances cognitives de l'homme appartiennent aussi à la nature originale dans laquelle il a été créé. La connaissance, dans ses aspects d'ordre intellectuel et moral, est comprise dans l'image originale. Pourtant, la connaissance au sens intellectuel appartient à l'image naturelle, tandis que la connaissance comme qualité éthique et spirituelle appartient à l'image d'ordre moral de l'homme.

Les Ecritures nous enseignent, et l'Eglise l'a maintenu, que l'homme a été créé immortel et que la mort est uniquement le résultat du péché. Il y a eu un grand nombre d'opinions et de théories concernant la question de savoir si le corps de l'homme a été créé immortel. Certains ont maintenu que le corps était naturellement mortel. D'autres personnes ont enseigné que l'homme comme tel était immortel, mais que des dispositions avaient été prises, lors de sa constitution originale, pour la spiritualisation progressive ou soudaine de sa structure corporelle. En ce qui concerne l'immortalité de l'esprit de l'homme, l'Eglise a toujours maintenu que l'immortalité appartient à la nature même de l'âme. L'esprit est lui-même la personne, et la personnalité humaine ne meurt pas. Le protestantisme a uniformément maintenu que la vie éternelle comme don de Christ, ne s'applique pas à l'existence comme telle, mais à la qualité de cette existence. L'âme existe sans distinction de l'état ou de la qualité de cette existence que nous appelons vie ou mort. Elle peut exister dans un état de péché et de mort, ou dans un état de vie et de justice, que ce soit dans ce monde ou dans le monde à venir.

2. *L'image morale de Dieu dans l'homme.* Alors que l'image naturelle de Dieu dans l'homme peut se résumer dans le mot "personnalité", l'image morale peut se résumer dans le mot "sainteté". Le premier mot se rapporte aux puissances données à l'homme; le second se rapporte à l'emploi qu'il fait de ces puissances ou de la direction qu'il accorde à ces puissances. L'image naturelle n'est jamais perdue dans aucun homme; l'image morale est amissible — elle peut être perdue. L'image morale, la ressemblance morale de l'homme avec Dieu, fait donc mention des dispositions et des tendances qui sont en l'homme. Cette image morale se rapporte au caractère ou à la qualité de la personnalité de l'homme — la bonne ou la mauvaise manière de l'emploi des puissances qui ont été accordées à l'homme. L'image morale donne à l'homme son habilité morale, et la possibilité d'avoir un caractère saint. Cela est étroitement lié avec l'idée de la sainteté primitive qui est considérée plus bas.

E. La nature de la sainteté primitive

L'homme a été créé saint. Cette sainteté consistait en une inclination spontanée ou en une tendance vers ce qui est bien — une disposition intérieure qui se dirige toujours vers ce qui est juste. Cela comprenait une révélation de la compréhension de Dieu et des choses spirituelles. Trois observations peuvent facilement être faites concernant cet état de la sainteté primitive: (1) ce n'était pas une simple possibilité de sainteté; (2) ce n'était pas une sainteté éthique; (3) c'était une condition qui se caractérisait par la présence continue de Saint-Esprit.

1. *Pas une simple possibilité de sainteté.* Une simple possibilité de la sainteté aurait été un état uniquement négatif — une nature qui ne se rattache ni à la vertu ni au péché. Un tel concept, concernant l'état originel d'Adam, aurait évidemment conduit à un démenti de la dépravation héritée dans les descendants d'Adam. Mais plutôt, comme nous l'avons déjà remarqué, cet état de sainteté primitive était une attitude positive de l'âme. Elle se caractérisait par une tendance spontanée à obéir à ce qui était juste et à rejeter ce qui était mal.

2. *Pas une sainteté éthique.* Cet état, nouvellement créé pour Adam, était un état de sainteté, mais ne possédait pas de qualité éthique véritable. Cette sainteté primitive n'était pas le résultat de choix d'ordre moral de la part d'Adam. Il n'était pas responsable de cet état, et par contre aucune récompense et aucun mérite ne pouvaient lui être attribués. C'était une sainteté de nature plutôt qu'une sainteté provenant d'une action personnelle. Comme l'a déclaré John Wesley: "Un homme peut être juste avant qu'il fasse ce qui est bien, saint dans son cœur avant d'être saint dans la vie." Cela a été le cas pour Adam.

3. *La présence du Saint-Esprit.* Adam possédait non seulement une condition intérieure qui réagissait spontanément à ce qui était juste, mais le Saint-Esprit était toujours présent et agissait dans sa vie. Il jouissait d'une communion bénie et intime avec son Créateur. L'Esprit divin lui a révélé une connaissance de Dieu qui le poussait toujours à faire ce qui était bien. La présence du Saint-Esprit était donc un élément d'origine, présent et permanent dans la sainteté de l'homme. Le Dr Miley montre que c'est seulement de cette manière que la véri-

table dépravation humaine peut être reconnue. La chute de l'homme n'a pas seulement été la perte de l'état subjectif de la sainteté, mais elle a aussi entraîné la corruption de la nature de l'homme, par suite de l'action d'influences rendues possibles par le retrait du Saint-Esprit.

Le récit scripturaire de la création se termine par une déclaration de l'approbation divine: *"Dieu vit tout ce qu'il avait fait; et voici, cela était très bon"* (Gen. 1:31). Cela exprime l'approbation divine de la rectitude et de la droiture morales de l'homme par la création, et ne peut pas se référer à la conduite de l'homme subséquente à la création.

CHAPITRE X

LA DOCTRINE DU PÉCHÉ

"Dans chaque religion il existe une vérité principale ou une erreur qui, comme le premier maillon d'une chaîne, entraîne inévitablement à sa suite toutes les parties qui lui sont essentiellement rattachées. Dans le christianisme, ce principe dominant...est la doctrine de notre condition corrompue et perdue; car si l'homme n'est pas en désaccord avec son Créateur, pourquoi est-il nécessaire d'avoir un Médiateur entre Dieu et lui? Si l'homme n'est pas une créature dépravée et perdue, quelle est la nécessité d'un Restaurateur et Sauveur si merveilleux comme le Fils de Dieu? S'il n'est pas esclave du péché, pourquoi est-il racheté par Jésus-Christ? S'il n'est pas pollué, pourquoi doit-il être lavé dans le sang de l'Agneau immaculé? Si son âme n'est pas désordonnée, pourquoi a-t-il besoin d'un tel Médecin divin. S'il n'est pas faible et misérable, pourquoi est-il constamment invité à rechercher l'assistance et la consolation du Saint-Esprit? Et, en un mot, s'il n'est pas né dans le péché, pourquoi la nouvelle naissance est-elle absolument nécessaire, au point que Christ a déclaré par des affirmations les plus solennelles, que sans elle aucun homme ne verrait le royaume de Dieu?"
—*Jean de la Fléchère*

L'hamartiologie, ou la doctrine du péché, est souvent traitée comme une branche de l'anthropologie, la science de l'homme. Comme telle, elle se rapporte à l'homme dans sa condition déchue. Le mot "hamartiologie" lui-même est dérivé de l'un des divers termes que l'on emploie pour exprimer l'idée du péché — ce terme est *hamartia* (ἁμαρτία). Le terme s'applique au péché, que ce soit une action, un état ou une condition. Il indique une déviation de la voie ou de la fin ordonnée par Dieu.

La réalité du péché est fondamentale dans la théologie chrétienne. Puisque le christianisme est une religion de rédemption, elle se voit énormément influencée par toute variation de l'opinion biblique concernant la nature du péché. Par exemple, toute tendance à minimiser la gravité du péché résultera en une opinion moins élevée de la personne et de l'œuvre du Rédempteur. Les trois grandes vérités centrales de la Bible — Dieu, le péché et la rédemption — ont une telle relation mutuelle, qu'un point de vue fondamental, concernant l'une de ces vérités, influencera profondément les deux autres. La relation organique et vitale qui existe entre les doctrines chrétiennes est ainsi révélée et illustrée.

I. LA TENTATION ET LA CHUTE DE L'HOMME

A. Le récit de la chute de l'homme dans la Genèse

Le récit de la probation et de la chute de l'homme que l'on trouve en Genèse 3:1-24, est un exposé inspiré de faits historiques, associé à un symbolisme profond et riche. Toutes les tentatives qui ont cherché à montrer qu'il ne représente qu'une série de mythes, ou que c'est un récit allégorique, ont échoué face à l'évidence qui insiste sur le fait que c'est une partie intégrale d'une narration historique continue. L'on admet que le récit présume d'être historique à travers l'Ancien et le Nouveau Testament. Notre Seigneur n'a fait qu'indirectement mention de la chute (Matt. 19:4-5; Jean 8:44); mais saint Paul cite clairement le récit de la Genèse comme étant historique (2 Cor. 11:3; 1 Tim. 2:13-14). Il y a aussi des allusions indéniables relatives à la chute dans l'Ancien Testament (Job 31:33; Osée 6:7).

Le récit historique de la chute contient sans aucun doute un élément considérable de symbolisme. Les conditions dans l'histoire paradisiaque de l'homme étaient caractérisées par un élément exceptionnel, qui a probablement été mieux compris par nos premiers parents que par nous. De tels phénomènes, comme le jardin clôturé, l'arbre sacramentel de la vie, l'arbre mystique de la connaissance, l'unique commandement positif qui représentait la loi tout entière, le tentateur sous la forme d'un serpent, et la garde enflammée de l'Eden perdu — toutes ces choses étaient des emblèmes qui possédaient une signification spirituelle profonde et avaient aussi une signification factuelle. Lorsque nous défendons le caractère historique du récit mosaïque de la chute, nous ne devons pas oublier de faire justice à son riche symbolisme.

L'interprétation du récit biblique de la tentation et de la chute de l'homme a provoqué de vives controverses au sein de l'Eglise. Faisons brièvement mention des sujets suivants dans l'exposé: (1) Le jardin d'Eden. Il est dit que *"L'Eternel Dieu planta un jardin en Eden, du côté de l'orient, et il y mit l'homme qu'il avait formé"* (Gen. 2.8). Il y avait là un environnement spécial, créé pour donner à la première paire d'être humain le cadre nécessaire à une période de probation. (2) L'arbre de la vie. Cet arbre ne représentait pas seulement pour l'homme la transmission d'une vie divine, mais rappelait aussi à l'homme qu'il était sous la dépendance constante de Dieu. Il est probable, comme le suggère le Dr Adam Clarke, que l'arbre de la vie était destiné à représenter l'emblème de cette vie que l'homme devait toujours vivre, à condition qu'il continuât d'obéir à son Créateur. (3) L'arbre de la connaissance du bien et du mal. Cet arbre représentait une connaissance du mal, non une connaissance du mal par une expérience personnelle. Le commandement de Dieu, en ce qui concerne les fruits de cet arbre, était un rappel constant de la position de l'homme comme serviteur et intendant. L'arbre attirait l'attention sur les obligations morales que l'homme avait envers son Créateur. (4) Le serpent. Cette figure mystique a causé un grand nombre de spéculations. Le point de vue le plus répandu et le plus accepté pense que le serpent était l'un des animaux créés supérieurs, dont Satan s'est servi en tant qu'instrument pour attirer l'attention d'Eve et permettre sa conversation avec elle. Quoi qu'il en soit, deux choses sont évidentes: l'homme a été tenté par un être spirituel extérieur à lui-même; et, la figure mystique du serpent a fourni l'instrument qui a donné au Tentateur accès auprès de nos aïeux.

B. *La nécessité d'une période de probation pour l'homme.*

Si Dieu devait être glorifié par le service gratuit de l'homme, il fallait que ce dernier passât par une période de probation, qu'il fût soumis à la tentation, et cela entraînant le coût inévitable de la possibilité du péché. La tentation a été permise parce qu'il n'était pas possible de contrôler et de perfectionner l'obéissance humaine d'une autre manière. La question se pose immédiatement: Comment un être saint peut-il pécher? En effet, Adam a été créé saint, mais il a aussi reçu l'habilité de choisir librement sur les questions d'ordre moral. Par cette liberté d'action son état de sainteté pouvait être perdu. Sous ce rapport, la position biblique est bien décrite dans la *Confession de Westminster*, de la manière suivante: "Dieu créa l'homme et la femme, avec justice, et avec une sainteté véritable; ils avaient la loi de Dieu écrite dans leur cœur et la possibilité d'y obéir: pourtant ils avaient aussi la possibilité de transgresser, leur propre volonté ayant été créée libre, donc sujette au changement." La volonté d'Adam était sainte et se penchait dans la bonne direction. Pourtant, cette volonté avait la possibilité de renverser cette tendance et d'aller dans la direction opposée, et cela uniquement d'après sa propre résolution.

Par sa constitution même, l'homme est un être conscient, capable de décider par et pour lui-même. Il a toute liberté d'action morale, et par contre il a la capacité d'accomplir une action morale. Une action morale à son tour exige une loi selon laquelle le caractère est déterminé — une loi à laquelle le sujet peut obéir ou désobéir. Autrement, il n'y aurait pas de qualité morale, car ni la louange ni le blâme ne pourraient se rattacher à l'obéissance ou à la désobéissance. Cela détruirait le caractère de liberté morale. Il est évident, par conséquent, que le pouvoir d'obéir ou de désobéir est un élément essentiel à un être d'aspect moral, et que, dès lors, Dieu n'aurait pu prévenir la chute qu'en détruisant pour l'homme la possibilité d'être libre.

Malgré la sainteté de l'homme, il y avait en lui certaines susceptibilités enver le péché. Premièrement, il possédait en lui certains désirs physiques, qui même s'ils étaient légaux en eux-mêmes, pouvaient devenir une occasion de pécher. Là encore, selon le côté supérieur ou spirituel de son être, l'homme est devenu impatient par le lent processus de la divine Providence, et par conséquent il est devenu susceptible à des suggestions qui sembleraient hâter l'accomplissement des desseins de Dieu. L'usage de moyens faux afin d'obtenir de bonnes fins, fait partie de la tromperie du péché.

La cause de la tentation était l'arbre de la connaissance du bien et du mal que Dieu avait placé au milieu du jardin. Le fruit de cet arbre était défendu. Il est possible que l'arbre était là pour rappeler à l'homme que certaines choses sont convenables et que d'autres ne le sont pas, et qu'il est constamment nécessaire pour l'homme de faire de bons choix.

L'agent de la tentation était le serpent qui, en tant que l'esprit trompeur, a présenté les dons de Dieu sous une fausse lumière. Satan n'avait rien à offrir, et il doit dès lors tenter l'homme uniquement par un usage trompeur des dons de Dieu. La fausseté du péché apparaît immédiatement. La tentation présentée sous une fausse couleur apparaît comme un fruit bon à manger, qui plaît à l'œil, et une chose que l'on désire avoir pour que l'on devienne sage. Poussé par le désir de penser à une satisfaction possible, ce qui est bon paraissait être ce que Dieu voulait justement nous accorder; et puisque chez les êtres intelligents la sagesse était quelque chose de désirable, cette croissance de sagesse rendrait l'homme plus semblable à Dieu. Satan insuffle immédiatement le doute: *"Dieu a-t-il réellement dit?"* Dans le faux éclat du merveilleux fruit, la vérité était voilée — Dieu a-t-Il vraiment voulu défendre qu'on l'utilise? Mettrait-Il Ses menaces à exécution?; ou aurait-Il même eu voulu que Ses recommandations fussent efficaces dans la prohibition de l'usage du fruit? La conséquence se résume en une courte phrase: *"Elle prit de son fruit, et en mangea; elle en donna aussi à son mari, qui était auprès d'elle, et il en mangea"* (Gen. 3:6).

C. La chute de l'homme

Le péché a commencé lorsque l'homme a séparé sa propre volonté de celle de Dieu. Lorsque le doute, *"Dieu a-t-il réellement dit"*, fut reçu par la pensée de l'homme, le péché avait trouvé son origine dans la race. Par la communication de ce doute, le désir d'une connaissance légitime s'est transformé en désir d'une connaissance illégitime — d'être sage comme les dieux. Un tel désir défendu est péché (Romains 7:7). Par la séparation de soi-même d'avec Dieu, l'action extérieure était de regarder l'arbre avec un désir de convoitise. Cette action avait en elle-même la culpabilité de la participation, et elle fut suivie par la participation en tant qu'un acte manifeste.

L'on pose souvent la question: "Pourquoi Dieu a-t-Il permis à l'homme de pécher? Lorsque l'on considère cela, il faut garder à l'esprit deux facteurs:

Premièrement, la permission divine ne peut en aucun cas être considérée comme un consentement à la chute, ou comme l'autorisation de pécher. La seule signification permise ici est que Dieu dans Sa puissance souveraine n'est effectivement pas intervenu pour l'empêcher. Cela nous amène à la position scripturaire qui déclare que l'homme est tombé uniquement parce qu'il a lui-même librement choisi de pécher. La tentation a été permise parce que la vie morale ne pouvait être développée et perfectionnée d'une autre manière. L'homme a péché contre la sainteté de sa propre nature, et malgré le fait qu'il vivait dans un milieu parfait, qu'il jouissait d'une liberté parfaite et qu'il vivait en communion libre avec son Créateur. Le péché appartient uniquement à l'homme, et la bonté de Dieu est ainsi justifiée.

Deuxièmement, si Dieu n'avait pas placé l'arbre de la connaissance dans le jardin, l'homme aurait tout de même trouvé la nécessité de prendre des décisions. L'arbre ainsi placé représentait en réalité un acte de bienveillance, dans l'intention de mettre en garde l'homme contre de mauvais choix, et servait à lui rappeler constamment son obligation de choisir avec sagesse.

Le péché de l'homme a eu des conséquences immédiates: la séparation d'avec Dieu, l'esclavage à Satan et la perte de la grâce divine. Par cette perte, l'homme a été soumis à une corruption physique et morale. L'homme ne possédait plus la gloire de sa ressemblance morale avec Dieu. Ayant perdu la présence constante du Saint-Esprit, il a commencé une vie de discorde extérieure et de misère intérieure. La terre elle-même a été maudite, et l'homme a été obligé de gagner son pain à la sueur de son front. Dans le for intérieur de l'homme, le péché a eu pour résultat la naissance d'une mauvaise conscience et un sentiment de honte et de déchéance. Son être n'ayant plus le Saint-Esprit comme le principe dirigeant de sa vie, il ne pouvait plus y avoir d'ordre harmonieux dans ses facultés, et par contre ses capacités se sont déréglées.

Cette condition déréglée a produit les conséquences suivantes: un cœur aveugle ou une perte de discernement spirituel; une concupiscence maligne ou un désir charnel sans contrôle; et une incapacité morale ou une faiblesse face au péché.

II. SATAN ET L'ORIGINE DU PÉCHÉ

A. *La doctrine de Satan*

1. *L'origine de Satan.* L'homme a été tenté par un être surhumain, que les Ecritures appellent le diable ou Satan. Donc, le mal doit avoir eu une existence antérieure à son origine dans la race humaine, et extérieure à cette race. Les Ecritures nous enseignent clairement que dans le domaine purement spirituel il y a eu des *"anges qui n'ont pas gardé leur dignité, mais qui ont abandonné leur propre demeure"* (Jude v. 6b). Par conséquent, il y a eu une chute dans le domaine spirituel avant celle de la race humaine. Il y avait parmi les anges un Tentateur qui les a détournés du droit chemin. C'est sur ce Tentateur qu'aboutit le point de vue chrétien du mal. Cet être surhumain — pourtant un esprit créé — Satan, était bon à l'origine, mais il est tombé de sa haute condition sainte et il est devenu l'ennemi de Dieu. Le mal est donc personnel dans son origine La raison ne peut aller au-delà de cela et la révélation est muette sur ce point.

2. *Satan comme l'Antéchrist.* Saint Jean nous dit clairement que Satan représente l'esprit de l'antéchrist qui doit venir, et qu'il est même dans le monde maintenant. L'antagonisme essentiel de cet esprit envers Christ trouve son expression dans le fait qu'il ne confesse pas Jésus-Christ venu en chair (1 Jean 4:1-3). De plus, le péché, dans l'emploi du terme dans le Nouveau Testament, doit être interprété par l'attitude que les hommes ont envers Christ (Jean 16:8-11). Par conséquent, la nature de Satan ne peut être comprise correctement que lorsqu'elle est considérée par rapport à la nature de Christ.

C'est par Jésus-Christ, la Parole, que Dieu a créé toutes choses. En Lui, comme la représentation exacte du Père, tous les principes de vérité étaient inclus: l'ordre, la beauté, la bonté, et la perfection. Mais en contraste avec cette Personne sans pareil, il y a Satan, l'antéchrist. Ce "fils du matin" semble avoir été envieux du Fils, et a cherché à s'asseoir sur Son trône. Enflé d'orgueil, il est tombé sous la condamnation. C'est à cela que Jésus fait sans doute allusion lorsqu'Il dit: *"Je voyais Satan tomber du ciel comme un éclair"* (Luc 10:18). Saint Paul parle de Satan comme *"le prince de la puissance de l'air, de l'esprit qui agit maintenant dans les fils de la rébellion"* (Eph. 2:2). Il fait aussi mention de Satan comme *"le dieu de ce siècle"* (2 Cor. 4:4.). Saint Jean écrit que *"le monde entier est sous la puissance du malin"* (1 Jean 5:19). Ce n'est pas que le monde soit fondamentalement mauvais; mais, sous la puissance du malin, il s'est détourné du véritable but de son existence. Satan en tant qu'esprit mauvais est l'"adversaire", l'"accusateur", et l'"imposteur". En tant que diable, il est le "diffamateur", le "calomniateur" et le "destructeur de la paix". En tant que Bélial, il est le "bas", l'"indigne" et le "méprisable".

3. *Satan et l'œuvre rédemptrice de Christ.* Parce qu'il n'a pas de puissance créatrice en lui-même, Satan doit limiter l'étendue de son activité à pervertir les choses qui sont le résultat de l'œuvre créatrice de Dieu. Et c'est en parlant de ce pervertisseur qui détourne du bien, que Jésus a déclaré: *"Il a été meurtrier dès le commencement, et il ne se tient pas dans la vérité, parce qu'il n'y a pas de vérité en lui. Lorsqu'il profère le mensonge, il parle de son propre fonds; car il est menteur et le père du mensonge"* (Jean 8:44).

Dans la création, l'homme a été constitué de façon à être une créature qui dépend de son Créateur, et par conséquent un serviteur de Dieu. Pourtant, dans le domaine physique, l'homme était supérieur à toutes les créatures, et de cette façon il était le seigneur de la création. Lorsque l'homme dans cette position intermédiaire a levé les yeux vers Dieu, il s'est vu comme un serviteur; lorsqu'il a regardé la création, il s'est vu comme le seigneur de celle-ci. Dans la tentation, Satan a cherché à faire paraître le rôle de seigneur plus séduisant que celui de serviteur. Il a dit: *"Vous serez comme des dieux"* (Gen. 3.5). Mais ce que Satan n'a pas dit à l'homme, c'est que le statut de seigneur était une puissance déléguée, qui lui avait été accordée en vertu de son intendance fidèle. Ainsi, lorsque l'homme est tombé, il a cessé d'être le serviteur de Dieu, et il est devenu le serviteur de Satan. C'est de cela que parle notre Seigneur lorsqu'Il dit aux Juifs qui refusaient de croire: *"Vous avez pour père le diable, et vous voulez accomplir les désirs de votre père"* (Jean 8.44). Dieu est le Père de tous les hommes, parce qu'Il agit toujours comme un Père; mais les hommes ne sont pas toujours les fils de Dieu, parce qu'ils n'agissent pas comme des fils. Lorsqu'il a perdu son statut de serviteur, l'homme a perdu son vrai statut de seigneur. Il s'assure maintenant que toutes choses soient en sa faveur. Il considère le monde sous un faux angle. Les choses que Dieu avait confiées à ses mains comme intendant, l'homme les considère comme siennes. Comme son père, Satan, il est devenu l'usurpateur du trône. L'homme, en tant que fils de Satan et serviteur du péché, a été infidèle à la confiance divine qui lui avait été accordée.

Mais malgré le succès temporaire obtenu par Satan en contrecarrant l'objectif de la Divinité pour l'homme, c'est Dieu qui en fin de compte triomphera, et cela pour toujours. Il a envoyé Son propre Fils *"dans une chair semblable à celle du péché"* (Rom. 8:3). Il a pris une forme de serviteur, et Il a été *"obéissant jusqu'à la mort, même jusqu'à la mort de la croix"* (Phil. 2:6-8). En vertu de ce véritable acte de servitude, Christ a ramené l'homme dans sa relation initiale avec Dieu. Il a rétabli la fraternité spirituelle et la communion. Comme Capitaine de notre salut, Il a fait face aux contre-courants du monde, et Il a souffert à chaque étape. Mais Il n'a jamais chancelé, et Il a surmonté même le dernier ennemi qui est la mort. Comme serviteur, Il est venu non pour être servi, mais pour servir et donner sa vie comme la rançon de beaucoup. Parce qu'Il avait satisfait aux exigences d'un serviteur parfait, Il est devenu le Seigneur de Son peuple — pas par la création cette fois, car cela Il ne l'avait jamais perdu, mais comme leur Rédempteur, leur Sauveur et leur Seigneur. Parce qu'Il a triomphé, Il a reçu la promesse du Saint-Esprit, qu'Il donne maintenant, en tant que Seigneur de l'Eglise, gratuitement à tous ceux qui croient. Et ainsi nous pouvons dire avec tous ceux qui ont été rachetés: *"A celui qui est assis sur le trône, et à l'Agneau, soient la louange, l'honneur, la gloire, et la force, aux siècles des siècles!"* (Apoc. 5:13).

4. *Le royaume de Satan.* Nous savons que le travail de Satan est de corrompre les choses de Dieu. Cette corruption atteint jusqu'au concept du royaume. Autant nous sommes sûrs d'un royaume de Dieu et des cieux, autant il y a aussi un royaume de Satan et du mal. Par conséquent, la Bible fait mention de dominations, d'autorités et du prince du monde des ténèbres, ce qui ne peuvent indiquer rien d'autre qu'une organisation de forces mauvaises. Celles-ci sont sous la tutelle du *"prince de ce monde"* qui, selon Jésus, *"sera jeté dehors"* (Jean 12:31), il n'a rien en Christ (Jean 14:30), et il sera jugé (Jean 16:11). Saint Paul parle de Satan comme le *"prince de la puissance de l'air"* (Eph. 2:2). Il parle aussi des *"esprits méchants dans les lieux célestes"* (Eph. 6:12). Il y a un grand nombre d'esprits mauvais sous la tutelle de Satan; cela est indiqué dans plusieurs passages des Ecritures comme: *"Légion est mon nom"* (Marc 5:9), et *"le feu éternel qui a été préparé pour le diable et pour ses anges"* (Matt. 25:41). Ce royaume mauvais ne durera pas, *"Car il a été précipité, l'accusateur de nos frères, celui qui les accusait devant notre Dieu jour et nuit. Ils l'ont vaincu à cause du sang de l'Agneau et à cause de la parole de leur témoignage"* (Apoc. 12:10-11).

B. Résumé de l'enseignement scripturaire concernant l'origine du péché.

Les Ecritures soutiennent que Dieu n'est pas l'auteur du mal, ni au sens positif ni au sens négatif. Les deux éléments de base qui expliquent l'origine du péché dans la famille humaine sont l'existence antérieure du mal dans la personne de Satan, qui a poussé l'homme au péché, et la liberté d'action de l'homme lorsqu'il fait un choix sur des questions d'ordre moral. Un magnifique credo décrit avec concision la position chrétienne en ce qui concerne l'origine du péché: "Il vient du diable et de la volonté mauvaise de l'homme." Le point de vue biblique concernant *"le mystère de l'iniquité"* (2 Thess. 2:7; Apoc. 17:5) constitue la meilleure réponse qui ait été donnée à une question qui à travers les siècles a dérouté et a rendu perplexe les penseurs. En dernière analyse, nous voyons que le péché a trouvé son origine dans un abus de liberté chez des créatures intelligentes et responsables. Cela s'est d'abord révélé vrai pour Satan, et par la suite pour l'homme. Le péché dans la race humaine est attribuable à la séparation volontaire de l'homme d'avec Dieu. L'homme est par conséquent responsable des terribles et tragiques conséquences qui proviennent du péché. C'est vers ces conséquences que nous dirigeons maintenant notre attention.

III. LA NATURE ET LA PÉNALITÉ DU PÉCHÉ

A. *La terminologie scripturaire relative au péché.*

Une des meilleures façons d'approcher l'étude de la nature du péché est de le faire par le moyen d'une analyse des termes employés dans les Ecritures pour exprimer cette idée. Nous avons déjà fait mention du mot *hamartia* (ἁμαρτία), duquel le mot "hamartiologie" dérive. Il entraîne avec lui l'idée d'avoir laissé échapper l'essentiel ou d'avoir manqué le but. Le mot semble indiquer l'idée du péché comme étant une disposition ou un état aussi bien qu'une action. Il donne l'idée que l'homme ne trouve pas dans le péché ce qu'il y cherchait, mais inversement il y trouve un état d'illusion et de déception. Carlyle s'est étonné, non de ce que les hommes ont dû souffrir, mais des occasions qu'ils ont laissé échapper. Telle est la tragédie du péché.

Un second mot est *parabasis* (παράβασις) qui signifie le péché comme un acte de transgression. Cela indique que l'idée du péché se limite à l'idée de la loi, car *"là où il n'y a point de loi, il n'y a point non plus de transgression"* (Rom. 4:15). La mention faite ici est celle de l'ordre moral éternel de Dieu, avec ses toutes premières manifestations d'exigences faites par la conscience. Le péché comme transgression de la loi n'est possible que pour des êtres moraux et doués de raison. Mais, lorsqu'un homme renie consciemment les exigences de la loi sous laquelle il existe, à cet instant même le péché est né. Cette loi n'est pas impersonnelle, et la transgression volontaire soumet l'offenseur à la colère du Législateur personnel, *"parce que la loi produit la colère"* (Rom. 4:15a). La vertu, par contre, se trouve dans la nature de l'obéissance, et le péché est la désobéissance à Dieu. Cela est vrai même lorsque le mal commis est contre notre prochain. Le pécheur qui transgresse ainsi la loi de Dieu devient un rebelle dans le domaine moral.

Par une définition perspicace, saint Jean nous permet de comprendre encore mieux la nature du péché: *"Toute iniquité est un péché"* (1 Jean 5:17). Le mot-clé de ce passage, *adikia* (ἀδικία), signifie "manque de droiture" ou la distorsion ou la perversion de ce qui est bien. Il fait non seulement mention d'une action corrompue, mais d'un état de perversité et du désordre qu'entraîne une telle corruption. Donc, le péché est l'autoséparation d'avec Dieu, dans le sens d'une décentralisation, car nous nous sommes appropriés la place qui devrait être occupée par Dieu. L'amour parfait, tel qu'il est manifesté en Christ, se trouve dans le fait qu'Il n'a pas cherché sa propre satisfaction (Matt. 22:37-40); et Il n'a pas cherché Son intérêt personnel (1 Cor. 13:5). D'un autre côté, saint Paul déclare que durant les derniers jours le point culminant du péché se trouverait dans le fait que les hommes seront égoïstes (2 Tim. 3:1-2). Saint Jean fait ressortir que le péché est un état ou une condition dont le centre, autour duquel devraient dépendre les pensées, les affections et les volontés de l'homme, est déplacé, et par conséquent se transforme en iniquité. C'est pour cette raison qu'il parle de péchés qui sont pardonnés, mais de l'iniquité qui a été purifiée.

Un mot encore plus fort pour décrire le péché est *anomia* (ἀνομία); il est employé dans le passage suivant: *"Quiconque pèche transgresse la loi, et le péché est la transgression de la loi"* (1 Jean 3:4). Encore une fois il fait ressortir l'état du péché, plutôt que l'action. C'est une condition qui se caractérise par "un manque de soumission à la loi" ou par "une vie de désordre". Le péché ne représente pas seulement une condition désordonnée, mais une condition confuse de révolte contre Dieu.

Le dernier mot dont nous ferons mention, dans cette analyse de la nature du péché, est *asebeia* (ἀσέβεια), ou impiété. Il indique non seulement la séparation entre l'âme et Dieu, mais il apporte avec lui la pensée d'un caractère opposé à celui de Dieu, et d'un état ou d'une condition qui se caractérise par l'absence de Dieu. C'est un terme puissant. Saint Paul l'emploie dans Romains 1:18: *"La colère de Dieu se révèle du ciel contre toute impiété et toute injustice des hommes qui retiennent injustement la vérité captive."* Le terme entraîne avec lui l'idée de quelqu'un qui est sur le point d'aller vers sa perte. Ainsi, saint Jude déclare: *"Voici, le Seigneur est venu avec ses saintes myriades, pour exercer un jugement contre tous, et pour faire rendre compte à tous les impies parmi eux de tous les actes d'impiété qu'ils ont commis et de toutes les paroles injurieuses qu'ont proférées contre lui des pécheurs impies"* (Jude vs. 14-15).

B. Les définitions du péché

Certaines définitions caractéristiques du péché peuvent être mentionnées d'une manière pertinente à ce point de notre étude. Les théologiens ont défini le péché de différentes manières, mais ils ont rarement oublié de mentionner le fait que le péché existe en tant qu'action aussi bien qu'en tant qu'état ou condition. Ce point est important dans tout système de théologie où le principe évangélique du salut par la foi reçoit une place importante. Il est encore plus important lorsque l'on fait ressortir la doctrine de l'entière sanctification comme une seconde œuvre de grâce, à la suite de la régénération.

Une des définitions les plus familières du péché est celle de John Wesley: "Le péché est la transgression volontaire d'une loi connue." Le Dr Raymond signale l'importance de la double nature du péché en remarquant: "L'idée principale qui désigne le terme péché dans les Ecritures est un manque de soumission à la loi, une transgression de la loi, faire quelque chose qui est défendu, ou négliger de faire quelque chose qui est exigé. Dans un sens secondaire, le terme s'applique au caractère — pas à ce que nous faisons, mais à ce que nous sommes." Une des définitions les plus claires et les plus complètes du péché est celle du Dr A.H. Strong, qui dit: "Le péché est un manque de soumission aux lois d'ordre moral de Dieu, que ce soit par une action, par une disposition ou par un état."

C. Les conséquences du péché

Les conséquences du péché sont le sentiment de culpabilité et la pénalité. Le sentiment de culpabilité est le fait de se sentir personnellement digne de reproches après avoir péché. Cela comprend la double idée de la responsabilité par rapport à l'action, et d'être sujet à la punition à cause du péché. La pénalité entraîne avec elle la pensée de la punition qui suit le péché. Cette punition peut être le résultat naturel des conséquences, ou peut provenir d'une action directe de Dieu.

1. *La nature de la culpabilité.* Le sentiment de culpabilité est l'état ou la condition de celui qui a transgressé la loi. Ce sentiment prend la forme d'une condamnation qui se base sur la désapprobation de Dieu. C'est parce que l'opposition à la loi de Dieu représente une opposition personnelle à un Dieu personnel, selon le degré avec lequel Il s'est révélé à l'offenseur et selon l'importance de cette révélation.

Il faut distinguer entre le sentiment d'être personnellement responsable et le fait d'avoir conscience de cette culpabilité. Le fait qu'une personne a commis un péché occasionne un sentiment de culpabilité. Mais différentes circonstances peuvent augmenter ou atténuer ce sentiment de culpabilité. Le péché non seulement trompe, mais il endurcit le cœur. En général, plus un homme s'avance dans le péché, moins il a de scrupules. Mais le sentiment de culpabilité demeure malgré tout, même si la conscience ne s'en rend pas tout à fait compte. Le sentiment de culpabilité entraîne aussi le danger personnel d'être puni à cause du péché. Il se rattache par conséquent à la pénalité, mais une distinction se fait entre la possibilité d'une punition et la punition elle-même.

2. *La nature de la pénalité.* La pénalité comprend les conséquences du mal sous toutes les formes différentes qui se trouvent dans le péché. Toute forme de péché a sa propre pénalité. Il y a des péchés contre la loi, contre la lumière, et contre l'amour — chacun a sa propre pénalité. Il y a des péchés d'ignorance et des péchés de présomption. Ainsi il y a des degrés de culpabilité aussi bien que de pénalité, comme dans le cas des péchés d'ignorance ou d'infirmité, en contrepartie avec les péchés de connaissance (comparez Matt. 10:15; 12:31; Marc 3:29; Luc 12:47; Jean 19:11; Rom. 2:12). La pénalité, donc, est la punition qui suit le péché, qu'elle se fasse par le moyen de lois naturelles, morales, ou spirituelles; ou par un décret direct de Dieu. Il faut signaler que Dieu n'est pas limité à Ses lois ordinaires lorsqu'Il punit les pécheurs. Il est une Personne libre, et Il peut, par une action directe, employer divers moyens pour se justifier Lui-même ainsi que Son gouvernement. Pourtant, la pénalité représente

la réaction de Dieu envers le péché, et elle se base, en fin de compte, sur Sa sainteté.

La pénalité suprême du péché est la mort (Gen. 2:17), mais la nature de cette pénalité a été interprétée de différentes manières. En général, les théologiens arminiens ont interprété la mort comme voulant dire ce que l'on considère communément comme "la mort complète", c'est-à-dire, la mort physique, temporelle et éternelle. Même s'il est vrai que la mort physique est la conséquence du péché, la mort spirituelle est le résultat tragique dont il faut constamment souligner l'importance. La mort sous ces deux rapports est le résultat du Saint-Esprit qui s'est retiré de l'homme. Comme l'a signalé Henry Drummond, la mort est un manque de correspondance, un manque de réaction mutuelle entre une personne et son environnement. La branche qui est séparée de l'arbre est morte; elle n'est plus reliée à la source de vie. Le règne de la mort arrive au moment même de la séparation de l'homme d'avec Dieu. Si l'existence terrestre de l'homme ne s'est pas terminée immédiatement, c'est à cause du dessein de rédemption de Dieu.

Le Saint-Esprit était le lien qui unissait l'âme de l'homme à son Créateur. Lorsque le Saint-Esprit s'est retiré, l'homme a immédiatement perdu sa communion fraternelle avec Dieu. Du côté négatif, cela représentait pour l'homme la perte de la droiture originale ou de la sainteté primitive; du côté positif, cela représentait une corruption de ses aptitudes, que nous appelons la nature morale de l'homme selon leurs actions conjuguées. Cette nature humaine tombée s'appelle la "chair", un terme qui est employé pour désigner que l'être entier de l'homme — le corps, l'âme et l'esprit — a été séparé de Dieu et est soumis à la créature. Le résultat de cette corruption des aptitudes de l'homme se retrouve dans son idolâtrie, son égoïsme, son désir inordonné et sa tendance à un degré d'impiété toujours croissant.

La mort éternelle est le dernier jugement que Dieu porte au péché. C'est une séparation permanente et irrévocable entre l'âme et la seule Source de vie spirituelle. C'est le châtiment du péché, séparément de l'influence utile de la grâce divine. C'est l'aboutissement final de cette réalité absolue et tragique annoncée dans les Saintes Ecritures: "Le salaire du péché c'est la mort" (Rom. 6:23).

IV. LE PÉCHÉ ORIGINEL OU LA DÉPRAVATION HÉRITÉE

Nous avons vu que la pénalité du péché est la mort. Nous avons aussi remarqué que les effets du péché ne peuvent pas se limiter à l'individu, mais avec leur portée doivent aussi comprendre les conséquences sociales et raciales. C'est à ces conséquences que les termes "péché originel" et "dépravation héritée" s'appliquent.

A. *La Terminologie*

Le Dr Field remarque que le terme "péché originel" ne se trouve pas dans les Ecritures, mais qu'il fut premièrement introduit par saint Augustin, lors de sa controverse avec les Pélagiens. Dans l'usage ordinaire, les termes "péché originel" et "dépravation héritée" sont employés comme synonymes; c'est-à-dire, qu'ils s'appliquent généralement à la condition naturelle de la nature spirituelle de l'homme, à part la grâce divine. Cet usage commun est révélé dans la définition suivante, concernant le péché originel, qui se trouve dans les Articles de l'Eglise d'Angleterre: "Le péché originel est la faute et la corruption de chaque homme, par laquelle l'homme s'est très éloigné de la droiture originale, et par sa propre nature, il a tendance à faire le mal, et ainsi la chair désire toujours ce qui est contraire à l'Esprit; et par conséquent, dans chaque personne née dans ce monde, elle mérite la colère et la damnation de Dieu."

Malgré le fait que les deux termes, "péché originel" et "dépravation héritée", sont souvent employés de façon interchangeable, pour mentionner la condition non régénérée de l'homme, il nous est possible de faire certaines distinctions à notre avantage dans l'emploi des termes. Le terme "péché originel" entraîne après lui les quelques points d'importance suivants: (1) l'idée des conséquences raciales du péché; (2) la question de savoir jusqu'à quel point le péché originel est le résultat de la première transgression d'Adam; et (3) dans quelle mesure l'état naturel de l'homme est-il effectivement *pécheur*. Le terme "dépravation héritée" peut être réservé pour décrire les conditions morales de l'homme naturel, sans faire mention particulièrement de l'origine fondamentale de cette condition, ou sans porter une attention spéciale à la question de savoir dans quel sens exact cette condition représente le péché. Il est évident que les significations de ce deux termes s'entremêlent. Les distinctions que nous faisons sont principalement dans le but d'établir une clarté d'analyse et de description.

B. *Le fait du péché originel*

Les Ecritures nous enseignent que la présence de la mort dans le monde, et de tous les maux qui l'accompagnent, peut s'attribuer au péché de l'homme. Il se peut que le plus important passage des Ecritures sur le sujet soit celui de saint Paul, lorsqu'il écrit: *"C'est pourquoi, comme par un seul homme le péché est entré dans le monde, et par le péché la mort, et qu'ainsi la mort s'est étendue sur tous les hommes, parce que tous ont péché,... car jusqu'à la loi le péché était dans le monde. Or, le péché n'est pas imputé, quand il n'y a point de loi. Cependant la mort a règné depuis Adam jusqu'à Moïse, même sur ceux qui n'avaient pas péché par une transgression semblable à celle d'Adam, lequel est la figure de celui qui devait venir... Si par l'offense d'un seul la mort a régné par lui seul, à plus forte raison ceux qui reçoivent l'abondance de la grâce et du don de justice régneront-ils dans la vie par Jésus-Christ lui seul. Ainsi donc, comme par une seule offense la condamnation a atteint tous les hommes, de même par un seul acte de justice la justification qui donne la vie s'étend à tous les hommes"* (Rom. 5:12-14, 17-18). L'enseignement est clair ici qu'avant la chute d'Adam, il n'y avait ni péché, ni mort; les deux maux sont apparus après la chute et ils sont considérés comme étant une conséquence directe du péché. De plus, l'apôtre déclare que la mort comme conséquence s'est étendue à *tous* les hommes, c'est-à-dire par la propagation raciale. Or, le péché originel et la dépravation héritée sont en fait identiques. La propagation de la race ne s'est pas faite uniquement par une ressemblance physique avec Adam, mais aussi par son rôle moral dans la chute. St Paul dit aussi que la mort règne même sur ceux qui n'ont pas péché comme Adam l'a fait par un acte de désobéissance déclaré. Donc la mort comme acte de pénalité a été, et demeure une conséquence du péché en tant que nature corrompue, aussi bien qu'un péché en tant qu'acte de désobéissance.

C. Le fait de la dépravation héritée

Nous avons vu que tous les hommes sont nés sous la pénalité du péché à cause du péché d'Adam, et qu'ils sont aussi nés avec une nature corrompue. Cette dernière est mentionnée généralement sous le terme "péché inné", ou "dépravation héritée". Les passages bibliques représentatifs suivants nous révèlent cette condition: *"Je suis né chargé de fautes, et j'étais déjà pécheur quand ma mère m'a porté"* (Psaume 51:7, *version A. Kuen*). *"Les méchants sont pervertis dès le sein maternel, les menteurs s'égarent au sortir du ventre de leur mère"* (Psaume 58:4). Le premier de ces versets emploie le mot "fautes" ("iniquité, *version Segond*) qui communique ainsi l'idée d'une nature corrompue et tordue dès le commencement de la vie. Le second verset conduit l'idée encore plus loin — comme une séparation ou un éloignement de Dieu qui manifestement est hérité parce qu'il date de la naissance.

Les références du Nouveau Testament sont nombreuses en ce qui concerne le caractère corrompu de la race humaine. Notre Seigneur a dit: *"Ce qui sort de l'homme, c'est ce qui souille l'homme. Car c'est du dedans, c'est du cœur des hommes, que sortent les mauvaises pensées, les adultères, les impudicités, les meurtres, les vols, les cupidités, les méchancetés, la fraude, le dérèglement, le regard envieux, la calomnie, l'orgueil, la folie. Toutes ces choses mauvaises sortent du dedans, et souillent l'homme"* (Marc 7:20-23). Donc, Christ affirme que les traits caractéristiques du mal ont leur source originelle dans le cœur naturel de l'homme. St Paul emploie le terme "chair" maintes et maintes fois pour décrire la nature corrompue de l'homme. *"Ceux, en effet, qui vivent selon la chair s'affectionnent aux choses de la chair"* (Rom. 8:5). *"Or, ceux qui vivent selon la chair ne sauraient plaire à Dieu"* (Rom. 8:8.). *"Pour vous, vous ne vivez pas selon la chair, mais selon l'Esprit"* (Rom. 8:9). *"Si vous vivez selon la chair, vous mourrez"* (Rom. 8:13). *"Ceux qui sont à Jésus-Christ ont crucifié la chair avec ses passions et ses désirs"* (Gal. 5:24). *"Et maintenant ce n'est plus moi qui le fais, mais c'est le péché qui habite en moi. Ce qui est bon, je le sais, n'habite pas en moi, c'est-à-dire dans ma chair"* (Rom. 7:17-18). Tous ces passages indiquent que la tendance au péché appartient à la nature humaine déchue.

D. *La nature de la dépravation héritée*

Le terme "dépravation héritée" s'applique à l'état ou à la condition de l'homme à la naissance. Il exprime la dépravation morale de l'homme dans son état naturel. Cette condition fait partie de l'homme au *complet*, et non à un simple aspect de son être, comme par exemple sa volonté. C'est un état de choses désordonnées qui est à la base même de l'être humain et qui occasionne les mauvaises tendances, les affections immodérées et les impulsions violentes.

La dépravation humaine est le résultat d'une privation. Lorsque l'homme a péché, il a perdu l'image morale de Dieu selon laquelle il avait été créé. Cela veut dire que le Saint-Esprit s'est retiré de son être, et que l'homme a perdu son état de sainteté primitive. Le résultat de cette privation ou perte s'est manifesté sous la forme d'un courant de péché qui s'est déversé sur l'homme, et qui a inondé sa nature en entier. Parce que la puissance du Saint-Esprit qui le contrôlait, lui donnait de la force et le sanctifiait avait été perdue, l'homme a été séparé de Dieu; il est devenu un esclave d'impulsions anormales et de mauvaises passions, et asservi au joug de la loi.

Par dépravation totale de l'homme, nous ne voulons pas dire qu'il est si complètement corrompu qu'il ne peut pas y avoir de degré plus bas de méchanceté. Le terme est plutôt employé dans son sens plus *étendu*, et donne l'idée de la contagion du péché qui se propage à travers l'homme en entier. Elle corrompt chaque capacité et faculté de l'esprit, de l'âme et du corps. Les affections sont aliénées, l'intellect est assombri et la volonté corrompue: *"La tête entière est malade, et tout le cœur est souffrant"* (Esaïe 1:5). L'homme naturel est dépourvu de tout ce qui est positivement bon. St Paul affirme: *"Ce qui est bon, je le sais, n'habite pas en moi, c'est-à-dire dans ma chair"* (Rom. 7:18).

A part la capacité bienveillante accordée par le Saint-Esprit à tous les hommes, la dépravation rend l'homme complètement incapable dans les choses spirituelles. Pourtant, saint Paul déclare: *"Si par l'offense d'un seul la mort a régné par lui seul, à plus forte raison ceux qui reçoivent l'abondance de la grâce et du **don de la justice** régneront-ils dans la vie par Jésus-Christ lui seul. Ainsi donc, comme par une seule offense la condamnation a atteint tous les hommes, de même par un seul acte de justice la justification qui donne la vie s'étend à tous les hommes. Car, comme par la désobéissance d'un seul homme beaucoup ont été rendus pécheurs, de même par l'obéissance d'un seul beaucoup seront rendus justes"* (Rom. 5:17-19). Par ce "don de la justice" qui nous vient de Jésus-Christ, l'humanité est protégée contre la possibilité de s'éloigner au-delà de la possibilité de la rédemption, malgré les effets du péché. Le Saint-Esprit a été restauré à la race — pas dans le sens de l'esprit de vie qui régénère ou de l'esprit de sainteté qui accorde l'entière sanctification — mais comme un esprit de réveil et de conviction. Ainsi, l'aide bienveillante du Saint-Esprit est accordée malgré la dépravation totale de l'homme et son incapacité naturelle. Par conséquent, tout ceux qui le désirent ont la possibilité d'être restauré à un état de sainteté par notre Seigneur Jésus-Christ. Tous ceux qui le désirent peuvent se détourner du péché vers la droiture, croire en Christ pour le pardon et la purification des péchés, et s'occuper de bonnes œuvres qui seront acceptables à Ses yeux. Pourtant, il faut se souvenir que cette liberté d'action dont l'homme jouit, n'est pas une simple aptitude naturelle, mais c'est une faculté accordée par Dieu dans Sa compassion.

E. *La transmission du péché originel*

En admettant que le péché originel ou la dépravation héritée avait son origine dans le péché d'Adam, il nous faut brièvement considérer maintenant la manière selon laquelle elle a été transmise aux membres individuels de la race. Bien des opinions ont fait surface en ce qui concerne ce sujet; celle qui est la plus acceptable s'appelle le "mode génétique". Elle représente tout simplement une expression ou une application de la loi naturelle de l'hérédité. C'est la loi de la vie organique qui veut que chaque chose reproduise son espèce, et cela non seulement d'après la structure anatomique et les caractéristiques physiques, mais aussi selon l'aspect mental de la vie et le tempérament. La loi de la transmission génétique détermine la ressemblance de la progéniture avec les parents. Cela suffit pour justifier la dépravation naturelle qui est commune aux hommes.

Les descendants d'Adam sont nés sous la malédiction de la loi, laquelle a privé la nature humaine de l'Esprit de Dieu, et cet Esprit ne peut être restauré qu'en Christ. Ainsi, la dépravation héritée n'est que la loi d'hérédité naturelle, mais c'est cette loi qui agit selon les conséquences pénales du péché d'Adam.

L'homme n'est pas responsable de la nature corrompue avec laquelle il est né. Par conséquent, aucun sentiment de culpabilité ou tort ne s'y rattache. L'homme n'est pas responsable de péché inné lorsqu'il arrive au monde. Il ne devient responsable qu'après avoir rejeté le remède qui lui est accordé par le sang purificateur. De cette façon il ratifie le péché inné comme lui appartenant.

F. *La dépravation et l'infirmité*

Le terme "chair", tel qu'il est employé par saint Paul, s'adressait à la nature physique et spirituelle de l'homme sous le règne du péché. La corruption s'étend jusqu'au corps aussi bien que jusqu'à l'âme. La dépravation de la nature spirituelle peut être enlevée par le baptême du Saint-Esprit, mais les infirmités de la chair ne seront enlevées que dans la résurrection et la glorification du corps. D'une manière générale, l'homme n'a aucune peine à distinguer entre l'âme et le corps, mais la ligne précise de démarcation, la limite exacte entre ce qui est spirituel ou physique, ne peut pas se déterminer. Si nous pouvions savoir ou se trouve cette ligne de démarcation, nous pourrions alors distinguer facilement entre les manifestations charnelles, qui siègent entièrement dans l'âme, et les infirmités physiques, qui sont l'expression de la constitution physique de l'homme encore sous le péché. L'effort mental affaiblit souvent le corps, et à son tour la faiblesse physique peut obscurcir la pensée et l'esprit de l'homme. Certaines maladies peuvent occasionner des prédispositions émotionnelles anormales ou des formes d'expression étranges. Un manque de repos convenable, une nourriture insuffisante, des perturbations dans les glandes endocrines et d'autres facteurs, peuvent entraîner des périodes d'irritabilité excessive ou de dépression anormale. Un conflit mental occasionne souvent ce que l'on appelle communément une dépression nerveuse, durant laquelle des personnes entièrement sanctifiées peuvent agir de manière anormale. Lorsque nous considérons le fait que la ligne entre ce qui est physique et spirituel n'est pas précise et claire dans bien des cas, un esprit d'amour envers tous les hommes est constamment nécessaire. En même temps, chaque personne devrait être réaliste et honnête en ce qui concerne sa propre condition spirituelle. Elle devrait résolument faire face aux réalités dans sa propre vie, et rejeter toute tentation de considérer les manifestations charnelles comme étant de simples "faiblesses physiques".

QUATRIÈME PARTIE

LA DOCTRINE DE JÉSUS-CHRIST

Introduction

Les alchimistes de l'antiquité, qui ont étudié cette pseudo-science, ont déclaré avoir trois objectifs: la découverte de la pierre philosophale, du solvant universel et de l'élixir de longue vie. Avec la pierre philosophale, ils espéraient transmuer facilement et rapidement des métaux vils comme le fer ou le plomb, en des métaux nobles et de grande valeur comme l'or ou l'argent. Avec le solvant universel, ils souhaitaient dissoudre rapidement toutes les substances insolubles. Et avec l'élixir de longue vie, ils cherchaient à détruire les germes de toutes les maladies, afin qu'une personne puisse garder sa jeunesse pour toujours.

Sur le plan élevé de la vie spirituelle de l'homme, notre Seigneur Jésus-Christ a merveilleusement satisfait aux trois recherches des alchimistes de l'antiquité. Il est la Pierre philosophale de la Grâce. Par Son œuvre expiatoire, Il peut éliminer de notre nature tout ce qui est impur, terrestre et ignoble et nous transmuer ainsi en de précieux "fils de Dieu". Il est le Solvant Universel, la Réponse à tout. Ses enseignements sans pareil nous accordent des principes éternels qui résoudront tous les problèmes, sur le plan personnel ou social, quelque "insoluble" qu'ils semblent être. Il est l'Elixir de longue Vie. Par Sa résurrection d'entre les morts, nous, qui appartenons à Lui seul, pouvons aussi nous réjouir d'avance de cette vie bénie qui ne finira jamais.

Dans cette section, nous accordons une attention particulière à la Personne merveilleuse et unique, à la mission glorieuse de notre Seigneur, et à la mort que le Christ subit pour autrui. Dans Sa Personne, nous retrouvons Celui qui est humain et divin, qui a été véritablement homme et qui pourtant est véritablement Dieu. Par Ses fonctions, Il est notre Prophète, Sacrificateur et Roi. Par Son œuvre qui expie tout péché, nous trouvons la raison principale de Sa venue et le fondement de notre rédemption. Adorons et louons notre Christ béni — pendant tout le cours de cette étude.

QUATRIÉME PARTIE

LA DOCTRINE DE JÉSUS-CHRIST

Chapitre XI
La Personne de Christ

I. ANTÉCEDENTS SCRIPTURAIRES ET HISTORIQUES
   A. Evénements dans la vie de Christ et leur signification théologique
      1. La conception et la naissance miraculeuses
      2. La circoncision
      3. Le développement normal de Jésus
      4. Le baptême
      5. La tentation
      6. L'obéissance de Christ
      7. La passion et la mort de Christ
   B. Le développement de la christologie dans l'Eglise
      1. L'ébionisme
      2. Le docétisme
      3. Le sabellianisme
      4. L'arianisme
      5. L'apollinarisme
      6. Le nestorianisme
      7. L'eutychianisme
      8. Le monophysisme et le monothélisme
      9. L'adoptionisme
     10. Le socinianisme
   C. La déclaration qui fait autorité en ce qui concerne la nature du Christ

II. L'HUMANITÉ DE CHRIST
   A. Les traits caractéristiques de la nature humaine de Christ
   B. La nature sans péché de Christ
   C. Les souffrances de Christ

III. LA DIVINITÉ DE CHRIST
    A. La préexistence de Christ
    B. Christ était le Jéhovah de l'Ancien Testament
    C. Les droits uniques que Jésus a revendiqués pour Lui-même

IV. LA PERSONNE DIVINO-HUMAINE
    A. La nature de l'Incarnation
    B. La Personne unique
    C. Les deux natures
        1. La définition du Concile de Chalcédoine
        2. La foi orthodoxe

Chapitre XII
Les états et les fonctions de Christ

I. L'ÉTAT DE L'HUMILIATION
    A. Les étapes dans l'humiliation de Christ
    B. Le *communicatio idiomatum*
    C. Les premières théories du dépouillement
    D. Les théories kénotiques plus récentes

II. L'EXALTATION
    A. La descente aux enfers
    B. La résurrection
    C. L'ascension
    D. La session

III. LES FONCTIONS DE CHRIST
    A. La fonction de prophète
    B. La fonction de sacrificateur
    C. La fonction de roi

Chapitre XIII
L'Expiation

I. LA NATURE ET LA NECESSITÉ DE L'EXPIATION
    A. Les définitions de l'Expiation
    B. La nécessité de l'Expiation

II. LA BASE BIBLIQUE RELATIVE À L'EXPIATION
    A. Les indices concernant l'Expiation, dans l'Ancien Testament
        1. Les premiers sacrifices
        2. Les sacrifices de la loi
        3. Les prédictions des prophètes
    B. La conception du sacrifice dans le Nouveau Testament
    C. La raison ou la cause d'origine de l'Expiation
    D. La nature substitutive de l'Expiation
    E. La terminologie des Ecritures

III. LES THÉORIES DE L'EXPIATION
    A. La doctrine patristique
    B. La théorie d'Anselme relative à l'Expiation
    C. La théorie d'Abélard
    D. Les théories scolastiques
    E. La théorie tridentine ou catholique romaine
    F. La théorie de la satisfaction pénale
    G. La théorie gouvernementale ou rectorale
    H. Les théories d'influence morale
        1. Le socinianisme
        2. Les théories mystiques
        3. La théorie d'influence morale de Bushnell
        4. La nouvelle théologie
    I. La théorie éthique
    J. La théorie raciale

IV. L'ÉTENDUE ET LES BIENFAITS DE L'EXPIATION
    A. L'étendue universelle de l'Expiation
    B. Les bienfaits inconditionnels de l'Expiation
        1. L'existence perpétuée de la race
        2. La restauration de tous les hommes à la possibilité d'être sauvés.
        3. Le salut des enfants en bas âge
    C. Les bienfaits conditionnels de l'Expiation
    D. L'intercession de Christ

CHAPITRE XI
LA PERSONNE DE CHRIST

"Il est le vrai Dieu; mais dans la révélation en Christ, la vraie Divinité n'est pas séparée de la vraie humanité; les deux natures, l'une divine et l'autre humaine n'ont jamais été séparées l'une de l'autre et ne se sont jamais neutralisées l'une l'autre. En Christ nous devons voir... *l'abondance de la divinité encadrée par le cercle de l'humanité;* pas les attributs de ce qui est divin dans leur infinité sans borne, mais les attributs divins qui s'expriment dans les attributs de la nature humaine. Au lieu de l'omniprésence, nous avons la Présence bénie, au sujet de laquelle l'Homme-Dieu a témoigné: *"Celui qui m'a vu a vu le Père"* (Jean 14:9); à la place de l'omniscience, se trouve la sagesse humaine divine qui révèle aux innocents les mystères du royaume des cieux; à la place de l'omnipotence créatrice du monde, apparaît une puissance qui a vaincu le monde et l'a complété, la puissance infinie, l'amour et la sainteté dans toute leur abondance selon lesquels l'Homme-Dieu a pu déclarer: *"Tout pouvoir m'a été donné dans le ciel et sur la terre"* (Matt. 28:18). Car toutes les puissances célestes et terrestres, toutes les forces de la nature et de l'histoire trouvent en Lui le point central de leur liberté et servent le royaume dont Il est le chef."

— *L'évêque Martensen*

La christologie est cette branche de la théologie qui a pour sujet la Personne du Christ comme étant le Rédempteur de l'humanité. Le sujet est parfois développé pour comprendre la Personne et l'Œuvre de Christ; mais, en général, le terme christologie s'applique à la Personne et le terme sotériologie est réservé à l'Œuvre.

C'est par l'étude de la Personne de Christ que nous touchons au cœur même du christianisme. Pourtant, nous ne nous préoccupons pas tellement ici de doctrines concernant Christ, mais plutôt de Le présenter comme Celui qui dans la foi et l'adoration est Dieu manifesté dans la chair. La vraie christologie a ses racines dans l'expérience objective de Christ, tel qu'Il fut connu des apôtres. Les Ecritures rapportent cette expérience et elle est interprétée dans d'autres écrits apostoliques, sous l'inspiration et la direction du Saint-Esprit promis. Par conséquent, les Evangiles nous accordent les points fondamentaux de la christologie, par le fait qu'ils proclament l'Incarnation de la Parole divine, par laquelle seule il nous est possible d'avoir une connaissance de Dieu. De plus, les faits présentés ainsi, peuvent être vérifiés par des méthodes historiques, et peuvent ensuite fournir la base pour un développement dogmatique. Donc, la meilleure manière d'approcher ce sujet central et important est de le faire en considérant les événements qui ont marqué la vie de Christ, et la signification théologique qui se rattache à ces événements.

I. ANTÉCÉDENTS SCRIPTURAIRES ET HISTORIQUES

A. *Evénements dans la vie de Christ et leur signification théologique*

Les événements dans la vie de Christ que nous allons considérer dans leur signification théologique sont les suivants: (1) La conception et la naissance miraculeuses; (2) la circoncision; (3) le développement normal de Jésus; (4) le baptême; (5) la tentation; (6) l'obéissance de Christ; et (7) Sa passion et Sa mort. La descente, la résurrection, l'ascension et la session seront mieux considérés lors de l'étude de l'état d'exaltation (Chapitre XII, Section II).

1. *La conception et la naissance miraculeuses.* St Matthieu mentionne que Jésus est né d'une vierge comme l'accomplissement de prophétie, alors que saint Luc considère cette naissance comme un fait fondamental de la révélation historique. Ce fait a été parfois violemment attaqué, mais ceux qui rejettent cette réalité font face à de bien plus grandes difficultés que ceux qui admettent simplement la naissance miraculeuse. Si Christ était né de la manière ordinaire, il Lui faudrait hériter la dépravation et le péché qui caractérisent si bien notre nature déchue. Pour cette raison, l'Eglise a toujours maintenu que Christ *a été conçu du Saint-Esprit et qu'Il a été né de la vierge Marie*. Mais en établissant le fait que Christ est sans péché, nous n'examinons qu'un seul aspect du mystère de Sa Personne. Sa conception miraculeuse et sa naissance représentent le choix d'une nature humaine — à l'exception du péché — par le Fils divin et préexistant. C'est pour cette raison que les Ecritures parlent *du saint*

enfant qui devait naître, suggérant ainsi qu'un changement devait prendre place dans la constitution même de la nature humaine. Cela ne représentait pas simplement l'origine d'une autre créature au sein de l'espèce humaine, mais la venue d'en-haut, du Fils préexistant dans la race; cela ne représentait pas simplement une autre individualisation de la nature humaine, mais l'association des natures divine et humaine en un nouvel ordre d'existence — la Personne théanthropique. En Jésus-Christ nous trouvons la naissance d'un nouvel ordre de l'humanité — un *"homme nouveau, créé selon Dieu dans une justice et une sainteté que produit la vérité"* (Eph. 4:24). C'est là que nous trouvons la base de Son œuvre médiatrice. A l'instant où la nature humaine s'est unie à Dieu, dans la Personne de Jésus-Christ, cette nature a été rachetée; et cette rédemption devient la base de notre régénération et de notre sanctification.

2. *La circoncision.* Le rite de la circoncision marquait l'installation officielle d'un enfant juif au sein des bénédictions de l'alliance d'Abraham. Une solide christologie doit maintenir ce point pour Jésus que la circoncision était plus qu'un simple rite religieux futile. Elle représentait une alliance de la grâce, par laquelle la relation entre Dieu et homme, et entre homme et Dieu, était élevée jusqu'à un niveau unique et exalté. C'était pour Lui la communion de deux natures en une seule Personne — la nature divine et la nature humaine. Bien que l'humanité de Jésus fût sans tache, et dans un certain sens déjà rachetée dans la Personne de Christ, l'application de cette rédemption envers l'humanité, à part l'Incarnation, ne s'était pas encore accomplie. Cela ne pouvait s'accomplir que par la passion, la mort, la résurrection et l'ascension de Jésus. La signification de ce rite pour l'œuvre du salut repose justement là-dessus — c'est que la perfection finale n'est pas accessible dans le royaume de la nature, mais seulement dans le royaume de la grâce.

3. *Le développement normal de Jésus.* Grâce à la communion exaltée qu'Il avait avec le Père par le moyen du Saint-Esprit, l'enfant Jésus a pu passer de la pureté sans tâche de l'enfance à une Personne d'âge mûr, non corrompue et non souillée. Chez Lui, une innocence inconsciente a été transformée en une obéissance consciente; et

la sainteté de Sa nature n'a jamais connu l'expérience ou la contamination du péché. Ce qu'il y a d'unique en Jésus, en ce qui concerne Sa croissance et Son développement, se trouve dans le fait qu'une nature humaine, pure et normale, s'est développée séparément du péché. Dans une enfance ordinaire, il existe la force désintégrée de la dépravation héritée ou un penchant au péché, et par conséquent le développement ne peut jamais être entièrement normal. Mais Jésus n'a connu aucune des conséquences entachées du péché inné. Sous la direction du Saint-Esprit et en communion spirituelle avec le Père, Son développement a été parfait en tout. Il n'a d'ailleurs échappé à aucune des conditions humaines — l'enfance, la jeunesse, l'adolescence et la maturité, mais Il a sanctifié chaque étape, afin qu'en toutes choses Il puisse avoir la prééminence.

4. *Le baptême.* Le baptême de Jésus a été Son installation officielle dans la mission du Messie ou du Christ. Il n'a pas été oint d'huile, mais du Saint-Esprit dont l'huile était le symbole. Par la circoncision, Jésus s'était inconsciemment soumis à l'imputation du péché; maintenant Il devient consciemment le représentant d'une race pécheresse. Que le lecteur se fasse une image, dans son imagination, d'une longue file de candidats qui attendent d'être baptisés par Jean — Jésus est parmi eux, et nous voyons l'accomplissement d'une ancienne prophétie: *"Il a été mis au nombre des malfaiteurs, parce qu'il a porté les péchés de beaucoup d'hommes, et qu'il a intercédé pour les coupables"* (Esaïe 53:12*b*). Le baptême marque, par conséquent, le début officiel du ministère de rédemption du Christ.

5. *La tentation.* La tentation de Jésus était nécessaire à la constitution médiatrice, et comme le baptême, elle a une importance universelle. Deux éléments entrent en jeu: (1) Jésus doit triompher personnellement du péché en s'y opposant volontairement, avant de pouvoir devenir l'Auteur de la vie éternelle pour les autres; et (2) Il doit non seulement avoir la victoire pour Lui-même, mais Il doit obtenir la dignité et l'autorité nécessaires pour Son royaume. Sa tentation était à la fois intérieure et extérieure. Elle était extérieure dans le fait qu'elle a eu son origine en dehors et séparément de Lui. Il a du faire

face à Satan qui représente le royaume du mal. Sa tentation n'a pas été une simple confusion, due à un malentendu dans son esprit, comme certains l'ont prétendu. Intérieurement, Il subit la tentation par une prise de conscience qui le poussait vers le mal. Nous devons croire que Christ ressentit toute la force des suggestions de Satan et qu'Il les repoussa immédiatement.

6. *L'obéissance de Christ.* Durant le ministère de notre Seigneur sur la terre, Il était sous l'onction du Saint-Esprit et Il faisait continuellement ce qui est bien. Il est venu non pour être servi, mais pour servir et pour donner sa vie comme la rançon de beaucoup. Lorsque le premier Adam fut tenté, cela fut par intérêt personnel. Ayant été créé pour avoir autorité sur la terre, il s'est vu comme serviteur en levant les yeux vers Dieu; lorsqu'il a baissé ses yeux vers la terre, il s'est vu comme son seigneur. Par conséquent, Satan leur dit: *"Vous serez comme des dieux."* Ce que Satan ne leur dit pas c'est que cette autorité n'était qu'un pouvoir délégué. Lorsqu'il a perdu son statut de serviteur, il a par conséquent aussi perdu son statut de seigneur. Christ est venu pour parfaire ce statut de serviteur, et de cette manière redonner à l'homme son statut de seigneur. Nous voyons, par conséquent, un revirement étrange dans le ministère de Jésus. Durant son ministère terrestre, Il était subordonné à l'Esprit; mais ayant perfectionné son rôle de serviteur, Il reçut du Père la promesse que le Saint-Esprit serait donné à l'Eglise. Maintenant, depuis Son trône, Il intercède, Il accorde l'Esprit, et Il restaure à l'homme de nouveau la règne qu'il avait perdu dans le péché.

7. *La passion et la mort de Christ.* L'obéissance rendue parfaite se trouve dans les circonstances humiliantes de Sa mort — particulièrement de la mort sur la croix. Même s'il est possible de faire une distinction entre les souffrances de Christ, et de la manière précise dont Il est mort, la mort elle-même ne peut pas être séparée de la crucifixion. Pour cette raison, la mort a tout simplement été pour notre Souverain Sacrificateur la forme terrible que Son autel a pris, lorsqu'Il *"a porté lui-même nos péchés en son corps sur le bois* (1 Pierre 2:24). *"Et c'est pour cela qu'il est le médiateur d'une nouvelle alliance, afin que, la mort étant intervenue pour le rachat des transgres-*

sions commises sous la première alliance, ceux qui ont été appelés reçoivent l'héritage éternel qui leur a été promis" (Héb.9:15).

B. Le développement de la christologie dans l'Eglise

Nous avons remarqué que les événements concernant Christ, tels qu'ils nous sont donnés dans les Evangiles, ont une importance capitale. Ces faits, après de vives controverses, furent éventuellement développés par l'Eglise en une déclaration reconnue et faisant autorité. Il est essentiel, pour avoir sur cet important sujet une compréhension correcte, de faire une brève étude historique des différentes erreurs qui ont font surface de temps à autre dans la christologie, et la façon dont l'Eglise y a réagi.

1. *L'ébionisme.* Une des premières erreurs concernant la nature de Christ, qui apparut dans l'Eglise primitive, fut celle des ébionites. Cette secte juive, qui faisait partie de l'Eglise, ne pouvait pas réconcilier la divinité de Christ avec un monothéisme strict, et l'ont par contre rejetée. Ils prétendaient que lors du baptême de Jésus, une plénitude incommensurable du Saint-Esprit Lui fut accordée et que cela fit de Lui le Messie.

2. *Le docétisme.* Les docétistes tirent leur nom du mot grec qui veut dire "sembler" ou "apparaître". Leur doctrine se rapprochait beaucoup de celle des gnostiques, d'où leur croyance que le corps de Christ n'était qu'une simple apparition ou un fantasme. C'est seulement en considérant la vie terrestre de Christ comme étant une théophanie continue qu'il leur était possible d'expliquer l'unité des qualités terrestres et célestes dans notre Seigneur. L'ébionisme fut le résultat de l'influence juive, le docétisme fut le résultat de la philosophie païenne.

3. *Le sabellianisme.* Cette erreur est une forme de monarchisme et appartient plus particulièrement à la controverse trinitaire (voir Chapitre VII, Section IV). Néanmoins, puisqu'elle affecte aussi la christologie, il faut la mentionner brièvement ici. Sabellius enseigna qu'il n'y avait qu'un seul Dieu, qui se manifestait d'abord comme le Père, ensuite comme le Fils, et finalement comme le Saint-Esprit. Il est facile de voir qu'il n'y a aucune vraie trinité ici — seulement une trinité de manifestations. Cette doctrine a une base panthéiste, car elle

enseigne que Dieu Lui-même a évolué en différentes formes ou manifestations. L'Eglise condamne cette position en tant qu'hérésie.

4. *L'arianisme.* Comme la position précédente, cette hérésie concerne principalement la doctrine de la Trinité. Arius était un prêtre d'Alexandrie du IVe siècle, qui enseignait que Christ était une incarnation du *Logos* prééxistant ou de la Parole, mais que cette Parole était une créature intermédiaire — la plus importante, en effet, de tous les êtres créés, mais pourtant en dehors de la Divinité. Cette position fut le précurseur du socinianisme d'une époque plus tôt et de l'unitarisme plus moderne.

5. *L'apollinarisme.* L'on suppose qu'Apollinaire, évêque de Laodicée au IVe siècle, enseigna que la nature humaine de Christ était incomplète. En admettant une division trichotome de la nature humaine en un corps, une âme et un esprit, Il attribua à Christ un corps humain et une âme inférieure ou animale, mais pas un esprit humain ou une âme douée de raison. Cette dernière, il maintint, avait été remplacé par le *Logos* ou la Parole divine, et formait de cette façon un être divino-humain. Sur le plan de la division dichotomique de la nature humaine en corps et en âme, cela équivalait à dire que Christ n'avait pas d'âme humaine.

6. *Le nestorianisme.* Nestorius, évêque de Constantinople au IVe siècle, alla jusqu'à l'autre extrême. Il a fait une telle distinction entre les deux natures de Christ qu'il les fit deux personnes distinctes, ce qui a détruit ainsi le caractère uni et unique de la personne du Christ.

7. *L'eutychianisme.* Eutychès, le père supérieur de Constantinople au Ve siècle, commit une erreur semblable à celle d'Apollinaire. Il maintint que la nature humaine de Christ fut convertie en la nature divine par l'absorption, et qu'à la suite de cette union il n'y avait plus qu'une seule nature. C'est pour cette raison que les partisans d'Eutychès furent connus plus tard comme des monophysites, parce qu'ils avaient réduit les deux natures en une seule.

8. *Le monophysisme et le monothélisme.* Alors que le Concile de Chalcédoine (451 apr. J.-C.) a terminé les discussions sur la christologie en Occident, les controverses ont encore continué dans l'Eglise orientale. Le monophy-

sisme, ou la doctrine d'une seule nature; et le monothélisme, ou la doctrine d'une seule volonté, ne sont que des développements ultérieurs de l'eutychianisme. Chacune de ces positions est dans l'erreur, car elles ne font pas justice à la nature humaine complète de Christ.

    9. *L'adoptianisme.* Cette erreur fit surface en Espagne à la fin du VIIIe siècle, et ressemblait au nestorianisme d'une époque plus tôt. Christ était considéré comme un homme ordinaire, dont l'humanité était adoptée dans la divinité par un processus graduel. Par conséquent, cette théorie niait la vraie incarnation.

    10. *Le socinianisme.* Lelio Socin et Fausto Socin, oncle et neveu, enseignèrent une forme d'unitarisme qui se rapproche énormément de l'arianisme antérieur. Christ était considéré comme un homme ordinaire, ayant eu néanmoins une naissance miraculeuse, à qui Dieu avait donné des révélations extraordinaires et L'avait élevé au ciel après Sa mort. Il n'était, par conséquent, qu'un simple homme rendu divin. L'erreur ici se trouve dans le fait que l'on renie la Divinité de Christ, et par conséquent l'on détruit efficacement toute base pour l'Expiation.

C. La déclaration qui fait autorité en ce que concerne la nature du Christ

Lors des Conciles de Nicée (325 apr. J.-C.), de Constantinople (381), et de Chalcédoine (451), l'Eglise a cherché à protéger avec précaution les enseignements orthodoxes concernant Christ des opinions hérétiques, et par conséquent en est arrivée à la conclusion suivante qui fait autorité. La foi véritable selon le symbole d'Athanase est *"que notre Seigneur Jésus-Christ, le Fils de Dieu, est Dieu et homme; Dieu de la substance du Père; engendré avant les mondes, et homme de la substance de Sa mère, né dans le monde; Dieu parfait et homme parfait constitué par une âme raisonable et par une chair humaine; égal au Père par Sa Divinité; inférieur au Père, par Son humanité; Qui tout en étant Dieu et homme, cependant n'est pas deux, mais un seul Christ; Un, non par changement de la Divinité dans la chair, mais par assomption de l'humanité en Dieu; Un, absolument sans confusion des substances, mais par l'unité de la Personne. Car de même que l'âme raisonnable et la chair sont un seul homme, Dieu et l'homme sont un seul Christ."*

La doctrine de Christ comprend, par conséquent, les vérités suivantes auxquelles il nous faut accorder une considération convenable avant de porter notre attention à la christologie chalcédonienne: (1) L'humanité de Christ; (2) La Divinité de Christ; et (3) La Personne divino-humaine.

II. L'HUMANITÉ DE CHRIST

Christ s'incarne d'une manière de Le rendre homme. Les Ecritures nous disent que *"la Parole a été faite chair, et elle a habité parmi nous"* (Jean 1:14a); et que, *"puisque les enfants participent au sang et à la chair, il a également participé Lui-même"* (Héb. 2:14). Il nous faut donc considérer Sa nature humaine comme étant véritable et complète, qui n'admet aucun défaut dans tous ses éléments essentiels, ni a besoin d'aucuns éléments supplémentaires en raison de Son union avec la Divinité. De plus, la nature humaine de notre Seigneur a été assumée dans des conditions qui appartenaient vraiment à l'homme, et, à l'exception de péché, Il a suivi un processus de développement commun à celui de tous les hommes. C'est pour cette raison qu'Il est appelé le *Fils de l'homme,* la réalisation parfaite de l'idée éternelle du genre humain.

A. *Les traits caractéristiques de la nature humaine de Christ*

L'Incarnation ne représentait pas simplement le fait de s'attribuer un corps humain; car la nature humaine ne consiste pas simplement d'un corps humain, mais d'un corps et d'une âme. Par conséquent, afin de nous conformer aux enseignements des Ecritures concernant la nature humaine de Christ, nous devons persister à affirmer que Sa nature humaine était totale et complète.

Christ avait un corps humain. Ce fait était d'abord nié par les docétistes, sous prétexte que la matière est essentiellement mauvaise et que par conséquent, elle ne pouvait être unie à la Divinité. Ils considéraient le corps de Christ comme étant l'extension d'une théophanie, ou d'une apparition, semblable à l'apparition de l'Ange du Seigneur dans l'Ancien Testament. Cette hérésie a été condamnée par L'Eglise et a bientôt disparu. Les Ecritures sont pleines de preuves concernant la nature humaine de

Christ. Nous avons déjà parlé de Sa naissance surnaturelle, de Sa circoncision, de Son baptême et de Sa tentation. Il nous est dit qu'Il eut faim (Matt. 4:2), soif (Jean 19:28), et qu'Il fut fatigué (Jean 4:6); qu'Il souffrit une souffrance physique au jardin et sur la croix; et qu'Il est mort et fut enterré (Matt. 27:33-66; Marc 15:22-47; Luc 22:44; 23:26; Jean 19:16-42). St Jean cherchait évidemment à réfuter ceux qui s'opposaient à l'humanité de Christ, lorsqu'il écrivit: *"Ce qui était dès le commencement, ce qui nous avons entendu, ce que nous avons vu de nos yeux, ce que nous avons contemplé et que nos mains ont touché, concernant la parole de vie"* (1 Jean 1:1). L'apôtre semble nous donner ici une progression frappante des preuves concernant le corps de Christ. Premièrement, nous avons "entendre", et ensuite nous avons "voir" comme étant plus convaincant que d'avoir entendu; ensuite, il mentionne que nous L'avons contemplé ou regardé, comme étant plus satisfaisant que de L'avoir entendu ou vu; et finalement, nous L'avons touché comme étant la preuve complète. Jésus a parlé de Lui-même comme étant un homme, lorsqu'Il dit: *"Mais maintenant vous cherchez à me faire mourir, moi un homme qui vous ai dit la vérité que j'ai entendue de Dieu"* (Jean 8:40, *Nouvelle Version Segond Révisée*). Rien n'est plus clair dans les Ecritures: Christ a eu un corps de "chair et de sang" en commun avec tous les autres hommes.

    Notre Seigneur avait une âme humaine. Ce fait a été mis en doute par Apollinaire qui, dans son enseignement, a substitué le *Logos* pour l'âme humaine de Christ — une erreur qui a apparu de temps en temps dans l'Eglise, mais qui a été toujours condamnée comme étant une hérésie. Alors qu'Il anticipait Sa passion, notre Seigneur a dit à Ses disciples: *"Maintenant mon âme est troublée"* (Jean 12:27); et encore: *"Mon âme est triste jusqu'à la mort"* (Matt. 26:38). Jésus a dit de Lui-même: *"Je suis doux et humble de cœur"* (Matt. 11:29); et *"Il fut rempli de joie par le Saint-Esprit"*, lors du retour des disciples d'une mission couronnée de succès. Lorsqu'on nie que les actes, les attributs et les expériences qui sont dans la nature de l'âme humaine ne sont pas des évidences d'une humanité complète, nous posons les fondements du reniement de Sa Divinité, comme elle se base sur les actions, les attributs, les noms et les titres qui Lui sont désignés.

B. La nature sans péché de Christ

Il n'y avait aucun péché originel dans la nature humaine du Christ. La dépravation héritée était une conséquence de la descendance naturelle d'Adam; mais la naissance de Christ fut miraculeuse, et par contre elle est sans la corruption héritée qui appartient à la nature tombée de l'homme. Le péché n'appartient pas à la nature humaine originale, et la nature que Christ a prise sur Lui n'était pas corrompue par le péché. Parce que Dieu seul était Son Père, la naissance de Christ n'a pas été une naissance provenant d'une nature pécheresse, mais qui était une union entre la nature humaine et la Divinité, qui par cet acte même la sanctifiait. Le péché est une question qui concerne la personne, et puisque Christ est le préexistant *Logos* ou la Parole, la seconde Personne de la Trinité adorable, Il était comme tel, non seulement libre du péché, mais Il était libre de la possibilité de pécher. Christ était aussi sans péché actuel. *"Lui qui n'a point commis de péché, et dans la bouche duquel il ne s'est point trouvé de fraude"* (1 Pierre 2:22). Sa vie terrestre a été sans faute ou tache. Comme enfant, Il avait un amour filial et une nature obéissante (Luc 2:51); comme adolescent, il montrait du respect et il était docile (Luc 2:52); et comme homme, Il était *"saint, innocent, sans tache, séparé des pécheurs et plus élevé que les cieux"* (Héb. 7:26). Le grand mystère se trouve dans le fait que Christ a pris notre nature de telle manière, que tandis qu'Il était sans péché, Il a pourtant subi les conséquences de nos péchés.

C. Les souffrances de Christ.

La nature humaine de Christ a été sujette aux faiblesses naturelles qui se rattachent à l'humanité, comme la faim, la soif, la fatigue, la douleur et la souffrance. Toutefois, ces faiblesses n'étaient pas une nécessité de Sa nature, mais un libre choix de la part de Sa Personne théanthropique. Le fait que Christ était Dieu incarné, L'élevait au-dessus des infirmités qui se rattachent à une nature humaine pécheresse. Mais, par amour pour "nous les hommes, et pour notre salut", Il a volontairement partagé les faiblesses humaines de l'humanité, et a été tenté en toutes choses ou mis à l'épreuve comme nous le sommes. Ainsi l'auteur de l'Epître des Hébreux déclare que *"Celui qui a été abaissé pour un peu de temps au-dessous des anges, Jésus, nous le voyons couronné de gloire et d'honneur à cause de la mort qu'il a soufferte; afin que par la grâce de Dieu, il souffrît la mort pour tous"* (Héb. 2:9). Et Il écrit encore: *"Il convenait, en effet, que celui pour qui et par qui sont toutes choses, et qui voulait conduire à la gloire beaucoup de fils, élevât à la perfection par les souffrances le Prince de leur salut"* (Héb. 2:10). Celui qui a souffert était à la fois Dieu et homme. Depuis cette même Personne était unie avec les deux natures, et cette Personne est le Fils de Dieu, nous pouvons dire que le Fils de Dieu a souffert. Néanmoins, cette souffrance est celle d'une Personne divine et non d'une nature divine — la Personne unique qui est Dieu, qui est aussi homme, a souffert dans Sa nature humaine.

III. LA DIVINITÉ DE CHRIST

Il y a deux façons d'approcher l'étude la Divinité de Christ — la façon *textuelle* et la façon *historique*. La méthode *textuelle* aborde le sujet par le moyen de nombreux textes justificatifs qui font mention de Ses noms et titres divins, de Ses actions divines, de Ses attributs divins, et du fait que l'adoration Lui a été attribuée comme à une Personne divine. Même si cette méthode a bien des avantages, elle a pourtant un désavantage marqué — le fait que des textes justificatifs peuvent être mal interprétés par des personnes ayant des idées préconçues. C'est donc par la méthode *historique* que les hommes ont en général été convaincus du caractère surnaturel de Christ, et ont été persuadés qu'Il est Dieu même. C'est la méthode des Évangiles, et tout lecteur attentif peut partager l'émerveillement des disciples, leur façon de voir et leurs conclusions concernant la Divinité de leur Seigneur. Nous ne chercherons pas donc à établir un système élaboré de textes justificatifs sur ce sujet, et reporterons le lecteur aux points déjà mentionnés dans notre discussion sur la Trinité (Chapitre VII, Section II). Il est suffisant ici de ne considérer que les points qui se rapportent à l'Incarnation et à sa relation dans l'œuvre rédemptrice de Christ.

A. La préexistence de Christ

L'Eglise de tous les temps a affirmé la préexistence de Christ. Elle a donc maintenu le fait de Sa véritable Divinité comme Le *Messie* de l'Ancien Testament, et le *Christos* du Nouveau Testament. Jésus lui-même a dit: *"Avant qu'Abraham fût, je suis"* (Jean 8:58); et encore: *"Personne n'est monté au ciel, si ce n'est celui qui est descendu du ciel, le Fils de l'homme qui est dans le ciel"* (Jean 3:13). Néanmoins, le simple fait de Sa préexistence n'est pas en elle-même une preuve suffisante de Sa Divinité, car les ariens ont maintenu qu'Il était de la même nature que le Père, mais tout de même un être créé. D'autres ont affirmé que Sa préexistence était seulement idéale, c'est-à-dire un principe impersonnel ou une force que ne devenait personnelle qu'en Jésus. Encore une fois, nous demandons, a-t-Il existé comme le Dieu unique — une unité personnelle simple et absolue, ou a-t-Il existé comme l'une des Personnes essentielles et infinies de la Divinité en trois Personnes? Les Saintes Ecritures et les actions conciliaires de l'Eglise affirment toutes deux que Jésus de Nazareth était le Christ, le Fils du Dieu vivant, et par contre la deuxième Personne de la Trinité adorable (Jean 1:1-5; Philippiens 2:5; Hébreux 5:6).

B. Christ était le Jéhovah de l'Ancien Testament

Comme nous l'avons mentionné précédemment dans notre discussion sur la Trinité, les textes de l'Ancien Testament accordent un appui considérable à la Divinité du Christ. Cependant, afin de montrer la continuité de la mission rédemptrice du Fils, il sera nécessaire de signaler l'accomplissement de deux déclarations prophétiques concernant le Messie. (1) L'Ange de Jéhovah qui portait le nom divin ou qui avait la nature divine est une prophétie de Christ. Moïse a déclaré que *"L'Eternel ton Dieu, te suscitera du milieu de toi, d'entre tes frères, un prophète comme moi: vous l'écouterez!"* (Deut. 18:15); et cette prophétie a été affirmée de façon précise par Etienne comme s'étant accomplie en Christ (Actes 7:37ss). (2) L'Ange (ou le messager) de l'alliance est mentionné par Malachie comme arrivant soudainement dans Son temple (Malachie 3:1). Comme le Seigneur d'un temple représente la divinité à qui l'on consacre son adoration, l'action de notre Seigneur lorsqu'Il est entré dans le temple rend évident le fait qu'Il est le Jéhovah de l'Ancien Testament à qui le temple avait été consacré. L'idée d'une nouvelle alliance est mentionnée par Jérémie (Jér. 31:31-32), et aussi par Ezéchiel (Ezé. 37:26) — un sujet qui est élaboré dans l'Epître aux Hébreux comme étant l'œuvre spécifique du Christ.

C. Les droits uniques que Jésus a revendiqués pour Lui-même

Le témoignage le plus important concernant la Divinité de Jésus-Christ doit nécessairement être celui qu'Il a rendu de Lui-même. Si l'on affirme que les mérites qu'un homme revendique pour lui-même sont sans valeur, il faut répondre que cela dépend d'une question antérieure, c'est-à-dire de savoir qui est la personne. A l'objection des Pharisiens, Jésus a répondu: *"Quoique je rende témoignage de moi-même, mon témoignage est vrai, car je sais d'où je suis venu et où je vais... Il est écrit dans votre loi que le témoignage de deux hommes est vrai, je rends témoignage de moi-même, et le Père qui m'a envoyé rend témoignage de moi"* (Jean 8:14-18). Toutefois, Il n'est possible d'énumérer ici que certains des mérites que Jésus a revendiqués pour Lui-même — l'un des sujets les plus profonds qui puissent occuper l'esprit de l'homme.

Jésus a revendiqué pour Lui-même: (1) la possession d'attributs divins, comme l'éternité (Jean 8:58; 17:5), *l'omnipotence* (Matt. 28:18; Jean 10:18; 17:2), *l'omniscience* (Matt. 11:27; Jean 2:23-25; 21:17), et *l'omniprésence* (Matt. 18:20; 28:20). (2) Il a prétendu pouvoir accomplir des miracles et Il l'a démontré; Il a aussi déclaré pouvoir donner à d'autres l'habilité de faire des œuvres merveilleuses (Matt. 10:8; 11:5; 14:19-21; 15:30-31; Marc 6:41-44; Luc 8:41-56; 9:1-2). (3) Il a revendiqué des droits divins, comme celui d'être le Maître du sabbat (Marc 2:28), et comme ayant le pouvoir de pardonner les péchés et de parler *comme* Dieu *pour* Dieu (Matt. 9:2-6; Marc 2:5-12; Luc 5:20-26). (4) Il a prétendu connaître le Père de manière directe et parfaite, comme aucune autre personne ne le peut (Matt. 11:27; Luc 10:22), et d'être le Fils de Dieu d'une manière unique (Matt. 10:32-33; 16:17, 27). (5) Il a parlé en paroles d'une immense sagesse, car Il a parlé comme aucun homme ne l'avait fait (Jean 7:46). (6) Il a accepté qu'on L'adore comme étant le Fils de Dieu (Matt. 14:33); et (7) Il a affirmé être le juge final pour tous les hommes (Matt. 7:21-23; 13:41-43; 19:28; 25:31, 33; Marc 14:62; Luc 9:26; 22:69-70).

IV. LA PERSONNE DIVINO-HUMAINE

Nous avons considéré les preuves scripturaires sur la Divinité de Christ et aussi sur Sa parfaite humanité, et il nous faut maintenant porter notre attention sur l'union de ces deux natures en une seule Personne. Cette union s'est faite par l'Incarnation, et le résultat a été une personne théanthropique ou l'Homme-Dieu, qui unit en Lui-même toutes les conditions d'une existence humaine et divine. Cette Personne unique est le *Logos* préexistant ou la Parole divine, qui a pris sur Lui-même la nature humaine, et en prenant sur Lui cette nature Il l'a personnalisée et l'a rachetée.

A. *La nature de l'Incarnation*

L'Incarnation n'est pas une simple étape dans le ministère médiateur de Christ, mais elle représente la base de tout. Sans l'Incarnation, pas d'Expiation possible ou de ministère d'intercession. Certains faits majeurs doivent être envisagés dans toute observation de cet important sujet.

1. L'Incarnation n'a pas été une forme de transmutation ou de transsubstantiation. Les Ecritures n'enseignent pas que la seconde Personne de la Trinité a cessé d'être Dieu lors qu'Elle est devenue homme. Lorsqu'il est dit que *"la Parole a été faite chair"* (Jean 1:14*a*), cela équivaut à dire que Christ est venu dans la chair, et qu'Il a de cette manière pris sur Lui-même la nature humaine afin qu'Il puisse, par la rédemption, mieux participer aux expériences des hommes.

2. C'est la Parole ou le *Logos,* seule la seconde Personne de la Trinité qui s'est incarnée, et non la Divinité tout entière. Si l'on enseigne que c'est la Divinité tout entière qui s'est incarnée, cela conduit à l'erreur du patripassianisme qui enseigne que "le Père a souffert", ou que "le Père est mort". Une Personne de la Trinité peut être incarnée, et pourtant l'Incarnation ne comprendra pas la Divinité tout entière, parce que la Divinité représente

l'essence divine ou la nature en trois modes; et l'essence ne s'est pas incarnée dans tous les trois modes. Mais puisque l'essence en entier ou la nature divine existe dans chacun des trois modes, comme le Père, le Fils et le Saint-Esprit, il est possible de dire que lorsque le Fils s'est incarné, la Divinité dans toute Sa plénitude a habité en Lui corporellement, mais seulement dans le mode de la seconde Personne, ou du Fils divin.

3. L'Incarnation était une union de la Personne divine avec la nature humaine, et non avec une personne humaine. La nature humaine qu'Il adopté a acquis une personnalité par son union avec Lui. Par conséquent, il est dit que le Rédempteur a pris sur Lui-même *"la postérité d'Abraham"* (Héb. 2:16); et de plus a été appelé *la postérité de la femme* (Gen. 3:15), et *"la postérité de David"* (Rom. 1:3). Ces expressions ne peuvent dire qu'une chose: la nature humaine adoptée par notre Seigneur n'avait pas encore été individualisée. La nature humaine de Christ n'était pas impersonnelle à l'exception du sens suivant: elle n'était pas personnalisée à part la race par une naissance naturelle, mais est devenue un élément constitutif de l'unique Personne théanthropique. Le fait qu'Il n'avait pas d'autre personnalité que celle qui existait dans la nature divine ne fait pas de Lui un homme impersonnel. Cela nous protège simplement contre l'erreur nestorienne qui accorde une personnalité supplémentaire, exclusivement dans la nature humaine. Il était un être humain total et complet, dont la conscience et la volonté se sont développées uniquement en conjonction avec la personnalité du *Logos*.

4. L'Incarnation a marqué le commencement de la Personne théanthropique. L'Homme-Dieu était une nouvelle Personne aussi bien qu'une Personne unique. Il n'y a pas d'Homme-Dieu dans les temps avant l'union des deux natures. Le commencement précis de cette Personne théanthropique doit être placé à l'instant de la conception miraculeuse. Avant cet instant, la seule Personne qui existait était le Fils éternel; la nature humaine qui existait dans le corps de la vierge Marie n'avait pas encore été personnalisée. Bien qu'elle ait commencé à un certain moment dans le temps, la Personne théanthropique du Rédempteur continuera pour toujours. Par conséquent, le

terme "Christ" n'est pas le nom correct de la deuxième Personne non incarnée de la Trinité, mais seulement de la seconde Personne incarnée.

5. L'Incarnation était nécessaire en tant que base pour l'œuvre rédemptrice de notre Seigneur. Avant d'avoir pris une nature humaine, le *Logos* ne pouvait faire l'expérience de sentiments humains, car Il n'avait pas de cœur humain; mais lorsqu'Il a pris une nature humaine, Il a pu mieux participer aux expériences de l'humanité. Avant l'Incarnation, Christ ne pouvait avoir de perception finie, parce qu'Il n'avait pas un intellect limité; mais après, Il a pu penser comme les hommes pensent. Avant l'Incarnation, la conscience du *Logos* était uniquement éternelle, c'est-à-dire, sans succession de temps; mais par la suite, elle a été éternelle et temporelle, avec et sans la succession de temps. Par conséquent, l'union des deux natures était nécessaire afin que Christ pût devenir notre miséricordieux et fidèle Souverain Sacrificateur.

B. *La Personne unique*

L'union de la nature divine et humaine en Christ est une union personnelle, c'est-à-dire, elle consiste dans le fait de posséder en permanence un Moi commun — celui du *Logos* éternel ou de la Parole. En théologie, cela s'appelle l'union hypostatique. Le terme *hypostasis* vient du mot grec ὑπόστασις, et c'est le terme employé pour marquer la distinction entre les existences personnelles de la Divinité, en opposition à leur substance ou essence commune. Les deux natures se rencontrent et ont communion l'une avec l'autre, uniquement par le moi qui appartient à toutes deux.

1. La possession des deux natures n'exigent pas une double personnalité, car le fondement de la personne est le *Logos* éternel et pas la nature humaine. Par contre, Christ parle de Lui-même, sans varier, à la personne du singulier. L'Agent est toujours et partout un. Il n'y a jamais d'échange entre "Moi" et "Toi" comme dans la Trinité. Le sentiment d'une conscience avec ses différents modes passe rapidement de ce qui est divin à ce qui est humain, mais la Personne est toujours la même. Ainsi, Il dit: *"Moi et le Père nous sommes un"* (Jean 10:30) et encore *"J'ai soif"* (Jean 19:28).

2. Une personne peut avoir une, deux ou trois natures. Une Personne trinitaire comme celle du Père, du Fils ou du Saint-Esprit, n'a qu'une seule nature, celle de la substance ou de l'essence divine. Une personne humaine a deux natures — un corps qui est fait de matière et une âme qui est immatérielle. Il est possible de dire que Christ, comme la Personne théanthropique, a trois natures — le *Logos* divin ou la Parole, une âme humaine, et un corps humain. Les deux derniers sont unis en pensée lorsque nous parlons de Christ comme ayant deux natures, l'une divine, l'autre humaine. Par conséquent, c'est la personne qui unit les natures, mais celles-ci ne sont pas unies d'une manière purement extérieure ou mécanique. C'est une union personnelle et donc intime et inséparable. En Christ, nous devons admettre que l'union entre la nature divine et la nature humaine est encore plus intime que celle qui existe entre le l'âme et le corps de l'homme. Chez ce dernier, l'âme et le corps peuvent être séparés par la mort; en Christ, la nature divine n'a pas été séparée pour un seul moment de l'âme ou du corps.

3. Le fait que la personnalité de l'Homme-Dieu dépend principalement de la nature divine se voit dans la réalité qu'elle n'a pas été détruite par la mort. A Sa mort, il y a eu en effet, une séparation temporaire entre l'âme et le corps, mais il n'y a pas eu pour un seul instant une séparation entre le *Logos* divin et l'âme humaine ou le corps humain. Entre Sa mort et Sa résurrection, l'âme et le corps humains étaient tous deux encore unis avec le *Logos* divin ou la Parole divine. C'est pour cette raison que le corps de Christ n'a jamais connu la corruption.

C. *Les deux natures*

L'unité de la Personne du Christ trouve sa vérité complémentaire dans la diversité des deux natures. La divinité et l'humanité ont toutes deux gardé leur caractère et leurs fonctions respectives, sans modification dans l'essence ou interférence mutuelle; ce fait est aussi nécessaire à une vraie conception de l'Incarnation qu'il l'est pour leur union hypostatique en Jésus-Christ. Alors que les actions et les qualités de la nature divine ou humaine de Christ peuvent être attribuées à la Personne théanthropique, il n'est pas possible de dire qu'elles peuvent s'attribuer l'une à l'autre. Les caractéristiques qui appartiennent à une nature se limite inévitablement à cette nature. Une substance matérielle ne possédera que des traits matériels, alors qu'une substance immatérielle n'aura que des traits spirituels. De même, la nature humaine ne peut avoir que des caractéristiques humaines, et la nature divine ne peut avoir que des caractéristiques divines. Les natures, pourtant, même si elles sont hétérogènes, peuvent appartenir à la même personne.

1. *La définition du Concile de Chalcédoine.* La déclaration préparée par ledit concile en 451 apr. J.-C. est la suivante:

> "Suivant donc les saints Pères, tous à l'unanimité, nous enseignons de confesser notre Seigneur Jésus-Christ un seul et le même Fils, le même parfait en Divinité et le même parfait en humanité, vraiment Dieu et le même vraiment homme (composé) d'une âme raisonnable et d'un corps, consubstantiel au Père selon la Divinité et le même consubstantiel à nous selon l'humanité, en tout semblable à nous à l'exception du péché; avant les éons, d'une part, engendré du Père selon la Divinité, dans les derniers jours, d'autre part, le même (engendré), à cause de nous et de notre salut, de Marie la vierge, la Mère de Dieu selon l'humanité; un seul et le même Christ, Fils, Seigneur, Unique, connu en deux natures sans (qu'il y ait) confusion, transformation, division, séparation (entre elles), la différence des natures n'étant nullement supprimée à cause de l'union, mais la propriété de chaque nature étant plutôt sauvegardée et concourant dans une seule personne et une seule hypostase; (aussi nous confessons un Fils) non pas divisé ou séparé en deux personnes, mais un seul et le même Fils unique, Dieu Verbe, Seigneur Jésus-Christ, selon ce que, dès le commencement, les prophètes (ont dit) à son sujet, selon ce que Jésus-Christ Lui-même nous a enseigné et selon ce que le Symbole des Pères nous a transmis."
>
> *D'après Héfélé-LECLERCQ*
> *Histoire des Conciles II/2.*

2. *La foi orthodoxe.* Le symbole de Chalcédoine a donné à l'Eglise la base véritable pour sa christologie, et a été accepté comme étant orthodoxe par les Catholiques

romains aussi bien que par les Protestants, avec cette exception: les Protestants rejettent le mot *Theotokos* (Θεοτόκος) ou la mère de Dieu. Ici, non seulement les deux natures de Christ sont non seulement affirmées, mais la relation qui existe entre elles est réglée sur quatre points principaux — sans *mélange* (ou confusion); sans *changement* (ou conversion); sans *division;* et sans *séparation*. Il est possible d'admettre que ces termes ne définissent pas; cependant, ils accordent des directives pour la préservation d'une vraie doctrine. Si donc nous voulons garder la foi véritable, il nous faut croire que (1) l'union des deux natures en Christ ne les confond pas ou ne les mêle pas de manière à détruire leurs qualités distinctes. La Divinité de Christ est une Divinité aussi pure après l'Incarnation qu'avant; et la nature humaine de Christ est une nature humaine aussi pure et simple que celle de Sa mère ou de tout autre individu humain — à l'exception du péché. (2) Il nous faut donc considérer comme étant non orthodoxe toute théorie qui veut changer une des natures dans l'autre, que ce soit dans l'intégration de la nature humaine par la nature divine comme dans l'eutychianisme; ou en réduisant la nature divine au niveau humain comme dans le cas de certains théories kénotiques modernes. (3) Il nous faut maintenir les deux natures dans une telle union que la Personne de Christ n'est pas divisée en deux moi, comme dans le nestorianisme, ou une fusion des deux natures, à un tel point qu'Il n'est ni Dieu ni homme comme dans l'apollinarisme. La force résultante de l'union n'est pas deux personnes, mais une Personne qui unit en Elle-même les conditions d'une existence à la fois divine et humaine. (4) Nous devons maintenir une union des deux natures qui est inséparable. L'union de l'humanité avec la Divinité en Christ est indissoluble et éternelle. C'est la seconde Personne de la Trinité qui a pris une nature humaine de façon permanente.

CHAPITRE XII
LES ÉTATS ET LES FONCTIONS DE CHRIST

"Seul le Christ a été Prophète, Sacrificateur et Roi; Il a possédé et exécuté ces fonctions avec une suréminence telle qu'aucun être humain n'a jamais pu y parvenir ou ne pourra jamais le faire.

"Jésus est Prophète pour révèler la volonté de Dieu et instruire les hommes dans cette volonté. Il est Sacrificateur, pour offrir un sacrifice, et pour expier les péchés du monde. Il est Seigneur, pour diriger et règner dans les âmes des enfants des hommes; en un mot, Il est Jésus le Sauveur, pour délivrer de la puissance, du sentiment de culpabilité et de la pollution qui viennent du péché; pour développer et vivifier par l'influence de Son Esprit; pour conserver la possession du salut qu'Il a communiqué aux Siens; pour sceller ceux qui croient, les héritiers de gloire; et finalement, pour les recevoir dans Sa gloire éternelle, dans la plénitude de Ses bénédictions parfaites."

— *Dr Adam Clarke*

Lorsque nous considérons les états (les positions) et les fonctions de Christ, nous avons alors une transition naturelle de la doctrine de Sa Personne à celle de Son œuvre achevée, que l'on appelle communément l'Expiation. Les deux états de Christ sont: l'état d'humiliation et l'état d'exaltation. Du point de vue théologique, ces états ou positions font ressortir différents éléments importants des deux natures de l'Homme-Dieu. Des idées différentes sont soutenues quant aux limites de l'humiliation. L'Eglise Réformée soutient que l'humiliation eut lieu depuis la conception miraculeuse jusqu'à la fin de la descente aux enfers, alors que l'Eglise Luthérienne maintient en général qu'elle s'est terminée avec les paroles *"Tout est accompli"*, prononcées par Christ sur la croix. Les Arminiens acceptent la deuxième position. Les trois fonctions de Christ sont: celle de prophète, celle de sacrificateur et celle de roi. Cette triple classification a été mise au point avec beaucoup d'attention par Eusèbe, tôt dans l'histoire de l'Eglise, et elle forme un principe de distribution pour la plupart des théologies modernes.

I. L'ETAT D'HUMILIATION

Les Ecritures présentent Christ dans des conditions d'un contraste frappant. Les prophètes L'ont vu comme ayant à subir des indignités énormes, mais aussi, ils L'ont vu assis sur le trône le plus exalté. Parce qu'ils étaient incapables de réconcilier ces contrastes, les exégètes juifs ont parfois affirmé la nécessité de deux Messies. Une grande partie de l'opposition à Jésus, durant Sa vie sur la terre, était basée sur Sa condition humble, et les raisons que Ses adversaires ont données correspondaient exactement à la nature de l'humiliation que les prophètes avaient annoncée en ce qui Le concerne. Si, en tenant compte des études modernes sur l'exégèse, nous cherchons à connaître la nature de l'humiliation, nous verrons qu'elle s'applique de manière générale, mais pourtant pas exclusivement, aux limites de Sa nature humaine, et de la relation de cette nature avec la pénalité du péché. La portion des Ecritures qui a établi la base pour les grandes et nombreuses divergences des théories sur la christologie se trouve dans l'épître de saint Paul aux Philippiens: *"Ayez en vous les sentiments qui étaient en Jésus-Christ: lequel existant en forme de Dieu n'a point regardé comme une proie à arracher d'être égal avec Dieu, mais s'est dépouillé lui-même, en prenant une forme de serviteur, en devenant semblable aux hommes; et ayant paru comme un simple homme, il s'est humilié lui-même, se rendant obéissant jusqu'à la mort, même jusqu'à la mort de la croix"* (Phil. 2:5-8).

A. *Les étapes dans l'humiliation de Christ*

D'après le passage que nous venons de citer, il est évident que les deux états de l'être de Christ — le *Logos* préexistant et la Parole devenue chair — nécessitaient une double renonciation, c'est-à-dire du divin à l'humain, et de l'humain à la croix. Existant en forme de Dieu, Christ pratiquait (1) un renoncement de soi: *"Il n'a point regardé comme une proie à arracher d'être égal avec Dieu"*, ou comme cela est souvent traduit, *non pas comme une chose à saisir;* (2) un dépouillement de soi ou *kénose:* *"Mais il s'est dépouillé lui-même";* et (3) Il a pris *"une forme de serviteur, en devenant semblable aux hommes"*. Existant en forme d'un homme, Il suivait aussi trois étapes bien définies dans son humiliation terrestre qui sont analogues à l'humiliation précédente: (1) Il a renoncé à Lui-même: *"Il s'est humilié lui-même"*; (2) Il s'est soumis: *"se rendant obéissant jusqu'à la mort"*; et (3) Il a perfectionné Son humiliation jusqu'à devenir le Représentant des pécheurs: *"même jusqu'à la mort de la croix"*. Après la réforme, l'Eglise Luthérienne et les Eglises Réformées ont pris des positions très différentes en ce qui concerne l'humiliation, particulièrement pour la *kénose* ou pour le "dépouillement de soi". Les différentes théories peuvent être classées de la façon suivante: (1) le *Communicatio Idiomatum;* (2) les premières théories du dépouillement; (3) les théories kénotiques plus récentes; et (4) les théories mystiques.

B. *Le Communicatio Idiomatum*

C'est un développement qui eut lieu particulièrement dans l'Eglise Luthérienne. Il représente la communication des *idiomata* ou des attributs des deux natures de Christ en une Personne, et à travers cette Personne d'une nature à l'autre. Cette théorie ne comprend pas le fusionnement d'une nature dans l'autre, mais elle maintient que tous les attributs, qu'ils soient de la nature divine ou humaine, doivent être considérés comme les attributs de la Personne unique, et pas de l'une ou de l'autre, indépendamment de cette Personne. Elle maintient aussi une communion entre les natures, de telle manière que les attributs et pouvoirs de la nature divine sont communiqués à la nature humaine. Cela, cependant, n'est pas réciproque, car la nature humaine ne peut rien communiquer à la nature divine, qui est immuable et parfaite. Ici encore, aucune confusion des natures n'est permise, mais une pénétration de la nature humaine par la nature divine, cette pénétration ou *perichoresis* ayant lieu par l'intermédiaire de la Personne qui agit comme liaison entre les deux natures. Dans les controverses trinitaires, la question qui a préoccupé l'Eglise a été celle de la relation de Christ avec la Divinité. Dans les premières controverses concernant la christologie, le problème était celui de la relation des deux natures avec la Personne unique; le problème ici est la relation d'une nature à l'autre par l'intermédiaire de la Personne unique. Les Luthériens ont maintenu qu'à travers la

Personne unique, les ressources de la nature divine étaient mises à la disposition de la nature humaine; et qu'une action provenant d'une nature ou de l'autre est l'action de la Personne unique, et dès lors une participation de la part de l'autre nature.

C. Les premières théories du dépouillement

Le développement du *Communicatio Idiomatum* a fini par entraîner une controverse au sein de l'Eglise Luthérienne elle-même. En commençant par le *communicatio* comme base commune, les deux écoles de pensée luthérienne soutinrent que dès le moment de Sa conception, Christ possédait les attributs de l'omniprésence, de l'omniscience et de l'omnipotence. Mais ils ont interprété l'humiliation de façons différentes. (1) Les *kénotistes* — d'un mot grec (κενόω) qui veut dire "se dépouiller" — appelés ainsi parce qu'ils ont insisté sur le fait qu'il y avait eu une kénose ou un dépouillement des attributs divins durant la vie terrestre de Christ. Pourtant, ils ont fait une distinction entre la possession et l'emploi des attributs, et ils ont soutenu que la kénose s'appliquait à l'emploi. (2) Les *cryptistes* — d'un mot grec (κρυπτὸς) qui signifie "caché" ou "secret" — maintinrent qu'Il posséda les attributs divins mais que durant Sa vie terrestre ces attributs furent dissimulés. Ainsi les cryptistes considéraient la glorification comme le premier déploiement des attributs divins, alors que les kénotistes la traitaient comme une reprise de ces attributs divins. Les théories du dépouillement (en l'homme Jésus-Christ, la perte ou la grande diminution de quelques-uns de Ses attributs divins) ont pris plusieurs formes, mais il y a dans chacune d'elle un élément commun — elles croyaient en un fusionnement littéral de la divinité de Christ dans l'esprit de l'homme Jésus-Christ.

D. Les théories kénotiques plus récentes

Durant la première partie du XIXe siècle, on a cherché à unir l'Eglise Luthérienne aux Eglises Réformées, en prenant pour base la christologie kénotique. L'essentiel de cette nouvelle position déclarait que lorsque Christ s'est incarné, Il s'était "dépouillé" Lui-même, et de ce fait a porté le *Logos* éternellement préexistant dans les limites de la personnalité humaine. Mais, ici encore, la forme et le niveau de la kénose sont devenus une raison de dispute. Quatre types distincts de théorie kénotique ont surgi dans la littérature de cette période.

1. Thomasius (1802-1876) a soutint que la conception luthérienne des deux natures exigeait d'une part, que ce qui est infini soit amené au niveau de ce qui est fini, ou que ce qui est fini soit élevé jusqu'à l'infini. Il a déclaré que la dernière théorie ou la théorie *majestas* devrait être abandonnée en faveur de la première théorie dite *kénotique*. Il a enseigné que le Fils de Dieu, durant Sa vie terrestre, s'était limité à la forme et à l'aspect d'une conscience qui appartenait à la personnalité limitée. Donc, il nous est possible de dire qu'il croyait que Christ s'était dépouillé Lui-même des attributs relatifs à l'omniprésence, à l'omniscience et à l'omnipotence, tout en gardant les attributs immanents ou essentiels à la Divinité.

2. Gess (1819-1891) entraîna la théorie kénotique encore plus loin, en enseignant que le *Logos* ne s'était pas seulement dépouillé de Ses attributs relatifs, mais aussi de Ses attributs essentiels. Il y a eu, par conséquent, une transmutation réelle du *Logos* en une âme humaine.

3. Ebrard (1818-1888) fut d'accord avec Gess en ce qui concerne le *Logos* incarné en tant que prenant la place de l'âme humaine en Christ; mais il diffère de lui en ce qu'il ne considère pas cela comme un dépouillement. Les attributs de l'omniprésence, de l'omniscience et de l'omnipotence sont conservés, et par contre l'humiliation se repose sur le fait qu'Il cacha Sa Divinité.

4. Martensen (1808-1884), un évêque et théologien danois, avança la théorie d'une kénose "réelle mais relative", par laquelle il veut dire que le dépouillement bien qu'il soit réel, ne s'applique qu'à la vie terrestre du Christ dans la chair, et pas dans les attributs divins. Il fait aussi une distinction entre la révélation du *Logos* et la révélation du Christ, et limite la kénose à la dernière. Bien que le *Logos* continue d'être Dieu par Sa révélation générale dans le monde, Il entre en même temps au sein de l'humanité comme une semence sainte, afin qu'Il puisse élever dans la race en tant que Médiateur et Rédempteur. Comme *Logos,* Il travaille par une présence tout pénétrante à travers le royaume de la nature; comme Christ, Il travaille dans le royaume de la grâce; et Il

indique qu'Il est conscient d'une identité personnelle dans les deux sphères, en faisant mention de Sa préexistence.

Il est évident, d'après nos discussions portant sur les théories kénotiques, que certaines de ces théories doivent être classées comme une simple forme d'humanisme et d'autres comme du panthéisme Les premières théories limitaient simplement le dépouillement à l'emploi ou à la manifestation des attributs divins; les théories les plus récentes appliquent la kénose directement au *Logos,* certaines d'entre elles font un tel dépouillement qu'elles réduisent le *Logos* divin à un simple être fini. Or, à la question "De quoi le *Logos* s'est-Il dépouillé?", il nous faut répondre que cela fut un renoncement de la *gloire* qu'il avait avec le Père avant la fondation du monde, et qu'Il désirait avoir encore, comme l'exprime Sa prière de Souverain Sacrificateur (voir Jean 17:5). Le doyen Alford dit: "Il s'est dépouillé de la μορφῇ Θεοῦ (ou la forme de Dieu), non pas de la gloire essentielle, mais de la possession manifestée..., la gloire qu'Il possédait avec Son Père avant le début du monde et qu'Il a repris au moment de Sa glorification. Pendant qu'Il était dans son état d'humiliation, Il cessa de refléter la gloire qu'Il avait avec le Père." Il nous est donc possible d'interpréter le renoncement de la gloire comme voulant dire qu'Il a renoncé à exercer indépendamment Ses propres attributs divins, durant la période de Sa vie terrestre. Nous pouvons aussi croire avec confiance: (1) que le *Logos* préexistant avait abandonné la gloire qu'Il avait avant la fondation du monde, afin de prendre sur Lui-même la forme d'un serviteur; (2) que durant Sa vie terrestre, Il a été subordonné en toutes choses à la volonté médiatrice de Son Père; alors même qu'Il connaissait la volonté du Père, Il s'est offert volontairement pour obéir à Sa volonté; (3) que durant cette période, Son ministère était sous le contrôle immédiat du Saint-Esprit qui Lui a préparé un corps, L'a instruit durant Son développement, L'a oint pour Sa mission et finalement Lui a permis de s'offrir à Dieu en un sacrifice sans tache.

II. L'EXALTATION

L'exaltation est l'état de Christ dans lequel Il met de côté toutes les infirmités de la chair relatives à Sa nature humaine, et reprend de nouveau Sa majesté. De même qu'il y a eu des niveaux de descente dans l'humiliation, il y a de même des niveau d'ascension dans l'exaltation Ces étapes sont (1) le *Descensus* ou la descente aux enfers; (2) la résurrection; (3) l'ascension; et (4) la session.

A. La descente aux enfers

Le bref intervalle dans l'histoire de la rédemption, entre la mort du Christ et la résurrection, est connu comme le *Descensus ad inferos* ou la descente aux enfers. Le terme ne se trouve pas dans les Ecritures, mais dans les credos, où il est dit qu'"Il est descendu aux enfers". Pourtant, la doctrine se base sur des textes bibliques tels que: *"Car tu ne livreras pas mon âme au séjour des morts, tu ne permettras pas que ton bien-aimé voie la corruption"* (Psaumes 16:10, voir Actes 2:27); et, *"C'est la résurrection du Christ qu'il a prévue et annoncée, en disant qu'il ne serait pas abandonné dans le séjour des morts et que sa chair ne verrait pas la corruption"* (Actes 2:31). En rapport étroit avec ces textes se trouve un autre passage par le même apôtre qui dit: *"Mais ayant été rendu vivant quant à l'Esprit dans lequel aussi il est allé prêcher aux esprits en prison, qui autrefois avaient été incrédules, lorsque la patience de Dieu se prolongeait, aux jours de Noé, pendant la construction de l'arche, dans laquelle un petit nombre de personnes, c'est-à-dire huit, furent sauvées à travers l'eau"* (1 Pierre 3.18*b*-20). Le mot grec *hadès* (Ἄιδης) et son complément hébreu *schéol* signifie un endroit dissimulé ou caché, c'est-à-dire le séjour des morts. Il n'y a aucune allusion à une punition qu'il faut subir durant cet état caché. C'est dans ce séjour des morts que notre Seigneur est entré, alors que Son corps était dissimulé dans le sépulcre.

Nous pouvons donc croire, sans risque d'erreur, que lorsque notre Seigneur a dit les paroles *"Tout est accompli!"*, l'humiliation a cessé et l'exaltation a commencé. Sa mort a été Son triomphe sur la mort, et en conséquence, la mort n'a plus de pouvoir sur Lui (Romains 6:8-9). Ainsi, lorsqu'Il est entré dans le séjour des morts, Il l'a fait en vainqueur. Lorsqu'Il est descendu dans les régions inférieures de la terre, *"Il a emmené des captifs, et il a fait des dons aux hommes"* (Eph. 4:8-9). Comme par l'Incarnation, le Fils de Dieu a pris sur Lui la chair et le sang, et ainsi est entré dans le domaine de la vie humaine, en obéissant jusqu'à l'humiliation de la mort sur la croix, c'est ainsi qu'Il est entré dans le séjour des morts — pas pour souffrir encore plus, mais comme Son Vainqueur triomphant. C'est cela donc qui marque la première étape de Son exaltation.

B. *La résurrection*

La deuxième étape de l'exaltation est la résurrection, ou cet acte par lequel notre Seigneur est sorti de la tombe. Puisque l'ascension est le point de transition de Son état terrestre à Son état céleste, la résurrection est le dernier et le plus grand des événements de la mission terrestre de notre Seigneur. Il y deux phases de la vérité que nous devons considérer. *Premièrement,* le fait historique de la résurrection a une importance énorme. Ce fait est attesté par *"des preuves nombreuses et convaincantes"* (Actes 1:3, *Version Parole Vivante*). Le témoignage des apôtres et des premiers disciples a une valeur immense. Christ leur est apparu vivant, "en chair et en os", de manière si réelle qu'ils ont reconnu Son corps comme celui qui avait été crucifié. De plus, ils ont aussi reconnu qu'il y avait en Lui un nouveau pouvoir mystérieux, qui surpassait ce qu'Il avait manifesté dans la chair lors de Sa vie terrestre. Plusieurs apparitions sont notées durant les quarante jours de Son séjour avec Ses disciples. Mais une des évidences les plus importantes de la résurrection se trouve dans la transformation instantanée qui a eu lieu dans l'esprit des disciples. Du découragement et de l'incroyance où ils se trouvaient, ils ont soudain été transformés en des croyants plein de joie. Pourtant, l'évidence suprême de la résurrection doit toujours être dans le don du Saint-Esprit aux disciples, lequel a fait d'eux des évangélistes plein d'ardeur pour l'Evangile de Christ. *Deuxièmement,* la résurrection doit aussi être considérée selon ses relations doctrinales. Cinq choses ressortent clairement comme étant fondamentales à leur importance.

1. La résurrection de Christ était l'auto-vérification des mérites revendiqués par Jésus. C'était l'attestation divine du ministère prophétique de Christ, par lequel Ses mérites ont non seulement été justifiés, mais Sa mission a été interprétée aux apôtres et aux évangélistes.

2. Etant sans péché, la nouvelle humanité de Jésus a fourni la base pour le sacrifice expiatoire. Dans l'Incarnation, notre Seigneur a pris la chair et le sang pour qu'Il puisse connaître la mort pour tous les hommes; dans la résurrection, Il a atteint la victoire sur la mort. C'est pour cette raison que la résurrection est appelée une naissance (Colossiens 1:18; Apocalypse 1:5). Cela a été en réalité une naissance provenant de la mort, et par conséquent la mort de la mort. En prenant notre nature et en mourant en elle, puis la ressuscitant, cette nouvelle humanité glorifiée devient la base d'un sacerdoce éternel, Sa mort et Sa résurrection étant la base de la consécration. C'est donc là un phénomène de progrès, par lequel le Rédempteur passe d'un niveau inférieur à un niveau supérieur dans la nouvelle création. Cela n'était pas un simple retour du tombeau au même statut naturel, mais plutôt un événement transcendant.

3. La résurrection a fourni la base pour notre justification. Christ *"a été livré pour nos offenses, et est ressuscité pour notre justification"* (Rom. 4:25). Par conséquent, la résurrection justifie non seulement Son œuvre prophétique, mais aussi Son sacerdoce. Il est mort pour les transgressions qui étaient sous le premier alliance; Il est rescussité pour devenir l'Exécuteur de la nouvelle alliance — c'est par ce testament ou cette alliance que nous *"sommes sanctifiés, par l'offrande du corps de Jésus-Christ, une fois pour toutes"* (Héb. 10:9-10).

4. L'humanité glorifiée de Christ est aussi le fondement d'une nouvelle communion fraternelle. *"Il était l'image du Dieu invisible, le premier-né de toute la création"* (Col. 1:15ss); et cette nouvelle humanité en Christ a établi le lien entre Lui et ceux qui sont *"ses enfants d'adoption par Jésus-Christ"* (Eph. 1:5). Cette nouvelle humanité est morale et spirituelle (Ephésiens 4:20-24; Colossiens 3:9-10), et comme base d'une nouvelle communion sainte, devient le corps de Christ ou l'Eglise.

5. La résurrection de Christ est la garantie de notre résurrection à venir. Christ est *"les prémices de ceux qui sont morts"* (1 Cor. 15:20*b*). Une partie vitale des desseins rédempteurs de Dieu en Christ, c'est que non seulement l'homme doit être délivré spirituelle-

ment du péché, mais qu'il doit être aussi libéré des conséquences physiques du péché.

C. *L'ascension*

L'ascension est la troisième étape dans l'exaltation de notre Seigneur et marque la fin de Sa vie sur la terre. Ce transfert de la terre au ciel ne doit pas être compris comme simplement le retrait d'une partie de l'univers physique à une autre partie, mais un retrait local dans un endroit connu sous le nom de "la présence de Dieu". L'ascension fut l'acte de passer dans une nouvelle sphère de l'action médiatrice, en prenant possession pour nous de la présence de Dieu, et elle est, par conséquent, immédiatement associée à Son intercession de Souverain Sacrificateur. Il apparaît *"maintenant pour nous devant la face de Dieu"* (Héb. 9:24). Il a aussi inaugurée pour nous une route nouvelle et vivante au travers du voile, *"c'est-à-dire, de sa chair"*. Son corps glorifié est devenu le chemin d'accès par lequel Son peuple a la liberté, et *"nous avons, au moyen du sang de Jésus, une libre entrée dans le sanctuaire"* (Héb. 10:20 et 19). En dernier lieu, l'ascension signifie que Christ a retiré Son corps de notre présence, afin d'établir les conditions selon lesquelles le Saint-Esprit pourrait être donné à l'Eglise. Selon la promesse du Père, le jour de la Pentecôte vit la venue du Consolateur promis, comme une Présence permanente dans l'Eglise.

D. *La session*

La quatrième et dernière étape de l'exaltation s'appelle la session. Elle a un rapport étroit avec l'ascension et signifie principalement la place que Christ occupe à la droite du Père comme Présence intercessoire. Comme la fonction prophétique de Christ s'est unie à Son œuvre sacerdotale par Sa mort et Sa résurrection, ainsi Sa fonction sacerdotale s'est unie à Sa fonction royale par l'ascension et la session. Comme la résurrection a été l'attestation divine de Sa fonction prophétique, ainsi le don du Saint-Esprit est l'attestation divine et de l'ascension et de la session. La présence du Christ sur le trône, n'est que le début d'une autorité suprême qui ne se terminera que lorsqu'Il aura *"mis tous les ennemis sous ses pieds"* (1 Cor. 15:25). De Sa session, notre Seigneur reviendra sur la terre *"sans péché une seconde fois à ceux qui l'attendent pour leur salut"* (Héb. 9:28); et l'ascension est le modèle de Son retour. Son exaltation ne sera complète que lorsque toutes choses lui seront soumises et que Lui-même sera couronné Roi des rois. *"Alors le Fils lui-même sera soumis à celui qui lui a soumis toutes choses, afin que Dieu soit tout en tous"* (1 Cor. 15:28).

III. LES FONCTIONS DE CHRIST

Le processus médiateur qui a historiquement commencé avec l'Incarnation, et a continué à travers l'humiliation et l'exaltation, a atteint sa perfection complète dans la session à la droite de Dieu. Par contre, les états et les fonctions forment la transition d'une considération de la Personne complexe de Christ, à l'œuvre achevée dans l'Expiation — la première reliant l'œuvre médiatrice plus directement avec Sa Personne, la dernière plus immédiatement avec Son œuvre achevée. Comme Médiateur, l'œuvre de Christ se réduit en trois fonctions: celle de Prophète, de Sacrificateur et de Roi. Il fut installé dans ces fonctions lors de Son baptême; et par une onction spécifique du Saint-Esprit, Il est officiellement devenu le Médiateur entre Dieu et l'homme.

A. *La fonction de prophète*

Comme prophète, Christ est le parfait révélateur de la vérité divine. Comme *Logos*, Il *"était la véritable lumière, qui, en venant dans le monde, éclaire tout homme"* (Jean 1:9). Dans l'Ancien Testament, Il a parlé par l'intermédiaire des anges, des théophanies, des types et par le moyen des prophètes à qui Il avait communiqué Son Saint-Esprit. Comme Parole incarnée, Il a fidèlement et complètement révélé aux hommes la volonté salvatrice de Dieu. Il a parlé avec une autorité inhérente (Matt. 7:28-29) et Il était reconnu comme "un docteur [enseignant] venue de Dieu" (Jean 3:2). Après Son ascension, Il a continué Son œuvre à travers le Saint-Esprit, qui demeure maintenant dans l'Eglise comme l'Esprit de vérité. Dans le monde à venir, Son œuvre prophétique continuera car il nous est dit que *"la ville n'a besoin ni de soleil ni de la lune pour l'éclairer; car la gloire de Dieu l'éclaire, et l'Agneau est son flambeau"* (Apoc. 21:23). C'est par l'intermédiaire de Son humanité glorifiée que nous verrons la vision de Dieu et que nous pourrons en jouir pour toute l'éternité.

B. *La fonction de sacrificateur*

La fonction sacerdotale de Christ se rapporte à une intervention objective, et comprend le sacrifice et l'intercession. *Il s'est offert lui-même* (Héb. 7:27). Il est en même temps le sacrifice et le Sacrificateur, l'un correspond à Sa mort, et l'autre à Sa résurrection et à Son ascension, qui ensemble ont formé l'Expiation. Sa fonction d'intercession et de bénédiction se basent sur Son œuvre sacrificatoire, et ensemble se rattachent à l'administration de la rédemption. C'est à la veille de la crucifixion que notre Seigneur a formellement pris Sa fonction sacrificielle — premièrement par l'institution de la Sainte Cène, et ensuite par Sa prière sacerdotale de consécration (Jean 17:1-26). Après la Pentecôte, la fonction sacerdotale est devenu plus important. Par conséquent, la croix est devenue le centre de l'Evangile apostolique (1 Corinthiens 1:23; 5:7); Sa mort a établi une nouvelle alliance (1 Corinthiens 10:16; 11:24-26); et Son sacrifice est considéré comme un acte volontaire d'expiation et de réconciliation (Ephésiens 5:2; 1 Pierre 2:24; Romains 5:10; Colossiens 1:20). Après la Pentecôte, l'œuvre sacerdotale de Christ se continue par l'intermédiaire du Saint-Esprit, comme un don du Sauveur ressuscité et exalté; et dans le monde à venir, il nous faut toujours nous approcher de Dieu par l'entremise de Christ, comme étant la source constante de notre vie et de notre gloire.

C. *La fonction de roi*

La fonction royale ou majestueuse de Christ est l'activité de notre Seigneur ressuscité monté à la droite de Dieu, qui règne sur toutes choses au ciel et sur la terre, pour la propagation de Son royaume. Elle se base sur la mort sacrificielle et, par conséquent, sa pratique la plus importante s'accomplit en accordant les bénédictions qui ont été obtenues pour l'humanité par l'œuvre expiatoire de Christ. De même que notre Seigneur a formellement pris Son œuvre sacerdotale à la veille de la crucifixion, ainsi Il a formellement pris Sa fonction royale au moment de l'ascension. Néanmoins, il ne faut pas oublier que Christ avait pris à l'avance la fonction de roi durant Sa vie terrestre, particulièrement au moment qui a précédé Sa mort. Mais à l'ascension, Il a dit: *"Tout pouvoir m'a été donné dans le ciel et sur la terre. Allez, faites de toutes les nations des disciples, les baptisant au nom du Père, du Fils et du Saint-Esprit, et enseignez-leur à observer tout ce que je vous ai prescrit. Et voici, je suis avec vous tous les jours, jusqu'à la fin du monde"* (Matt. 28:18-20). Jésus, avait déjà proclamé son autorité sur les morts lors de la descente aux enfers, et après l'avoir déclarée à Ses frères sur la terre, Il est monté jusqu'au trône, afin d'exercer là Son pouvoir médiateur jusqu'au moment du jugement, lorsque le système médiateur cessera. Les efforts de Dieu pour sauver les hommes seront alors finis, et le sort des hommes, qu'il soit bon ou mauvais, sera fixé pour toujours. C'est ce que Paul veut dire lorsqu'il écrit: *"Ensuite viendra la fin, quand il remettra le royaume à celui qui est Dieu et Père, après avoir détruit toute domination, toute autorité et toute puissance. Car il faut qu'il règne jusqu'à ce qu'il ait mis tous ses ennemis sous ses pieds"* (1 Cor. 15:24-25). Il est évident que la fonction de roi, telle qu'elle est administrée pour la rédemption de l'humanité, ne s'applique qu'à l'époque réservée à la propagation et au perfectionnement du royaume; et dans ce sens, la fonction royale prendra fin, lorsque l'époque sera achevée. Cela ne veut pas dire que le Fils ne continuera pas de régner comme seconde Personne de la Trinité, ni que la Personne théanthropique cessera d'exister. Il règnera pour toujours comme l'Homme-Dieu, et Il exercera à jamais Sa puissance dans l'intérêt des rachetés et pour la gloire de Son royaume.

CHAPITRE XIII

L'EXPIATION

> "De même que la première lueur de l'aube est remplacée par un éclat toujours grandissant, jusqu'à ce que la terre soit illuminée par toute la gloire du soleil de midi, ainsi la grande doctrine de rédemption par le sang de l'alliance immortelle, qui d'abord n'a luit que faiblement, grâce à la célèbre promesse faite à la "postérité de la femme", a continué de luire avec un éclat toujours grandissant par l'intermédiaire consacré de types et d'ombres, d'autels fumants, de victimes sanglantes, et d'administrations patriarcale et mosaïque; jusqu'à ce que, enfin, sous la lumière supérieure et par les développements plus glorieux du jour de l'Evangile, nous apercevions l'accomplissement précis des anciennes prédictions, les remarques infaillibles concernant les types divinement institués, et la révélation la plus explicite du grand mystère du salut par l'intermédiaire des mérites de l'oblation expiatoire, subie à notre place, par le Messie de Dieu."
>
> —*Dr T.N. Ralston*

Le mot expiation n'apparaît qu'une seule fois dans le Nouveau Testament (voir Hébreux 2:17). Pourtant, le mot grec καταλλαγὴν dont il est dérivé apparaît souvent, mais il est traduit en général par réconciliation. Le terme de l'Ancien Testament pour expiation est *kaphar,* qui veut essentiellement dire couvrir ou cacher. Lorsqu'on l'emploie comme nom, il veut dire couverture. En théologie, il est employé pour exprimer l'idée de la satisfaction ou de l'expiation. Cependant, l'idée d'expiation a une grande variété d'emplois: (1) Il démontre ce qui ramène ensemble et réconcilie les groupes aliénés, ce qui les unit, leur donnant la même pensée. (2) Il démontre aussi, l'état de réconciliation, ou l'harmonie qui caractérise les groupes qui se sont réconciliés. (3) Il est parfois employé dans le sens de faire des excuses ou d'une *amende honorable.* C'est une confession pénitentielle, comme par exemple la souffrance que nous ressentons à cause de la mort de nos bien-aimés, parce que nous ne pouvons pas réparer les fautes commises envers ces personnes, alors qu'elles étaient encore en vie. (4) Le mot est le plus souvent employé dans le sens de quelque chose qui remplace la pénalité — une victime offerte à Dieu en propitiation, et ainsi un moyen d'expier le péché. (5) Comme nous l'avons mentionné, l'idée dans l'Ancien Testament est celle d'une couverture, et par conséquent s'applique à tout ce qui voile les péchés de l'homme de la face de Dieu. (6) Le terme atteint son expression la plus importante dans le Nouveau Testament, où il est employé pour décrire l'offrande propitiatoire de Christ.

I. LA NATURE ET LA NÉCESSITÉ DE L'EXPIATION

A. *Les définitions de l'Expiation*

M. Watson décrit l'Expiation de la manière suivante: "La satisfaction offerte à la justice divine par la mort de Christ pour les péchés de l'humanité, en vertu de laquelle tous les vrais pénitents qui croient en Christ sont personnellement réconciliés avec Dieu, sont libérés de la pénalité de leurs péchés, et ont droit à la vie éternelle" (WATSON, *Dictionary,* p. 108). La définition du Dr Summers a une signification semblable mais elle est plus spécifique. "L'Expiation est la satisfaction faite à Dieu pour les péchés de toute l'humanité, péché originel et péchés actuels, par l'intervention du Christ, et particulièrement par Sa passion et Sa mort, afin que le pardon puisse être accordé à tous, alors que les perfections divines gardent leur harmonie, l'autorité du Souverain est maintenue, et les motifs les plus puissants sont introduits pour conduire les pécheurs à la repentance, à la foi en Christ, aux conditions nécessaires au pardon, et à une vie d'obéissance avec l'aide bienveillante du Saint-Esprit" (SUMMERS, *Systematic Theology,* t.I, pp. 258-259). Le Dr Miley nous donne la définition suivante: "Par les souffrances que Christ a souffertes pour autrui, Il a expié les péchés dans le sens de quelque chose qui remplace conditionnellement la pénalité; ainsi accomplissant par le pardon des péchés les obligations de la justice et la fonction de pénalité dans le gouvernement moral" (MILEY, The Atonement in Christ [L'Expiation en Christ], p. 23).

B. *La nécessité de l'Expiation*

Lorsque nous parlons de la nécessité de l'Expiation, nous voulons dire qu'elle était indispensable dans l'application de la miséricorde aux pécheurs condamnés, et par conséquent, sans l'Expiation, aucun salut n'était possible pour eux. Pourtant, il nous faut éviter avec soin de penser que l'Expiation était nécessaire pour animer l'amour de Dieu pour l'homme, car l'Expiation est le résultat ou la conséquence de l'amour divin. C'est un amour antérieur en Dieu qui a été à l'origine de la raison de l'Expiation. Il s'ensuit donc que la nécessité de l'Expiation a eu son origine dans les obstacles que la loi et la justice ont interposés, car la loi en elle-même et par elle-même ne contient pas de dispositions pour le pardon. La loi qui avait été transgressée demandait que la pénalité qui s'y rattachait soit exigée du pécheur, et la justice était d'accord avec la demande. De plus, parce que la loi était sainte, juste et bonne, la sainteté, la justice et la bonté demandaient toutes que la pénalité soit infligée. La loi s'est alors dressée en une majesté terrible, elle a empêché l'exercice de la miséricorde divine et elle a demandé que la pénalité soit mise à exécution. Dieu, dans Sa sagesse, Sa sainteté et Sa bonté, ne pouvait infliger une pénalité à une loi, et ensuite permettre que la désobéissance ait lieu impunément. Sans une intervention extérieure, la race humaine tout entière aurait été complètement et éternellement perdue.

Encore une fois, la nécessité de l'Expiation peut être suivie depuis la nature du péché jusqu'à la nature de Dieu. La nature du péché est telle qu'elle entraîne le démérite. Le pécheur est personnellement coupable. La demande faite par la loi suggère le mal intrinsèque qui est dans le péché et du mauvais destin qui l'attend. Si nous demandons pourquoi, nous trouvons la réponse dans la nature de Dieu. Le péché est antagoniste à la nature de Dieu. Le débat pour ou contre la nécessité de l'Expiation est basée sur la nature — et nous pouvons dire les attributs — de Dieu. Ces théories sur l'Expiation qui n'enseignent ou ne présentent que le côté humain et pas le côté divin de Dieu, rejettent en un certain sens la sainteté et la justice de Dieu. Et de plus, l'humiliation, la souffrance et la mort du Fils unique de Dieu sont la preuve qu'il y avait une certaine nécessité pour l'Expiation.

II. LA BASE BIBLIQUE RELATIVE À L'EXPIATION

C'est vers les Ecritures que nous devons diriger notre attention afin de constituer l'idée chrétienne de l'Expiation. Là, nous trouvons les étapes préparatoires de développement telles qu'elles sont données dans l'Ancien Testament; et la conception néotestamentaire du Sacrifice telle qu'elle est révélée dans les souffrances et la mort que Jésus-Christ a subi à notre place.

A. Les indices concernant l'Expiation, dans l'Ancien Testament

La doctrine de l'Expiation a été révélée graduellement au monde, et elle se manifeste en trois étapes principales: (1) les sacrifices primitifs, (2) les sacrifices de la loi, et (3) les prédictions des prophètes.

1. *Les sacrifices primitifs.* L'Ancien Testament ne nous donne pas de récit sur l'origine des sacrifices primitifs, mais il nous donne l'histoire de l'adoration sacrificielle, depuis les premiers jours de l'histoire jusqu'au moment où les sacrifices ont été annulés par l'œuvre expiatoire de notre Seigneur Jésus-Christ. Les patriarches avaient pour rôle de préserver le sentiment d'être sous la dépendance de Dieu, et l'autel était considéré comme un élément essentiel pour toute approche de la Divinité. Les récits d'adoration sacrificielle tels que celui de Caïn, d'Abel, de Noé et d'Abraham démontrent de façon concluante que les sacrifices de sang étaient considérés comme ayant un caractère expiatoire.

2. *Les sacrifices de la loi.* L'institution des sacrifices prescrits sous le système mosaïque, a marqué une étape additionnelle dans le développement de l'idée de l'Expiation. Etre sous la dépendance de Dieu, voulait maintenant dire être sous la dépendance de Sa volonté, et ainsi a pris un caractère d'ordre moral. Le fait que l'Expiation faisait partie de la communauté religieuse a une signification profonde qui indique une dépravation commune d'où ressortait des transgressions personnelles, et pour lesquelles une expiation était nécessaire. L'offrande du sang avait aussi deux significations — elle représentait la vie pure que le pécheur devrait posséder; et la réconciliation ne pouvait être expiatoire que par la mort. De plus, les sacrifices d'animaux montraient Jésus comme le grand Antitype — l'Agneau de Dieu dont seul le sang peut enlever le péché du monde.

3. *Les prédictions des prophètes.* Ces prédictions ont complété les sacrifices de la loi, et elles ont développé l'idée messianique plus à fond, et en même temps l'idée

de Ses souffrances et de Sa mort sacrificielles. En Lui, ils ont vu une totalité vivante de vérité. Parce qu'Il était l'Homme-Dieu, en qui la Divinité et l'humanité sont unies, Il a eu conscience de toute l'étendue de la vérité, et a pu parler de cette totalité indivisible. Pour cette raison, Il a pu avoir une relation essentielle avec tous les hommes, et par conséquent Il a pu offrir à leur place un sacrifice propitiatoire. Peut-être que le point culminant de cette vérité spirituelle, dans l'Ancien Testament, se trouve dans la remarquable prophétie d'Esaïe en ce qui concerne les souffrances du Serviteur de Jéhovah. *"Cependant, ce sont nos souffrances qu'il a portées, c'est de nos douleurs qu'il s'est chargé. Et nous l'avons considéré comme puni, frappé de Dieu, et humilié. Mais il était blessé pour nos péchés, brisé pour nos iniquités; le châtiment qui nous donne la paix est tombé sur lui, et c'est par ses meurtrissures que nous sommes guéris"* (Esaïe 53:4-5).

B. *La conception du sacrifice dans le Nouveau Testament*

La conception du sacrifice expiatoire de Christ, tel que nous l'a trouvons dans le Nouveau Testament, n'est que l'achèvement de ce qui avait été prédit dans l'Ancien Testament. C'est pour cette raison que l'on dit que Christ est mort "selon les Ecritures". Notre Seigneur considère Sa mort comme une rançon pour les hommes. Il a donné Sa vie volontairement car aucun homme n'avait le pouvoir de la Lui prendre. Donc, nous ne pouvons pas considérer la crucifixion comme un simple événement provoqué par des circonstances, mais comme l'achèvement d'une mission pour laquelle Il est venu dans le monde. Il n'a pas seulement été un martyr pour la vérité; Sa mort a été sacrificielle et propitiatoire. Cela nous amène à considérer directement la raison qui est à la base de l'Expiation, et aussi sa nature d'acte de substitution.

C. *La raison ou la cause d'origine de l'Expiation*

La raison de l'Expiation se trouve dans l'amour de Dieu. On en parle parfois comme de la cause déterminante ou d'origine de la rédemption. Le texte le plus important qui porte sur ce sujet est la quintessence de l'Evangile que l'on trouve dans Jean 3:16: *"Car Dieu a tant aimé le monde qu'il a donné son Fils unique";* et aussi le verset suivant: *"Dieu, en effet, n'a pas envoyé son Fils dans le monde pour qu'il juge le monde, mais pour que le monde soit sauvé par lui"* (Jean 3:17). Bien d'autres passages bibliques apportent la même vérité. L'Expiation, que ce soit par sa cause, son objectif ou son étendue, doit être comprise de manière à constituer la provision et l'expression de l'amour juste et saint de Dieu. La vie et la mort de Christ sont l'expression de l'amour de Dieu pour nous, et non la raison qui a produit cet amour.

D. *La nature substitutive de l'Expiation*

Le terme "substitut" veut dire dans un sens général "quelqu'un ou quelque chose à la place d'un autre". Donc, l'Expiation soufferte à notre place veut dire que la souffrance et la mort du Christ étaient expiatoires. M. Watson dit: "Christ a souffert à notre place, ou comme un substitut convenable pour nous." Cela est démontré par les passages des Ecritures qui déclarent que Christ est mort pour les hommes, ou qui associent Sa mort avec la punition que nos offenses méritaient. Il y a deux prépositions grecques qui sont traduites par "pour" dans les Ecritures. La première est *hyper* (ὑπερ), et elle se trouve dans les versets suivants: *"Il est dans votre intérêt qu'un seul homme meure pour le peuple* (Jean 11:50); *"Christ...est mort pour des impies... Lorsque nous étions encore des pécheurs, Christ est mort pour nous"* (Rom. 5:6, 8); *"Si un seul est mort pour tous, tous donc sont morts; et qu'il est mort pour tous, afin que ceux qui vivent ne vivent plus pour eux-mêmes, mais pour celui qui est mort et ressuscité pour eux... Celui qui n'a point connu le péché, il l'a fait devenir péché pour nous, afin que nous devenions en lui justice de Dieu"* (2 Cor. 5:14, 15, 21) (cf. aussi Gal. 1:4; 3:13; Eph. 5:2, 25; 1 Thess. 5:9, 10). La deuxième préposition grecque est *anti* (ἀντὶ) et elle se trouve dans des versets comme Matt. 20:28 et Marc 10:45, où il est dit que Christ *"est venu...pour servir et donner sa vie en rançon pour beaucoup"* (version *Segond révisée*). On a parfois fait l'objection que ces prépositions grecques ne signifient pas toujours qu'il y a une substitution; c'est-à-dire, qu'elles ne veulent pas toujours dire *au lieu de*, mais sont parfois employées pour dire *de la part de* ou *à cause de*. Ainsi, nous avons l'expression "Christ est mort pour nos péchés", qui dans ce cas ne peut bien sûr pas dire *au lieu de*.

Pourtant, l'on admet de façon générale que ces prépositions sont la plupart du temps employées dans le sens d'une substitution.

E. La terminologie des Ecritures

Les Ecritures considèrent les souffrances de Christ comme une propitiation, une rédemption et une réconciliation. Parce qu'il est sous la malédiction de la loi, le pécheur est coupable et il s'expose à la colère de Dieu; mais, en Christ, sa culpabilité est expiée et la colère de Dieu est apaisée. Le pécheur est sous l'esclavage de Satan et du péché, mais par le sacrifice du sang de Christ qui le rachète, il est délivré de l'esclavage et il est mis en liberté. Le pécheur est séparé de Dieu, mais il est réconcilié par la mort sur la croix. Ces passages de l'Ecriture nous apportent une richesse et une satisfaction très particulières.

1. Le terme propitiation est tiré du mot *kapporeth* ou le Propitiatoire [qui est sur l'arche] tel qu'il est employé dans l'Ancien Testament (voir, par exemple, Lévitique 16:2). L'acte de propitiation sert à apaiser la colère d'une personne offensée ou à réparer des fautes. Dans le Nouveau Testament, le terme *hilasmos* (ἱλασμός) est employé dans trois sens différents. (1) Christ est le *hilasmos*, le Propitiateur et en même temps la vertu de cette propitiation. *"Il est lui-même une victime expiatoire* [la propitiation] *pour nos péchés, non seulement pour les nôtres, mais aussi pour ceux du monde entier"* (1 Jean 2:2); *"Il nous a aimés et a envoyé son Fils comme victime expiatoire* [la propitiation] *pour nos péchés"* (1 Jean 4:10). (2) Il est l'*hilastèrion* ἱλαστήριον ou le Propitiatoire comme le mot est employé dans la version des Septante. *"C'est lui que Dieu a destiné, par son sang, à être, pour ceux qui croiraient, victime propitiatoire"* (Rom. 3:25). (3) Là où l'adjectif est employé, le terme *thuma* (θύμα) est alors compris comme dans le passage d'Hébreux 2:17 où le souverain sacrificateur fait *"l'expiation des péchés du peuple"*. Le terme ici est *hilaskesthai* (ἱλάσκεσθαι), et le sens juste veut dire "être la propitiation ou faire l'expiation des péchés du peuple."

2. Le mot rédemption vient d'un mot qui veut dire littéralement "racheter." Les termes *lutroo* (λύτροω) et *apolutrosis* (ἀπολύτρωσις) qui veulent dire racheter et

rédemption respectivement, ont été employés par les Grecs de l'antiquité et aussi par les écrivains du Nouveau Testament et décrivaient l'action de rendre la liberté au captif par le paiement d'un *lutron* (λύτρον) ou par le prix de la rédemption. Par conséquent, le terme a été employé dans un sens plus large, relatif à la délivrance de toutes sortes de mal, par un prix que quelqu'un d'autre a payé. C'est le vrai sens spirituel des passages suivants: *"Et ils sont gratuitement justifiés par sa grâce, par le moyen de la rédemption qui est en Jésus-Christ"* (Rom. 3:24); *"Car vous avez été rachetés à un grand prix. Glorifiez donc Dieu dans votre corps et dans votre esprit, qui appartiennent à Dieu* (1 Cor. 6:20); *"Christ nous a rachetés de la malédiction de la loi, étant devenu malédiction pour nous, — car il est écrit: Maudit est quiconque est pendu au bois"* (Gal. 3:13). (Comparez aussi Eph. 1:7; 1 Pierre 1:18-19; Apoc. 5:9). La mort de Christ est le prix de la rédemption — Il a donné *"sa vie comme la rançon (λύτρον) de plusieurs"* (Matt. 20:28); et, il *"s'est donné lui-même en rançon pour tous"* (1 Tim. 2:6). L'idée de la substitution est nettement évidente ici — une chose est payée pour un autre, le "sang de Christ" pour la rédemption des captifs et des hommes condamnés.

3. La réconciliation est un terme dérivé des verbes grecs *katallasso* (καταλλάσσω) ou apokatallasso (αποκαταλλάσσω) qui ont été tous deux traduits par le verbe "réconcilier". Les mots démontrent principalement un simple changement d'un état à un autre, mais tels qu'ils sont employés dans les Ecritures, ce changement est d'un état d'inimitié à un état de réconciliation et d'amitié. L'apôtre Paul emploie le terme librement: *"Car si, lorsque nous étions ennemis, nous avons été réconciliés avec Dieu par la mort de son fils, à plus forte raison, étant réconciliés, serons-nous sauvés par sa vie. Et non seulement cela, mais encore nous nous glorifions en Dieu par notre Seigneur Jésus-Christ, par qui maintenant nous avons obtenu la réconciliation [καταλλαγὴν]"* (Rom. 5:10-11). *"Et vous, qui étiez autrefois étrangers et ennemis par vos pensées et par vos mauvaises œuvres, il vous a maintenant réconciliés par sa mort dans le corps de sa chair, pour vous faire paraître devant lui saints, irrépréhensibles et sans reproche"* (Col. 1:21-22). Dans ce passage, et

d'autres semblables, il est absolument évident que la réconciliation entre Dieu et l'homme est effectuée par Christ. Mais la réconciliation veut dire plus que le fait d'avoir simplement mis de côté notre inimitié envers Dieu. C'est une relation d'ordre juridique, et c'est à ce désaccord juridique entre Dieu et l'homme que l'on fait mention dans l'idée de la réconciliation. De plus, la réconciliation est effectuée, non en mettant de côté notre inimitié, mais par le fait que nos offenses ne nous seront pas imputées. Cette réconciliation précédente du monde à Lui-même par la mort de Son Fils, doit aussi se distinguer de la "parole de la réconciliation" (voir 2 Cor. 5:18-20) qui doit être proclamée aux coupables, et par laquelle on les supplie de se réconcilier avec Dieu.

III. LES THÉORIES DE L'EXPIATION

Dans toute considération qui se rapporte aux théories que l'on a avancées pour expliquer l'Expiation, il nous faut constamment en garder deux à l'esprit: *Premièrement,* une distinction nette doit être faite entre la réalité de l'Expiation, et la théorie qui a été avancée pour l'expliquer. Il est possible par la foi de participer aux privilèges de l'Expiation et pourtant de ne pas s'en tenir à une théorie correcte de son explication; d'un autre côté, il est possible de soutenir une théorie correcte de l'Expiation et malgré tout de ne pas connaître la grâce salvatrice. *Deuxièmement,* les erreurs que l'on retrouve dans les théories de l'Expiation sont en grande partie le résultat d'avoir accordé trop d'importance à l'un des éléments essentiels de ce fait à l'exclusion ou à la diminution d'autres facteurs également importants. Trois éléments essentiels doivent faire partie de toute théorie acceptable de l'Expiation: (1) l'idée de la propitiation ou de la satisfaction; (2) la nécessité de soutenir la dignité du gouvernement divin; et (3) le pouvoir attirant de l'amour divin. L'importance qui est accordée au premier élément nous donne la théorie de la satisfaction pénale, ou d'autres théories de la propitiation; le deuxième nous donne la théorie gouvernementale ou rectorale; et le troisième nous donne les différentes théories d'influence morale. Nous ne pouvons donner ici qu'un bref résumé des théories les plus importantes de l'Expiation.

A. La doctrine patristique

Les pères apostoliques enseignèrent que Christ s'est offert Lui-même pour nos péchés, mais ils n'ont pas enseigné leur point de vue quant à une théorie précise de l'Expiation. Le point de vue le plus populaire, qui semble avoir été exprimé premièrement par Irénée (vers 200 de notre ère), affirmait que l'Expiation était une victoire sur Satan. Origène (185-254 de notre ère) fut le premier à convertir cette idée populaire en une théorie qui soutenait que le prix de la rançon avait été payé à Satan. Athanase fut probablement le premier à soumettre la théorie de la mort de Christ comme étant le paiement d'une dette payable à Dieu. A part Augustin et ses adeptes, la croyance générale voulait que Christ soit mort pour tous, et que Dieu désirait, en Sa sincère volonté, que tous les hommes puissent prendre part au salut par la foi en Christ. Augustin a lui-même enseigné cela jusqu'au moment de sa controverse avec Pélage, qui lui a fait adopter la position monergistique extrême de l'appel efficace (cf. Chapitre XV. Section IB).

B. La théorie d'Anselme relative à l'Expiation

Dans la dernière partie du XIe siècle, Anselme (1033-1109) marqua l'époque par la publication de son livre *Cur Deus Homo* (Pourquoi Dieu s'est fait homme), dans lequel il donne le premier énoncé scientifique au sujet des théories de l'Expiation qui dès les premiers temps avaient été soutenues implicitement par les pères. L'idée de donner satisfaction à une justice divine est alors devenue la formule dominante, et la théorie de la satisfaction est encore appelée par son nom. Anselme rejeta la théorie d'une rançon ayant été payée à Satan. Il nous faut donc citer ici sa propre théorie: "Le péché profane l'honneur divin et mérite une punition éternelle, puisque Dieu est éternel. Le péché c'est la culpabilité ou la dette, et sous le gouvernement de Dieu cette dette doit être payée. L'homme ne peut pas la payer parce qu'il est ruiné à cause du péché. Par conséquent, le Fils de Dieu est devenu homme afin de payer cette dette pour nous. Parce qu'Il était divin, Il a pu payer la dette infinie; et parce qu'Il était aussi humain et sans péché, il a pu convenablement représenter l'humanité. Mais parce qu'Il était sans péché, Il n'était pas obligé de mourir; et parce qu'Il n'avait aucune dette à Son propre compte, Il a reçu, comme récompense pour Ses mérites, le pardon de nos péchés." Ainsi, l'œuvre rédemptrice de Christ repose sur Sa mort volontaire. La faiblesse de cette théorie se trouve dans la conception étroite et extérieure de la satisfaction. C'est pour cette raison que l'on en parle parfois comme de la "théorie commerciale". Anselme maintint que Christ avait payé le montant exact de la dette par les souffrances qui auraient été le sort des pécheurs condamnés pour toute l'éternité; donc, cette théorie fait ressortir la *quantité* plutôt que la *qualité* ou la *dignité* du sacrifice de Christ.

C. *La théorie d'Abélard*

Abélard (1079-1142) fut très différent d'Anselme. Il maintint que c'était la rebellion de l'homme qu'il fallait maîtriser, et non la colère de Dieu qui avait besoin de propitiation. A la place d'une satisfaction donnée à la justice divine, il a soutenu que l'Expiation devait être considérée comme une démonstration décisive de l'amour divin. La position d'Abélard est devenue la base pour le socinianisme qui apparut plus tard et les théories plus modernes d'influence morale.

D. *Les théories scolastiques*

La période scolastique est importante par le fait qu'elle marque le commencement de ces tendances qui plus tard se sont développées dans la sotériologie tridentine de l'Eglise Catholique Romaine; ou dans la théorie de la stricte satisfaction pénale des premiers réformateurs protestants. (1) Pierre Lombard (1100-1164) dans son *Liber Sententiarum* suivit Abélard et soutint que l'œuvre de Christ doit être complétée par le baptême et la pénitence. (2) Thomas d'Aquin suivit Anselme, mais il fut responsable de plusieurs nouveaux développements. Il soutint que le mérite et le démérite sont d'ordre strictement personnel, et afin de justifier l'idée d'une satisfaction substitutive, il proposa une *unio mystica,* ou une union mystique qui existe entre Christ et l'Eglise. Ainsi, un pécheur uni au Sauveur par la foi peut être la base ou la cause de la pénalité infligée judiciairement à son Substitut faisant l'expiation; et en retour, la Parole incarnée peut devenir la propitiation du pécheur. La distinction qu'il établit entre le mérite et la satisfaction fut plus tard développée en une doctrine de l'imputation de la droiture active et passive de Christ; et son enseignement concernant la surabondance des mérites de Christ a conduit directement à la théorie catholique romaine de la surérogation, avec son trésor de mérites à la disposition de l'Eglise. Sa théorie d'une satisfaction relative plutôt qu'absolue a plus tard résulté en une théorie de justification basée en partie sur l'œuvre de Christ, et en partie sur les œuvres de pénitence de l'individu. (3) Duns Scot suivit Abélard plutôt qu'Anselme, ce qui donne naissance dans l'Eglise à deux groupes opposés, connus sous le nom de thomistes et scotistes. Il enseigna que la relation entre l'Expiation et le péché n'était qu'une relation arbitraire. Dieu était prêt à accepter ce sacrifice particulier comme une compensation ou un équivilent pour la transgression humaine, parce que cela Lui plaisait et non à cause de la valeur intrinsèque du sacrifice. Il aurait pu avoir accepté tout autre substitut, ou Il aurait pu se passer d'un substitut, rendant ainsi le pardon quelque chose relevant uniquement de Son autorité divine.

E. *La théorie tridentine ou catholique romaine*

La théorie catholique romaine adoptée par le Concile de Trente, est le résultat des principes de Bonaventure et de Thomas d'Aquin. L'*unio mystica* de Thomas d'Aquin identifiait dans un certain sens l'Incarnation et l'Expiation. L'union passe pour avoir sanctifié la race par la transmission des mérites de Christ au pécheur, et par la transmission de la culpabilité du pécheur à Christ. Les sacrements étaient considérés comme étant une extension de l'Incarnation; et, par conséquent, en prenant le pain consacré, le communiant entre dans une relation immédiate avec l'humanité de Christ, et reçoit ainsi la grâce divine. Pourtant, l'*unio mystica* a donné naissance a certaines erreurs fondamentales: (1) elle a contredit l'universalité de l'Expiation par le fait que la rédemption se trouvait limitée au croyant, ayant pris la forme extérieure de leur Seigneur; et (2) elle considérait la pénitence personnelle comme une forme d'expiation unie à celle de Christ.

Un certain nombre de théories se sont développées à partir de la période de la Réforme, particulièrement la théorie de la satisfaction pénale, la théorie gouvernementale ou rectorale, et les différentes théories d'influence morale. Dans les temps modernes, nous avons aussi la théorie éthique du Dr A.H. Strong, et la théorie raciale du Dr Olin A. Curtis. Nous allons maintenant porter notre attention sur ces théories.

F. *La théorie de la satisfaction pénale*

Cette théorie est soutenue de manière générale par les Eglises réformées; elle est souvent connue sous le nom de théorie calviniste. Le Dr A.A. Hodge fait le résumé de cette théorie avec les points essentiels suivants: "(1) Le péché, étant ce qu'il est, mérite la colère et la malédiction de Dieu. (2) Dieu est disposé, par la qualité même de Sa nature, à traiter Ses créatures de la manière dont elles le méritent. (3) Pour satisfaire au jugement droit de Dieu, Son Fils a pris notre nature, était né sous la loi, a accompli tout ce qui est juste, et a pris sur Lui le châtiment de nos péchés. (4) Par Sa justice, tous ceux qui croient sont désignés comme étant justes, les mérites de Christ leur sont attribués de telle façon qu'ils sont considérés comme justes aux yeux de Dieu." (A.A. HODGE, *Outline of Theology*, p. 303). Cette théorie souligne l'œuvre substitutive de Christ, mais de manière trop étroite et mécanique. Les partisans de cette théorie prétendent souvent que c'est la seule théorie qui admette la substitution, mais la théorie gouvernementale de Grotius et la théorie modifiée de la propitiation d'Arminius et de Wesley appuient aussi ce fait, et plus correctement que ne le fait la théorie de la satisfaction pénale.

Cette forme de la théorie de la satisfaction pénale s'expose à plusieurs objections sérieuses. (1) Si Christ a pris sur Lui la punition du pécheur en tant que Substitut, alors le pécheur devient inconditionnellement libre de cette punition, car le pécheur et le Substitut ne peuvent pas être tous deux punis en toute justice pour la même offense. Par conséquent, cette théorie aboutit nécessairement à un universalisme d'un côté ou à une élection inconditionnelle d'un autre côté. (2) Puisque la théorie pénale de la substitution refuse d'admettre que tous les hommes seront sauvés inconditionnellement, comme l'universalisme le maintient, il s'ensuit immédiatement que l'Expiation doit se limiter aux élus, alors que les

Ecritures déclarent que Christ est mort à titre provisoire pour tous les hommes. (3) La théorie de la satisfaction pénale conduit aussi logiquement à l'antinomisme, ou à une désobéissance de la loi. Elle maintient que l'obéissance active de Christ est imputée aux hommes de telle manière, qu'elle est considérée par Dieu comme ayant été accomplie par les hommes. Dans un sens, cela rend l'obéissance de Christ superflue, car s'Il a fait tout ce que la loi exige, pourquoi est-il nécessaire que nous soyons sous la nécessité d'être délivrés de la mort? D'autre part, si l'obéissance active de Christ est substituée à celle du croyant, cela exclu la nécessité d'une obéissance personnelle à Dieu. Finalement, cette sorte de *satisfaction* ne peut en vérité pas être appelée ainsi, car elle n'est que la simple performance de tout ce que la loi exige d'une personne qui remplace une autre.

G. La théorie gouvernementale ou rectorale

La théorie gouvernementale de l'Expiation fit surface sous forme de protestation contre la théorie de substitution pénale rigoureuse mentionnée plus haut. Cette théorie fut premièrement avancée par Jacobus Arminius (1560-1609) et son disciple Hugo Grotius (1583-1645) qui ensemble étaient d'accord de soutenir non seulement l'exactitude de la justice divine complètement, ou même en grande partie comme dans la théorie d'Anselme, mais de soutenir aussi la volonté juste et compatissant de Dieu comme un véritable élément de l'Expiation. Plus tard, Grotius s'est écarté, sur certains points, de la première position, particulièrement en limitant la satisfaction faite par Christ à la dignité de la loi, à l'honneur de Celui qui donne la loi, et à la protection de l'univers. En façonnant son idée de l'Expiation sur la méthode du code civil, il l'a vraiment transformée en une nouvelle théorie, connue maintenant comme la théorie gouvernementale ou rectorale de l'Expiation. L'idée centrale de cette théorie est que Dieu ne doit pas être simplement considéré comme la Personne qui a été offensée, mais comme le Gouverneur d'ordre moral de l'univers. Par conséquent, Il doit maintenir l'autorité de Son gouvernement dans l'intérêt du bien de tous. Donc, les souffrances de Christ ne doivent pas être considérées comme l'équivalent exact de notre punition, mais seulement dans le sens que de cette façon la dignité du gouvernement a été maintenue, et a été justifiée de manière aussi efficace que si nous avions reçu la punition que nous méritons.

Une forme modifiée de la théorie gouvernementale a été maintenue par Richard Watson, mais en faisant ressortir la propitiation. A notre époque, le Dr John Miley est la figure de proue de la théorie gouvernementale, mais de ses principes fondamentaux il a établi une théorie qui lui appartient distinctement. Nous pouvons dire que bien que la responsabilité morale soit un élément essentiel à l'Expiation, le mal va plus loin que le fait de simplement désobéir à une loi. Le mal attaque profondément la nature de Dieu, et par contre demande une propitiation. Par conséquent, cette théorie subit le sort d'une théorie insuffisante plutôt qu'erronée. Son plus grand défaut semble être dans l'importance accordée à la commodité plutôt qu'à la satisfaction.

H. *Les théories d'influence morale*

Les théories d'influence morale tirent leur nom de la conception fondamentale que le salut vient de l'appel de l'amour divin, plutôt que par la satisfaction de la justice divine. Ces théories ne considèrent pas le sacrifice de Christ de manière à pouvoir influencer la pensée divine, mais de manière à susciter un appel chez le pécheur. L'Expiation ne répare pas le péché, n'apaise pas la colère divine par la souffrance, ou en aucun cas ne satisfait la justice divine. Ces théories soutiennent que le seul obstacle au pardon des péchés se trouve dans l'incroyance du pécheur et dans la dureté de son cœur. Par contre, la mort de Christ a été conçue pour être un appel à l'amour plutôt que pour exposer la colère face au péché. Ces théories sont nombreuses, et nous ne pouvons les mentionner ici que brièvement.

1. *Le socinianisme.* Cette théorie a été premièrement avancée par Lelio et Fausto Socin, et représente l'attaque, au XVIIe siècle, du rationalisme contre la théorie de la satisfaction pénale. Le Dr A.H. Strong l'appelle "La théorie de l'exemple de l'Expiation", car elle rejette toute idée de propitiation ou de satisfaction. Elle soutient que la mort du Christ n'était que celle d'un noble martyr dont la loyauté à la vérité et la fidélité au devoir nous accor-

dent un objectif noble, pour notre perfectionnement moral. Donc, nous sommes sauvés en suivant Son exemple. Dieu est libre de pardonner le péché sans que la justice divine soit satisfaite. La repentance est la seule base nécessaire au pardon, bien que la mort de Christ comme exemple de l'amour divin soit destinée à enlever la dureté du cœur du pécheur comme un obstacle à la repentance. Il est évident que cette théorie au lieu d'expliquer l'Expiation, la renie tout simplement.

2. *Les théories mystiques.* Celles-ci représentent le genre d'influence morale qui étaient défendues par Schleiermacher, Ritschl, Maurice, Irving et d'autres ayant une foi semblable. Le mysticisme se repose sur l'identification de Christ avec la race, dans le sens qu'Il a rendu un culte parfait et une obéissance que nous aurions dû rendre, et que l'humanité, en Lui, a rendu dans un certain sens. Puisque l'Expiation et l'Incarnation sont si étroitement assimilées, ces théories sont parfois connues comme "la Rédemption par l'Incarnation". Le Dr Bruce en parle comme de la "Rédemption par l'Exemple". Comme le socinianisme, elles rejettent l'élément de l'expiation substitutive dans l'Expiation, par le fait qu'elles représentent Christ comme souffrant avec l'humanité au lieu de souffrir pour l'humanité. Elles soulignent aussi l'amour de Dieu de telle manière à rejeter les exigences de Sa sainteté. En conséquence, il nous faut les considérer comme des théories erronées.

3. *La théorie d'influence morale de Bushnell.* Cette théorie est souvent mentionnée comme étant la déclaration la plus claire et la meilleure de l'influence morale en ce qui concerne l'Expiation. Le Dr Miley l'appelle la théorie de "la propitiation de soi par le sacrifice de soi". Elle appartient à la classe des théories mystiques, par le fait qu'elle considère la race comme étant identifiée avec Christ, mais elle est mentionnée séparément à cause de son caractère distinct. Le Dr Bushnell explique le ministère sacerdotal de Christ en une "solidarité"; c'est-à-dire, il y a certains sentiments d'ordre moral qui sont semblables en Dieu et semblables chez l'homme, telle que la répulsion pour le péché et le ressentiment pour ce qui est mal; sentiments qu'il ne faut pas extirper, mais qu'il faut dominer et qu'il faut permettre demeurer. Dieu pardonne

donc tout comme l'homme le fait. Ainsi, Dieu doit attirer sur Lui le prix et la souffrance pour notre bien. "Il a fait cela en sacrifice sur la croix, par cet acte sublime d'une offrande, où Dieu s'est abaissé Lui-même en perte et en douleur vers la dure réalité du péché, dans la mort et la peine, pour annoncer et en annonçant, afin d'accomplir la promesse:'Tes péchés te sont pardonnés' " (BUSHNELL, *Forgivness and law* [Le pardon et le loi], p. 35). Il n'y a pas de propitiation par la mort de Christ, mais seulement la souffrance dans et avec les péchés de Ses créatures. Cette théorie est strictement socinienne et unitarienne, même si Bushnell lui-même était un trinitarien.

4. *La nouvelle théologie.* Ceci est un terme qui s'applique à des formes plus systématisées de la théorie mystique de l'Expiation, telle qu'elle se trouve dans les écrits de John McLeod Campbell (1800-1872) d'Ecosse et de l'école d'Andover de la Nouvelle Angleterre (EUA). M. Campbell enseigna que Christ fit une confession parfaite et une repentance du péché suffisante pour nous. Pour cette raison, le Dr Dickie appelle cette théorie "la repentance substitutive". Campbell maintint aussi que Christ est le Chef d'une nouvelle humanité, dans laquelle Il vit comme un Esprit vivifiant, en transmettant à cette humanité la même attitude envers la sainteté et l'amour de Dieu que Christ a connu Lui-même dans Sa propre vie. En conséquence, Christ découvrit dans l'homme quelque chose d'inestimablement précieux qu'Il révéla. Que ce soit juste ou faux, cela a été interprété comme voulant dire que l'homme avait en lui un élément de ce qui est divin, et la différence se trouve dans le degré et non dans le genre. Pour cette raison la nouvelle théologie est entrée immédiatement en conflit avec les croyances orthodoxes plus anciennes. Il y a deux erreurs qui se rattachent à cette croyance: (1) elle a abaissé la conception de la divinité de Christ et elle a conduit immédiatement à l'unitarisme; et (2) elle écarte l'idée de la dépravation totale et par conséquent réduit l'importance du péché et de la rédemption. L'école d'Andover s'est tenue plus près du point de vue cosmologique de l'œuvre de Christ, en considérant Christ comme le représentant de la race, qui souffre pour le péché et pour la repentance du péché, mais elle rejette toute propitiation ou expiation du péché.

A part les trois théories historiques, celle de la satisfaction pénale, la théorie gouvernementale ou rectorale et celle d'influence morale, il y a deux autres théories qui ont droit à une mention spéciale. Ce sont la théorie éthique du Dr A.H. Strong, et la théorie raciale du Dr Olin A. Curtis.

I. *La théorie éthique*

On a parfois confondu, par mégarde, la théorie éthique avec les théories d'influence morale dont elle diffère énormément. C'est au contraire une réinterprétation de la théorie de la satisfaction pénale. Le Dr A.H. Strong arrange son matériel d'après deux principes importants: (1) *L'Expiation et sa relation avec la sainteté de Dieu.* La théorie éthique maintient que la nécessité de l'Expiation trouve sa base dans la sainteté de Dieu, dont la conscience dans l'homme est un reflet limité. Le principe éthique exige que le péché soit puni. L'Expiation doit par contre être considérée comme la satisfaction accordée à une demande éthique dans la nature divine, par la substitution des souffrances pénales de Christ pour la punition des coupables. (2) *L'Expiation et sa relation avec l'humanité de Christ.* La théorie éthique maintient que Christ a une telle relation avec l'humanité que tout ce que la sainteté de Dieu exige, Christ est obligé de payer, Il désire ardemment de payer et Il paie si complètement que les exigences de la justice sont satisfaites. L'Expiation en ce qui concerne l'homme, est donc accomplie par la solidarité de la race dont Christ est le représentant et la certitude; et qui pourtant avec justice a néanmoins pris sur Lui volontairement la culpabilité, la condamnation et la honte de cette race comme étant les Siennes. (STRONG, *Systematic Theology,* t. I, pp. 750-771).

J. *La théorie raciale*

Là encore il nous faut éviter l'erreur de penser que le Dr Curtis enseigne la doctrine d'un salut universel. Dans son excellent ouvrage intitulé *The Christian Faith* (La foi chrétienne), pp. 316-334, le Dr Olin A. Curtis introduit le sujet en nous faisant part de son insatisfaction en ce qui concerne les trois théories historiques, et il cherche à unir les qualités essentielles de chacune d'elles par la méthode d'une synthèse éclectique. Les principaux points de sa théorie peuvent se résumer de la manière suivante: (1) La nouvelle race, par la mort de Christ, se rattache pénalement à la race adamique de telle manière qu'elle doit exprimer en une continuité parfaite la condamnation de Dieu envers le péché. (2) Le centre de la nouvelle race est le Fils de Dieu Lui-même, avec une expérience raciale humaine qui est complétée par la souffrance. (3) La nouvelle race est constituée de telle façon que l'on ne peut s'y introduire que par les conditions morales les plus rigides. (4) La race s'avance à travers l'histoire comme le seul serviteur entièrement digne de confiance des affaires morales de Dieu. (5) Cette nouvelle race accorde à chaque être humain la possibilité de trouver une pleine réalisation de lui-même dans la sainteté, par l'intermédiaire de ses frères et de son Rédempteur, dans un service, une joie et un repos parfaits. (6) Cette nouvelle race représentera éventuellement la réalisation victorieuse du plan que Dieu avait pour la création à l'origine.

IV. L'ÉTENDUE ET LES BIENFAITS DE L'EXPIATION

A. *L'étendue universelle de l'Expiation*

L'Expiation est universelle. Cela ne veut pas dire que toute l'humanité sera sauvée sans condition, mais que l'offrande sacrificielle de Christ a satisfait aux exigences de la loi divine au point de faire du salut une possibilité pour tous. Par conséquent, la rédemption est universelle ou générale au sens provisoire, mais elle est spéciale ou conditionnelle de la façon dont elle s'applique à l'individu. C'est pour cette raison que l'aspect universel est parfois mentionné comme l'efficacité de l'Expiation. Deux textes des Ecritures, considérés selon la relation qui existe entre eux, se distinguent particulièrement. Le premier est la déclaration de notre Seigneur lorsqu'Il dit: *"Le Fils de l'homme est venu...pour...donner sa vie comme la rançon de plusieurs"* (Matt. 20:28). Le deuxième est généralement considéré comme la dernière déclaration de saint Paul sur le sujet, et c'est évidemment une citation du passage précédent: *"Qui s'est donné lui-même en rançon pour tous"* (1 Tim. 2:6). Remarquez que chaque mot principal reçoit une signification plus forte: la "vie" devient "lui-même"; la rançon devient le Rédempteur personnel; et le terme "plusieurs" devient "tous".

Les passages de l'Ecriture qui portent leur attention sur ce sujet ont déjà été mentionnés d'une manière générale, et il est seulement nécessaire ici de donner des références supplémentaires. Nous les groupons simplement de la manière suivante, (1) Les passages qui parlent de l'Expiation en termes universels: (Jean 3:16-17; Romains 5:8, 18; 2 Corinthiens 5:14-15; 1 Timothée 2:4; 4:10; Hébreux 2:9; 10:29; 2 Pierre 2:1; 1 Jean 2:2; 4:14). (2) Les passages qui se rapportent à la proclamation universelle de l'Evangile et de ses compléments: (Matthieu 24:14; 28:19; Marc 16:15; Luc 24:47; comparez aussi Marc 1:15; 16:16; Jean 3:36; Actes 17:30). (3) Les passages qui déclarent distinctement que Christ est mort pour ceux qui peuvent périr: Romains 14:15; 1 Corinthiens 8:11; Hébreux 10:29).

L'arminianisme qui souligne l'importance d'une liberté morale et d'une grâce prévenante a toujours maintenu l'universalité de l'Expiation; c'est-à-dire, comme une possibilité de salut pour tous les hommes, déterminée par la foi. Le calvinisme d'autre part, par sa doctrine et ses décrets, son élection sans condition, et sa théorie de la satisfaction pénale, a toujours dû faire face à la nécessité d'accepter l'idée d'une Expiation limitée.

B. *Les bienfaits inconditionnels de l'Expiation*

Il y a un rapport étroit entre la question qui concerne le degré de l'Expiation et celle des bienfaits de l'Expiation. Dans l'étendue ou la portée de l'œuvre rédemptrice, toutes choses sont comprises, qu'elles soient spirituelles ou physiques. Toute bénédiction connue de l'homme est le résultat de la rançon payée par notre Seigneur Jésus-Christ, et nous vient du Père des lumières. Ces bienfaits peuvent se résumer en deux points importants: les bienfaits inconditionnels et les bienfaits conditionnels.

Les bienfaits inconditionnels de l'Expiation sont ceux qui appartiennent à la race dans l'ensemble, et qui sont accordés inconditionnellement à tous les hommes. Cela comprend l'existence perpétuée de la race, la restauration de tous les hommes à la possibilité d'être sauvés et le salut des enfants en bas âge.

1. *L'existence perpétuée de la race.* Il n'est guère concevable que la race aurait eu la permission de se multi-

plier dans ses péchés et sa dépravation sans qu'une disposition pour son salut ait été prise Pourtant, sans l'intervention divine immédiate la mort du premier couple aurait certainement eu lieu, et avec la mort la fin de leur carrière terrestre.

2. *La restauration de tous les hommes à la possibilité d'être sauvés.* L'expiation a pourvu, sans condition, aux besoins de tous les hommes du don gratuit de la grâce. Cela a compris la restauration du Saint-Esprit dans la race comme l'Esprit qui nous illumine, qui œuvre en nous et qui nous convainc. Ainsi, l'homme a non seulement la possibilité d'avoir une probation convenable, mais il lui est aussi accordé l'aide miséricordieuse du Saint-Esprit.

3. *Le salut des enfants en bas âge.* Il nous faut considérer l'Expiation comme ayant accompli le salut actuel de ceux qui meurent en bas âge. Nous admettons que cela n'est pas écrit explicitement dans les Ecritures, et a été dans le passé la raison de grands débats. Pourtant, le sens général des Ecritures, lorsqu'il est examiné à la lumière de l'amour divin et de la grâce universelle de l'Esprit, ne permet aucune autre conclusion. Le Dr Miner Raymond résume la position arminienne, généralement acceptée, de la façon suivante: "La doctrine de la dépravation héritée comprend l'idée d'une incapacité héritée à la vie éternelle. Donc, le salut des enfants en bas âge s'adresse principalement à la préparation à la félicité du ciel à laquelle il peut y attacher un titre. Ni tous les êtres nouvellement créés, ni ceux qui maintiennent des relations semblables, n'ont naturellement droit à une place parmi les saints anges ou les saints glorifiés. Le salut des enfants en bas âge ne peut être considéré comme un salut du danger de la mort éternelle. Ils n'ont commis aucun péché, qui est la seule chose qui puisse occasionner un tel danger. L'idée qu'ils sont en danger de la mort éternelle à cause de la transgression d'Adam, n'est au plus qu'une idée d'un danger théorique. Mais s'il nous faut insister sur le fait que *'par une seule offense, la condamnation* [littérale ou actuelle] *a atteint tous les hommes',* nous insistons aussi sur le fait que de cette condamnation, qu'elle soit théorique ou actuelle, tous les hommes sont sauvés; car *'par un seul acte de justice la justification qui donne la vie s'étend à tous les hommes'* (Rom. 5:18); ainsi les con-

ditions et les relations de la race dans l'enfance sont différentes de celles des créatures nouvellement créées uniquement par le fait que par la loi naturelle de propagation, une nature corrompue est héritée. Et comme aucune chose impure ou aucune personne sans la sainteté ne peut être admise dans le présence Dieu et dans la société des saints anges et des saints glorifiés, il s'ensuit que si les enfants en bas âge doivent être élevés jusqu'au ciel, une certaine puissance qui purifie et sanctifie leur âme doit leur être accordée; l'influence salvatrice du Saint-Esprit doit, par amour pour Christ, leur être attribuée sans condition. Non seulement leur préparation pour le ciel, mais aussi leur titre à l'entrée au ciel et la jouissance des bénédictions du ciel viennent, au même titre que leur existence, par l'intermédiaire du sang versé par notre Seigneur Jésus-Christ" (RAYMOND, *Systematic Theology*, t. II, pp. 311-312).

C. *Les bienfaits conditionnels de l'Expiation*

Les bienfaits conditionnels de l'Expiation sont les suivants: (1) La justification, (2) la régénération, (3) l'adoption, (4) le témoignage de l'Esprit, et (5) l'entière sanctification. Ceux-ci doivent être les sujets de notre discussion des états du salut. Pourtant, avant d'approcher ces sujets, il nous faut premièrement porter notre attention vers les ministères et l'œuvre du Saint-Esprit comme l'Administrateur du grand salut, qui a été acquis par l'Expiation de notre Seigneur Jésus-Christ.

D. *L'intercession de Christ*

Il y a un autre point de transition qu'il nous faut mentionner, en plus des bienfaits conditionnels de l'Expiation mentionnés plus haut. C'est l'intercession de Christ. Le Nouveau Testament n'enseigne pas que l'œuvre de Christ a cessé avec la venue du Saint-Esprit. Il enseigne que l'œuvre achevée de l'Expiation n'a été que la base pour l'œuvre de l'administration qu'Il devait continuer Lui-même par l'intermédiaire de l'Esprit. Il est mort pour les péchés du passé, pour qu'Il puisse établir une nouvelle alliance; Il est ressuscité pour qu'Il puisse devenir l'Exécuteur de Son propre testament. Son activité continue réside dans le fait de mettre à exécution, par Son Esprit, les mérites de Sa mort expiatoire. En conséquence de l'intercession de Christ pour nous, le Saint-Esprit est accordé comme une présence intercessoire dans le cœur des hommes. L'intercession de Christ à la droite de Dieu, et l'intercession de l'Esprit en nous sont en parfaite harmonie, car l'Esprit prend les choses de Christ et nous les montre.

CINQIÈME PARTIE
LES DOCTRINES DU SALUT

Introduction

Le salut! Quel merveilleux mot! *"Jésus-Christ est venu dans le monde pour sauver les pécheurs"* (1 Tim. 2:15). Il n'était pas venu essentiellement pour enseigner les hommes, ou pour leur montrer comment ils devraient vivre en suivant Son exemple incomparable, mais pour sauver ceux qui étaient complètement perdus dans le péché: *"Et tu lui donneras le nom de Jésus, c'est lui qui sauvera son peuple de ses péchés"* (Mat. 1:21). Le but de cette cinquième partie est d'étudier les doctrines qui se rattachent à cette joyeuse expérience qui nous libère du péché.

Nous allons commencer par l'étude de la Personne et de l'œuvre du Saint-Esprit, "l'Administrateur de la Divinité", qui, dans Sa compassion, nous permet de recevoir tous les bienfaits que l'Expiation de Christ donne. Nous dépendons si complètement de l'Esprit béni de Dieu, au cours de cette dispensation qui est Sienne! Ainsi, notre étude va jusqu'aux états préliminaires de la grâce, en faisant ressortir l'appel chrétien, la repentance et la foi qui sauve. Cela nous amène à considérer la première grande crise de l'expérience chrétienne, la nouvelle naissance, ou la "naissance d'en haut". Nous examinerons ce dernier point selon les différents aspects suivants: la justification aux yeux de Dieu, la régénération ou le renouveau intérieur spirituel, et l'adoption dans la famille de Dieu.

Nous serons alors prêts à considérer la seconde crise de l'expérience chrétienne, la sainteté du cœur — l'idée centrale et le but de la rédemption. Cette expérience heureuse sera analysée dans les derniers chapitres de cette partie, sous le double terme de "l'entière sanctification" et de "la perfection chrétienne". Une grande partie des critiques à propos de cet état de grâce provient d'une ignorance pure et simple, ou d'une déformation voulue des textes. Ici, donc, il nous sera nécessaire d'être humble, plein de zèle, et capable d'apprendre dans notre quête de connaître la volonté de Dieu — et de l'accomplir. Que l'Esprit de Vérité Lui-même soit notre compagnon et notre Instructeur.

CINQUIÈME PARTIE
LES DOCTRINES DU SALUT

Chapitre XIV
La personne et l'œuvre du Saint-Esprit

I. LA RÉVÉLATION PROGRESSIVE DU SAINT-ESPRIT
   A. Le Saint-Esprit dans Son administration préparatoire
   B. Le Saint-Esprit et l'Incarnation
   C. Le Saint-Esprit et le ministère terrestre de Jésus

II. LA DISPENSATION DU SAINT-ESPRIT
   A. Le Saint-Esprit et la Pentecôte
   B. Les fonctions du Saint-Esprit
      1. Le fruit de l'Esprit
      2. Les dons de l'Esprit
      3. Le Saint-Esprit et l'œuvre du salut
   C. Le Saint-Esprit et l'Eglise
   D. Le Saint-Esprit et le monde

Chapitre XV
Les états préliminaires de la grâce

I. LA VOCATION CHRÉTIENNE OU L'APPEL
   A. Le caractère général de l'appel chrétien
   B. Election et prédestination
      1. Le point de vue calviniste concernant l'élection et la prédestination
      2. Le point de vue arminien concernant l'élection et la prédestination
   C. Les éléments de l'appel chrétien

II. LA GRÂCE PRÉVENANTE
   A. La grâce et la grâce prévenante
   B. La nature de la grâce prévenante

III. LA REPENTANCE
   A. L'importance de la repentance
   B. La nature de la repentance

    C. Des définitions représentatives de la repentance
    D. L'élément humain et l'élément divin dans la repentance
    E. L'état de pénitence
    F. La nécessité de la repentance
IV. LA FOI QUI SAUVE
    A. La nature de la foi en général
    B. La nature de la foi qui sauve
    C. La foi, en tant qu'une grâce de la vie chrétienne
V. LA CONVERSION

Chapitre XVI
La justification, la régénération, et l'adoption

I. LA JUSTIFICATION
    A. Des définitions de la justification
    B. La nature de la justification
        1. La justification évangélique
        2. La justification est à la fois une action et un état
        3. La justification est un changement relatif
        4. La justification et la sanctification
        5. La justification est un acte à la fois juridique et souverain
        6. La justification est personnelle, globale et instantanée
    C. La base de la justification

II. LA RÉGÉNÉRATION
    A. La nature de la régénération
    B. Des définitions de la régénération
    C. L'œuvre de Dieu dans la régénération
    D. Des erreurs relatives à la régénération
    E. Résumé de l'enseignement relatif à la régénération

III. L'ADOPTION
    A. La signification de l'adoption
    B. Les bienfaits de l'adoption
    C. L'évidence de l'adoption

IV. LE TÉMOIGNAGE DE L'ESPRIT
    A. La base scripturaire de la doctrine
    B. Les deux aspects du témoignage de l'Esprit
        1. Le témoignage de l'Esprit divin
        2. Le témoignage de notre propre esprit
    C. Le privilège commun des croyants

Chapitre XVII
L'entière sanctification ou la perfection chrétienne (I)

I. L'APPROCHE HISTORIQUE À LA DOCTRINE DE L'ENTIÈRE SANCTIFICATION.
    A. Le témoignage des pères apostoliques
    B. L'enseignement des derniers pères de l'Eglise
    C. L'enseignement des mystiques
    D. La doctrine catholique romaine
    E. Les opinions calvinistes relatives à la sanctification
    F. L'enseignement de l'Arminianisme et du Wesleyanisme
    G. Autres points de vue contemporains sur la sanctification

II. LA BASE SCRIPTURAIRE DE L'ENTIÈRE SANCTIFICATION
    A. La sainteté est la norme de l'expérience chrétienne dans le Nouveau Testament
        1. Dieu veut que Son peuple soit saint
        2. Dieu a promis de sanctifier Son peuple
        3. Dieu ordonne à Son peuple d'être saint
    B. L'entière sanctification en tant qu'une seconde œuvre de grâce
    C. La signification des temps des verbes du Nouveau Testament grec

III. LA SIGNIFICATION ET LA PORTÉE DE LA SANCTIFICATION
    A. Des définitions de l'entière sanctification
    B. La justification et la sanctification
    C. L'existence du péché dans la personne régénérée

- D. L'entière sanctification est subséquente à la régénération
- E. Les moyens et les agents divins établis dans la sanctification
- F. La sanctification progressive

Chapitre XVIII
L'entière sanctification ou la perfection chrétienne (II)

I. L'ENTIÈRE SANCTIFICATION
- A. L'entière sanctification en tant qu'une purification du péché
- B. L'entière sanctification en tant qu'une dévotion positive à Dieu
- C. Les éléments divins et humains dans l'entière sanctification

II. LA PERFECTION CHRÉTIENNE
- A. Fausses idées sur la perfection chrétienne
- B. Implications de la doctrine de la perfection chrétienne
- C. Le concept fondamental de la perfection chrétienne
- D. Distinctions importantes concernant la perfection chrétienne.
- E. La perfection chrétienne en tant qu'une expérence actuelle
- F. Preuves de la perfection chrétienne

CHAPITRE XIV

LA PERSONNE ET L'ŒUVRE DU SAINT-ESPRIT

> "Lorsque notre Seigneur s'écria: *'Tout est accompli!'*, Il a déclaré que Son œuvre d'expiation était achevée. Pourtant, cette œuvre était seulement accomplie en tant qu'un moyen pour le salut des hommes. L'attribution des bienfaits de cette œuvre attendait l'administration de l'Espirt du ciel, dont la seule et suprême fonction est d'exécuter chaque dessein de Dieu dans le plan de la rédemption. De même que depuis la fondation du monde l'Esprit du Christ avait administré les préparatifs évangéliques, ainsi maintenant, Il agit de la part de Christ qui a été entièrement révélé. Par l'intermédiaire de l'Esprit, notre Seigneur continue Sa fonction prophétique: le Saint-Esprit est Celui qui inspire les Nouvelles Ecritures et Il est l'Instructeur suprême de la nouvelle administration. Dans un autre sens, la fonction sacerdotale est perpétuée par Son intermédiaire: le ministère de la réconciliation est un des ministères de l'Esprit. Et par Son intermédiaire, le Seigneur administre Son autorité royale."
>
> —*Dr William B. Pope*

Notre but, dans ce chapitre, est de discuter de la Personne et de l'œuvre du Saint-Esprit sous deux thèmes généraux: Sa révélation progressive, et Son œuvre administrative. Nous avons déjà remarqué qu'il y a dans les Ecritures une révélation progressive du Fils. Or, il y a aussi une révélation analogue et semblable du Saint-Esprit. Il ne s'est révélé entièrement qu'au jour de la Pentecôte.

De même que le Fils incarné est le Rédempteur de l'humanité, en vertu de Son œuvre d'expiation, ainsi le Saint-Esprit, l'Officier Exécutif de la Divinité, est l'administrateur de cette rédemption. Nous avons le grand privilège de vivre dans la dispensation du Saint-Esprit. Durant cette période, la révélation de Sa Personne et de Son Œuvre est complète, précise, et elle a une signification personnelle. Par conséquent, il est important que nous acquérions une compréhension des faits tels qu'ils se rapportent au "plan de rédemption" et à notre salut personnel.

I. LA RÉVÉLATION PROGRESSIVE DU SAINT-ESPRIT

Lorsque nous examinions la Trinité (Ch. VII, Sec. III), nous avions remarqué une abondance d'enseignement scripturaire concernant la personnalité du Saint-Esprit. Il n'est pas simplement une influence sacrée. En effet, Il est la troisième Personne de la Trinité adorable. Des pronoms personnels sont employés pour faire mention du Saint-Esprit dans l'Ecriture Sainte, des activités personnelles Lui sont attribuées et Il est traité de façon personnelle. Par le fait qu'Il est la Personne qui complète la Divinité, Sa révélation était nécessairement la dernière qui devait se manifester. Il ne pouvait pas venir en tant qu'Administrateur de l'œuvre expiatoire de Christ, jusqu'à ce que le ministère terrestre du Maître fût achevé. Il ne pouvait se faire connaître entièrement qu'après la mort, la résurrection, et la glorification de Christ. Ainsi, ce n'est qu'au jour de la Pentecôte que le Saint-Esprit pouvait se révéler entièrement comme une Personne.

A. Le Saint-Esprit dans Son administration préparatoire

Bien que la pleine dispensation du Saint-Esprit ne commence pas avant le jour de la Pentecôte, l'Esprit Lui-même, comme troisième Personne de la Trinité, a eu dès le commencement un rôle actif dans la création et dans la providence. Il s'agit de l'Esprit qui *"se mouvait au-dessus des eaux"*, et qui a amené l'ordre et la beauté dans le chaos alors présent (Gen. 1:2); et c'est l'Esprit qui a soufflé dans les narines de l'homme un souffle de vie et l'homme est devenu un être ou une âme vivante (Gen. 2:7; Job 33:4). C'est Lui, l'Agent, qui a produit toute la vie, et par conséquent, selon ce que les prophètes ont annoncé, le Seigneur et Celui qui donne la vie.

La relation qui existe entre le Saint-Esprit et l'humanité après la chute, et qui a précédé la venue de Jésus-Christ, adopte quatre formes principales dont Abel, Abraham, Moïse et les prophètes sont des figures représentatives. Premièrement, il y a l'Esprit qui s'efforce de parler directement à la conscience des hommes, de manière purement personnelle et privée. Abel céda aux supplications de l'Esprit, mais Caïn ne le fit pas. La méchanceté des hommes a augmenté jusqu'au moment du déluge, lorsque la condamnation de Dieu s'est exprimée par les paroles terribles: *"Mon esprit ne restera pas à toujours dans l'homme, car l'homme n'est que chair"* (Gen. 6:3). Le deuxième aspect du travail de l'Esprit dans l'homme s'est fait par la famille. La promesse était faite à Abraham et à sa famille (Gal. 3:16). La famille forme un nouvel ordre et un nouveau domaine où l'Esprit peut se communiquer. La famille d'Abraham, appelée par Dieu, fut l'Eglise en germe, et par conséquent le premier commencement historique d'une communauté religieuse.

La troisième étape de l'œuvre de l'Esprit se révèle lorsque la loi est donnée par l'intermédiaire de Moïse. Aux efforts intérieurs de l'Esprit, une forme d'appel extérieur fut maintenant ajoutée. Cette loi était d'ordre moral, cérémoniel, et juridique. Il est dit que cette portion de l'Ecriture connue sous le nom des Dix Commandements était donnée par le "doigt de Dieu", une expression interchangeable avec le terme *"l'Esprit de Dieu"* (Luc 11:20; comparez Mat. 12:28). La quatrième et dernière méthode d'activité de l'Esprit, dans l'œuvre préparatoire, se trouve dans la voix des prophètes: *"Mais c'est poussés par le Saint-Esprit que des hommes ont parlé de la part de Dieu"* (2 Pierre 1:21). La loi a servi à donner un caractère permanent à l'idéal moral et une violation de la loi entraînait la culpabilité (Rom. 3:20). Mais, la loi étant un instrument fixe, les hommes ont porté leur attention bientôt vers ses formes extérieures, plutôt que vers son esprit intérieur. C'est ainsi que les prophètes ont fait leur apparition. Ils ont fait appel aux espoirs et aux craintes des hommes, et ainsi une dimension intérieure a été ajoutée aux formes extérieures. Les prophètes ont non seulement parlé en faveur de la loi, mais ils ont produit une littérature de dévotion, et ils ont dirigé l'attention des hommes vers le Rédempteur promis.

B. *Le Saint-Esprit et l'Incarnation*

L'Incarnation de Jésus-Christ s'est accomplie par le Saint-Esprit. En tant que lien d'union entre le Père et le Fils, c'était bien dans le rôle de l'Esprit d'effectuer la grande et remarquable union entre les natures noncréées et créées dans la Personne Unique de Christ. L'ange a donné à la vierge Marie le message suivant: *"Le Saint-Esprit viendra sur toi, et la puissance du Très-Haut te couvrira de son ombre. C'est pourquoi le saint enfant qui naîtra de toi sera appelé Fils de Dieu"* (Luc 1:35).

Un fait significatif qu'il faut noter, c'est que par le mystère de l'Incarnation la révélation du Saint-Esprit comme la troisième Personne de la Trinité a été rendue possible. Jusqu'à l'Annonciation, le Saint-Esprit ne s'était jamais révélé comme un Agent personnel distinct. Il n'avait jamais auparavant été appelé par Son propre nom. Avant ce moment-là, Il avait toujours été mentionné dans Son rapport avec les autres Personnes divines. Dans le psaume du pénitent il est dit: *"Ne me retire pas TON Esprit saint"* (Psaume 51:13); et dans Esaïe: *"Ils ont attristé SON Esprit saint"* (Esaïe 63:10). Par conséquent, le terme est employé dans un sens relatif et non absolu. Sa personnalité et Ses perfections n'ont été complètement révélées qu'au moment précis de Son inauguration.

C. Le Saint-Esprit et le ministère terrestre de Jésus

Durant Son ministère terrestre, Jésus n'a pas agi uniquement par l'intermédiaire de Son humanité. Cette humanité était aussi le temple du Saint-Esprit que Dieu Lui avait accordée sans mesure (Jean 3:34). Tout ce qui appartenait au Fils, en tant que représentant de l'homme, était sous la direction immédiate du Saint-Esprit. Le Saint-Esprit Le dirigea et Le soutint dans chaque expérience de Sa vie terrestre, et présida à Son ministère terrestre tout entier. La subordination du Fils à l'Esprit cessa lorsque le Rédempteur Lui-même donna Sa vie. Après Son ascension, le Fils reçut du Père la promesse du Saint-Esprit; et par un étrange revirement des choses, Celui qui était sous l'autorité du Saint-Esprit durant Son humiliation, devient maintenant, dans Son exaltation, Celui qui donne ce même Esprit à l'Eglise (Actes 2:33).

Le Saint-Esprit en tant qu'Agent futur pour le ministère de Christ fut l'objet de prophétie durant la vie terrestre de notre Seigneur. Ce fait apparaît premièrement dans ces paroles: *"A combien plus forte raison le Père céleste donnera-t-il le Saint-Esprit à ceux qui le lui demandent?"* (Luc 11:13). Nous avons ici une faible lueur du jour de la Pentecôte. La seconde prédiction eut lieu à la fin du grand jour de la fête, lorsque Jésus se leva et déclara: *"Si quelqu'un a soif, qu'il vienne à moi, et qu'il boive"* (Jean 7:37). St Jean explique que notre Seigneur parlait de l'Esprit *"que devait recevoir ceux qui croiraient en lui; car l'Esprit n'était pas encore descendu, parce que Jésus n'avait pas encore été glorifié"* (Jean 7:39). Dans Son discours d'adieu, Jésus en fit l'annonce entière et complète (Jean 14:16-17, 26). Il nous est dit que le Consolateur, en tant qu'Esprit qui demeurait en Christ, demeurerait aussi parmi Son peuple. Le Consolateur ou le *Paraclet* est l'Esprit de vérité, et par ce rôle Il est Celui qui révèle la Personne de Christ. Il ne parlera pas de Lui-même durant l'âge de la Pentecôte, mais Il glorifiera seulement le Fils, en prenant les choses de Christ et en les faisant connaître à l'Eglise. Comme le Fils est venu pour révéler le Père, ainsi le Saint-Esprit vient pour révéler le Fils. Par conséquent, les discours d'adieu de Jésus, dans un sens particulier, nous accordent une révélation de la Trinité — l'unité du Dieu unique dans la distinction des trois Personnes.

II. LA DISPENSATION DU SAINT-ESPRIT

A. *Le Saint-Esprit et la Pentecôte*

Le jour de la Pentecôte marque le moment d'une nouvelle dispensation de la grâce — celle du Saint-Esprit. Cette nouvelle économie ne doit pas être comprise comme si elle prenait la place de l'œuvre de Christ, mais comme étant associée à cette œuvre et la rendant complète. Jésus a dit que *"Tout ce que le Père a est à moi; c'est pourquoi j'ai dit qu'il prend de ce qui est à moi, et qu'il vous l'annoncera"* (Jean 16:15). De même que le Fils révèle le Père, ainsi l'Esprit révèle le Fils et Le glorifie. *"Nul ne peut dire: Jésus est le Seigneur! si ce n'est par le Saint-Esprit"* (1 Cor. 12:3). L'œuvre du Saint-Esprit, comme Troisième Personne de la Trinité, est en rapport avec Ses fonctions comme le Représentant du Sauveur. Il est l'Agent de Christ, Le représentant dans le salut de l'âme individuelle, dans la formation de l'Eglise, et dans la puissance du témoignage de l'Eglise dans le monde. Mais, Il n'est pas le Représentant d'un Sauveur absent. Il est l'autre Moi toujours présent de notre Seigneur. C'est la signification de la promesse: *"Je ne vous laisserai pas orphelins, je viendrai à vous"* (Jean 14:18). C'est par l'intermédiaire de l'Esprit que notre Seigneur accède au ministère plus élevé de l'Esprit. Pour cette raison, Il a déclaré: *"Il vous est avantageux que je m'en aille, car si je ne m'en vais pas, le consolateur ne viendra pas vers vous; mais si je m'en vais, je vous l'enverrai"* (Jean 16:7).

La Pentecôte a été le jour d'inauguration du Saint-Esprit, et le Don de la Pentecôte était le don d'une Personne — le *Paraclet* ou le Consolateur. Le Don que Jésus a promis à Ses disciples serait l'Agent, par l'intermédiaire duquel Il continuerait Son ministère et Son travail de manière nouvelle et plus efficace. De même que la venue de Christ s'est effectuée par des signes miraculeux, ainsi l'inauguration du Saint-Esprit eut lieu par des signes qui indiquèrent Sa Personne et Son œuvre. Il y avait trois signes: *premièrement,* le bruit d'un vent impétueux; *deuxièmement,* des langues, semblables à des langues de feu se posèrent sur les disciples; et *troisièmement,* le don de parler en d'autres langues. Le *premier* signe annonçait Sa venue; le *deuxième* indiquait Son arrivée; et le *troisième* marquait à la fois le fait qu'Il avait assumé Sa fonction d'Administrateur, et qu'Il avait commencé Son œuvre.

Le premier signe de l'inauguration était le vent impétueux qui remplit la maison où ils se trouvaient (Actes 2:2). Le bruit arriva soudainement et semble avoir atteint son point culminant immédiatement. Le bruit venait aussi des cieux et fut non seulement entendu par les disciples, mais par toute la ville: *"Au bruit qui eut lieu, la multitude accourt"* (Actes 2:6). Ce signe est indicatif de la puissance intérieure, mystérieuse, et spirituelle du Saint-Esprit qui devait caractériser Son administration dans l'Eglise et dans le monde. Cela suggère aussi un désir ardent de la part de l'Esprit de rendre effectif le grand salut qui a été acheté par le sang de Christ.

Le deuxième signe de l'inauguration a été l'apparition de *"langues, semblables à des langues de feu"*, qui se sont posées sur chacun d'eux (Actes 2:3). La croyance générale veut que des langues fourchues *"semblables à des langues de feu"* se soient posées indépendamment sur chaque disciple. Ces langues fourchues (séparées les unes des autres) étaient des flammes brillantes et ondulantes qui brillaient comme une auréole au dessus des têtes de l'Israël spirituel, et rappelaient les signes du mont Sinaï, lorsque *"l'Eternel y était descendu au milieu du feu...et que toute la montagne tremblait avec violence"* (Exode 19:18). On peut trouver la signification de ce symbole dans l'administration de l'Esprit dont l'effet purifie, pénètre, stimule et transforme. Les langues fourchues représentaient les dons divers communiqués par l'unique Esprit aux différents membres du corps mystique de Christ.

Le troisième signe de l'inauguration occupe une position unique dans les événements du jour. Il est décrit de la façon suivante: *"Et ils furent tous remplis du Saint-Esprit, et se mirent à parler en d'autres langues, selon que l'Esprit leur donnait de s'exprimer"* (Actes 2:4). Ce signe nous montre non seulement la venue du l'Esprit, mais aussi le commencement précis de Son œuvre. Par une opération miraculeuse, Il permit aux disciples de proclamer les œuvres merveilleuses de telle manière que les représentants des nations pouvaient entendre le message dans leur propre langue. Les mots qui ont été traduits par "en d'autres langues" n'apparaissent qu'à cette occasion dans tout le Nouveau Testament, et ils donnent l'idée d'une déclaration rationnelle ou d'un langage compréhensible. Ils peuvent signifier des articulations extasiées, mais jamais un simple jargon ou des sons incohérents ou inintelligibles. Ce phénomène de la Pentecôte représente clairement le don miraculeux d'un langage compréhensible.

B. *Les fonctions du Saint-Esprit*

Le Saint-Esprit est à la fois le Don et le Donateur. Il représente pour l'Eglise le don du Christ glorifié, et Il demeure dans l'Eglise comme une Présence créatrice et stimulante. Ce centre de la vie, de la lumière et de l'amour se trouve dans le *Paraclet* ou le Consolateur qui demeure en nous. Après Son inauguration le jour de la Pentecôte, le Saint-Esprit est devenu l'Administrateur de la Divinité sur la terre. Maintenant, Il est à la fois l'Agent du Père et du Fils, dans Lequel tous deux ont leur demeure (Jean 14:23) et par l'intermédiaire de Lui-même seul les hommes ont accès auprès de Dieu. Le Saint-

Esprit, en tant que Donateur ou l'Administrateur de la rédemption, est à l'œuvre dans deux domaines distincts, bien qu'il y ait un lien entre les deux — celui du fruit de l'Esprit et celui des dons de l'Esprit.

    1. *Le fruit de l'Esprit.* Le fruit de l'Esprit est le fait de communiquer à l'individu les grâces qui proviennent de la nature divine, et le résultat se revèle dans le caractère plutôt que dans des aptitudes particulières pour le service. Lorsque saint Paul fait la liste des neuf grâces (Gal. 5:22-23) qui constituent le fruit de l'Esprit, il est possible qu'il avait à l'esprit la parabole de notre Seigneur concernant le cep et les sarments (Jean 15:1-5). Dans la liste des grâces de l'apôtre, trois se rapportent à Dieu — l'amour, la joie et la paix; trois se rapportent à autrui — la patience, la bonté, la bénignité; et les trois dernières se rapportent à nous-mêmes — la fidélité, la douceur, la tempérance. Ces qualités du caractère proviennent d'un contact vital et constant avec le Cep. Elles sont très en contraste avec les œuvres de la chair (Gal. 5:19-23).

    2. *Les dons de l'Esprit.* Ces dons sont des dons de la grâce. Il s'agit de moyens et de capacités, décrétés divinement, que Christ a accordés à Son Eglise afin de lui permettre d'accomplir convenablement sa tâche sur la terre. Paul résume les dons spirituels de la façon suivante: *"Il y a diversité de dons, mais le même Esprit; diversité de ministères, mais le même Seigneur; diversité d'opérations, mais le même Dieu qui opère tout en tous. Or, à chacun la manifestation de l'Esprit est donnée pour l'utilité commune. En effet, à l'un est donnée par l'Esprit une parole de sagesse; à un autre, une parole de connaissance, selon le même Esprit; à un autre, la foi, par le même Esprit; à un autre, le don des guérisons, par le même Esprit; à un autre, le don d'opérer des miracles; à un autre, la prophétie; à un autre, le discernement des esprits; à un autre, la diversité des langues; à un autre l'interprétation des langues. Un seul et même Esprit opère toutes ces choses, les distribuant à chacun en particulier comme il veut"* (1 Cor. 12: 4-11); (comparez aussi Eph. 4:11; Rom. 12:6-8).

    Les dons de l'Esprit sont les capacités surnaturelles qui sont accordés pour le service, et ils sont déterminés par le caractère du ministère qui sera accompli. Ils ont une importance vitale dans le succès de la mission de l'Eglise. De tels dons sont distribués selon le désir de l'Esprit. Ils ont un rapport avec les capacités et les dons naturels, mais en sont pourtant distincts. Tous les membres de l'Eglise ne reçoivent pas les mêmes dons ou ne possèdent les mêmes capacités. Il y a une diversité de dons dans l'Eglise (1 Cor. 12:29-30). Cette effusion divine, qui se répand sur les membres individuels de l'Eglise, détermine leur fonction dans le corps de Christ (1 Cor. 12:21-25); et constitue, en chaque période, les éléments essentiels aux progrès spirituels de l'Eglise.

3. *Le Saint-Esprit et l'œuvre du salut.* Dans l'administration du Saint-Esprit, les actions et fonctions qui se rapportent particulièrement à l'œuvre du salut peuvent être classées sous deux titres généraux — le Saint-Esprit comme "le Donateur de la vie," et le Saint-Esprit comme une "Présence qui sanctifie". Au premier titre, appartient la naissance de l'Esprit ou l'expérience initiale du salut; au deuxième, le baptême de l'Esprit — une œuvre qui vient après l'expérience initiale du salut, et par lequel l'âme est rendue sainte. Il s'agit de ce que nous appelons l'entière sanctification qui "est accomplie par le baptême du Saint-Esprit et embrasse dans une seule expérience la purification du cœur du péché, et la présence constante et intime du Saint-Esprit, fortifiant le croyant pour la vie et le service" (*Manuel* de l'Eglise du Nazaréen, Article X).

La naissance de l'Esprit, c'est la transmission de la vie divine à l'âme. Ce n'est pas simplement la reconstruction ou le fait de refaire l'ancienne vie; c'est la transmission dans l'âme, ou l'implantation dans l'âme, de la nouvelle vie de l'Esprit. C'est par conséquent, une "naissance d'en haut". Le Saint-Esprit infuse la vie dans les âmes qui, par leurs offenses et leurs péchés étaient mortes, et ainsi fait d'elles des individus distincts dans le domaine spirituel. Ces individus sont les enfants de Dieu. Il leur est accordé l'esprit d'adoption par lequel ils deviennent les héritiers de Dieu et les cohéritiers de Christ (Rom. 8:15-17).

Bien que l'enfant de Dieu possède en tant qu'individu la vie en Christ, il y a aussi en lui une "vieille nature pécheresse" ou un péché inné, qui l'empêche de recevoir complètement les privilèges de Christ sous la nouvelle alliance. Comme Agneau de Dieu, Jésus est venu pour *"ôter le PÉCHÉ du monde"*. Par conséquent, il doit y avoir une purification du péché. Si l'on analyse cette expérience ultérieure de l'entière sanctification, du point de vue de l'Agent plutôt que de l'œuvre accomplie, nous remarquons une triple opération de l'Esprit dans l'unique expérience du croyant: le *baptême*, qui dans son sens restreint se réfère à l'action qui purifie, ou qui rend saint; l'*onction*, ou l'Esprit demeurant en nous dans Sa fonction qui accorde la puissance pour la vie et le service; et le *scellage*, ou la même Présence intérieure dans Son rôle de rendre témoignage. Lorsque nous parlons, donc, de la naissance, du baptême, de l'onction et du scellage, comme de quatre actions ou fonctions administratives de l'Esprit, nous ne nous référons qu'aux deux œuvres de grâce; mais nous considérons la seconde, l'entière sanctification, sous un angle ayant un triple aspect. Il ne faut pas oublier que ces trois actions de l'administration appartiennent à la fois à Christ et au Saint-Esprit. C'est Christ qui, par l'Esprit, ramène les âmes mortes à la vie; c'est Christ qui baptise les hommes et les femmes du Saint-Esprit; et c'est aussi Christ qui oint et scelle Son peuple avec l'Esprit. Nous aurons l'occasion, subséquemment dans notre étude, de développer chacun de ces aspects particuliers de l'œuvre du Saint-Esprit.

C. Le Saint-Esprit et l'Eglise

La jour de la Pentecôte était le jour de naissance de l'Eglise chrétienne. De même qu'Israël racheté de l'Egypte fut établi en un état ecclésiastique en recevant la loi du mont Sinaï, ainsi le Saint-Esprit a formé l'Eglise à la Pentecôte au moyen des individus rachetés par Christ, notre Pâque. Cela s'est accompli par le don d'une nouvelle loi, écrite dans le cœur et dans la pensée des rachetés. De même que le corps naturel possède une vie commune qui unit les membres ensemble en un organisme commun, ainsi le Saint-Esprit met les membres dans le corps spirituel comme cela Lui plaît, les unissant en un seul organisme sous la direction de Christ, sa Tête vivante. Le but de Christ n'est pas simplement le salut de l'individu, mais l'édification d'un organisme spirituel de personnes rachetées qui sont étroitement reliées entre elles-mêmes. Cette Eglise est *"une race élue, un sacerdoce royal, une nation sainte, un peuple acquis"*, et le but de cette organisation est d'*"annoncer les vertus de celui qui vous a appelés des ténèbres à son admirable lumière"* (1 Pi. 2:9). Dans cette Eglise, le Saint-Esprit est le lien commun qui unit les membres du corps les uns aux autres, et tous sont ainsi unis à leur Tête vivante.

D. *Le Saint-Esprit et le monde*

L'Esprit représente Christ envers le monde. Mais puisque le monde ne connaît pas le Saint-Esprit et ne peut Le recevoir dans la plénitude de la vérité de Sa dispensation actuelle, Christ doit ainsi limiter Ses opérations aux étapes préliminaires de la grâce. La nature de l'œuvre de l'Esprit est décrite par notre Seigneur de la manière suivante: *"Et quand il sera venu, il convaincra le monde en ce qui concerne le péché, la justice, et le jugement: en ce qui concerne le péché, parce qu'ils ne croient pas en moi; la justice, parce que je vais au Père, et que vous ne me verrez plus; le jugement, parce que le prince de ce monde est jugé"* (Jean 16:8-11). Le péché mentionné ici, c'est le refus formel de recevoir Jésus-Christ comme Sauveur; la justice, c'est l'accomplissement de Son œuvre expiatoire qui, face à un Dieu juste, représente la seule base d'acceptation; et le jugement, c'est Satan, détrôné comme prince de ce monde, et dès lors la séparation finale entre le juste et le méchant au dernier jour. Si le prince doit être jugé, alors tous ses adeptes doivent souffrir la condamnation. Dans cette relation qui existe entre l'Esprit et le monde, Il doit être considéré principalement comme l'Esprit de vérité, et Son instrument comme la Parole de Dieu. La relation entre l'Eglise et l'efficacité de l'Esprit, par l'intermédiaire de la Parole, trouve son expression la plus haute dans la Grande Mission Mondiale (Mat. 28:19-20). Ici, l'Evangile est la proclamation du salut, et cela nous amène directement à notre prochain thème: l'appel bienveillant de l'Esprit.

CHAPITRE XV

LES ÉTATS PRÉLIMINAIRES DE LA GRÂCE

> "La nature humaine est caractérisée par deux faits universels, primordiaux; premièrement, une corruption universelle de la nature humaine due à la chute d'*Adam;* deuxièmement, l'aide universelle et redemptrice du Saint-Esprit qui est offerte par Christ. *'Cette lumière était la véritable lumière, qui, en venant dans le monde, éclaire tout homme'* (Jean 1:9). Ce que l'état moral de l'humanité serait, en supposant qu'il ait été abandonné aux effets immodérés et déchaînés des conséquences de la chute, ne peut qu'être soupçonné. Nous ignorons quels seraient les fruits que la dépravation totale nous forcerait à porter, vers quelles profondeurs fangeuses l'abîme du péché nous entraînerait, loin de la face de Dieu, si la grâce divine ne s'y opposait; car l'expérience n'a jamais été réalisée. Le Saint-Esprit a toujours exercé sur l'homme une influence réparatrice, l'attirant constamment afin qu'il puisse retourner à Dieu."
>
> —*Dr A.M. Hills*

L'Expiation complète accomplie de notre Seigneur Jésus-Christ devient efficace pour le salut des hommes, uniquement lorsqu'elle est accordée aux croyants par le Saint-Esprit. L'œuvre du Saint-Esprit *en* nous est aussi essentielle au salut que le sacrifice de Christ *pour* nous. La rédemption provisionnelle pourvue au Calvaire ne devient une réalité concrète dans notre vie que lorsqu'elle sera accomplie en nous par le Saint-Esprit. Ce faisant, l'Esprit de Dieu poursuit l'œuvre rédemptrice de Christ dans un tout autre niveau plus haut.

Portons maintenant notre attention sur les bienfaits de l'Expiation de Christ que le Saint-Esprit concrétise dans la vie de l'homme. Les principaux thèmes abordés dans ce chapitre sont: La vocation chrétienne ou l'Appel, la grâce prévenante, la repentance, la foi qui sauve et la conversion.

I. LA VOCATION CHRÉTIENNE OU L'APPEL

A. *Le caractère général de l'appel chrétien*

L'Esprit-Saint, Agent de Christ, révèle le plan pour le salut du monde par ce qui est généralement appelé, en théologie, la vocation chrétienne ou l'Appel. Nous devons aussi faire la différence entre l'appel universel opéré par le Saint-Esprit, et l'appel immédiat. Le premier fait référence à l'influence secrète qu'exerce le Saint-Esprit sur la conscience humaine en dehors de celle de la Bible. Paul affirme que la loi de Dieu est écrite dans les cœurs (Rom. 1:19; 2:15), et que Dieu ne s'est jamais privé de témoins (Acts 14:17). L'appel immédiat réfère plutôt à ce qui se fait par la Parole de Dieu. Dans l'Ancien Testament, cet appel s'adressait presque exclusivement à Israël, alors que dans le Nouveau Testament, il est universel dans sa portée.

B. *Election et prédestination*

L'appel chrétien a un rapport étroit avec la prédestination. Cette dernière peut se définir comme étant le dessein de Dieu pour assurer le salut de certains hommes, mais non de tous. Lors de notre survol historique du développement théologique, nous avons fait mention que diverses écoles de pensée protestantes virent le jour au cours de la Réforme. Une des plus influentes fut l'école calviniste. Parmi d'autres doctrines, la souveraineté de Dieu et la prédestination furent les deux doctrines majeures mises en évidence par le Calvinisme. Contre le Calvinisme de l'époque de la Réforme, se dressa l'école de pensée théologique arminienne ou "remontrante".

1. *La point de vue calviniste concernant l'élection et la prédestination.* Pour le Calvinisme comme pour l'Arminianisme, les élus sont ceux qui sont appelés ou choisis; mais la différence fondamentale entre les deux systèmes réside dans la manière dont s'effectue cette élection. Les Calvinistes considèrent l'élection comme étant inconditionnelle et dépendante de la prédestination ou de l'exercice de la grâce souveraine. "Nous appelons prédestination", dit Calvin, "le décret éternel de Dieu, par lequel Il a déterminé ce qu'Il voulait faire de chaque homme. Car Il ne les a pas créé tous en pareille condition, mais ordonne les uns à la vie éternelle, les autres à l'éternelle damnation. Ainsi, selon la fin pour laquelle est créé l'homme, nous disons que chaque individu est prédestiné à la mort ou à la vie... Nous disons donc, comme l'Ecriture le montre évidemment, que Dieu a une fois pour toutes décrété

par Son conseil éternel et immuable, ceux qu'Il voulait prendre à salut, et ceux qu'Il voulait vouer à la perdition." (CALVIN, *L'Institution Chrétienne*, t. III, Ed. Kérigma, 1978, chap. 21, pp. 399, 404).

C'est ainsi que l'élection, au sens calviniste, se réfère à ce choix que Dieu, dans sa grâce souveraine, exerce vis-à-vis certains individus pour les sauver en Jésus-Christ. Cela implique nécessairement la réprobation inconditionnelle de tout le reste de l'humanité. Voici la formulation qu'en fait la Confession de Westminster: "Pour ce qui concerne le reste de l'humanité, il plut à Dieu, selon le conseil insondable de Sa volonté, accordant ou retenant Sa grâce comme Il Lui plaisait pour rendre gloire à la toute-puissance de Sa souveraineté sur toutes créatures, de les délaisser et de les dévouer au mépris et à la colère à cause de leur péché, pour exalter la gloire de sa justice."

2. *Le point de vue arminien concernant l'élection et la prédestination.* Contrairement à la doctrine calviniste, l'Arminianisme soutient que la prédestination est le bienveillant dessein de Dieu par lequel il désire sauver l'humanité entière de la ruine totale. Il ne s'agit pas d'un acte arbitraire et discriminatoire de la part de Dieu pour s'assurer le salut d'un certain nombre et pas plus! Le salut a une portée universelle, mais n'est accessible que par la foi en Jésus-Christ. *"Car Dieu a tant aimé le monde qu'il a donné son Fils unique, afin que quiconque croit en lui ne périsse point, mais qu'il ait la vie éternelle"* (Jean 3:16). L'élection diffère de la prédestination en ce qu'elle implique un choix alors que la prédestination n'en laisse aucun. En Ephésiens 1:4-5, 11-13 nous lisons que *"Dieu nous a élus avant la fondation du monde pour que nous soyons saints et irrépréhensibles devant lui, nous ayant prédestinés dans son amour"*. Voilà ce qu'est l'élection. Le dessein miséricordieux par lequel elle doit être accomplie c'est par la prédestination: *"Nous ayant prédestinés dans son amour à être ses enfants d'adoption par Jésus-Christ, selon le bon plaisir de sa volonté."* Ainsi donc, la prédestination est ce dessein miséricordieux, pour le salut des hommes, par lequel Dieu fait des hommes Ses enfants, par Christ; l'élection appartient à ceux qui sont choisis, saints et irrépréhensibles devant Lui dans l'amour. Les preuves de l'élection ne se trouve pas dans les conseils

secrets de Dieu, mais se révèlent dans les fruits de la sainteté. L'Eglise est à la fois prédestinée et élue. "Prédestinée" se réfère au plan de la rédemption tel qu'il est manifesté par l'appel universel; "élue" se référe aux élus ou aux choisis qui ont accepté le pardon divin. Les élus sont choisis, non en fonction d'un décret absolu, mais plutôt par un *acquiescement aux termes de cet appel.* Et comme la sainteté et l'irréprochabilité forment le caractère des élus devant Dieu en amour, ainsi l'élection a lieu par ces moyens qui rendent les hommes justes et saints. Ainsi donc, notre Seigneur dit: *"Je vous ai choisis du milieu du monde"* (Jean 15:19). Ce que Paul explique en disant: *"Dieu vous a choisis dès le commencement pour le salut, par la sanctification de l'Esprit et par la foi en la vérité"* (2 Thess 2:13). L'enseignement de Pierre abonde dans le même sens: *"Elus selon la prescience de Dieu le Père, par la sanctification de l'Esprit, afin qu'ils deviennent obéissants, et qu'ils participent à l'aspersion du sang de Jésus-Christ"* (I Pi. 1:2).

La théologie arminienne a généralement traité le sujet de l'élection sous trois aspects. *Premièrement,* certains seraient élus pour accomplir un ministère particulier. C'est ainsi que Moïse fut choisi pour conduire le peuple d'Israël hors d'Egypte et qu'Aaron devint le souverain sacrificateur; que Cyrus fut élu pour permettre la reconstruction du Temple; que Christ choisit ses douze apôtres et que Paul devint l'apôtre des Gentils. Ces fonctions furent conférés pour secourir les hommes et, conséquemment, ne pas les priver de la grâce salvatrice. *Deuxièmement,* l'élection de nations et peuples, qui jouiraient de privilèges religieux spéciaux. Ainsi, Israël fut choisi pour être le premier représentant de l'Eglise visible sur la terre. *Troisièmement,* l'élection d'individus particuliers pour devenir enfants de Dieu et héritiers de la vie éternelle. Cet Arminianisme considère toujours, à juste titre, l'élection comme étant conditionnelle à la foi en Christ et comme incluant *tous* ceux qui croient.

C. *Les éléments de l'appel chrétien*

Le premier pas vers le salut, que l'âme éprouve, commence avec l'appel bienveillant de Dieu qui est à la fois direct par l'Esprit et immédiat par la Parole. L'Agent par lequel se fait l'appel est le Saint-Esprit et l'instrument qu'Il utilise est la Parole. Cet appel est universel dans sa portée et comprend la proclamation, les conditions requises sur lesquelles le salut est offert et l'obligation de se soumettre à l'autorité de Christ (cf. Actes 5:32, 13:38-40).

Le mot "réveil" est un terme utilisé en théologie pour désigner l'action par laquelle le Saint-Esprit sensibilise la conscience de l'homme quant à son état de perdition. Le cœur de l'homme est influencé par le Saint-Esprit de deux façons dans ce processus de réveil. Premièrement, l'influence de l'Esprit est dite indirecte, puisqu'elle se fait par la Parole de Dieu. Cependant, deuxièmement, cette lecture est appuyée par l'action même du Saint-Esprit qui agit directement dans le cœur des hommes. C'est ainsi qu'en Actes 16:14, nous lisons: *"Le Seigneur lui ouvrit le cœur pour qu'elle soit attentive à ce que disait Paul."* Il est évident ici que son cœur et son intelligence furent ouverts directement par le Seigneur et non par le moyen des Ecritures.

La conviction est cette œuvre de l'Esprit qui produit en l'homme un sentiment de culpabilité et de condamnation à cause du péché. A cette notion de réveil est associée l'idée du blâme personnel. La conviction est clairement reconnue comme l'une des fonctions du Saint-Esprit durant cette dispensation de la Pentecôte. Jean 16:8 spécifie que *"quand il sera venu, il convaincra le monde en ce qui concerne le péché, la justice, et le jugement."* Cette conviction s'adresse autant à la conscience qu'à l'esprit ou à la raison, et elle encourage plutôt qu'elle ne désespère. L'Esprit révèle non seulement l'ampleur de la perversité du cœur de l'homme, Il dévoile aussi la plénitude et la liberté du salut en Christ. Son but ne vise pas qu'à détourner l'homme du péché, mais aussi à le conduire à une foi vivante en Dieu. La conviction de l'Esprit en est donc une d'espérance, pour tous ceux qui se repentent sincèrement de leurs péchés, et croient à notre Seigneur Jésus-Christ.

L'appel chrétien reflète la volonté divine pour tous les hommes de saisir l'occasion de se prévaloir du privilège qui leur est acquis par le sang de Jésus-Christ. L'appel est loin d'être fictif, il est réel. Il ne s'agit pas seulement d'une offre extérieure de salut, puisqu'il est soutenu par la grâce intérieure de l'Esprit qui est suffisante pour que l'homme soit en mesure de l'accepter. Pourtant, on peut résister à l'appel; et même, après avoir accepter d'y obéir, on peut le rejeter. De telles personnes on utilise le terme "réprobation", mais il n'est jamais utilisé dans le sens d'un ordre ou d'un décret arbitraire de Dieu. Les réprouvés sont ceux qui ne retiennent pas la connaissance de Dieu ou qui, finalement, résistent à la vérité. *"Examinez-vous vous-mêmes, pour savoir si vous êtes dans la foi; éprouvez-vous vous-mêmes. Ne reconnaissez-vous pas que Jésus-Christ est en vous? à moins peut-être que vous ne soyez réprouvés."* (2 Cor. 13:5). Le terme "réprouvé" décrit principalement l'échec dans l'épreuve.

II. LA GRÂCE PRÉVENANTE

A. La grâce et la grâce prévenante

On définit la grâce comme étant "l'amour de Dieu, gratuite et non achetée, provenant de Sa propre volonté pour bénir ceux qui en sont indignes" ou, plus simplement "la faveur imméritée de Dieu". La grâce de Dieu est infinie. Elle n'est pas limitée à la grandeur ineffable de Son œuvre rédemptrice. La grâce a existé dans Son sacrifice d'amour avant la fondation du monde, elle se révèle dans la beauté, l'ordre et l'utilité de la création. Elle sera consommée dans la restauration finale de toutes choses.

Lorsque nous parlons de "grâce prévenante", nous pensons à la grâce qui "vient avant" pour préparer l'âme à entrer dans la première étape du salut. Il est question de la grâce préparatoire qu'exerce le Saint-Esprit sur l'homme qui gît sans espoir dans le péché. Pour le coupable, il peut s'agir de la miséricorde; pour l'impotent, de la puissance efficace. C'est cette manifestation de l'influence divine qui précède une vie entièrement régénérée.

Le concept de la grâce est fondamental, tant dans l'Ancien Testament que dans le Nouveau. Le prophète Zacharie démontra clairement notre dépendance totale de la bienveillance de Dieu, lorsqu'il écrivit: *"Ce n'est ni par la puissance ni par la force, mais c'est par mon Esprit, dit l'Eternel des armées"* (Zac 4:6). Notre Seigneur Lui-même, déclara: *"Nul ne peut venir à moi, si le Père qui m'a envoyé ne l'attire"* (Jean 6:44); et *"Sans moi vous ne pouvez rien faire"* (Jean 15:5). Pour Paul aussi, la notion de grâce est essentielle. Certains passages en font preuve: *"Car, lorsque nous étions encore sans force, Christ, au temps marqué, est mort pour des impies"* (Rom. 5:6); *"Car c'est par la grâce que vous êtes sauvés, par le moyen de la foi. Et cela ne vient pas de vous, c'est le don de Dieu"* (Eph 2:8); et *"Car la grâce de Dieu, source de salut pour tous les hommes, a été manifestée. Elle nous enseigne à renoncer à l'impiété et aux convoitises mondaines, et à vivre dans le siècle présent selon la sagesse, la justice et la piété"* (Tite 2:11-12). Ce ne sont là que quelques-unes des nombreuses références, que l'on pourrait citer, qui démontrent la vérité fondamentale du salut par la grâce.

B. *La nature de la grâce prévenante*

Ayant mentionné la nature générale de la grâce prévenante, nous nous proposons maintenant de l'examiner plus en profondeur. Le caractère de la grâce prévenante est un autre point qui met en relief les divergences théologiques entre le Calvinisme et l'Arminianisme. De façon générale, la pensée de Calvin fut influencée, en majeure partie, par saint Augustin. Le péché originel était la pierre d'angle sur laquelle s'articulait toute la théologie augustinienne. La chute ayant dépouillé l'homme de toute capacité de faire le bien, le salut doit dépendre uniquement de la grâce et l'homme n'y collabore d'aucune façon. Augustin reconnut le libre arbitre de l'homme, mais seulement dans le sens de faire le mal. La grâce agit donc directement sur la volonté. Une telle affirmation exigeait la foi aux décrets divins qui déterminèrent le nombre exact de ceux qui seraient sauvés. Pour ceux-là qui sont parmi les élus, la grâce efficace était appliquée. Cela comprit la grâce irrésistible pour débuter la vie chrétienne et la grâce persévérante pour la mener à bonne fin. C'est à partir de cette perspective de la nécessité de la grâce divine, que la théorie de la prédestination évolua graduellement. Avec Augustin, le système des décrets divins aboutit à une forme de fatalisme. Pour Jean Calvin, homme sévère, doué d'une intelligence peu commune, il lui restait la tâche de systématiser les doctrines d'Augustin en une structure logique étroitement liée.

C'est avec vigueur que les Arminiens s'élevèrent contre certaines des idées sur la grâce telles qu'elles furent soutenue par Augustin et Calvin. La dépravation de la nature humaine et son incapacité de se sauver elle-même sont deux vérités admises par les Calvinistes et les Arminiens. Il va donc sans dire, que les deux groupes insistent sur l'importance de la grâce divine dans le salut. Toutefois, les tenants de l'Arminianisme maintiennent que l'état naturel de l'homme est, en quelque sorte, un état de grâce. C'est en rapport avec cette question, que John Wesley déclara: "Reconnaissant que par nature toute âme humaine est morte dans le péché, cela n'excuse aucun homme, considérant qu'aucun homme ne se trouve dans un simple état de nature. Il n'y a aucun homme, à moins qu'il n'ait éteint l'Esprit, qui est entièrement privé de la grâce de Dieu. Aucun home vivant n'est privé de ce que nous appelons communément la conscience naturelle — appelée à juste titre, la grâce prévenante" (WESLEY, *Sermon: Working Out Our Salvation* [Travaillant à notre salut]).

Cette grâce prévenante est complète, en ce sens qu'elle englobe tous les désirs humains qui se portent vers Dieu, toute l'attirance qui émane du Père, ainsi que toutes les convictions que produit le Saint-Esprit. Si nous nous soumettons à ces impulsions envers Dieu, elles croîtront de plus en plus. Par contre, si on étouffe de telles impulsions, leur réalité a tendance à diminuer dans notre conscience.

Les Arminiens affirment aussi la vérité de la collaboration entre la grâce divine et la volonté humaine. L'Esprit œuvre par et avec le concours de l'homme. Au sein de cette collaboration, la grâce divine a cependant toujours la prééminence. L'Arminianisme insiste sur le fait que le salut est obtenu tout entièrement par la grâce. C'est la grâce qui initie tout mouvement de l'âme vers Dieu, bien qu'en même temps l'on admette que l'homme soit un agent libre. En fin de compte, c'est la volonté de l'homme qui décide d'accepter ou de refuser la grâce divine.

En établissant une relation entre la grâce gratuite et le libre arbitre, l'Arminianisme maintient que l'efficacité de la grâce atteint l'homme dans son entier, et non dans une partie ou une faculté isolée de son être. La grâce n'opère pas seulement sur l'intellect, les sentiments ou la volonté, mais sur toute la personne, sur l'être profond qui existe derrière tous les sentiments et les attributs. Ainsi, une croyance légitime dans l'unité de la personnalité est conservée. La position arminienne est donc psychologiquement saine. La grâce prévenante agit sur la personnalité unifiée et intégrée de l'homme. Celui-ci est considéré comme un agent libre et responsable, quoique esclave du péché, et "enclin à pécher". L'âme a besoin de la grâce pour percevoir la réalité et pour engager le cœur à suivre la vérité. Pendant tout ce temps, une collaboration constante entre la grâce et la volonté humaine se perpétue jusqu'à ce que la grâce prévenante fusionne avec la grâce salvatrice.

III. LA REPENTANCE

A. *L'importance de la repentance*

La doctrine de la repentance est fondamentale au christianisme et devrait être étudiée attentivement, à la lumière de la Parole de Dieu. Christ dit de Lui-même, en Matthieu 9:13: *"Je ne suis pas venu appeler des justes, mais des pécheurs."* Jean-Baptiste et Jésus prêchèrent tous deux que la repentance est une condition essentielle pour entrer dans le royaume de Dieu (Mat. 3:2, 8; 4:17). Dieu incite l'homme à se repentir par Ses admonitions (Rom. 2:4; 2 Tim. 2:25; Apoc. 2:5, 16), et par Ses jugements (Apoc. 9:20-21; 16:9). La repentance était un thème majeur de l'enseignement de l'Eglise chrétienne primitive. Il est dit que Paul *"annonçait aux Juifs et aux Grecs la repentance envers Dieu et la foi en notre Seigneur Jésus-Christ"* (Actes 20:21). Pierre affirme: *"Le Seigneur ne tarde pas dans l'accomplissement de la promesse, comme quelques-uns le croient; mais il use de patience envers vous, ne voulant pas qu'aucun périsse, mais voulant que tous arrivent à la repentance"* (2 Pi. 3:9).

La repentance envers Dieu et la foi en notre Seigneur Jésus-Christ sont toujours liées ensemble comme les conditions de notre salut. Toutes les deux émanent de la grâce prévenante, mais diffèrent en ce que la foi qui sauve est l'instrument aussi bien que la condition du salut. En conséquence, la foi découle de la grâce et suit la repentance. C'est pour cette raison qu'il est souvent avancé que la foi est l'unique condition au salut, et la repentance la condition à la foi. Toutes les deux, à proprement parler, sont les conditions préparatoires au salut, mais la foi salvatrice seule devient le point de transition entre la conviction et le salut.

B. *La nature de la repentance*

Deux mots grecs sont traduits par "se repentir" dans notre Nouveau Testament français. L'un d'eux décrit l'âme qui se rappellent ses actions, et cela d'une telle manière qu'elle en éprouve du remords et un vif désir de s'amender. La repentance, à proprement parler, est un changement d'esprit et elle comprend le tout de ce changement en ce qui concerne les idées et les opinions, la disposition et le comportement sur lesquels la "puissance de l'Evangile" opère. Le second terme, traduit par "se repentir", se réfère plus proprement à la contrition et dénote un volteface sous l'emprise d'un chagrin sincère. Le Dr Field suggère que les significations des deux termes pourraient être "la réflexion après coup" et "le souci après coup". Le premier terme signifie un tel changement d'esprit qu'il implique un retour à des idées justes, à des sentiments justes et à une conduite juste; "le souci après coup", à cause de quelque chose qui est allé mal. (FIELD: *Handbook of Christian Theology* [Manuel de théologie chrétienne] pp. 193-194). Il semble que la repentance engage la personnalité entière de l'homme: un changement d'esprit, une tristesse selon Dieu et une ferme résolution de s'améliorer.

C. *Des définitions représentatives de la repentance*

Nous retiendrons, parmi les définitions de la repentance, quelques-unes qui nous semblent être les plus représentatives. John Wesley dit: "Par repentance, j'entends la conviction de péché qui produit des désirs réels et des résolutions sincères de s'amender." Selon M. Watson: "La repentance évangélique est une tristesse selon Dieu produite dans le cœur du pécheur, par la Parole et l'Esprit de Dieu, par laquelle d'un sentiment de péché, comme étant une insulte envers Dieu, et qui souille et met sa propre âme en péril, et avec une compréhension de la miséricorde de Dieu offerte en Christ, le pécheur avec une tristesse et une haine de tous ses péchés connus, se tourne alors envers Dieu, comme son Sauveur et son Seigneur." Le Dr Pope déclare que "la repentance est une conviction de péché, divinement produite. Elle est le résultat de la conviction du Saint-Esprit sur le cœur ou la conscience à l'égard de la loi qui condamne. La repentance se vérifie par la contrition qui la distingue de la simple connaissance intellectuelle du péché; par la soumission à la sentence juridique qui est l'essence de la vraie confession; par un effort sincère de s'amender, qui désire faire la réparation à la loi que l'on a transgressée. Elle doit donc procéder de Dieu et retourner à Lui. Le Saint-Esprit, en tant qu'Agent, se sert de la loi pour produire ce changement divin et initial". Terminons par ce que le Dr Nevin dit de la repentance: "La vraie repentance comprend un cœur qui a été brisé par le péché et qui est sincèrement attristé à cause de ses péchés."

D. *L'élément humain et l'élément divin dans la repentance*

Deux éléments interviennent dans la vraie repentance: le divin et l'humain. Supposer que la repentance soit un acte strictement humain, relevant uniquement de la volonté du pécheur, serait présomptueux. D'autre part, y voir strictement l'œuvre de Dieu ferait sombrer l'homme dans la négligence et le désespoir. Une bonne compréhension de cette question est nécessaire pour nous garder de l'un ou de l'autre de ces extrêmes. On reconnaît Dieu comme l'Auteur de la repentance, mais il ne peut se repentir à notre place. Il donne ou accorde la repentance (Actes 5:31; 11:18) en ce sens qu'Il la rend possible. Un accent excessif sur le rôle de Dieu dans la repentance conduit donc à une interprétation bizarre des passages scripturaires traitant de la nécessité de se repentir. C'est ainsi que le Dr William Evans, éminent professeur de doctrine calviniste, déclare que la raison pour laquelle les hommes sont universellement appelés à la repentance, c'est pour leur prouver leur incapacité à se repentir par eux-mêmes.

En effet, la repentance est le fruit de l'œuvre miséricordeuse du Saint-Esprit dans l'âme des hommes. La bonté de Dieu nous y conduit (Rom. 2:4). La sainte loi, divinement imprégnée dans l'âme, devient le véhicule que Dieu utilise. Le signe initial de l'œuvre de l'Esprit est la contrition, qui est une tristesse selon Dieu, face au péché. Ainsi, la vraie repentance n'est pas une tristesse selon le péché en dehors du fait de l'abandonner, ce que Paul appelle *"la tristesse du monde"* (2 Cor. 7:10). Elle n'est pas non plus une réforme à part *"la tristesse selon Dieu"*. La repentance implique une nouvelle prise de conscience devant le péché par laquelle le pécheur s'identifie lui-même à l'opinion de Dieu sur la question. Il abhorre le péché, et du plus profond de son être, le péché lui répugne. Bien que certains péchés puissent être au centre de la conscience, la vraie repentance exige un dégoût de *tout* péché, parce qu'il est considéré comme une agression contre un Dieu Saint. La repentance se caractérise par un sentiment d'impuissance totale face à la loi de Dieu et une acceptation de Ses jugements justes, imposés comme résultat de la transgression de cette loi.

Souvenons-nous que la repentance est un acte personnel du pécheur lui-même en réponse à la conviction et à l'appel de l'Esprit. La capacité de se repentir est vraiment donnée par Dieu, mais c'est de sa propre volonté que vient la décision du pécheur. Dieu, par son Esprit, fait connaître la vérité au cœur du pécheur, lui révèle la gravité de ses nombreuses transgressions, leurs circonstances accablantes et la colère éternelle qu'il s'est attiré. A cause de cette révélation et en raison de la grâce qui lui est accordée, le pécheur est ordonné de se repentir et de se tourner vers Dieu. Il peut accepter la vérité ou la refuser, mais s'il ne se repent pas alors, c'est qu'il ne le veut pas. En résumé, la vraie repentance nécessite la conviction que nous avons péché et que nous sommes coupables devant Dieu. Elle implique la contrition, c'est-à-dire, *un cœur brisé et contrit* à cause de notre péché; elle suscite la confession du péché; et suppose une réforme qui nous détourne du péché et nous pousse vers Dieu pour produire des fruits dignes de la repentance.

E. *L'état de pénitence*

La repentance est une action et la pénitence est un état de l'âme, résultant de l'action de se repentir. La pénitence fait référence à cette attitude qui appartient à chaque personne qui a été libérée de ses péchés; et, comme telle, elle existera non seulement à toutes les étapes ultérieures de la vie, mais aussi dans le ciel. La vraie repentance produit des changements durables dans toute la personnalité qui a subi une révolution intérieure. En tant qu'un homme naturel, chaque individu était aveugle spirituellement, mais maintenant il découvre des vérités qui jusqu'alors n'avait jamais pénétré dans son esprit. Il voit les choses sous leur vrai jour, d'un œil nouveau. Maintenant il déteste ce qu'il adulait et aime ce qu'autrefois il détestait. Naguère lié par les chaînes des ténèbres et du péché, le voilà libéré de ses liens; et maintenant, il peut fonctionner dans le domaine spirituel. La vraie repentance entraîne donc un changement d'esprit qui, lorsque suivi par un acte de la foi salvatrice, conduit l'âme dans l'état du salut initial. Une attitude de pénitence continuelle ouvre l'accès à de plus grandes bénédictions, et permet une communion constante avec Dieu.

F. La nécessité de la repentance

La repentance est nécessaire au salut. Christ, notre autorité suprême, prononça ces paroles empreintes de puissance: *"Si vous ne vous repentez, vous périrez tous également"* (Luc 13:3). Cette exigence n'est pas arbitraire, mais elle provient de la nature même du péché. Le péché est une révolte contre Dieu. Le salut n'est pas possible sans renoncement à Satan et au péché. Le péché est aussi incompatible avec le bonheur qu'il l'est avec la sainteté. Jusqu'à ce qu'elle réalise toute la perfidie du péché et qu'elle consente à y renoncer totalement, l'âme demeurera toujours inapte aux pratiques spirituelles et ne pourra jouir de la sainte allégresse. La repentance est en fait amère; cependant, le souvenir de son âpreté sera une occasion de louanges éternels pour les rachetés.

IV. LA FOI QUI SAUVE

La repentance conduit directement à la foi qui sauve, laquelle est à la fois la condition et l'instrument du salut. La foi est en somme le chaînon qui relie la grâce prévenante et l'état initial du salut. Cependant, l'expression "la foi qui sauve" est utilisée dans un sens particulier et doit être distinguée du principe de la foi, comme il appartient, en général, à la nature humaine, et aussi de l'assurance de la foi, qui provient d'une vie chrétienne obéissante.

A. *La nature de la foi en général*

La foi est ce principe inhérent à la nature humaine qui accepte la réalité de l'invisible et reconnaît comme certain ce qui se fonde sur l'évidence ou sur l'autorité. Ce principe général de la foi, lorsqu'il est dirigé vers l'Evangile, et exercé sous la grâce prévenante de l'Esprit, devient la foi qui sauve. Le concept chrétien de la foi remonte à l'Ancien Testament, et il a été modifié par l'usage qu'en firent les Grecs et les Romains. Le terme hébreu que l'on traduit par le mot "foi" désigne, dans sa forme la plus simple, "encourager, soutenir, appuyer". La forme passive véhicule l'idée "d'être ferme, stable et fidèle". Au cœur de sa signification se retrouve l'idée de se confier en Jéhovah. Le Dr Oehler peut donc définir le concept de la foi de l'Ancien Testament en ces termes: "L'action d'affirmer le cœur, de le rendre inébranlable et assuré en Jéhovah." Le terme grec pour le mot "foi" signifie "faire confiance" ou "être convaincu" que l'objet de notre foi, fut-il une chose ou une personne, est entièrement digne de confiance. Plusieurs mots latins sont traduits par le mot "foi". Ils signifient "croire", "faire confiance" et "mettre notre confiance en quelqu'un d'autre". La variété de termes qui traduisent le mot "foi" met en évidence que l'élément essentiel est "la confiance". Les théologiens de la vieille école définissaient habituellement la foi comme un assentiment de l'esprit, un consentement de la volonté et une disposition à se reposer, qui traduisait la notion de confiance. Mais, la signification essentielle de la foi doit à jamais être "la confiance" — ce qui nourrit et appuie nos attentes et qui jamais ne nous décevra. La foi est donc contraire à tout ce qui est faux, irréel, trompeur, vide et sans valeur.

La foi suppose une connaissance préalable de son objet. Cela s'applique à l'élément intellectuel, c'est-à-dire à l'assentiment de l'esprit. C'est dans le sens de "croyance" que la connaissance doit être considérée comme étant antécédente à la foi, mais cela ne vaut que pour certains actes bien précis. Pour croire une proposition, elle doit être explicite ou implicite, et elle doit posséder assez d'évidence, soit réelle ou bien supposée. La foi opère aussi au niveau des sentiments et de la volonté au point où l'objet de la croyance est lui-même jugé important. Si des jugements éronnés provient d'un manque à discerner entre évidence réelle ou supposée, les facultés émotionnelles et volitives de l'esprit peuvent, alors parfois, être plus influencées par les faux jugements que par les vrais. C'est sur ce point que joue le caractère trompeur du péché et du cœur de l'homme. Seule la grâce peut éveiller l'esprit à la vérité révélée en Jesus. Ainsi saint Paul écrit: *"Nous regardons, non point aux choses visibles, mais à celles qui sont invisibles, car les choses visibles sont passagères et les invisibles sont éternelles"* (2 Cor. 4:18).

Nous distinguons aussi des degrés dans la foi. Cet état de choses n'est pas uniquement dû à une compréhension limitée de la vérité, mais se rapporte aussi à l'existence de différents niveaux d'intensité dans la foi elle-même. Le Seigneur qualifia ses disciples de *"gens de peu de foi"* (Mat. 6:30); alors qu'il s'adressait à la femme Cananéenne en ces termes: *"Femme ta foi est grande"* (Mat. 15:28). St Paul parle de *"celui qui est faible dans la foi"* (Rom. 14:1) et il dit des frères à Thessalonique: *"Votre foi fait de grands progrès"* (2 Thess 1:3). Prions donc, à l'exemple des apôtres en Luc 17:5: *"Seigneur: augmente-nous la foi."*

B. La nature de la foi qui sauve

Par l'expression "la foi qui sauve", nous ne désignons pas une différente sorte de foi, mais cette foi qui est considérée comme la condition requise et l'instrument du salut. Nous avons déjà vu que l'élément primordial de la foi est la confiance; donc, la foi qui sauve est une confiance personnelle en la Personne du Sauveur. La cause efficiente de cette foi, c'est l'opération du Saint-Esprit; et la cause instrumentale, c'est la révélation de la vérité à l'égard du besoin et de la possibilité du salut. Au sujet de la foi qui sauve, John Wesley nous dit: "La foi est une évidence et une conviction divines que, non seulement *'Dieu était en Christ, réconciliant le monde avec lui-même',* mais aussi que Christ m'aime et donna Sa vie pour moi." M. Watson déclare que "La foi en Christ, associée au salut dans le Nouveau Testament, est nettement de ce type-là; c'est-à-dire, qu'elle se compose de l'assentiment jumelé à l'assurance, et de la croyance jumelée à la confiance". Le Dr Pope témoigne aussi de ce double aspect de la foi: "La foi, comme l'instrument pour gagner le salut, est une croyance façonnée divinement par Dieu pour croire à ce que la Bible dit de Christ et une confiance en Lui comme Sauveur personnel; ces deux aspects étant une seule et même chose" (POPE, *Compendium of Christian Theology* [Traité de Théologie Chrétienne], p.376).

La foi qui sauve comporte à la fois l'élément humain et l'élément divin. C'est une "évidence divine et une conviction" ou une "croyance façonnée divinement par Dieu". Concernant le rapport entre les éléments divin et humain inhérents à la foi, citons cette remarquable déclaration du Dr Adam Clarke: "La foi n'est-elle pas le don de Dieu? Elle l'est, en effet, en ce qui concerne la grâce qui la produit; mais la grâce ou la capacité de croire et l'action de croire sont deux choses bien différentes. Nul homme n'a jamais cru et nul homme n'a jamais eu la force de croire sans cette grâce, capacité, ou puissance qui provient de Dieu. Mais, avec cette puissance, l'acte de foi, proprement dit, est le nôtre. Dieu ne croit pas à la place d'aucun homme, de même façon qu'Il ne se repent pas. Le pénitant, par cette grâce qui le rend capable de croire, croit pour lui-même. Il ne croit non plus ni par nécessité ni par impulsion quand il reçoit de Dieu cette capacité ou puissance afin de croire. La puissance de croire peut être présente en l'homme longtemps avant que celui-ci ne l'utilise, sinon, pourquoi la Parole de Dieu serait-elle remplie d'avertissements solennels et même de menaces contre ceux qui refusent de croire? N'est-ce pas là la preuve, que ces individus ont la puissance de croire, mais ne l'exercent pas? Ils ne croient pas et ainsi ils ne peuvent pas être établis dans la foi. Voici par conséquent la vraie position: Dieu accorde la puissance, l'homme utilise la puissance qui lui est donnée et ainsi rend la gloire à Dieu. Sans la puissance, aucun homme ne peut croire; avec elle, tout homme le peut"

(CLARKE, *Christian Theology* [Théologie Chrétienne], pp. 135-136. Voir aussi, *Commentary*, [Commentaire], Hébreux 11:1).

La foi qui sauve, c'est l'acte de l'être humain tout entier sous l'influence du Saint-Esprit. Il ne s'agit pas seulement d'un assentiment de l'esprit à la vérité, ni d'un sentiment provenant de notre vie émotive, ni la consentement de la volonté seule face à l'obligation morale. La vraie foi est l'action produite par l'homme entier. Elle devient la décision la plus importante de sa vie personnelle — une action, par laquelle il prend son être tout entier et qui, en quelque sorte, l'amène à sortir de lui-même pour s'approprier les mérites de Christ. Pour cette raison, les Saintes Ecritures déclare que *"c'est en croyant du cœur qu'on parvient à la justice"* (Rom. 10:10). Le cœur est ici perçu comme le centre même de la personnalité, y compris toutes ses puissances et ressources. La foi est donc *bien plus* qu'une simple adhésion de l'esprit à la vérité; bien plus que le consentement de la volonté qui résulte en une réforme strictement extérieure; et bien plus encore qu'un état confortable de la vie émotive. La foi qui sauve embrasse, en effet, toutes ces facettes. Elle s'exprime par une confiance inébranlable en Dieu. C'est l'acceptation du sacrifice propitiatoire de Christ qui a été offert tant pour le salut des Juifs que des Gentils. Elle est une confiance ferme dans les mérites acquis par le sang du sacrifice expiatoire. Cette confiance ferme et inébranlable dans l'œuvre expiatoire de Jésus-Christ doit demeurer pour toujours la libre pratique suprême de la foi qui sauve.

La foi qui sauve se fonde sur la vérité révélée dans la Parole de Dieu. C'est pour cette raison que saint Paul décrit l'Evangile comme étant *"une puissance de Dieu pour le salut de quiconque croit"* (Rom. 1:16). Notre Seigneur posa la pierre de base de la foi lorsqu'Il déclara cette vérité: *"Ce n'est pas pour eux seulement que je prie, mais encore pour ceux qui croiront en moi par leur parole"* (Jean 17:20). St Jean nous dit dans son évangile: *"Mais ces choses ont été écrites afin que vous croyiez que Jésus est le Christ, le Fils de Dieu, et qu'en croyant vous ayez la vie en son nom"* (Jean 20:31). Paul aussi affirme que Dieu nous a choisis pour le salut *"par la sanctifica-*

tion de l'esprit et par la foi en la vérité" (2 Thess. 2:13), et encore que *"la foi vient de ce qu'on entend, et ce qu'on entend vient de la Parole de Christ"* (Rom. 10:17). C'est par le moyen de Sa providence et de Sa grâce que Dieu donne à l'humanité le fondement de la vérité salvatrice dans sa Parole éternelle et immuable. Il se charge aussi, par l'influence miséricordieuse du Saint-Esprit, de reveiller, de convaincre et de conduire l'âme à Christ. Une croyance ferme dans la révélation chrétienne conduit l'âme à mettre sa confiance dans le Christ, qui est l'objet de cette révélation. Ainsi donc, le véritable et ultime idéal de la foi est une Personne divine; et en nous confiant personnellement en notre Seigneur Jésus-Christ, notre croyance dans Sa Parole est fortifiée.

La foi qui sauve est d'une manière vitale liée aux bonnes œuvres. John Wesley démontre bien la réalité de cette interrelation lorsqu'il déclara: "Bien que les bonnes œuvres, qui sont les fruits de la foi, et qui suivent la justification, ne puissent pas enlever nos péchés et endurent la sévérité du jugement de Dieu, elles demeurent cependant agréables et acceptables à Dieu en Christ. Elles proviennent d'une foi véritable et vivante à un point tel que par elles, une foi vivante peut être perçue avec autant d'évidence qu'un arbre se reconnaît à ses fruits". La pratique de bonnes œuvres agréables à Dieu est produite selon Sa volonté, et elles sont faites avec le secours de Sa grâce divine et accomplies pour Sa seule gloire.

St Paul nous enseigne que la foi, en ce qui concerne l'homme, ne doit jamais être vue comme une œuvre méritoire, mais bien plutôt comme une condition du salut. Donc, l'homme ne pourrait être sauvé que par le moyen de la foi: *"Car c'est par la grâce que vous êtes sauvés, par le moyen de la foi. Et cela ne vient pas de vous, c'est le don de Dieu"* (Eph. 2:8). Le salut est maintenant et a toujours été *"par la grâce...par le moyen de la foi"*. L'acte de foi par lequel l'homme est sauvé devient la loi de son être en tant qu'une personne sauvée, et dorénavant des bonnes œuvres découleront du principe de la foi vivante.

C. La foi en tant qu'une grâce de la vie chrétienne

La foi qui sauve est cette action par laquelle la grâce prévenante de l'Esprit se transmet dans la vie régénérée du croyant. Ainsi, la foi qui sauve devient la foi qui est une loi de notre être, de notre personnalité. L'acte initial devient l'attitude permanente de l'homme régénérée. *"Ainsi donc, comme vous avez reçu le Seigneur Jésus-Christ, marchez en lui, étant enracinés et fondés en lui, et affermis par la foi"* (Col. 2:6-7). Cette foi devient *"la loi de l'Esprit de vie en Jésus-Christ"* (Rom. 8:2). St Paul dit que la foi est le septième fruit de l'Esprit (Gal. 5:22) et il la classe comme l'un des dons de l'Esprit (1 Cor. 12:9). En tant que fruit de l'Esprit, elle est une qualité dans la vie du régénéré, et donc un résultat gracieux et un privilège permanent des croyants. En tant que don de l'Esprit, la foi est un don spécial accordé par l'Esprit pour le bienfait de ceux à qui elle est donnée (1 Cor. 12:7).

La foi, en tant que la loi de la vie chrétienne, est toujours opérante. Elle agit par l'amour (Gal 5:6) et purifie le cœur. Autrement, il y aurait du danger que la foi devînt simplement un assentiment formel aux conditions du salut. C'est contre ce danger que Jacques nous met en garde: *"Tu crois qu'il y a un seul Dieu, tu fais bien... Veux-tu savoir, ô homme vain, que la foi sans les œuvres est inutile?... Comme le corps sans âme est mort, de même la foi sans les œuvres est morte"* (Jac. 2:19, 20, 26). La vraie foi est donc une foi qui est toujours agissante.

V. LA CONVERSION

La conversion est le terme utilisé pour désigner le processus par lequel l'âme se détourne du péché au salut. Dans son usage commun, ce terme est employé, dans un sens indifférencié, afin d'exprimer l'étape initiale du salut, y compris la justification, la régénération et l'adoption. Selon les Ecritures, toutefois, la conversion se réfère habituellement à cette action de l'homme qui se détourne du péché. Ainsi, notre Seigneur cite la prophétie d'Esaïe: *"Il a aveuglé leurs yeux; et il a endurci leur cœur, de peur qu'ils ne voient des yeux, qu'ils ne comprennent du cœur, qu'ils ne se convertissent, et que je ne les guérisse"* (Jean 12:40). Il dit aussi: *"Si vous ne vous convertissez et si vous ne devenez comme les petits enfants, vous n'entrerez pas dans le royaume des cieux"* (Mat. 18:3). A Pierre, Il déclara: *"Et toi, quand tu seras converti, affermis tes frères"* (Luc 22:32). Jacques, à son tour dit: *"Mes frères, si quelqu'un parmi vous s'est égaré loin de la vérité, et qu'un autre l'y ramène* [le convertit], *qu'il sache que celui qui ramènera* [convertira] *un pécheur de la voie où il s'était égaré sauvera une âme de la mort et couvrira une multitude de péchés*" (Jac. 5:19-20).

La théologie calviniste enseigne que "la conversion est le côté, ou l'aspect humain de ce changement spirituel fondamental que, regardé du point de vue de Dieu, nous appelons la régénération". Mais puisque les Calvinistes soutiennent que la régénération est un appel efficace par décret de Dieu, pour eux les hommes sont tout d'abord régénérés et ensuite ils peuvent se tourner vers Dieu. Le Dr Pope, éminent théologien arminien, définit la conversion d'une manière semblable: "Le processus par lequel l'âme se détourne, ou est détournée du péché vers Dieu pour être acceptée par la foi en Christ." Bien que ces définitions se ressemblent, sinon presque identiques, il y a une différence énorme entre les positions calviniste et arminien au sujet de la conversion. Les Calvinistes maintiennent que tout d'abord l'homme est régénéré par un décret absolu de Dieu; ensuite il peut se tourner vers Dieu. Les Arminiens, pour leur part, soutiennent que c'est par la grâce, accordée préalablement, que l'homme peut se diriger vers Dieu, pour *ensuite* être régénéré. Cette dernière position est en accord avec les Ecritures.

CHAPITRE XVI

LA JUSTIFICATION, LA RÉGÉNÉRATION ET L'ADOPTION

"La justification est une doctrine cardinale de la théologie chrétienne. Toutes les confessions religieuses évangéliques sont d'accord sur ce point. Martin Luther l'appela 'l'article par lequel l'Eglise s'édifie ou s'écroule. Elle répand son influence vitale dans tout le corps de la théologie; elle touche toute l'experience chrétienne, et agit sur toutes les facettes de la piété pratique'. Cette doctrine se rapporte surtout au moyen, et au seul moyen pour un pécheur pénitent, d'être accepté de Dieu. Elle est un maillon de la chaîne qui conduit à une pleine et complète réconciliation avec Dieu. Abandonnez-la et tout le système du christianisme est défiguré et incomplet. La justification, la régénération et l'adoption sont implicites entre elles; l'une ne peut se produire sans les autres et pourtant, aucune n'est l'autre. Elles sont des doctrines distinctes, mais non séparées."

—*L'évêque Jonathan Weaver*

I. LA JUSTIFICATION

Dans la citation qui précède, l'évêque Weaver a fortement énoncé l'importance vitale de la doctrine de la justification dans la théologie chrétienne. Une observation supplémentaire de l'évêque Merrill sur la question peut très bien être citée: "La vie, l'Esprit et la puissance de Dieu sont ici en contact efficace avec les consciences éveillées et les cœurs pénitents, apportant les pulsations d'une vie nouvelle et les lueurs d'un jour nouveau à l'âme perdue dans les ténèbres et le péché. Détruisez ce maillon dans la chaîne et le tout devient inutile. Le nom de Christ, s'il est retenu, aura perdu de son charme. Son sang sera privé de son efficacité méritoire et son Esprit sera réduit à un sentiment ou à un tempérament sans puissance pour exciter l'âme à une vie de droiture. Accompagnant ce déplacement de Christ viendra une exaltation indue des vertus humaines et une diminution de l'infamie du péché, jusqu'à ce que la présence de la culpabilité cesse d'alarmer et que le besoin d'être humble devienne un rêve. Ensuite, l'apparat de l'adoration remplacera les gémissements intérieurs vers le salut, et les cultes au sanctuaire deviendront nécessaires pour charmer les sens, pour servir les goûts esthétiques, et pour nourrir la vanité du cœur, sans déranger les émotions ni remuer les profondeurs de l'âme avec des désirs qui se portent vers Dieu et vers la pureté."

A. *Des définitions de la justification*

Le Dr Bunting a donné une définition splendide de la justification qui se lit comme suit: "Justifier un pécheur, c'est le voir et le considérer comme relativement juste; et c'est traiter avec lui de cette façon, nonobstant son injustice passée, en le disculpant, en l'absolvant, en le déchargeant et en le libérant de diverses charges pénales, spécialement de la colère de Dieu et du risque de la mort éternelle, qu'il méritait par son injustice passée; et l'accepter comme s'il était juste et l'admettre à l'état, aux privilèges et aux récompenses de la justice." Le Manuel de l'Eglise du Nazaréen rend l'énoncé définitif suivant: "Nous croyons que la justification est cet acte juridique et miséricordieux de Dieu, par laquelle il accorde plein pardon de toute culpabilité, et rémission complète de la peine pour les péchés commis; Il accept comme juste, tous ceux qui croient en Jésus-Christ et Le reçoivent comme Seigneur et Sauveur" (Article IX, par. 9). Les différents aspects de la vérité concernant cette grande doctrine peuvent être résumés dans l'énoncé suivant: "La justification est cette action juridique et déclaratoire de Dieu par laquelle Il prononce ceux qui acceptent par la foi le sacrifice propitiatoire de Christ, absous de leurs péchés, libérés de leur condamnation et acceptés comme justes devant Lui."

B. *La nature de la justification*

Dans les Ecritures, l'idée de la justification est présentée par des termes tels que justification, justice, non imputation du péché, et la considération ou l'imputation de la justice — lesquels tous ont substantiellement la même signification, malgré certaines nuances. Parmi les passages les plus importants traitant de cette question,

LA JUSTIFICATION, LA RÉGÉNÉRATION ET L'ADOPTION

relevons les suivants: (1) *"Sachez donc, hommes frères, que c'est par lui que le pardon des péchés vous est annoncé, et que quiconque croit est justifié par lui de toutes les choses dont vous ne pouviez être justifiés par la loi de Moïse"* (Actes 13:38-39). (2) *"Et ils sont gratuitement justifiés par sa grâce, par le moyen de la rédemption qui est en Jésus-Christ. C'est lui que Dieu a destiné, par son sang, à être, pour ceux qui croiraient victime propitiatoire, afin de montrer sa justice, parce qu'il avait laissé impunis les péchés commis auparavant, au temps de sa patience, afin, dis-je, de montrer sa justice dans le temps présent, de manière à être juste tout en justifiant celui qui a la foi en Jésus"* (Rom. 3:24-26). (3) *"Et à celui qui ne fait point d'œuvre, mais qui croit en celui qui justifie l'impie, sa foi lui est imputée à justice. De même David exprime le bonheur de l'homme à qui Dieu impute la justice sans les œuvres: Heureux ceux dont les iniquités sont pardonnées, et dont les péchés sont couverts! Heureux l'homme à qui le Seigneur n'impute pas son péché!"* (Rom. 4:5-8). Ces passages illustrent la variété de termes par lesquels les Écritures établissent le concept de la justification.

1. *La justification évangélique.* Les Ecritures utilisent le mot justification dans au moins trois sens. *Premièrement*, il est appliqué à celui qui est personnellement droit ou juste, et contre lequel on ne porte aucune accusation. Cela est la *justification personnelle* (cf. Mat. 11:19; Luc 7:29; Rom. 2:13). *Deuxièmement*, il est appliqué à celui contre qui une accusation est lancée mais qui ne tient pas. Cela est la justification *légale* (Deut. 25:1). *Troisièmement*, il s'applique à celui qui est accusé, trouvé coupable et condamné. Comment un tel individu peut-il être justifié? Dans un sens seulement — celui du pardon. Par l'action de Dieu, ses péchés sont pardonnés à cause de Christ, sa culpabilité annulée, sa punition remise, et il est accepté devant Dieu comme juste. Il est, par conséquent, déclaré juste, non par une fiction légale, mais par une action juridique, et il se tient dans la même relation avec Dieu par Christ que celle qu'il aurait s'il n'avait jamais péché. Cela est la justification *évangélique*, et n'est possible que par la rédemption qui est en Jésus-Christ.

On doit souligner que la justification évangélique est la rémission des péchés par un acte de miséricorde; ce n'est pas un exercice de la prérogative divine distinct de la loi, mais conformément à la loi. Elle est ainsi distincte de la simple clémence.

2. *La justification est à la fois une action et un état.* La justification est une action de Dieu par laquelle les hommes sont déclarés justes ou droits, et c'est un état que l'homme acquiert comme conséquence de cette déclaration. Qu'il désigne une action ou un état, le mot n'est jamais utilisé validement au sens où il rend les hommes justes ou droits, mais seulement dans le sens où ils sont *déclarés* ou *prononcés* libres de la culpabilité et de la peine du péché, donc justes.

3. *La justification est un changement relatif.* La justification n'est pas l'œuvre de Dieu par laquelle nous sommes *réellement* rendus *justes* et *droits*. Nous ne pouvons mieux faire que de citer John Wesley sur ce point: "Mais qu'est-ce que nous voulons dire par le concept de la justification? Il est évident, par ce qui a déjà été observé, que ce n'est pas être réellement fait juste et droit. Cela est la *sanctification,* laquelle est en effet, jusqu'à un certain point, le fruit immédiat de la justification, mais est néanmoins un don distinct de Dieu et d'une nature complètement différente. L'un implique ce que Dieu fait *pour nous* par son Fils; l'autre, l'œuvre qu'il fait *en nous* par Son Esprit. Bien qu'il soit possible, en quelques rares cas, de trouver le terme justifier ou justification utilisé dans un sens si large qu'il incluera aussi la sanctification; pourtant, en général, Paul et les autres écrivains inspirés, font une distinction suffisamment entre ces deux termes" (WESLEY, *Sermon sur la justification par la foi*).

4. *La justification et la sanctification.* Quand nous disons que la justification est un changement relatif, nous entendons un changement *réel* dans la *relation* avec Dieu, alors que la sanctification est un changement dans la nature morale de l'individu. La relation du pécheur avec Dieu, en est une de condamnation; quand il est justifié, cette relation est changée par le pardon en une relation d'accueil ou de justification. Or, il est évident que si la sanctification ou le changement intérieur a précédé le changement extérieur, alors nous aurions la sainteté ou la droiture intérieure en ceux qui se trouvaient devant Dieu dans une relation de condamnation. Par conséquent,

le Prostestantisme a toujours professé que l'acte premier de Dieu dans le salut de l'homme, doit être la justification, ou le changement de relation, de la condamnation à la droiture. Dans la pratique, le changement relatif extérieur et le changement moral intérieur se produit simultanément, et ces changements ne sont que deux aspects de la même expérience; mais dans la pensée tout au moins, la justification doit précéder.

Le manque de distinguer entre la justification et la sanctification est une des erreurs de la théologie catholique romaine. Dans leurs Décrets Tridentins (1547 ap. J.-C.), il était énoncé: "La justification n'est pas uniquement la rémission des péchés, mais aussi la sanctification et le renouvellement de l'homme intérieur par la réception volontaire de la grâce et des dons de la grâce." L'effet de cette position se reflète dans deux autres énoncés du Concile de Trente — l'une niant l'instantanéité de la justification; l'autre, son assurance. De là, la justification devient un processus par lequel l'individu devient de plus en plus justifié; pourtant, "personne n'affirme avec confiance et certitude que ses péchés sont remis." La justification ainsi faussement perçue, devient un processus graduel d'infusion de la justice. Ce n'est pas étonnant alors que ce concile adopte une position antibiblique en prononçant l'anathème suivant: "Quiconque affirmera que la foi qui justifie n'est rien d'autre que la confiance dans la miséricorde divine pour remettre les péchés à cause de Christ, ou que cette foi est le seul moyen par lequel nous sommes justifiés, qu'il soit maudit."

5. *La justification est un acte à la fois juridique et souverain.* Nous avons vu que la justification et le pardon sont étroitement associés. Strictement parlant, la justification est plus que la simple pardon. Essentiellement, la justification est un acte *juridique*. Dieu ne justifie pas les pécheurs simplement à cause de Son bon plaisir, mais seulement à cause de la justice de Christ: *"et ils sont gratuitement justifiés par sa grâce, par le moyen de la rédemption qui est en Jésus-Christ"* (Rom. 3:24). Le pécheur est donc justifié par l'acte juridique de Dieu.

Mais la justification comporte aussi le pardon des péchés. Bien que Dieu seul, en tant que *Juge*, puisse déclarer un pécheur juste, Dieu seul, en tant que *Souve-*

rain, peut pardonner ou remettre les péchés. Ainsi, dans une perspective négative, la justification est la rémission des péchés; dans une perspective positive, c'est l'acceptation du croyant comme juste. Dieu agit dans l'œuvre de justification *autant* en sa qualité de souverain que de juge. Par sa grâce souveraine, il pardonne les péchés du pénitent; et par un acte juridique, il remet la peine et le déclare juste.

6. *La justification est personnelle, globale et instantanée.* La justification est une œuvre véritablement accomplie, par laquelle Dieu change la relation de condamnation du pécheur sous la loi, en une relation de justice en Christ. Cette œuvre est instantanée en ce qu'elle est une décision définitive et immédiate, conséquente à la foi et non une sentence s'étendant au fil des ans ou une infusion graduelle de justice. Au moment où le véritable pénitent croit au Seigneur Jésus-Christ, il est justifié. La justification est personnelle en ce qu'elle est expérimentée seulement par ceux qui la recherchent sincèrement par la prière et la foi, et qui obtiennent cette grâce pour eux-mêmes. Elle est globale en ce qu'elle est la rémission de tous les péchés passés, par la longanimité de Dieu.

C. *La base de la justification*

La base de la foi qui justifie est l'œuvre médiatrice de Jésus-Christ. Plus explicitement, le plan évangélique pour justifier les impies repose sur trois choses: *Premièrement*, la pleine satisfaction de la justice divine par le sacrifice propitiatoire de Christ, comme Représentant de l'homme; *deuxièmement*, l'honneur divin fondé sur le mérite de Christ en vertu de Son œuvre rédemptrice; et *troisièmement*, l'union des deux en un ordre juste et miséricordieux, où il est possible à Dieu, en tant que Souverain et Juge, de démontrer Sa miséricorde par le pardon des péchés, par des conditions en accord avec la justice. L'unique base de la justification est donc l'œuvre propitiatoire de Christ, acceptée par la foi.

La méthode du Protestantisme orthodoxe de tenter d'établir la relation entre l'œuvre de Christ et la justification du croyant s'appelle l'imputation. Encore ici, les différences entre les pensées calviniste et arminienne sont frappantes. En général, la position calviniste veut que la justice de Christ, tant Son œuvre que Ses souffrances, nous soit attribuée ou imputée "comme si elle était la nôtre". Conséquemment, les élus sont rendus légalement justes comme s'ils avaient eux-mêmes parfaitement obéi à la loi de Dieu. Les élus sont donc justes par procuration. Les tendances antinomiennes de ce type de théologie sont particulièrement subtiles et dangereuses. Il établit, à juste titre, une distinction entre la "position" légale du croyant et son "état" ou condition spirituelle; mais trop souvent les deux ont été trop largement séparés et un accent trop important a été donné à la "position", pour ainsi négliger et sous-estimer l'œuvre intérieure du Saint-Esprit dans la transmission de la justice.

L'Arminianisme soutient que l'imputation est toujours accompagnée par la sanctification intérieure. Il maintient que la justification, la régénération, l'adoption et la sanctification initiale sont des bénédictions concomitantes, toutes comprises dans le terme plus étendu — la conversion.

L'antinomisme qui conduirait une âme à croire à l'imputation de la justice de Christ sans la transmission intérieure de la justice par l'Esprit est un dangereux travestissement de la vérité de Dieu. Seulement quand Christ est fait, pour nous, sagesse, et justice, et sanctification, et rédemption (1 Cor. 1:30), pouvons-nous nous reposer sûrement dans la grâce de Dieu.

Quelle est, alors, la vraie position scripturaire concernant l'imputation? C'est l'imputation de la foi à justice. Cela est le seul point de vue sur le sujet qui soit complètement en accord avec les Ecritures et avec la grande doctrine de la Réforme voulant que nous soyons justifiés par la foi seulement. *"Et que quiconque croit est justifié par lui de toutes les choses"* (Actes 13:39). *"Abraham crut à Dieu, et cela lui fut imputé à justice"* (Rom. 4:3). *"C'est pourquoi cela lui fut imputé à justice"* (Rom. 4:22); *"C'est encore à cause de nous, à qui cela sera imputé, à nous qui croyons en celui qui a ressuscité des morts Jésus notre Seigneur"* (Rom. 4:24). *"Car Christ est la fin de la loi pour la justification de tous ceux qui croient"* (Rom. 10:4).

D'après les passages précédents, il est clair que (1) c'est la foi elle-même, en tant qu'acte personnel du croyant, et non l'objet de la foi qui est imputé à justice. (2) La foi est la condition pour la justice. Elle ne constitue pas la justice personnelle, ce qui ferait de la foi une subtile forme d'œuvre ayant du mérite; mais elle est simplement la condition à la justice. (3) La foi qui justifie n'est pas la foi en général, mais une foi particulière dans l'œuvre propitiatoire de Christ. *"Ils sont gratuitement justifiés par sa grâce, par le moyen de la rédemption qui est dans le Christ-Jésus. C'est lui que Dieu a destiné comme moyen d'expiation pour ceux qu auraient la foi en son sang, afin de montrer sa justice"* (Rom. 3:24-25, *Nouvelle Version Segond Révisée, 1978*).

II. LA RÉGÉNÉRATION

La filiation chrétienne, qui implique la régénération et l'adoption, est vitalement liée à la justification par la foi. Cependant, il y a des points de divergence significatifs entre elles. La nécessité de la justification repose sur la réalité de la culpabilité et de la pénalité; alors que la nécessité de la régénération résulte de la dépravation morale de la nature humaine par suite de la chute. La première annule la culpabilité et enlève la pénalité; la dernière restaure la nature morale et rétablit les privilèges de la filiation — d'être fils de Dieu. Toutefois, la justification, la régénération, l'adoption et la sanctification initiale sont concomitantes dans l'expérience personnelle, c'est-à-dire qu'elles sont inséparables et simultanées.

A. *La nature de la régénératrion*

Le terme *régénération*, tel qu'il est utilisé dans les Écritures, signifie littéralement "être de nouveau". Il doit donc être compris dans le sens de reproduction ou de restauration. Il est généralement appliqué au changement moral qui est décrit dans des expressions bibliques telles que: *"naître de nouveau"* (Jean 3:3, 7); *"né de Dieu"* (Jean 1:13; 1 Jean 3:9; 4:7; 5:1, 4, 18); *"né de l'Esprit"* (Jean 3:5-6); *"rendus à la vie"* (Eph 2:5); et *"passé de la mort à la vie"* (Jean 5:24; 1 Jean 3:14). Lors de son entretien avec Nicodème, Jésus utilisa des termes similaires pour insister sur la nécessité de la naissance "d'en haut". Paul fait référence à la même expérience lorsqu'il déclare: *"Si quelqu'un est en Christ, il est une nouvelle créature"* (2 Cor. 5:17); et *"Vous qui étiez morts par vos offenses et par l'incirconcision de votre chair, il vous a rendus à la vie avec lui, en nous faisant grâce pour toutes nos offenses"* (Col. 2:13). Tant Jean que Paul insistent sur le fait que la régénération dépend de la foi. *"Mais à tous ceux qui l'ont reçue, à ceux qui croient en son nom, elle a donné le pouvoir de devenir enfants de Dieu"* (Jean 1:12).

Paul montre que les hommes sont sauvés *"par le baptême de la régénération et le renouvellement du Saint-Esprit"* (Tite 3:5). L'expression *"le baptême de la régénération"* fait ici allusion au rite de baptême; bien que dans un sens plus restreint, le "baptême" puisse faire référence au rite, et la "régénération" au renouveau spirituel qu'il symbolise. Le *"renouvellement du Saint-Esprit"* doit être perçu comme une expression globale se référant, en un certain sens, à l'œuvre fondamentale de la régénération et, en un autre sens, à l'œuvre ultérieure de l'entière sanctification. En rapport avec la régénération, ce renouvellement est une restauration de l'image morale de Dieu selon laquelle l'homme fut créé au commencement. Bien plus encore, il est aussi le renouvellement du but initial de la vie de l'homme dans la plénitude de sa consécration à Dieu. En conséquence, Paul nous enjoint *"à revêtir l'homme nouveau, créé selon Dieu dans une justice et une sainteté que produit la vérité"* (Eph. 4:24); et encore à revêtir *"l'homme nouveau, qui se renouvelle, dans la connaissance, selon l'image de celui qui l'a créé"* (Col. 3:10). Il est évident ici que l'homme est "renouvelé" ou créé à nouveau dans la régénération; et que la connaissance, la justice et la sainteté qui s'ensuivent constituent la fin pour laquelle il a été renouvelé.

B. Des définitions de la régénération

Quelques définitions typiques de la régénération pourraient nous aider à éclairer notre pensée sur ce sujet essentiel. John Wesley définit la régénération comme "ce grand changement que Dieu opère dans l'âme lorsqu'Il la ramène à la vie; lorsqu'Il la fait passer de la mort du péché à la vie de la justice. C'est en somme le changement provoqué dans l'âme entière par l'Esprit tout-puissant de Dieu, lorsqu'elle est recréée à nouveau en Jésus-Christ; lorsqu'elle est renouvelée à l'image de Dieu dans une justice et une sainteté que produit la vérité" (WESLEY: *Ser-*

mon sur la nouvelle naissance). Selon M. Watson, "la régénération est ce puissant changement opéré en l'homme par le Saint-Esprit, par lequel l'emprise que le péché exerçait sur lui, dans son état naturel, emprise qu'il déplore et contre laquelle il lutte dans son état pénitent est brisée et abolie; de telle sorte qu'avec plein pouvoir de décision et la force de s'affectionner aux choses justes, il sert Dieu librement et marche selon ses commandements" (WATSON, *Theological Institutes* [Instituts Théologiques], t. II, p. 267). Si une définition plus simple était souhaitée, la suivante nous semblerait être décisive: La régénération est la communication de la vie par le Saint-Esprit à une âme morte dans ses offenses et ses péchés.

C. *L'œuvre de Dieu dans la régénération*

Notre Seigneur démontra qu'il y a un élément de mystère associé avec la nature exacte de la nouvelle naissance lorsqu'il dit: *"Le vent souffle où il veut, et tu en entends le bruit; mais tu ne sais d'où il vient, ni où il va. Il en est ainsi de tout homme qui est né de l'esprit"* (Jean 3:8). De toute façon, il est utile d'étudier cette expérience miséricordieuse en examinant attentivement les termes scripturaires qui font référence à l'action de Dieu dans l'âme humaine. Le premier et le plus simple des termes est celui d'"engendrer". Jean stipule que *"Quiconque aime celui qui l'a engendré aime aussi celui qui est né de lui"* (1 Jean 5:1). St Pierre utilise l'expression *"nous a régénérés"* (1 Pi. 1:3); alors que Jacques déclare qu'*"Il nous a engendrés selon sa volonté, par la parole de vérité"* (Jac. 1:18). Apparentées sinon identiques au terme "engendré" sont les expressions: "né de nouveau" et "né d'en haut". La déclaration emphatique de Christ était: *"Si un homme ne naît de nouveau, il ne peut voir le royaume de Dieu"* (Jean 3:3, 7). La régénération est donc cette infusion de la vie spirituelle aux âmes humaines, ce qui les fait des êtres individuels et distincts dans le domaine spirituel. Jésus insiste sur la valeur morale de cette nouvelle naissance en ces mots: *"Ce qui est né de la chair est chair, et ce qui est né de l'Esprit est esprit"* (Jn 3:6). La "nouvelle naissance" sous-entend donc l'idée d'un don de vie, et est le résultat de cette intervention divine par laquelle les âmes humaines sont rétablies dans la communion avec Dieu.

Une deuxième expression utilisée relativement à la régénération est "donner la vie" ou "rendre à la vie". Ainsi, *"le Fils donne la vie à qui il veut"* (Jean 5:21); et Il [Dieu] *"nous a rendus à la vie avec Christ"* (Eph. 2:5). Cette notion de retour à la vie spirituelle ou résurrection, place la nouvelle vie en opposition à l'état antérieur de péché et de mort. Paul insiste sur ce fait lorsqu'il dit: *"Nous qui étions morts par nos offenses, [Dieu] nous a rendus à la vie avec Christ"* (Eph 2:5), et *"vous qui étiez morts par vos offenses et par l'incirconcision de votre chair, il vous a rendus à la vie avec lui, en nous faisant grâce pour toutes nos offenses"* (Col. 2:13). La régénération est donc une réanimation spirituelle par laquelle les âmes humaines mortes par les offenses et les péchés, sont ressuscitées pour marcher en nouveauté de vie. Il s'agit d'une introduction à une vie nouvelle où se trouvent de nouveaux goûts, de nouvelles aspirations et de nouvelles dispositions.

Une troisième expression présente l'œuvre de la régénération comme "un acte de créer" ou une "création". Ainsi donc, *"Si quelqu'un est en Christ, il est une nouvelle créature"* (2 Cor. 5:17); et *"nous sommes son ouvrage, ayant été créés en Jésus-Christ pour de bonnes œuvres"* (Eph. 2:10. En tant qu'une "naissance d'en haut", la régénération doit être comprise comme une participation à la vie du Christ glorifié. Paul affirme: *"afin que, comme Christ est ressuscité des morts par la gloire de Père, de même nous aussi nous marchions en nouveauté de vie"* (Rom. 6:4). En tant que nouvelle créature, l'homme retrouve l'image d'origine selon laquelle il avait été créé. Christ est le grand Modèle et l'homme *"se renouvelle, dans la connaissance, selon l'image de celui qui l'a créé"* (Col. 3:10).

D. Des erreurs relatives à la régénération

Sans trop prolonger la discussion, il nous serait profitable d'identifier quelques erreurs qui ont été avancées sur la régénération.

La régénération n'est pas le baptême d'eau. Le baptême est le signe extérieur d'une grâce intérieure, et c'est précisément pour cette raison qu'il ne peut être la régénération. Pierre nous dit que le baptême *"n'est pas la purifi-*

cation des souillures du corps, mais l'engagement d'une bonne conscience envers Dieu" (1 Pi. 3:21); et cette bonne conscience ne peut être atteinte sans un renouveau spirituel intérieur. L'identification du baptême et de la "régénération baptismale", a une longue histoire dans l'Eglise et ne peut être relatée ici en détails. Contentons-nous de dire que la régénération et l'adoption fussent embrouillées dans la pensée et que l'on considérait le baptême comme l'acte final dans l'appropriation du christianisme, et le sceau de l'adoption formelle dans la famille de Dieu. Le baptême, étant si étroitement lié à l'adoption et à la régénération, en vint à être faussement considéré comme l'instrument par lequel la transformation intérieure s'effectuait.

La régénération n'est pas un simple accomplissement humain. Au cours des siècles, plusieurs perspectives de la régénération ont été avancées qui soutenaient faussement le facteur humain. Le pélagianisme, hérésie du début de l'Eglise, considérait la régénération comme une action volontaire de l'homme. La régénération était supposée être obtenue par l'illumination de l'intelligence par la vérité, et par la simple imitation de Christ et de sa vie. Une version contemporaine de cette tendance rationnelle soutient que la régénération s'accomplit par la seule puissance de la vérité. L'erreur de ces positions est qu'elles se fondent sur le refus de l'action immédiate du Saint-Esprit qui seul peut effectuer la nouvelle naissance.

La régénération n'est pas produite inconditionnellement par le Saint-Esprit, sans qu'il n'y ait d'abord des étapes préparatoires et sans le concours de l'homme. Le Calvinisme soutient faussement que la régénération est la première étape du salut, et qu'elle s'accomplit sans la collaboration de l'homme. Ce dernier ne joue qu'un rôle passif dans le processus. Cela n'aboutit qu'à un refus de la grâce prévenante, l'influence miséricordieuse du Saint-Esprit s'exerçant sur le cœur avant la régénération. Mais rien n'est plus évident dans les Ecritures que le fait qu'avant qu'une personne ne devienne enfant de Dieu par la grâce régénératrice, elle doit d'abord faire usage de la grâce prévenante en se repentant, en croyant en Dieu et en invoquant Dieu (cf. Jean 1:12; Gal. 3:26; Actes 3:19). La position calviniste est encore répréhensible en ce qu'elle avance que la régénération doit précéder la foi, la repentance et la conversion. Ainsi, selon cette perspective, une personne régénérée qui ne s'est pas encore repentie n'est pas encore pardonnée et demeure toujours un pécheur. Une troisième objection à cette opinion calviniste sur la régénération est qu'elle accentue l'entière passivité de l'homme. Dans les Ecritures, nous sommes pourtant appelés à chercher, à demander, à se repentir, à ouvrir nos cœurs et à recevoir Christ. Ces exigences sont des conditions requises qui ne peuvent être satisfaites sans le concours humain, et il ne peut y avoir de régénération sans elles. Nier ces conditions humaines équivaut à réaffirmer la position non biblique de l'élection inconditionnelle. Pour terminer, une dernière objection à la perspective calviniste sur la régénération est tirée de réflexions d'ordre pratique. Si les hommes sont portés à croire que la régénération ne nécessite aucune condition de leur part, ils sont menés à l'insouciance ou au désespoir. Ce n'est que lorsque l'homme est sensibilisé à la présence du Saint-Esprit, et à la nécessité d'obéir à ses influences éveillantes et persuasives, que des réveils ont été rendus possibles, et que l'œuvre du salut s'est accomplie. Conséquemment, nous sommes exhortés: *"Cherchez l'Eternel pendant qu'il se trouve; invoquez-le tandis qu'il est près"* (Es. 55:6).

E. Résumé de l'enseignement relatif à la régénération

Brossons maintenant un canevas général qui résumera certaines vérités fondamentales de la doctrine essentielle de la régénération, en exposant la position des Ecritures sur ce sujet.

1. La régénération est un changement moral que le Saint-Esprit produit dans le cœur des hommes. Il s'agit d'un changement extraordinaire dans la nature morale et spirituelle de l'homme. Ce sont à la fois le corps et l'esprit qui sont influencés par ce changement moral; cependant l'homme continue de conserver ses capacités naturelles du corps, de l'intelligence, des sentiments et de la volonté. Ces facultés sont cependant redirigées sous la glorieuse transformation spirituelle qui s'est opérée au cœur même de sa personnalité.

2. Ce changement radical se fait par l'opération efficace du Saint-Esprit. C'est une intervention de Dieu. C'est une nouvelle naissance. Bien que l'homme doive satisfaire certaines conditions préalables à l'action de l'Esprit, celles-ci ne servent qu'à conduire l'âme à Dieu. Mais c'est le Saint-Esprit qui, par sa toute-puissance, insuffle une vie nouvelle dans l'âme morte par ses offenses et ses péchés. C'est par cette infusion de vie que la nature morale et spirituelle de l'âme est transformée.

3. La régénération est une œuvre complète et donc, parfaite en son genre. Bien que concomitante avec la justification et l'adoption, la régénération se distingue néanmoins d'elles. La justification est une œuvre que Dieu opère en notre faveur en nous pardonnant nos péchés et en transformant la relation qui nous unit à Lui. La régénération est le renouvellement de notre nature déchue par le don de vie sur la base de cette nouvelle relation; alors que l'adoption est la restauration des privilèges de fils en vertu de la nouvelle naissance. La nécessité de la justification repose sur le fait de la culpabilité; celle de la régénération, sur le fait de la dépravation; celle de l'adoption, sur la perte de privilèges. Toutes les trois, bien que distinctes en essence et parfaites en leur genre, soient accordées par le même acte de foi et surviennent simultanément dans l'expérience personnelle.

4. La régénération s'effectue par l'intermédiaire de la Parole. Ce n'est pas la puissance de la vérité seule qui régénère; pas plus que ce n'est le Saint-Esprit qui agit séparément et indépendamment de la vérité. Que le Saint-Esprit se serve de la vérité comme instrument, tant dans la régénération que dans la sanctification, est clairement démontré dans les Ecritures (cf. Actes 16:14; Eph. 6:14, 17; 1 Pi. 1:23; Jean 17:17; 2 Thess. 2:13). Concernant cette relation, le Dr Daniel Fiske a écrit: "En régénérant les hommes, Dieu agit à certains égards directement et sans intermédiaire sur l'âme, et à d'autres égards, Il agit en rapport avec et par le moyen de la vérité. Il ne les régénère pas par la vérité seule, et Il ne les régénère pas sans la vérité. Ses influences médiates et immédiates ne peuvent être différenciées par la conscience, pas plus que leurs sphères d'action respectives ne peuvent l'être de façon précise par la raison."

5. La régénération est liée à la sanctification. La vie donnée lors de la régénération est une vie sainte. C'est pour cette raison que John Wesley en parle comme étant le portail de la sanctification. En rapport avec la régénération, on doit faire une distinction entre la sanctification initiale et l'entière sanctification. La sanctification initiale accompagne la justification, la régénération et l'adoption, alors que l'entière sanctification lui est subséquente. La distinction provient du fait que la culpabilité, comme la condamnation pour le péché, est enlevée par la justification; mais elle comporte aussi un aspect de pollution avec elle qui ne peut être extirpée que par la purification. Voilà pourquoi le Wesleyanisme a toujours soutenu que la sanctification débute avec la régénération, mais cette position limite cependant cette "sanctification initiale" à l'œuvre de purification de la pollution de la culpabilité et de la dépravation acquise, ou de cette dépravation qui est forcément liée aux actions coupables. L'entière sanctification y est donc subséquente, et du point de vue de la purification, elle est une purification du cœur du péché originel ou de la dépravation héréditaire. La distinction se trouve donc dans le double aspect de la nature du péché — en tant qu'action et en tant qu'état. Les tenants de la doctrine de l'entière sanctification prennent parfois une position concernant la régénération qui y est logiquement opposée. Ils envisagent la régénération comme un tel "changement de cœur" qui équivaut à une simple rénovation de l'ancienne vie. Ce renouvellement est perçu comme complet et, de ce fait, ne laisse aucune place pour une œuvre ultérieure de la grâce. Mais cela est une fausse conception de l'œuvre de la régénération. Il ne s'agit nullement de refaire l'ancienne vie, mais de la transmission d'une nouvelle vie. La régénération, donc, "brise la puissance du péché annulé et libère le prisonnier"; mais, elle ne détruit pas le péché originel qui demeure par héritage en nous. "Ce qui s'est produit" dit le Dr Raymond "n'est pas un enlèvement complet de ce que l'on appelle la chair ou ses faiblesses, pas plus un enlèvement complet de la vieille nature pécheresse; mais c'est un don de puissance pour la vaincre, pour marcher non selon la chair mais selon l'esprit, de manière à vaincre la chair et vivre selon l'Esprit pour

maintenir une liberté continuelle face à la condamnation. Ce qui s'accomplit, c'est la rédemption de la puissance dominatrice du péché inné ou du péché originel; c'est la libération de la captivité; celui que le Fils affranchit est réellement libre; il s'agit d'un don accordé par la grâce et la puissance de Dieu qui rend l'homme capable d'obéir" (RAYMOND, *Systematic Theology* [Théologie Systématique], t. II, p. 358).

6. La régénération permet à l'humanité de connaître Dieu personnellement. L'âme régénérée est fondamentalement transformée dans son caractère moral et spirituel et, ce changement devient la base d'une nouvelle relation personnelle. La vie que communique l'Esprit est une reproduction de la vie de Christ. Sa qualité vient de la nature de Dieu. Ainsi donc, ce n'est que lorsque l'homme devient participant de la nature divine qu'il apprend par l'expérience le genre d'être que Dieu est. Ce n'est que par le caractère et la qualité de cette vie transmise lors de la régénération que l'homme peut bénéficier d'une relation positive et vitale avec Dieu.

7. La régénération est essentiellement reliée à la révélation de Dieu en Christ. Jésus-Christ est la révélation suprême de Dieu. En Lui, la vérité de Dieu devient visible comme si elle était projetée pour nous sur l'écran de l'humanité. Christ peut être regardé comme un Enseignant, un Prophète ou un Révélateur; pourtant, Il est plus encore; Il est notre vie (Col. 3:4). C'est pour cette raison que les hommes ne comprennent pas la véritable conception de l'Evangile lorsqu'ils le regardent simplement comme un système de pensées plutôt qu'un enchaînement de forces spirituelles. Il s'agit bien d'un ensemble de vérités, mais de vérités qui prennent vie dans la réalité. Le système doctrinal n'est qu'une tentative d'exprimer cette réalité d'une manière unifiée et systématique. Puisque Christ est la révélation suprême de Dieu, il est évident que la vérité demeure en dehors et séparée de l'expérience de l'homme, jusqu'à ce que Christ soit révélé en lui comme l'espérance de la gloire. Cela explique le fait que l'homme irrégénéré faillit souvent dans l'acceptation de la révélation de Christ, telle qu'elle est présentée dans les Saintes Ecritures. Pour eux, il ne s'agit plus alors que d'une question de recherche purement intellectuelle, alors

que Christ ne peut être compris que lorsque nous sommes spirituellement rendus comme Lui. Ces rationnalistes ont donc fermé les voies spirituelles donnant accès à la vérité, et se sont eux-mêmes coupés de cette affirmation intérieure qui ne peut venir que par la nouvelle naissance. C'est pour cette raison que Paul déclare: *"Si notre Evangile est encore voilé, il est voilé pour ceux qui périssent, pour les incrédules dont le dieu de ce siècle a aveuglé l'intelligence, afin qu'ils ne vissent pas briller la splendeur de l'Evangile de la gloire de Christ, qui est l'image de Dieu"* (2 Cor. 4:3-4).

8. La régénération est aussi apparentée à la puissance dont nous revêt le Saint-Esprit. Il reproduit non seulement la vie de Christ dans le régénéré en tant que Révélateur, mais Il le fait aussi en tant qu'Agent de la grâce qui rend capable. La vie donnée dans la régénération n'est pas seulement manifestée dans une nouvelle lumière mais aussi dans une *nouvelle puissance.* Elle est un nouveau départ spirituel pour l'homme. Elle est un changement moral. Elle rend vitale la vérité. Elle élève le processus entier hors du domaine théorique pour le porter dans celui de la réalité. Non seulement un nouveau but est fixé dans les réalisations humaines, mais la puissance qui délivrera l'homme de l'esclavage du péché et qui le rendra toujours victorieux en Christ lui est aussi accordée. Cette nouvelle vie est consacrée à Dieu dans la sanctification, et l'homme a dorénavant besoin de progresser vers le but de l'entière sanctification, où le cœur est purifié de tout péché par le baptême du Saint-Esprit.

III. L'ADOPTION

A. *La signification de l'adoption*

L'adoption est l'acte déclaratoire de Dieu, par lequel au moment d'être justifiés par la foi en Jésus-Christ, nous sommes reçus dans la famille de Dieu et rétablis dans nos privilèges en tant qu'enfants de Dieu. L'adoption se produit en même temps que la justification et la régénération; mais dans l'ordre de la pensée, logiquement elle les suit. La justification enlève notre culpabilité, la régénération change nos cœurs et l'adoption nous accueille, en fait, dans la famille de Dieu.

St Paul, à l'occasion, fait usage du terme adoption dans un sens plus large que celui ci-haut. Ainsi il parle de l'élection spéciale d'Israël *"à qui appartient l'adoption"* (Rom. 9:4). Il se réfère aussi au but central de l'Incarnation comme culminant dans notre adoption en tant que fils (Gal. 4:5-6). Finalement, il utilise le terme pour décrire la pleine réalisation de la restauration de l'homme dans son état originel: *"attendant l'adoption, la rédemption de notre corps"* (Rom 8:23). Malgré ces variantes, Paul utilise normalement le terme pour exprimer les privilèges que la régénération accorde aux croyants, selon les clauses de la nouvelle alliance.

B. *Les bienfaits de l'adoption*

Les bénédictions qui découlent de l'adoption dans la famille de Dieu sont nombreuses et désirables. Elles peuvent être résumées comme suit: (1) Le privilège en tant que fils de Dieu. Nous devenons *"fils de Dieu par la foi en Jésus-Christ"* (Gal. 3:26); *"si nous sommes enfants, nous sommes aussi héritiers: héritiers de Dieu, et cohéritiers de Christ"* (Rom. 8:17), *"Ainsi tu n'es plus esclave, mais fils; et si tu es fils, tu es aussi héritier par la grâce de Dieu"* (Gal. 4:7). Le royaume des cieux a été décrit comme un "parlement d'empereurs, une communauté de rois. Chacun des humbles saints dans ce royaume est cohéritier avec Christ, et joue un rôle d'honneur et possède un sceptre de pouvoir et un trône de majesté et une couronne de gloire". (2) Une confiance filiale envers Dieu. *"Et vous n'avez point reçu un esprit de servitude, pour être encore dans la crainte; mais vous avez reçu un Esprit d'adoption, par lequel nous crions, Abba! Père!* (Rom. 8:15). L'Esprit d'adoption apporte la délivrance de l'esclavage du péché. La condamnation est enlevée, les ténèbres spirituelles sont dissipées, et l'approbation de Dieu envahit l'âme. (3) Un droit de propriété sur tout ce que Christ a et sur ce qu'Il est. *"Car tout est à vous...et vous êtes à Christ, et Christ est à Dieu"* (I Cor. 3:21, 23). (4) Le droit et le titre de possession d'un héritage éternel. Pierre parle de cet *"héritage qui ne se peut ni corrompre, ni souiller, ni flétrir"* (1 Pi. 1:4). On l'appelle un *"Royaume"* (Luc 12:32); *"une patrie meilleure"* (Héb. 11:16, *version Segond révisée*); une *"couronne de vie"* (Jac. 1:12); une *"couronne* de justice" (2 Tim. 4:8); et un *"poids éternel de gloire"* (2 Cor. 4:18). "Tout ce que Dieu est maintenant pour les anges et pour les saints glorifiés," dit le Dr Dick, "et tout ce qu'il sera envers eux pendant une durée infinie, toute cela, ses fils adoptifs sont en droit de l'espérer. Même en ce monde, considérez le bonheur que leur procure les arrhes de cet héritage! Considérez l'influence de la paix divine qui est répandue dans leurs âmes! Considérez la pureté de la joie édifiante qui jaillit de leur sein, en certaines heures précieuses! Considérez combien ils sont élevés au-dessus des douleurs et des plaisirs de la vie, lorsque, en contemplant leur foi, ils anticipent leur demeure future dans les régions célestes de l'univers! Mais ces choses n'en sont que les arrhes!"

C. *L'évidence de l'adoption*

La doctrine de l'assurance ou du témoignage de l'Esprit est une des doctrines les plus précieuses de l'Evangile. Comme dans la nouvelle naissance, nous pouvons ne pas comprendre l'opération de l'Esprit, mais nous avons le privilège et le pouvoir d'en connaître le fait. C'est à ce fait glorieux d'une religion vécue personnellement que nous dirigerons notre attention au cours de la division suivante.

IV. LE TÉMOIGNAGE DE L'ESPRIT

A. *La base scripturaire de la doctrine*

Par "le témoignage de l'Esprit", nous entendons l'évidence intérieure d'être approuvé de Dieu que le Saint-Esprit révèle directement à la conscience du croyant. Les Saintes Ecritures donnent nombre d'exemples des hommes qui jouirent du témoignage de l'Esprit. Dans l'Ancien Testament, nous avons l'exemple d'Abel (Héb. 11:4); d'Enoch (Héb. 11:5); de Job (19:25); de David (Ps. 32:5; 103:1, 3, 12); d'Esaïe (6:7) et de Daniel (9:23). De même, le Nouveau Testament abonde en références à cette doctrine (cf. Actes 2:46; 8:39; 16:34). Mentionnons quelques textes qui servent en tant que textes d'appui à cette doctrine. *"L'Esprit lui-même rend témoignage à notre esprit que nous sommes enfants de Dieu"* (Rom. 8:16); *"Vous avez reçu un Esprit d'adoption, par lequel nous crions: Abba! Père!"* (Rom. 8:15); *"Dieu a envoyé dans nos cœurs l'Esprit* de son Fils, lequel crie: Abba! Père!"* (Gal. 4:6); *"Celui qui croit au Fils de Dieu a ce témoignage en lui-même"* (1 Jean 5:10); et *"C'est l'Esprit qui rend témoignage, parce que l'Esprit est la vérité"* (1 Jean 5:6). Ces passages enseignent clairement que l'Esprit rend témoignage de la relation des croyants avec Dieu.

B. Les deux aspects du témoignage de l'Esprit

Le passage classique sur ce sujet se trouve en Romains 8:16: *"L'Esprit lui-même rend témoignage à notre esprit que nous sommes enfants de Dieu."* Il est évident que l'apôtre enseigne ici un témoignage à deux volets: Le témoignage de l'Esprit divin et le témoignage de notre propre esprit. Le premier est généralement connu comme étant le témoignage direct, et le second, comme le témoignage indirect. Le passage est parfois rendu par "Rendre témoignage avec" plutôt que "Rendre témoignage à" notre esprit. Cette version ne change cependant pas le sens, mais vient plutôt renforcer la première position. La construction même du verset, en grec, implique un témoignage conjoint de son Esprit et du nôtre.

1. *Le témoignage de l'Esprit divin.* John Wesley, qui fut responsable en grande partie du renouveau contemporain insistant sur le témoignage de l'Esprit, soutenait que "le témoignage de l'Esprit est une impression intérieure de l'âme par laquelle l'Esprit de Dieu témoigne directement à mon esprit que je suis enfant de Dieu: que Jésus-Christ m'a aimé et qu'Il s'est donné Lui-même pour moi; et que tous mes péchés sont effacés, et que moi, même moi, je suis réconcilié avec Dieu". L'importance d'être absolument convaincu de questions aussi vitales que celle du salut éternel de l'âme ne peut être surestimée. Ici, il nous faut avoir la plus haute forme de témoignage. S'il ne se trouvait aucun témoignage direct du Saint-Esprit, toute l'affaire s'avérerait n'être qu'une simple inférence. Mais Dieu n'a pas laissé Ses enfants dans les ténèbres. Il nous a donné de Son Esprit afin que nous connaissions les choses qui nous sont librement données de la part de Dieu. Pour cette raison, M. Wesley exhortait ses fidèles à "ne pas se reposer sur des soi-disant fruits de l'Esprit sans témoignage. Il peut y avoir des avant-goûts de la joie, de la paix et de l'amour qui ne sont pas illusoires et

qui proviennent vraiment de Dieu, bien avant que nous n'en ayons le témoignage en nous-mêmes; avant même que l'Esprit de Dieu ne témoigne à nos esprits que nous avons la rédemption dans le sang de Jésus — même le pardon de nos péchés. "Si nous sommes sages," continue-t-il, "nous crierons constamment vers Dieu jusqu'à ce que Son Esprit s'écrie dans notre cœur 'Abba, Père!' Voilà ce qu'est le privilège de tous les enfants de Dieu, et sans cela, nous ne pourrons jamais être certains de Lui appartenir. Sans ce privilège, nous ne pouvons obtenir une paix constante, ni éviter les doutes et la peur qui nous embarrassent. Cependant, lorsque nous avons reçu l'Esprit d'adoption, cette 'paix qui surpasse toute intelligence', gardera nos cœurs et nos pensées en Christ-Jésus" (WESLEY, *Sermons*, t. II, p.100).

2. *Le témoignage de notre propre esprit.* Il est ici question du témoignage indirect de l'Esprit qui consiste dans la connaissance que nous possédons individuellement le caractère des enfants de Dieu. M. Wesley soutenait "qu'il en va presque, sinon exactement de même, avec le témoignage d'une bonne conscience devant Dieu; et c'est le résultat de la raison et de la réflexion sur ce que nous ressentons dans nos propres âmes. A vrai dire, il s'agit d'une conclusion tirée en partie de la Parole de Dieu et en partie de notre propre expérience. La Parole de Dieu dit que quiconque a le fruit de l'Esprit est un enfant de Dieu; l'expérience ou la conscience intérieure me dit que je possède le fruit de l'Esprit; et donc, je conclus raisonnablement, que je suis enfant de Dieu. Or, puisque ce témoignage procède de l'Esprit de Dieu et se fonde sur l'œuvre qu'Il fait en nous, il est appelé parfois le témoignage indirect de l'Esprit pour le différencier de l'autre témoignage qui est proprement appelé direct" (*Sermon* XI).

Ce témoignage indirect est corroboratif plutôt que fondamental. "Ainsi donc, puisque le témoignage de Son Esprit doit précéder l'amour de Dieu et toute sainteté (en nous), en conséquence il doit précéder notre sentiment intérieur, ou le témoignage de notre esprit qui les concerne". L'amour filial jaillit de la connaissance des relations filiales, et le témoignage direct de l'Esprit doit donc précéder l'indirect. Pourtant le témoignage indirect n'est pas pour autant de moindre conséquence. Il est aussi indispensable que le premier, parce que c'est par lui que le témoignage direct de l'Esprit est pleinement confirmé. "D'où me vient l'assurance", ajoute Wesley, "que je ne me méprends pas sur la voix de l'Esprit? Par le témoignage de mon propre esprit, Par la réponse d'une bonne conscience devant Dieu. Par ces moyens, je saurai que je ne m'illusionne pas, que je n'ai pas trompé mon âme. Les fruits immédiats de l'Esprit, régnant dans le cœur, sont amour, joie, paix, patience, bonté, bienveillance, fidélité, douceur et maîtrise de soi (Gal. 5:22). Les fruits extérieurs sont la bienfaisance envers tous les hommes et l'obéissance constante à tous les commandements de Dieu" (WESLEY, *Works* [Œuvres], t. I, p. 92). Nous pouvons dire alors que, considérés ensemble, ces deux témoignages établissent l'assurance du salut. L'un ne peut exister sans l'autre, et, pris ensemble, il ne peut exister aucune évidence plus grande.

C. *Le privilège commun des croyants*

Nous avons attentivement parcouru les fondements scripturaires au sujet de notre croyance au témoignage de l'Esprit; nous avons démontré que ce témoignage est inséparablement lié à l'esprit d'adoption; qu'il est, en fait, essentiel à l'amour filial; et, par conséquent, qu'il fait autant partie du salut commun que l'adoption elle-même. Pour cette raison, nous pouvons sûrement affirmer que le témoignage de l'Esprit est le privilège commun de tous les croyants. Etroitement liée à cela est la question de savoir s'il est possible de conserver d'une façon ininterrompue la joie du témoignage de l'Esprit. A titre d'observation, il est bien connu qu'il y a de grandes différences dans les expériences spirituelles des croyants. Par conséquent, nous nous attendrions à ce que l'assurance d'être fils de Dieu varierait de même. Le Dr J. Glenn Gould établit une différence entre le témoignage provenant du cœur du croyant, le témoignage de la Parole de Dieu et l'illumination intérieure du Saint-Esprit. Il précise que bien que les deux premiers puissent demeurer constants, l'évidence du dernier peut varier de temps à temps dans la conscience (GOULD, *The Spirit's Ministry* [Le Ministère de l'Esprit], pp. 8-17). John Wesley examina tout ce sujet avec sa perspicacité spirituelle habituelle dans son sermon intitulé *The Wilderness State* (La vie dans le désert). On devrait se souvenir que les Ecritures présentent l'idéal de la *"pleine intelligence"* (Col. 2:2); de la *"pleine espérance"* (Héb. 6:11); et de la *"plénitude de la foi"* (Héb. 10:22). Ces passages font référence à une persuasion parfaite de la vérité telle qu'elle est en Christ, l'accomplissement de la promesse d'un héritage céleste, et la confiance entière dans le sang de Christ. De ces passages, nous concluons que la pleine intelligence, foi et espérance sont le privilège de tout chrétien et que nul ne devrait manquer de l'appel suprême en Christ-Jésus.

C'est une merveilleuse et gracieuse disposition dans le plan pour la rédemption des hommes, que nous puissions savoir sans le moindre doute que nous sommes enfants de Dieu par adoption. Savoir que notre nom est inscrit dans le ciel a été qualifié de valeur inestimable par le Maître lui-même (Luc 10:17-20). Chaque chrétien peut savoir cela aussi certainement qu'il se sait vivant. Toutes les fois que l'Esprit Lui-même porte témoignage à son esprit qu'il est enfant de Dieu et adopté dans Sa famille, il sait que son nom est inscrit dans le Livre de Vie.

CHAPITRE XVII

L'ENTIÈRE SANCTIFICATION OU LA PERFECTION CHRÉTIENNE (I)

> "La sainteté respire dans la prophétie, tonne dans la loi, murmure dans l'histoire, chuchote dans les promesses, supplie dans les prières, étincelle dans la poésie, résonne dans les hymnes, parle dans les types, reluit dans les illustrations, s'exprime dans la langue et brûle dans l'esprit de tout le plan de Dieu, de l'alpha à l'oméga, de son début à sa fin. Sainteté! Sainteté nécessaire! Sainteté requise! Sainteté offerte! Sainteté possible! La sainteté, un devoir actuel, un privilège actuel, une joie actuelle, est le progrès et l'achèvement de son thème merveilleux! C'est la vérité rutilant partout, se tissant à travers la révélation; la vérité glorieuse qui étincelle et soupire, et chante et crie dans toute son histoire, et sa biographie, et sa poésie, et sa prophétie, et son précepte, et sa promesse, et sa prière; la grande vérité centrale du système. Il est étonnant que tous ne voient pas, que certains contestent une vérité si évidente, si glorieuse, si réconfortante."
>
> — *L'évêque Foster*

La perfection chrétienne et l'entière sanctification sont des expressions utilisées pour exprimer la plénitude du salut du péché, ou la vie chrétienne complète. D'autres termes, utilisés à une même fin, sont "le plein salut", "la sainteté", "l'amour parfait", "le baptême du Saint-Esprit" et "la seconde bénédiction". En plus d'une signification commune, chacun de ces termes a son propre accent. *La perfection chrétienne* insiste sur la plénitude du caractère chrétien et la possession de grâces spirituelles. *L'entière sanctification* met l'accent sur la purification de tout péché, y compris la vieille nature pécheresse, ou le péché inné. *Le plein salut* suggère que le salut de notre Seigneur Jésus-Christ est amplement suffisant pour le problème entier du péché. *L'amour parfait*, terme très utilisé par les premiers Méthodistes, met l'accent sur l'esprit et le tempérament de la vie morale de ceux qui sont entièrement sanctifiés. Cela implique une entière libération de l'égoïsme, une dévotion absolue à Dieu et un amour altruiste envers tous les hommes. *Le baptême du Saint-Esprit* met l'accent sur les moyens miséricordieux par lesquels le cœur peut être purifié de tout péché et rempli de l'amour divin. *La seconde bénédiction* ("ainsi appelée à juste titre") est une expression qui fut utilisée avec discrimination par John Wesley pour faire ressortir le fait que l'entière sanctification est une seconde œuvre distincte de la grâce divine et subséquente à la régénération. Le terme *sainteté* se réfère plus particulièrement à l'état ou à la condition de la personne sanctifiée, plutôt qu'à l'expérience par laquelle elle est sanctifiée. Il décrit un état de pureté morale et spirituelle, ou la santé complète de l'âme dans laquelle l'image et l'Esprit de Dieu sont possédés jusqu'à l'exclusion de tout péché. Puisque les vérités spirituelles ne sont discernées que par des moyens spirituels, l'œuvre glorieuse de la grâce divine à laquelle se réfèrent ces termes déjà cités ne peut être entièrement compris et apprécié que par une expérience personnelle.

L'entière sanctification a été appelée "l'idée centrale du système chrétien et la réalisation suprême du caractère humain". Tout le système lévitique de l'Ancien Testament fut représenté comme un tribut pour tenter de communiquer à l'esprit et au cœur les richesses de cette grâce. Les termes utilisés comprennent l'autel et ses sacrifices, le sacerdoce, le rituel avec ses ablutions et ses bains, les cérémonies de présentation et de dédicace, le scellage et l'onction, les jeûnes et les fêtes. Tous ces termes dirigent l'attention vers la norme de piété du Nouveau Testament — la perfection chrétienne.

Bien que l'entière sanctification soit une doctrine fondamentale du christianisme, et d'une grande importance pour l'Eglise, il existe peu de sujets en théologie pour lesquels il y a une plus grande variété d'opinions. Tous les chrétiens évangéliques professent que c'est une doctrine biblique, qu'elle inclut la libération du péché, qu'elle s'accomplit grâce aux mérites de la mort de Christ, et que c'est l'héritage de ceux qui sont déjà croyants. Il y a une grande différence, toutefois, quant à sa nature exacte et au moment de sa réalisation. Par exemple, il y a ceux qui croient que cette expérience est concomitante avec la régénération et qu'elle s'accomplit à ce moment-là. D'autres considèrent son accomplissement comme une croissance, s'étendant sur toute la vie; pendant que d'autres encore croient qu'elle s'accomplit à l'heure de la mort. La position que nous croyons être scripturaire dit que la sanctification commence avec la régénération mais s'achève par une œuvre instantanée du Saint-Esprit après la régénération. Cela est généralement reconnu comme le point de vue wesleyen.

I. L'APPROCHE HISTORIQUE À LA DOCTRINE DE L'ENTIÈRE SANCTIFICATION

Avant de commencer notre analyse de la doctrine de l'entière sanctification, il serait avantageux de faire une esquisse des fondements historiques du sujet. Cette doctrine nous est parvenue de l'ère apostolique comme une tradition sacrée et ininterrompue. Diverses périodes de l'ère chrétienne ont souvent été caractérisées par des différences de terminologie, mais aucune époque n'a jamais éclipsé l'éclatante vérité de la perfection chrétienne.

A. *Le témoignage des pères apostoliques*

Les derniers mots d'Ignace avant son martyre furent: "Je te remercie, Seigneur, de ce que tu as daigné m'honorer d'un amour parfait pour toi." En parlant de foi, d'espoir, et d'amour, Polycarpe dit: "S'il se trouve un homme qui pratique ces préceptes, il a accompli la loi de la justice, parce que celui qui a l'amour est loin de tout péché." Clément de Rome énonce que "ceux qui, par la grâce de Dieu, ont été rendus parfaits dans l'amour parviennent à la piété dans la communion de ceux qui, au travers des siècles, ont servi parfaitement la gloire de Dieu".

B. *L'enseignement des derniers pères de l'Eglise*

A certains moments Saint Augustin s'éleva jusqu'à des sommets sublimes dans sa conception de la grâce, et à d'autres moments il sembla s'éloigner de la pleine vérité de ses positions. Il déclare que "Personne ne devrait oser dire que Dieu ne peut détruire le péché originel qui demeure en nous, et se faire Lui-même tellement présent à l'âme, que la vieille nature étant totalement abolie, une vie devrait être vécue ici-bas comme elle le sera là-haut en Le contemplant éternellement." Pourtant il croyait que la convoitise mauvaise demeurait durant toute la vie naturelle. Outre cela, il enseigna une délivrance complète de tout péché dans cette vie. L'Egyptien Macaire (vers 300-391 ap. J.-C.) rédigea une série d'homélies sur l'expérience chrétienne dans lesquelles l'idée de l'amour parfait est mise en évidence. Il déclare: "De même les chrétiens, bien que tentés extérieurement, sont intérieurement remplis de la nature divine, de telle manière qu'ils ne sont en aucune façon blessés. Si n'importe quel homme atteint ces normes, Il est arrivé à l'amour parfait de Christ et à la plénitude de la divinité" (*Homélie V*). "A cause de l'amour surabondant et de la douceur des mystères cachés, l'individu arrive à un tel degré de perfection qu'il devient pur et libre du péché. Et celui qui est riche en grâce en tout temps, nuit et jour, continue dans un état parfait, libre et pur" (*Homélie XIV*).

C. *L'enseignement des mystiques*

Les mystiques, malgré leurs nombreuses erreurs et extravagances, ont contribué à sauvegarder la religion évangélique au Moyen Age. Leur contribution à cette branche de la théologie a été particulièrement riche en ce que l'idée centrale de tout mysticisme est celle de l'entière consécration à Dieu. Cela requiert la sainteté intérieure du cœur, la séparation des choses mondaines, et une parfaite union avec Dieu, le centre et la source de la sainteté et de la perfection. Leurs méthodes immémoriales: la voie de la purification, la voie de l'illumination, et la voie de l'union correspondent respectivement aux doctrines évangéliques de la purification du péché, à la consécration de l'esprit, et à l'état de sainteté lorsqu'on se détourne de soi et des choses du monde pour avoir la communion avec Dieu (cf. POPE, *Compendium of Christian Theology* [Traité de théologie chrétienne], t. III, p. 75).

D. *La doctrine catholique romaine*

La doctrine catholique romaine de la sanctification est éclectique et a pris à l'occasion diverses formes. Une bonne base pour la doctrine repose sur les décrets du Concile de Trente [les Décrets Tridentins] qui affirment que, négativement, il n'existe aucun obstacle à se conformer entièrement à la loi; et que positivement, une satisfaction complète est nécessaire au salut. L'accent est mis aussi sur la puissance du Rédempteur "qui efface le péché aussi bien qu'Il le pardonne". Cependant, la purification de l'individu, dit-on, s'accomplit de deux manières. Pour certains, la purification s'obtient dans cette vie; pour d'autres, cela ne se fera que dans la vie à venir. Ainsi, l'idée du purgatoire a été introduite pour pourvoir à cette purification après la mort. En pratique donc, l'Eglise Catholique Romaine refuse de reconnaître la puissance actuelle de la propitiation par le sang de Christ pour l'entière et complète purification actuelle.

E. *Les opinions calvinistes relatives à la sanctification*

Comme nous l'avons constaté, les Réformateurs, plus particulièrement ceux de confession calviniste, tendaient à adopter certaines théories de l'imputation concernant la justification. Les mêmes théories furent faussement appliquées à la sanctification. Puisque Christ est notre substitut, les Réformateurs soutenaient que non seulement une justification complète, mais qu'une entière sanctification était aussi pourvue aux croyants, et leur était attribuée comme un don de la grâce de l'alliance. Mais, on soulignait ici ce que Christ a fait *pour* nous aux dépens de ce qu'Il a fait *en* nous par son Esprit. Ainsi, ils croyaient que nos péchés Lui sont imputés, alors que Sa justice nous est attribuée pour notre justification ainsi que notre sanctification, pour autant qu'elle nous purifie de la culpabilité. Mais le péché lui-même ne peut être anéanti par l'imputation; d'où le fait que dans la doctrine calviniste, il est nécessaire de nier que le péché est réellement enlevé. Le péché n'est pas imputé, et il n'est donc pas porté au compte du croyant. Ainsi donc, il est sanctifié par imputation, c'est-à-dire par sa "position" en Christ, bien que dans son "etat" actuel il possède encore la vieille nature pécheresse ou péché inné, que l'imputation ne peut enlever. Le péché n'est pas aboli en tant que principe ou puissance, mais c'est plutôt la justice de Christ qui est imputée comme un substitut, et le péché inné est caché sous la robe d'une justice imputée. Voilà le fondement de la théorie "de position et d'état", laquelle tient une si grande place dans certaines théories modernes de la sanctification. La position du croyant est en Christ, et cela, par imputation; l'état actuel en est un où le péché est réprimé et ne règne donc pas; alors que la sanctification est le processus d'amener le principe du péché dans la sujétion à la vie de la justice. Selon cette théorie, la sanctification n'est que progressive pendant que l'âme séjourne dans le corps et ne sera complétée qu'au moment de la mort. La subtilité d'une doctrine qui soutient qu'un homme peut être sanctifié instantanément par une position qui lui est imputée et non pas sanctifié par une justice et une vraie sainteté imparties, qui lui sont transmises, ne rend l'erreur que plus dangereuse. Toute doctrine qui n'expose pas la véritable purification de tout péché ou la mort "du vieil homme", est anti-scripturaire et anti-wesleyenne.

F. *L'enseignement de l'Arminianisme et du Wesleyanisme*

Les premiers Arminiens ont beaucoup écrit sur la perfection chrétienne, et leurs déclarations contiennent le germe de ce qui allait plus tard être développé dans le Wesleyanisme. Par exemple, Arminius définit la sainteté en ces mots: "La sanctification est un acte miséricordieux de Dieu, par lequel Il purifie l'homme, qui est un pécheur, et pourtant un croyant, de l'ignorance, du principe du péché intérieur, incrusté avec ses convoitises et ses désirs, et l'imprègne de l'esprit de connaissance, de justice et de sainteté. Il s'agit de la mort du vieil homme et de la naissance du nouvel homme."

Le mouvement wesleyen, qui donna naissance à l'organisation de l'Eglise Méthodiste, marque un renouveau de la doctrine et de l'expérience de l'entière sanctification au XVIIIe siècle. Wesley s'inspira de certains groupes de l'époque de la Réforme comme les mouvements piétistes et moraves, bien qu'il ne fût pas d'accord avec la doctrine de l'imputation du comte Zinzendorf. Wesley rejetait aussi l'idée que la purification ou la sanctification prenait place lors de la conversion. Cependant, l'impulsion principale découla d'une étude des Ecritures elles-mêmes. Wesley nous dit: "En 1729, mon frère Charles et moi, en lisant la Bible, nous nous sommes rendus compte que nous ne pouvions accéder au salut sans la sainteté. Par conséquent, nous l'avons poursuivie et nous avons incité les autres à faire de même. En 1737, nous nous avons compris que la sainteté s'obtient par la foi. En 1738, nous avons découvert que les hommes sont justifiés avant d'être sanctifiés, mais la sainteté demeurait notre but — sainteté intérieure et sainteté extérieure. Alors, Dieu nous a poussés dehors afin de susciter un peuple saint". Deux ans avant sa mort, Wesley écrit: "Cette doctrine est le magnifique dépôt que Dieu a confié à ces gens que l'on appelle Méthodistes; et pour la propager effectivement, Il semble nous avoir suscités." John Wesley fut le fondateur du Méthodisme et ses *Sermons* et *Notes* ensemble avec les *Vingt-cinq Articles*, forment les bases de la doctrine. Charles Wesley fut le compositeur des hymnes du mouvement et, Jean de la Fléchère, un membre de l'Eglise Anglicane, son principal defenseur. Au cours du XIXe siècle, une impulsion nouvelle fut donnée à la doctrine et à l'expérience de la sainteté, par les Grands Camps Nationaux de la Sainteté tenus aux États Unis. L'Eglise Méthodiste Wesleyenne fut organisée en 1843, l'Eglise Méthodiste Libre en 1860 et l'Association Nationale pour la Promotion de la Sainteté en 1866. En ce qui concerne la promotion et la conservation de la vérité de la sainteté, la deuxième moitié du siècle fut témoin de l'organisation de l'Eglise du Nazaréen par le Dr Phineas F. Bresee, l'Association des Eglises Pentecôtistes dans l'Est, et l'émergence d'un certain nombre de mouvements de sainteté dans le Sud. Ceux-ci s'associèrent par la suite en un seul corps connu sous le titre de "l'Eglise du Nazaréen". Cette période vit aussi l'union d'un certain nombre d'autres groupes sous le nom de l'Eglise de la Sainteté des Pèlerins. Ces Églises ont essayé de conserver la doctrine et l'expérience de l'entière sanctification comme une seconde œuvre bien déterminée de la grâce subséquente à la régénération, et elles se sont constamment opposées aux différents groupes fanatiques qui ont obscurci la pure vérité et ont donné une mauvaise réputation à la doctrine et à l'expérience du plein salut.

G. *Autres points de vue contemporains sur la sanctification*

Parmi les plus récents développements, ayant un rapport avec la doctrine de la sanctification autres que le Wesleyanisme, mentionnons les suivants: (1) La position d'Oberlin; (2) La théorie des Frères de Plymouth; et (3) la théorie de Keswick.

1. La position d'Oberlin est représentée par le président Asa Mahan, Charles G. Finney, et le président Fairchild. Selon cette théorie, il y a une simplicité de l'action morale qui fait que le péché provient entierement d'un acte de la volonté. Conséquemment, il est impossible au péché et à la vertu de coexister simultanément dans le cœur. Une seule définition du péché est acceptée, à savoir "le péché est la transgression de la loi". De ces positions de base,

découlent logiquement plusieurs fausses positions. Le péché inné est rejeté en tant qu'état ou condition. Une théorie alternative du caractère moral est plutôt proposée. Il y a aussi confusion entre la consécration et la sanctification. Ils font de la sanctification un genre de consécration où il devient impossible de changer d'idée. Finalement, on fait de la sanctification une question de croissance et de développement. Ainsi, le président Fairchild déclare: "La croissance et l'établissement du croyant, le développement en lui des grâces de l'Evangile, s'appelle la sanctification."

2. Les Frères de Plymouth virent le jour vers la même époque à Dublin en Irlande et à Plymouth en Angleterre. En général, leurs positions théologiques se fondent sur les théories hyper-calvinistes de l'imputation extrême. Ils considèrent le péché comme ayant été condamné sur la croix de Christ; et par conséquence, soutiennent que tout péché — passé, présent et futur — a, par cet acte, été anéanti, non provisionnellement, ni actuellement mais par l'imputation à Christ des péchés des hommes. Leurs péché, ayant été anéanti par l'imputation à Christ, les hommes ne sont plus tenus responsables ni de leur état de pécheur, ni de leurs actions pécheresses. La sainteté et la justice ne sont qu'imputées, jamais imparties (transmises ou communiquées). Dans ce système, la foi devient, non pas la condition du salut individuel, mais la simple reconnaissance de ce que Christ a accompli sur la croix. De même, la justification n'est pas un acte conçu dans l'esprit de Dieu, par lequel le pécheur est pardonné, mais une transaction en masse, faite au Calvaire il y a de cela plusieurs siècles, mais seulement maintenant reconnue et acceptée. La régénération est perçue non comme la vie impartie à l'âme, mais comme étant plutôt la création d'une nouvelle personnalité qui existe en juxtaposition de l'ancienne — les deux natures demeurant inchangées jusqu'à la mort. La personne, ou ce qui en l'homme dit "moi" peut soit se soumettre à la direction du "nouvel homme" ou à celle du "vieil homme" sans préjudice à sa position en Christ, sauf que dans ce dernier cas, la communion est interrompue. Quelles que soient les œuvres du "vieil homme", le croyant n'en est pas tenu responsable — elles furent condamnées à la croix.

Le croyant n'est pas seulement rendu juste en Christ, il est aussi rendu saint. L'acte unique, perçu comme la justice, est la justification; perçu comme la sainteté, c'est la sanctification. Un de leurs propres écrivains fait état de cette position comme suit: "Lui qui est notre grand Souverain Sacrificateur devant Dieu est pur et sans tache. Dieu Le regarde comme tel, et Il se tient à notre place, pour nous qui sommes Son peuple, et nous sommes acceptés en Lui. Sa sainteté est la nôtre par imputation. Nous tenant en Lui, nous sommes aux yeux de Dieu, saints comme Christ est saint, et pur comme Christ est pur. Dieu regarde notre représentant et Il nous voit en Lui. Nous sommes complets en Lui qui est notre tête glorieuse et sans tache". La sainteté et la justice de l'individu ne sont qu'imputées, non produites intérieurement par l'Esprit. Le péché persiste jusquà la mort, mais cela n'affecte aucunement la "position" du croyant. En contrepartie, la position des Ecritures et des Wesleyens, est que les hommes peuvent profiter de la sainteté impartie, c'est-à-dire, peuvent être vraiment rendus saint de cœur. Aucun homme n'est "en Christ" jusqu'à ce qu'il soit purifié du péché par le Saint-Esprit. La simple affirmation intellectuelle qu'un homme est "en Christ", ne l'y place pas pour autant. Il n'est pas étonnant que ceux qui avancent de telles théories de l'imputation, concernant la sanctification, soient particulièrement hostiles à la position biblique et wesleyenne.

3. Le mouvement de Keswick vit le jour en 1874 et fut fondé pour "promouvoir la sainteté biblique et son application". Le mouvement fut popularisé par un certain nombre d'évangélistes connus nationalement et a, en son sein, beaucoup de chrétiens sincères et fervents. Ils croient à la condition perdue de la race et sont zélés dans leurs efforts pour sauver les hommes. Ils insistent sur l'abandon de tout péché connu, et sur une consécration définitive et complète à Christ. Ils font ressortir la nécessité de l'appropriation, par la foi, de la puissance de Dieu, par Christ, à la fois pour une vie sanctifiée et un service chrétien. Ce revêtement pour le service est connu parmi eux comme le baptême du Saint-Esprit, et est généralement considéré comme subséquent à la conversion. Il n'est cependant pas au sens strict, une œuvre de grâce parce qu'il n'existe pas de purification pour le péché inné. Celui-ci est considéré comme partie intégrante de l'humiliation du croyant et, en un sens, comme souillant ses meilleures actions. Il implique la

répression continuelle et le péché inné continuera d'exister jusqu'à ce que la mort délivre de ses souillures. Le revêtement par le Saint-Esprit neutralise, dans une certaine mesure, la vieille nature pécheresse et assiste le croyant en réprimant ses manifestations. La puissance du péché est pour ainsi dire simplement brisée. Il ne s'agit en aucun cas de l'entière sanctification, comme le Wesleyanisme définit ce terme. Il est plutôt plus étroitement lié à la notion de sainteté de position, telle qu'enseignée par les Frères de Plymouth. Le croyant est saint dans sa "position" mais non pas dans son "état". La sainteté est donc imputée plutôt qu'impartie. La réalité de la purification de tout péché est rejetée comme étant non conforme à leurs principes généraux. La "position" est éternelle, et de là, comme la théorie des Frères de Plymouth, aboutit logiquement à la soi-disant doctrine de "la sécurité éternelle".

II. LA BASE SCRIPTURAIRE DE L'ENTIÈRE SANCTIFICATION

Une étude attentive des Saintes Ecritures est la meilleure apologie pour la doctrine et l'expérience de l'entière sanctification. Le manque d'espace nous force à ne citer qu'un nombre minimum de textes choisis parmi les plus importants traitant de ce thème essentiel.

A. *La sainteté est la norme de l'expérience chrétienne dans le Nouveau Testament*

Nous exposerons ici les textes qui se réfèrent à la volonté de Dieu, à Ses promesses et à Ses commandements.

1. *C'est la volonté de Dieu pour Son peuple d'être saint.* *"C'est pourquoi ne soyez pas inconsidérés, mais comprenez quelle est la volonté du Seigneur. Ne vous enivrez pas de vin: c'est de la débauche. Soyez au contraire, remplis de l'Esprit"* (Eph. 5:17-18). Cela se réfère au don promis du Saint-Esprit, que les disciples ont reçu à la Pentecôte et de qui il est dit: *"Ils furent tous remplis du Saint-Esprit"* (Actes 2:4). L'implication est que les disciples avaient une certaine mesure de l'Esprit avant la Pentecôte, mais qu'une purification était obligatoire pour recevoir la plénitude du Saint-Esprit. *"Ce que Dieu veut, c'est votre sanctification"* (I Thess. 4:3). Ici, la sanctification ou "la sainteté" est mise en contraste avec un mauvais usage du corps. La volonté de Dieu

est que son peuple soit purifié de toutes impuretés, tant de l'âme que du corps. *"C'est en vertu de cette volonté que nous sommes sanctifiés, par l'offrande du corps de Jésus-Christ, une fois pour toutes"* (Heb. 10:10). Le grand acte unique de l'Expiation trouve sa raison d'être suprême dans la sanctification de Son peuple. Le sang de Jésus-Christ, non seulement fournit la base pour notre justification, mais est aussi le moyen de notre sanctification.

2. *Dieu a promis de sanctifier Son peuple.* *"Venez et plaidons! dit l'Éternel. Si vos péchés sont comme le cramoisi, ils deviendront blancs comme la neige; s'ils sont rouges comme la pourpre, ils deviendront comme la laine"* (Esa. 1:18). Le cramoisi est connu pour être l'une de la plus indélébile de toutes les teintures, et est employé ici pour illustrer la tache du péché sur l'âme. La culpabilité des péchés commis et la souillure du péché inné ne peuvent être purifiées que par le sang de Jésus-Christ. *"Je répandrai sur vous une eau pure, et vous serez purifiés; je vous purifierai de toutes vos souillures et de toutes vos idoles"* (Ezé 36:25). L'œuvre du Saint-Esprit est ici représentée par le symbole de l'eau comme agent de purification. *"Car il sera comme le feu du fondeur, comme la potasse des foulons. Il s'assiéra, fondra et purifiera l'argent; il purifiera les fils de Lévi, il les épurera comme on épure l'or et l'argent, et ils présenteront à l'Eternel des offrandes avec justice"* (Mal. 3:2-3). Christ est ici dépeint par les prophètes comme le Grand Epurateur de Son peuple. Ce sont les fils de Lévi qui doivent être épurés et le but de cette épuration est de leur permettre de faire une offrande avec justice. *"Moi, je vous baptise d'eau, pour vous amener à la repentance; mais celui qui vient après moi est plus puissant que moi...Lui, il vous baptisera du Saint-Esprit et de feu. Il a son van à la main: il nettoiera son aire, et il amassera son blé dans le grenier, mais il brûlera la paille dans un feu qui ne s'éteint point"* (Matt. 3:11-12). Il est évident, d'après ce passage, que le baptême du Saint-Esprit effectue une purification intérieure et spirituelle allant beaucoup plus profondément que le baptême de Jean. Ce premier était pour la rémission des péchés, tandis que le dernier est pour enlever le principe du péché. Cette séparation n'est pas une séparation entre l'ivraie et le blé, mais bien entre le blé et la paille, ou ce qui par nature s'attache au blé. La paille ce n'est pas les méchants, mais c'est le prin-

cipe du péché qui s'attache à l'âme du régénéré et qui est enlevé par le baptêm de purification de Christ.

3. *Dieu commande à Son peuple d'être saint*. Ces commandements comprennent les trois mots généralement appliqués à l'entière sanctification — sainteté, perfection et amour parfait. *"Vous serez saints, car je suis saint"* (1 Pi. 1:16). Dieu exige que Son peuple soit saint et Il le prescrit par précepte et par exemple. La sainteté évangélique est positive et réelle, non seulement typique ou cérémoniale. Il y a un aspect relatif de la sainteté, mais il n'est jamais séparé de ce qui est produit par le Saint-Esprit. La sainteté est absolue chez Dieu et dérivée chez l'homme, mais sa qualité est la même chez Dieu et chez l'homme. *"L'Éternel apparut à Abram, et lui dit: Je suis le Dieu tout-puissant. Marche devant ma face et soit intègre"* (Gen. 17:1). *"Soyez donc parfait comme votre Père céleste est parfait"* (Matt. 5:48). Il s'agit de la perfection de l'amour, laquelle provient de l'épuration de toutes les oppositions de l'âme qui lui font la guerre. *"Tu aimeras le Seigneur ton Dieu, de tout ton cœur, de toute ton âme, de toute ta pensée, et de toute ta force"* (Marc 12:30). L'amour dont il est ici question n'est pas simplement l'amour humain naturel ou l'amitié, mais le saint amour ou l'amour créé et répandu dans nos cœurs par le Saint-Esprit (Rom. 5:5).

B. *L'entière sanctification en tant qu'une seconde œuvre de grâce*

"Je vous exhorte donc, frères, par les compassions de Dieu, à offrir vos corps comme un sacrifice vivant, saint, agréable à Dieu, ce qui sera de votre part un culte raisonnable. Ne vous conformez pas au siècle présent, mais soyez transformés par le renouvellement de l'intelligence, afin que vous discerniez quelle est la volonté de Dieu, ce qui est bon, agréable et parfait" (Rom. 12:1-2). Il est évident que cette exhortation s'adressait à ceux qui étaient alors chrétiens; qu'un appel aux compassions de Dieu ne signifierait rien pour ceux qui n'auraient pas expérimenté la grâce de son pardon; que le sacrifice présenté devait être saint, comme étant initialement sanctifié par la purification de la culpabilité et de la dépravation acquise; et qu'il devait être acceptable, c'est-à-dire, que ceux qui l'offraient devaient avoir été justifiés. Pourtant, au second verset, il est admis

que quelque chose restait dans le cœur des croyants qui a une tendance à la mondanité ou une inclination au péché; que cette tendance à se conformer au monde devait être enlevée par une transformation ultérieure, ou un renouvellement de leurs esprits; et qu'ils devaient par là prouver ou expérimenter, la bonne, l'acceptable et la parfaite volonté de Dieu. *"Ayant donc de telles promesses, bien aimés, purifions-nous de toute souillure de la chair et de l'esprit, en achevant notre sanctification dans la crainte de Dieu"* (2 Cor. 7:1). La sainteté déjà commencée dans la régénération doit être rendue parfaite d'un seul coup par la purification du péché inné. Cela conduit l'âme dans un état de sainteté rendue parfaite. *"C'est pourquoi, laissant les éléments de la parole de Christ, tendons à ce qui est parfait"* (Héb. 6:1). Ici, selon le Dr Adam Clarke, la signification serait celle "d'être immédiatement précipité dans l'expérience".

C. La signification des temps des verbes du Nouveau Testament grec

Dans son livre, intitulé *Milestone Papers* (Documents Significatifs), le Dr Daniel Steele a un excellent chapitre (le chapitre V) sur ce sujet important et fascinant. Il fait remarquer le contraste dans l'usage du temps présent comme "J'écris" *(Je suis en train d'écrire)* ou l'imparfait "J'écrivais" *(J'étais en train d'écrire)*, comme dénotant la même continuité dans le passé; et le temps aoriste qui, dans l'indicatif, exprime une simple apparition momentanée d'une action dans le passé comme *j'ai écrit* ou *j'écris*. Dans tous les autres modes, l'aoriste ne fait aucune référence au temps ou, ce qu'on appelle "unicité d'action". Donc, quand le temps présent est utilisé, cela dénote une action continue, mais lorsque l'aoriste est utilisé, il n'y a aucune référence au temps. Il n'existe aucun temps similaire en français. Une juste compréhension de cette réalité aidera grandement dans l'interprétation de textes importants. Voici quelques exemples:

1. *"Sanctifie-les* [aoriste impératif — une fois pour toutes] *par ta vérité:... Et je me sanctifie* [temps présent — Je suis en train de me sanctifier ou de me consacrer] *moi-même pour eux, afin qu'eux aussi soient sanctifiés par la vérité* [ou véritablement sanctifiés]" (Jean 17:17, 19).

2. *"Ayant purifié* [aoriste — instantanément] *leurs cœurs par la foi"* (Actes 15:9).

3. *"Je vous exhorte donc, frères, par les compassions de Dieu, à offrir* [aoriste — une action unique n'ayant pas besoin d'être répétée] *vos corps comme un sacrifice vivant"* (Rom. 12:1).

4. *"Et celui qui nous affermit* [présent — qui est continuellement en train de nous affermir] *avec vous en Christ, et qui nous a oints* [aoriste — comme une action unique et définitive], *c'est Dieu, lequel nous a aussi marqués* [aoriste] *d'un sceau et a mis* [aoriste — mis comme action unique et définitive] *dans nos cœurs les arrhes de l'Esprit* (2 Cor. 1:21-22). Ici, l'affermissement est constant ou continu, alors que l'onction, le scellage et les arrhes de l'Esprit sont des actes momentanés et accomplis qui font partie de la seule expérience de l'entière sanctification.

5. *"Ceux qui sont à Jésus-Christ ont crucifié* [aoriste — un acte unique, définitif et accompli] *la chair* [la vieille nature pécheresse ou le principe du péché] *avec ses passions et ses désirs"* (Gal. 5:24).

6. *"En lui vous aussi, après (...) vous avez cru* [aoriste] *et vous avez été scellés* [aoriste] *du Saint-Esprit qui avait été promis"* (Eph 1:13). Ici, autant le fait de croire que celui d'être scellés sont des actes définitifs et complets.

7. *"Que le Dieu de paix vous sanctifie* [aoriste]) *lui-même tout entiers; et que tout votre être, l'esprit, l'âme et le corps, soit conservé irrépréhensible"* (I Thess 5:23).

8. *"Jésus (...,) afin de sanctifier* [aoriste] *le peuple par son propre sang, a souffert* [aoriste] *hors de la porte"* (Héb. 13:12).

9. *"Si nous confessons* [temps présent] *nos péchés, il est fidèle et juste pour nous les pardonner* [aoriste], *et pour nous purifier* [aoriste] *de toute iniquité* (1 Jean 1:9). Ici, et le pardon et la purification sont mentionnés comme actes accomplis, et il n'y a pas plus de raison grammaticale de croire à la sanctification graduelle, qu'il n'y en a de croire à la justification graduelle.

III. LA SIGNIFICATION ET LA PORTÉE DE LA SANCTIFICATION

Une étude analytique des mots grecs du Nouveau Testament qui réfèrent à la vérité de la sanctification, constitue une des approches les plus fructueuses sur le sujet. L'étendue de notre étude ne permet pas l'analyse détaillée de cet aspect du thème, sinon le fait de mentionner qu'une sérieuse étude du mot grec *hagios* (ἅγιος) saint, et de ses dérivés révèle deux faits fondamentaux. *Premièrement*, l'idée de la sanctification comprend une mise à part, une séparation, ou une consécration; et, *deuxièmement*, le concept inclut une purification ou épuration du péché. Le dernier concept est particulièrement important dans le Nouveau Testament. Cette double signification, consécration et purification, doit toujours être gardée à l'esprit si l'on veut bien comprendre la norme de sainteté donnée dans le Nouveau Testament. Ces deux concepts ont une base biblique évidente, et cette autorité est sans appel (cf. WILEY, *Christian Theology* [La théologie chrétienne], t. II, pp. 464-466).

A. *Des définitions de l'entière sanctification*

Nous croyons que l'entière sanctification est cet acte de Dieu, subséquent à la régénération, par lequel les croyants sont libérés du péché originel, ou dépravation, et conduits à un état d'entier dévouement à Dieu, et où la sainte obéissance de l'amour est rendue parfaite. Cette transformation est produite par le baptême du Saint-Esprit et comprend, dans une expérience unique, la purification du cœur des péchés, et la présence permanente du Saint-Esprit résidant en nous, pour donner au croyant la puissance à vivre et à servir. L'entière sanctification est pourvue par le sang de Jésus; produite instantanément par la foi; précédée par l'entière consécration; et à cette œuvre et à cet état de grâce, le Saint-Esprit rend témoignage. Mentionnons quelques-unes des définitions témoignant cette expérience:

Dr E.F. Walker — "La sanctification, au sens propre, est une œuvre de grâce, produite instantanément dans la personne du croyant, subséquente à la régénération, appliquée par Jésus-Christ lors du baptême du Saint-Esprit, pour purifier le croyant de tout péché et le rendre parfait dans l'amour divin."

John Wesley — "La sanctification, au sens propre, est une délivrance instantanée de tout péché, et comprend une puissance instantanée alors donnée pour s'attacher toujours à Dieu."

Dr John W. Goodwin — "La sanctification est une œuvre divine de grâce, purifiant le cœur du croyant du péché qui demeure en lui. Elle est subséquente à la régénération, assurée par le sang propitiatoire de Christ, effectuée par le baptême du Saint-Esprit, est conditionnelle à l'entière consécration à Dieu, est reçue par la foi, et comprend une puissance instantanée pour le service".

Dr Shelby Corlett — "Etre sanctifié n'est rien de plus et rien de moins que cette seule chose: l'enlèvement complet de ce qui, dans le cœur, est inimitié contre Dieu, qui ne se soumet pas à la loi de Dieu et qu'elle ne le peut même pas; et cela permet une vie entièrement dévouée à Dieu. Peu importe le degré de perfection de la consécration, aucun chrétien n'est véritablement sanctifié par Christ jusqu'à ce que le cœur soit purifié par Son sang. Il s'agit d'une expérience bien déterminée, une puissante œuvre de grâce, produite par Dieu en réponse à la foi du chrétien consacré en Christ, le Sanctificateur. Cette expérience marque une seconde crise bien définie dans la vie spirituelle. Il s'agit du perfectionnement d'une relation spirituelle avec Dieu, de la purification de tout péché, lorsque Dieu réalise en nous la dévotion qu'Il désire. La dévotion à Dieu — la sanctification — comprend aussi une plénitude consciente de Saint-Esprit qui habite en nous comme source de notre amour, nous nous rendant capables de vivre en communion avec Christ, Lui obéissant pleinement, nous donnant une glorieuse victoire au sein des multiples conflits de la vie. La sainteté, comme dévotion à Dieu, implique la subordination de tous les autres buts au seul grand but — accepter joyeusement et être heureux de faire la volonté de Dieu" (D. SHELBY CORLETT, *Holiness — the Central Purpose of Redemption* [La sainteté — le but central de la rédemption], pp. 22-23).

B. *La justification et la sanctification*

La nature de la sanctification est révélée par une série de contrastes entre la justification et la sanctification. Quelques-unes de ces distinctions peuvent être mentionnées comme suit:

1. La justification au sens étendu, fait référence à toute l'œuvre de Christ accomplie *pour* nous; la sanctification, à toute l'œuvre produite *en* nous par le Saint-Esprit.

2. La justification est un acte juridique dans l'esprit de Dieu ; la sanctification, un changement spirituel réalisé dans les cœurs des hommes.

3. La justification est un changement relatif, c'est-à-dire un changement de relation, de la condamnation à l'acceptation ; la sanctification, un changement intérieur, du péché à la sainteté.

4. La justification nous assure la rémission des péchés commis ; la sanctification, au sens complet du terme, purifie le cœur du péché originel ou de la dépravation héréditaire.

5. La justification enlève la culpabilité du péché, la sanctification en détruit la puissance.

6. La justification rend possible l'adoption dans la famille de Dieu ; la sanctification restaure l'image de Dieu.

7. La justification nous qualifie pour le ciel ; la sanctification nous rend convenable pour y aller.

8. La justification précède logiquement la sanctification, qui dans son stage initial lui est concomitante.

9. La justification est un acte instantané et complet et, de ce fait, ne se produit pas par étapes, ou graduellement ; la sanctification est marquée par la progression, en ce que la sanctification partielle, ou initiale, arrive au moment de la justification et que l'entière sanctification est subséquente à la justification. La sanctification initiale et la sanctification entière sont toutefois des actes instantanés produits dans le cœur des hommes par le Saint-Esprit.

C. L'existence du péché dans la personne régénérée

Une croyance constante de l'Eglise a toujours été que le péché originel continue d'exister au sein de la vie nouvelle du régénéré, tout au moins jusqu'à ce qu'il soit extirpé par le baptême du Saint-Esprit. Tel que stipulé dans les *Trente-neuf Articles*, "cette infection de la nature demeure, en effet, en ceux qui sont régénérés". John Wesley exposa son point de vue à ce sujet dans un sermon intitulé *Le péché dans les croyants*. Il dit en partie : "Par péché, j'entends ici le péché interieur ; tous les tempéraments, passions ou affections pécheurs ; tels que l'orgueil, l'entêtement, l'amour du monde de quelque façon ou de quelque intensité ; telles que la convoitise, la colère, la mauvaise humeur ; quelque penchant contraire à l'Esprit de Christ... Un homme justifié ou régénéré est-il libéré de tout péché dès qu'il est justifié?... N'était-il pas, alors libéré de tout péché, de telle sorte qu'il ne se trouve plus de péché dans son cœur? Je ne peux le dire; je ne peux le croire; parce que saint Paul affirme le contraire. C'est aux croyants en général qu'il s'adresse lorsqu'il dit *La chair a des désirs contraires à ceux de l'Esprit, et l'Esprit en a de contraires à ceux de la chair; ils sont opposés entre eux'* (Gal. 5:17). On ne peut pas être plus clair. Ici, l'apôtre affirme directement que la chair, nature portée au mal, s'oppose à l'Esprit, même dans les croyants; que même dans le régénéré cohabitent deux principes en contradiction l'un avec l'autre" (WESLEY, *Sin in Believers* [Le péché dans les croyants]). "Les Ecritures affirment que demeure dans l'homme, après la conversion, ce que l'on appelle 'la chair', 'la sensualité', 'la colère' — prédisposition héréditaire — que certains appellent 'la tendance au mal', mais elle est de toute évidence plus que cela; l'apôtre l'appelle 'le corps du péché'" (Dr P.F. BRESEE, *Sermons*, p. 46). La condition du régénéré, avant l'entière sanctification est, dans un sens modifié, un état complexe. Il se trouve dans le cœur du croyant à la fois la grâce et le péché inné, cependant il ne s'y trouve, ni ne peut s'y trouver ni confusion, ni mélange de ces deux éléments opposés. Ils existent dans le cœur sans se mélanger ou se combiner. Autrement nous aurions une sainteté adultérée.

D. *L'entière sanctification est subséquente à la régénération*

La régénération est, en elle-même, une œuvre parfaite. Elle est un don de vie divine, et en tant qu'opération de l'Esprit, est complète en elle-même. Mais la régénération n'est qu'une partie de la grâce divine contenue dans la Nouvelle Alliance. Ce n'est qu'en ce sens que l'on peut la dire incomplète. La régénération est aussi le début de la sanctification, mais seulement au sens où la vie donnée lors de la nouvelle naissance est une vie sainte. Cependant, nous ne devons pas en déduire que la simple expansion de cette nouvelle vie par la croissance conduira l'âme à l'entière sanctification. La sanctification est un acte de purification et, à moins que le péché inné ne soit enlevé, il ne peut y avoir ni plénitude de vie, ni perfection de l'amour. Au sens précis, la régénération n'est pas la purification. La sanctification initiale accompagne la régénération, mais cette dernière transmet la vie alors que la première purifie de la culpabilité et de la dépravation acquise. Il est vrai qu'une vie d'amour moral est commune à la régénération et à l'entière sanctification, mais les deux œuvres sont séparées et distinctes et, conséquemment, la dernière œuvre est tout de même plus que la touche finale apportée à la première.

1. Pourquoi la rédemption n'est-elle pas comprise comme étant une seule œuvre de grâce? Pourquoi deux œuvres distinctes. Il nous est impossible de dire ce que Dieu peut ou ne peut pas faire. Sa Parole, toutefois, révèle clairement qu'Il ne justifie pas et sanctifie entièrement par une œuvre unique de grâce. Le pécheur ne réalise sans doute pas son besoin de sanctificaton. Sa culpabilité et sa condamnation occupent d'abord son attention et ce n'est que plus tard qu'il en vient à réaliser son besoin d'une plus ample purification. La justification et la sanctification traitent de différentes phases du péché; la justification traite des péchés commis ou le péché en tant qu'un acte; la sanctification traite du péché héréditaire, ou le péché en tant que principe ou nature. Il semble impossible de découvrir complètement cette dernière condition sans avoir expérimenté la première. Ces œuvres de l'Esprit sont donc aussi, en un sens, directement opposées, l'une communiquant la vie, l'autre une crucifixion ou une mort. Finalement, l'expérience de l'entière sanctification s'obtient par la foi, laquelle peut s'exercer seulement après avoir accompli certaines conditions requises, y compris l'entière consécration. Nul ne peut se conformer à de telles conditions s'il est inconverti.

2. Quelle période de temps doit-elle s'écouler entre la régénération et l'entière sanctification? Cela dépend entièrement de l'expérience de l'individu. "Cette œuvre progressive", dit Luther Lee, "peut s'arrêter et finir n'importe quand, lorsque l'intelligence saisit les manques de l'état présent, et que la foi, saisissant la puissance et la volonté de Dieu pour nous sanctifier entièrement, et sans délai, est exercée" (LEE, *Elements of Theology* [Eléments de théologie], p. 214).

E. **Les moyens et les agents divins établis dans la sanctification**

Nous pouvons apprécier à juste titre la nature de l'entière sanctification uniquement en tenant compte des moyens et des agents que Dieu utilise pour empreindre à nouveau Son image sur le cœur des hommes.

1. **La cause d'origine est l'amour de Dieu.** *"Et cet amour consiste, non point en ce que nous avons aimé Dieu, mais en ce qu'il nous a aimés et a envoyé son Fils comme victime expiatoire pour nos péchés"* (1 Jean 4:10).

2. **La cause méritoire ou d'acquisition est le sang de Jésus-Christ.** *"Mais si nous marchons dans la lumière, comme il est lui-même dans la lumière, nous sommes mutuellement en communion, et le sang de Jésus son Fils nous purifie de tout péché"* (1 Jean 1:7).

3. **La cause efficace ou l'agent est le Saint-Esprit.** Nous sommes sauvés *"par le baptême de la régénération et le renouvellement du Saint-Esprit"* (Tite 3:5); il est dit que nous sommes *"élus par la sanctification de l'Esprit"* (1 Pi. 1:2); et choisis pour le salut *"par la sanctification de l'Esprit et par la foi en la vérité"* (2 Thess. 2:13).

4. **La cause instrumentale est la vérité.** *"Sanctifie-les par la vérité: ta Parole est la vérité"* (Jean 17:17). Le Saint-Esprit est l'Esprit de vérité et agit avec son concours. St Pierre peut donc dire: *"Ayant purifié vos âmes en obéissant à la vérité"* (1 Pi. 1:22); et St Jean déclare que *"Celui qui garde sa Parole, l'amour de Dieu est véritablement parfait en lui: par là, nous savons que nous sommes en lui"* (1 Jean 2:5).

5. **La cause conditionnelle est la foi.** *"Il n'a fait aucune différence entre nous et eux, ayant purifié leurs cœurs par la foi"* (Actes 15:9); *"Et qu'ils reçoivent le pardon des péchés et un héritage avec ceux qui sont santifiés par la foi en moi"* Actes 26:18, *Nouvelle Version Segond Révisée*, 1978). Donc, lorsque nous parlons de la sanctification comme étant produite par le Père, ou par le Fils, ou par le Saint-Esprit; que nous en parlions comme venant du sang, de la vérité, ou par la foi, nous ne faisons que nous référer aux différentes causes qui entrent dans cette glorieuse expérience.

La sanctification progressive

Le terme "progressif" tel qu'il est utilisé en relation avec la sanctification doit être clairement défini. Il signifie simplement l'aspect temporel de l'œuvre de la grâce dans le cœur, telle qu'elle se produit par étapes successives. Chacune de ces étapes est caractérisée par une approche graduelle et une consommation instantanée. L'ensemble des étapes marque toute l'étendue de la grâce sanctifiante. Nous avons déjà parlé de la sanctification "initiale" qui est concomitante avec la justification et la régénération. Lors de cette purification initiale, la culpabilité du pécheur et sa dépravation acquise sont enlevées. Puisque ce qui enlève la pollution et rend saint est appelé, à juste tire, "sanctification", cette purification première, ou initiale, est la sanctification "partielle". Elle ne se réfère pas à la purification du péché originel ou à la dépravation héréditaire. Non seulement ne le fait-elle pas, mais il y a une œuvre préparatoire ou graduelle, appliquée par le Saint-Esprit antérieure à la crise de l'entière sanctification. Cette œuvre préparatoire comporte une tristesse selon Dieu à cause du péché qui habite en nous, un renoncement au péché inné, un dégoût de la vieille nature pécheresse. Cela n'est jamais trouvé à part la puissance d'illumination et de conviction du Saint-Esprit. Lorsque l'enfant de Dieu, par l'Esprit, renonce complètement au péché inné et croit au sang purificateur, il peut, à ce moment, par la simple foi en Christ, être entièrement sanctifié. John Wesley décrit cette préparation graduelle pour la crise de l'entière sanctification, en ces mots: "Un homme peut agoniser pendant un certain temps, cependant, à proprement parler, il ne meurt pas avant cet instant où l'âme est séparée du corps. De la même façon, il peut agoniser au péché pendant un certain temps; cependant, il n'est pas mort au péché jusqu'à ce que le péché soit séparé de son âme; ce n'est qu'à ce moment précis qu'il vit la plénitude de la vie d'amour" (WESLEY, *Plain Account of Christian Perfection* [Traité précis sur la perfection chrétien], p. 51). Les Ecritures confirment clairement l'idée de la préparation graduelle et de la pleine réalisation instantanée de l'entière sanctification. *"Notre vieil homme* — dit Paul — *a été crucifié avec lui, afin que le corps du péché fût détruit, pour que nous ne soyons plus esclaves du péché"* (Rom. 6:6). La crucifixion en tant qu'instrument de mort mène inexorablement à la mort. Le "vieil homme" doit être tenu à la croix jusqu'à ce qu'il meurt; et lorsque le péché expire, l'âme est, à ce moment, entièrement sanctifiée pour vivre la plénitude de l'amour parfait.

Il y a encore un troisième aspect où la sanctification est progressive. Alors que l'entière sanctification est un acte défini, instantané et complet, c'est à la fois un acte achevé et continuel. Nous entendons par là que nous sommes purifiés de tout péché, seulement lorsque par la foi nous sommes introduits dans une juste relation au sang expiatoire de Jésus-Christ; et seulement lorsque par la foi, nous maintenons une relation continuelle avec le sang propitiatoire, qu'il y aura une purification continuelle au sens d'une préservation dans la pureté et la sainteté. C'est avec cette pensée en tête que le Dr Adam Clarke affirma que "Le même mérite et la même énergie sont requis tant pour préserver la sainteté dans l'âme humaine que pour la produire". Les aspects instantanés et continuels de la sanctification sont avancés par l'apôtre Jean comme suit: *"Mais si nous marchons dans la lumière, comme il est lui-même dans la lumière, nous sommes mutuellement en communion, et le sang de Jésus son Fils nous purifie de tout péché"* (1 Jean 1:7). Il y a ici un acte défini et instantané par lequel l'âme est purifiée de tout péché, et une sanctification progressive par laquelle ceux qui marchent dans la lumière, sont les récipients des mérites continus du sang expiatoire. Les mêmes vérités sont enseignées dans 1 Pi. 1:2: *"Elus selon la prescience de Dieu le Père, par la sanctification de l'Esprit, afin qu'ils deviennent obéissants, et qu'ils participent à l'aspersion du sang de Jésus-Christ."* Ici, il est clair que le salut se fait par la sanctification de l'Esprit; que la sanctification comme acte instantané purifie de tout péché, et conduit le croyant à l'obéissance, intérieurement et extérieurement, et qu'en marchant dans cette obéissance, l'élu demeure constamment sous l'aspersion du sang expiatoire et sanctificateur. Il est important de se souvenir que nous sommes purifiés par le sang expiatoire, seulement lorsque nous sommes amenés à une juste relation avec Jésus-Christ; et que nous sommes continuellement purifiés ou gardés purs, en autant que ces justes rapports sont maintenus. Nous sommes sanctifiés par Christ, non pas séparés de Lui mais en et avec Lui; non seulement par le sang de la purification, mais sous l'aspersion de ce sang. La foi est le lien essentiel de l'union avec Christ, et celui qui a le cœur pur demeure en lui seulement par une foi continue. Si cette union se brise, la vie spirituelle s'éteint immédiatement.

CHAPITRE XVIII

L'ENTIÈRE SANCTIFICATION OU LA PERFECTION CHRÉTIENNE (II)

"Nous regardons comme parfaites ces choses qui ne demandent rien d'autre afin de remplir le but pour lequel elles ont été créées. En conséquence, on peut dire de l'homme qu'il est parfait lorsqu'il rempli le but pour lequel Dieu l'a créé, et comme Dieu requiert que chaque homme L'aime de tout son cœur, de toute son âme, de toute sa pensée, et de toute sa force et qu'il aime son prochain comme lui-même, alors, parfait est un homme qui agit ainsi — il remplit le but pour lequel Dieu l'a créé"
—*Dr Adam Clarke*

"Qu'est-ce que la perfection chrétienne? Aimer Dieu de tout notre cœur, de toute notre pensée, de toute notre âme, et de toute notre force. Cela implique qu'aucune mauvaise disposition, contraire à l'amour, ne reste dans l'âme; et que toutes les pensées, mots et actions sont gouvernés par l'amour pur."
—*John Wesley*

Dans le chapitre que nous venons de terminer, nous avons examiné la doctrine de l'entière sanctification du point de vue de (1) sa base historique; (2) son fondement scripturaire; (3), sa signification et sa portée, et (4) sa nature en tant qu'achevée et progressive. Dans le présent chapitre, nous conclurons notre analyse de cette grande vérité et nous allons considérer en détail l'expression corrélative de "perfection chrétienne".

I. L'ENTIÈRE SANCTIFICATION

A. *L'entière sanctification en tant qu'une purification du péché*

Comme nous l'avons vu, l'expression "entière sanctification" s'applique à la plénitude de la rédemption, ou à la purification du cœur de tout péché. Le verbe *sanctifier* vient des mots latins *sanctus* (saint) et *facere* (rendre). Lorsqu'il est utilisé au mode impératif, il signifie littéralement *rendre saint*. Dans le grec, nous avons la même signification avec le verbe *hagiadzo*, lequel dérive de *hagios* (saint), et signifie donc aussi *rendre saint*. Donc, le premier élément de base dans l'entière sanctification est la purification du cœur du croyant du péché inné ou de la dépravation héréditaire.

Le péché originel doit être regardé sous un double aspect. C'est le péché commun qui infecte la race, croit-on, d'une manière générale; et c'est une partie de cet héritage général individualisé dans chacune des personnes qui compose la race. Tout comme le premier aspect, ou le péché au sens générique, le péché originel ne sera pas aboli jusqu'au rétablissement de toutes choses. Jusqu'à ce moment-là, il demeure quelque chose de la pénalité qui n'est pas enlevé; et de même, il demeure quelque chose du risque d'être tenté ou de la prédisposition au péché, essentiels à la pérode d'épreuve. Mais au second aspect, la vieille nature pécheresse ou le péché qui réside dans le moi de l'âme — le principe qui dans l'homme a une affinité réelle avec la transgression est aboli par la purification de l'Esprit de sainteté, et l'âme gardée pure par Sa présence qui habite en nous.

L'étendue de la purification, selon les Ecritures, comprend l'enlèvement complet de tout péché. Le péché doit être purifié de part en part, épuré, extirpé, déraciné et crucifié; pas réprimé, refoulé, contrecarré ou rendu nul, au sens où ces termes l'entendent habituellement. Il doit être détruit; et n'importe quelle théorie qui accorde une place au péché inné, peu importe les dispositions pour le réglementer, est non-scripturaire. Une étude des termes grecs utilisés à cet égard clarifiera la situation.

1. Un des termes les plus courants est *katharidzo*, qui signifie rendre propre, ou purifier en général, tant intérieurement qu'extérieurement; consacrer en épurant ou en purifiant; ou libérer de la souillure du péché. "C'est de ce mot même que nous tenons le dérivatif français — "cathartique". Il signifie littéralement purger, purifier, enlever les impuretés et éliminer ce qui est étranger. Cela ne signifie rien de plus ou rien de moins que l'actuelle purification de la nature de l'homme du virus d'une disposition coupable." (Dr H.V. MILLER, *When He Is Come* [Quand Il est venu]). Voici quelques-uns des textes les plus significatifs dans lesquels ce mot est utilisé: *"Il n'a fait aucune différence entre nous et eux, ayant purifié leurs cœurs par la foi"* (Actes

15:9). *"Ayant donc de telles promesses, bien-aimés, purifions-nous de toute souillure de la chair et de l'esprit, en achevant notre sanctification dans la crainte de Dieu"* (2 Cor. 7:1). *"Qui s'est donné lui-même pour nous, afin de nous racheter de toute iniquité, et de se faire un peuple* [chéri] *qui lui appartienne, purifié par lui et zélé pour les bonnes œuvres"* (Tite 2:14). *"Mais si nous marchons dans la lumière, comme il est lui-même dans la lumière, nous sommes mutuellement en communion, et le sang de Jésus son Fils, nous purifie de tout péché"* (1 Jean 1:7).

2. Un autre mot important est *katargéo* qui signifie annuler, abolir, mettre fin à, faire cesser. *"Afin que le corps du péché fût détruit, pour que nous ne soyons plus esclaves du péché"* (Rom. 6:6).

3. Un terme fort est *akrizoo* qui signifie déraciner, arracher par les racines et donc extirper. Ainsi le mot *extirper* apparaît dans le texte original mais est voilé dans la traduction française. On le retrouve dans les paroles de notre Seigneur à ses disciples: *"Toute plante que n'a pas plantée mon Père céleste sera déracinée"* (Mat. 15:13). Cela est expliqué par saint Jean pour dire que notre Seigneur est *"apparu afin de détruire les œuvres du diable"* (1 Jean 3:8); (cf. Mat. 13:29; Luc 17:6; Jude v. 12).

4. Peut-être que le terme grec le plus fort utilisé en ce sens est *stauroo* qui, selon Thayer — auteur d'un célèbre lexique grec — signifie "crucifier la chair, détruire totalement sa puissance (la nature de l'image impliquant que la destruction s'effectue avec une intense douleur)". Il est utilisé dans Galates 5:24: *"Ceux qui sont à Jésus-Christ ont crucifié la chair avec ses passions et ses désirs."*

5. En étroite relation avec le terme précédent, nous retrouvons le mot *thanatoo* qui signifie assujettir, mortifier, tuer, détruire, éteindre. *"De même, mes frères, vous aussi, vous avez été, par le corps de Christ, mis à mort en ce qui concerne la loi"* (Rom. 7:4); *"Si vous vivez selon la chair, vous mourrez; mais si par l'Esprit vous faites mourir les actions du corps, vous vivrez"* (Rom. 8:13). Une étude attentive de ces termes devrait convaincre tout chercheur sincère que les Ecritures enseignent la complète purification du péché inné du cœur — la destruction totale de la vieille nature pécheresse. "La sanctification va beaucoup plus en profondeur que le simple changement de mauvaises habi-

tudes et de conduite néfaste. Elle frappe non seulement nos coutumes et nos idéaux mais elle atteint la racine de nos mauvaises affections. Elle exige la mort de toutes mauvaises affections et de toutes mauvaises émotions, et exige que la volonté soit absorbée dans la volonté de Dieu. C'est une exigence glorieuse mais très coûteuse, et par conséquent impopulaire. La sanctification exige non seulement la mort des actions coupables, mais des désirs impurs, des appétits coupables, des affections immorales. Elle touche le centre du caractère humain pour détruire les œuvres du diable" (Dr R.T. WILLIAMS, *Sanctification*, pp. 30-31).

B. *L'entière sanctification en tant qu'une dévotion positive à Dieu*

Cette œuvre de sanctification comprend non seulement une séparation du péché, mais une séparation à Dieu. Cet attachement positif est, cependant, quelque chose de plus que la consécration humaine de l'âme à Dieu. Elle représente, aussi, l'acceptation par le Saint-Esprit de l'offrande, et, en conséquence, une puissance divine intérieure ou revêtement. Il s'agit d'une possession divine et la source et l'énergie de cette dévotion spirituelle est l'amour saint. L'Esprit de Dieu est capable, en tant que Sanctificateur, non seulement de remplir l'âme d'amour, mais d'éveiller l'amour en retour, d'où la déclaration de saint Paul: *"L'amour de Dieu est répandu dans nos cœurs par le Saint-Esprit qui nous a été donné"* (Rom. 5:5); alors que saint Pierre, abordant le sujet d'un autre point de vue, déclare: *"Ayant purifié vos âmes en obéissant à la vérité pour avoir un amour fraternel sincère, aimez-vous ardemment les uns les autres, de tout votre cœur"* (1 Pi. 1:22). La première déclaration est un don positif de l'amour divin — accordé par le Saint-Esprit, et est, par conséquent, un amour saint; la dernière est une purification telle qu'elle enlève du cœur tout ce qui est contraire au débordement de l'amour parfait. Alors que l'entière sanctification considérée au point de vue négatif est la purification du cœur de tout péché, de la perspective positive, elle est un remplissage du cœur d'amour divin.

La sainteté se compose de l'unité profonde et fondamentale de la pureté du cœur et de l'amour parfait. La sainteté en l'homme est la même que la sainteté en Dieu quant à la qualité, mais à la différence que la première est dérivée alors que la dernière est absolue. Cette unité de pureté et d'amour est exprimée le mieux dans les paroles qui décrivent Jésus: *"Tu as aimé la justice, et tu as haï l'iniquité"* (Héb. 1:9). La pureté et l'amour fusionnent, au centre même de la personnalité de l'homme, en une nature fondamentale. Elle s'exprime, non pas tant dans une vertu particulière, ou dans l'ensemble des vertus, que dans le recul de l'âme pure devant le péché et dans l'amour de la justice.

"La sainteté est le rajustement de notre nature entière, par lequel nos appétits et nos tendances inférieurs sont subordonnés et les puissances supérieures de l'ordre intellectuel et moral sont restaurées à leur suprématie et Christ règne dans une âme entièrement renouvelée." Voilà ce qu'est la véritable intégration de la personnalité!

C. *Les éléments divins et humains dans l'entière sanctification*

Nous avons caractérisé l'entière sanctification comme étant négativement: la purification du péché et, positivement: une dévotion entière à Dieu. Nous avons aussi remarqué que la sainteté embrasse à la fois ces deux aspects au cœur même de la personnalité humaine et s'exprime naturellement et spontanément par une haine pour l'iniquité et un amour pour la justice. C'est le point de vue humain sur l'entière sanctification. Comment la décririons-nous du point de vue des opérations divines? C'est le don ou le baptême du Saint-Esprit. "Ce don purifie le cœur — ce qui signifie la destruction du corps du péché et l'enlèvement de la vieille nature pécheresse. Cela veut dire quelque chose de plus encore; c'est plus que le nettoyage d'une maison. La maison est nettoyée, purifiée pour recevoir l'Invité. Il la prépare pour Sa demeure... Le revêtement céleste — à part la Personnalité céleste qui demeure en nous — ne confère d'ailleurs pas à l'homme une puissance pour la vie ou pour le service chrétien. Déculpabiliser un homme et le rendre pur — ce que Dieu a déjà pourvu — n'est pas suffisant. Laissé ainsi, il deviendrait vite une proie facile pour le diable et le monde, et serait absolument incapable d'œuvrer pour amener des hommes et des femmes à Dieu. Nous tenons bon par la foi, laquelle est une fidélité de cœur à Dieu, un désir intense, une contemplation confiante devant lui; mais cela ne serait pas encore suffisant, si Dieu ne nous venait pas en aide en déversant

Sa présence divine dans un tel cœur pour le remplir de Lui-même. Il le protège. Il agit en et par un tel cœur. Ce cœur devient Son temple et le siège de Ses opérations. La Bible y insiste et nous devons avoir la sainteté du cœur, mais nous ne pouvons nous confier dans un cœur saint; nous ne pouvons que nous confier en Celui qui y demeure" (Dr P.F. BRESEE, *Sermons*, pp. 7, 8, 27). L'entière sanctification embrasse tant la purification du cœur du péché que la présence permanente et durable du Saint-Esprit qui habite le croyant pour lui donner la puissance pour la vie et le service. Ici l'expérience de l'entière sanctification se distingue nettement de celles de la justification et de la régénération qui la précèdent; et elle est également gardée de la théorie erronée qui s'appelle la troisième bénédiction, qui considère l'entière sanctification uniquement comme une œuvre de purification, et qui doit être suivie du baptême du Saint-Esprit comme don additionnel de puissance. Le baptême du Saint-Esprit est, en conséquence, "le baptême de Dieu. Il s'agit de brûler la paille, mais aussi il est la révélation en nous et la manifestation à nous de la Personnalité divine, qui remplit notre être".

II. LA PERFECTION CHRÉTIENNE

La perfection chrétienne, au sens critique, représente l'aspect le plus positif de l'unique expérience, connue en théologie comme l'entière sanctification ou la perfection chrétienne. L'entière sanctification, comme expression, désigne plus l'aspect de purification du péché ou le fait de rendre saint; alors que la perfection chrétienne souligne les niveaux des privilèges assurés au croyant par l'œuvre expiatoire de Jésus-Christ.

A. *Fausses idées sur la perfection chrétienne*

Il y a nombre de malentendus concernant la perfection chrétienne qui doivent être éclaircis pour pouvoir bien comprendre ou apprécier justement cette œuvre du Saint-Esprit. L'expression semble avancer une norme d'excellence à laquelle ceux qui sont bien informés ne réclament jamais à l'égard de la perfection chrétien. Bien comprise, on ne peut s'opposer ni à la doctrine, ni à l'expérience.

1. La perfection chrétienne n'est pas une perfection *absolue*. Cette perfection n'appartient qu'à Dieu. En ce

sens, *"il n'y a de bon que Dieu seul"* (Marc 10:18). Toute autre bonté est dérivée. Ainsi donc, Dieu seul est parfait, mais Ses créatures peuvent aussi être parfaites, relativement parlant, selon leur nature et leur espèce.

2. Il ne s'agit pas de perfection *angélique*. Les saints anges ne sont pas des créatures déchues et, par conséquent, ont conservé leurs facultés originelles intactes. Ils ne sont pas sujets aux erreurs comme l'homme dans sa présente condition de faiblesse et d'infirmité, et ont conséquemment une perfection que ne peut atteindre le genre humain.

3. Il ne s'agit pas de la perfection *adamique*. L'homme fut créé de peu inférieur aux anges, et il possédait assurément, dans sa condition d'origine, une perfection qui demeure inconnue à l'homme dans sa condition présente.

4. Il ne s'agit pas d'une perfection de *connaissance*. Non seulement la volonté de l'homme fut-elle pervertie, et ses désirs aliénés lors de la chute, mais aussi son intelligence fut obscurcie. D'où le fait qu'à cause de sa compréhension défectueuse, des opinions erronées sur divers sujets peuvent découler et, à leur tour, mener à de faux jugements et à une distorsion des désirs.

5. Ce n'est pas l'*immunité contre les tentations* ou la susceptibilité au péché. Celles-ci sont essentielles à une période de mise à l'épreuve. Notre Seigneur fut tenté en tous points comme nous, et pourtant il était sans péché.

B. Implications de la doctrine de la perfection chrétienne

1. Cette perfection est *évangélique* par opposition à la perfection légale. *"La loi n'a rien amené à la perfection, et à sa place a été introduite une meilleure espérance"* (Héb. 7:18, *Synodale*). La perfection chrétienne vient de la grâce en ce sens que Jésus-Christ amène son peuple à la perfection sous l'économie actuelle. L'expression "perfection sans péché" ne fut jamais utilisée par Wesley en raison de son ambiguïté. Ceux qui sont justifiés sont délivrés de leurs péchés; ceux qui sont entièrement sanctifiés sont purifiés de tout péché, mais ceux qui sont ainsi justifiés et sanctifiés font tout de même partie d'une race sous la condamnation du péché originel, et subiront les conséquences de ce péché jusqu'à la fin des temps. Le terme perfection, cependant, est un terme convenable puisque par la grâce de notre Sei-

gneur, le péché est extirpé de l'âme et l'amour parfait de Dieu est répandu dans le cœur par le Saint-Esprit.

2. La perfection chrétienne est une expression *relative*. Il s'agit d'une perfection qui, lorsqu'elle est perçue en relation avec l'absolue perfection de Dieu, pourrait ne jamais être atteinte dans cette vie, ou dans celle à venir; mais lorsqu'elle est considérée en relation avec l'économie actuelle, elle indique un caractère définitif, en ce sens qu'elle est une délivrance de la nature spirituelle de la souillure du péché. Il est vrai que cet esprit racheté et rendu parfait habite un corps qui est membre d'une race coupable; mais l'esprit de l'homme peut être élevé des ténèbres à la lumière, alors que son corps conserve les effets néfastes de la chute qu'il possédait avant que son esprit ne soit racheté. Par conséquent, l'homme est encore soumis aux faiblesses, car son âme est sous l'influence des choses matérielles, et le demeurera jusqu'à ce que la créature elle-même revête l'incorruptibilité et l'immortalité.

3. La perfection chrétienne est *probatoire*. C'est un état qui est toujours régi par la loi morale, d'où le fait qu'on doit y veiller avec une vigilance constante tout en étant maintenu par la grâce divine. Tant que nous demeurons ici-bas, quelque intense que soit notre piété et fervente notre vie religieuse, il existera toujours des sources de danger en nous. Il y a dans notre nature des éléments qui lui sont indispensables comme les désirs, les affections et les passions, sans lesquels nous serions incapables de vivre dans les conditions présentes. Ces éléments, en eux-mêmes, sont innocents, mais doivent être maintenues sous contrôle par la raison, la conscience et la grâce divine. Le danger et le mal résident dans la perversion de nos facultés morales données par Dieu, et cette perversion conduit à des fins mauvaises. Soutenir que la perfection chrétienne détruit ou extirpe les éléments essentiels à la nature humaine; ou croire qu'un homme ou une femme ne pourraient pas jouir de la perfection de l'esprit tant que subsistent ces éléments humains, serait se méprendre complètement au sujet de la nature de cette expérience. Ce que la perfection chrétienne fait, c'est donner la grâce pour contrôler ces tendances, affections et passions afin de les assujettir aux lois plus élevées de la nature humaine.

4. La perfection chrétienne est obtenue par *médiation*.

Ce n'est pas l'accomplissement d'efforts humains, mais une œuvre produite dans le cœur par le Saint-Esprit en réponse à la simple foi dans le sang de Jésus. Nous sommes gardés par Son incessante intercession. *"Je ne te prie pas de les ôter du monde, mais de les préserver du mal* (Jean 17:15).

C. Le concept fondamental de la perfection chrétienne

Le privilège complet des chrétiens en Christ se reflète dans le modèle d'amour du Nouveau Testament comme accomplissant la loi (Mat. 22:40; Gal. 5:14). *"Voici l'alliance que je ferai avec la maison d'Israël. Après ces jours-là, dit le Seigneur: Je mettrai mes lois dans leur esprit, je les écrirai dans leur cœur; et je serai leur Dieu, et ils seront mon peuple"* (Héb. 8:10). *"Voici l'alliance que je ferai avec eux. Après ces jours-là, dit le Seigneur: Je mettrai mes lois dans leurs cœurs, et je les écrirai dans leur esprit. Il ajoute: Et je ne me souviendrai plus de leurs péchés ni de leurs iniquités. Or, là où il y a pardon des péchés, il n'y a plus d'offrande pour le péché"* (Héb. 10:16-18). Le fait que nous voulons faire ressortir de ces passages est que la vie plein d'amour, rendue parfaite dans le cœur par l'entremise du Saint-Esprit, constitue la véritable essence de la Nouvelle Alliance de Dieu avec Son peuple. L'amour pur règne suprêmement sans les hostilités du péché. L'amour est la source de chaque activité. Le croyant, ayant entré dans la plénitude de la Nouvelle Alliance, fait naturellement ces choses contenues dans la loi et; désormais, on dit de la loi qu'elle est écrite dans son cœur. *"Tel qu'il est, tels nous sommes aussi dans ce monde: c'est en cela que l'amour est parfait en nous, afin que nous ayons de l'assurance au jour du jugement. La crainte n'est pas dans l'amour, mais l'amour parfait bannit la crainte; car la crainte suppose un châtiment, et celui qui craint n'est pas parfait dans l'amour"* (1 Jean 4:17-18).

Paul développe cette idée de la perfection chrétienne en rapport avec l'acquisition de la maturité spirituelle (Héb. 5:12-14; 6:1). Par contraste avec le statut d'enfant (Gal. 4:1-2), le chrétien adulte, ou "celui qui est parfait" s'est soumis au baptême du Saint-Esprit (Mat. 3:11-12; Actes 1:5), lequel purifie son cœur de tout péché intérieur (Actes 15:9) et le remplis de l'amour divin (Rom. 5:5). A cet instant, il vit la vie plein d'amour. En lui, l'amour est rendu parfait et en lui sont satisfaites les conditions de la Nouvelle Alliance. La loi de Dieu est écrite dans son cœur.

Nous conclurons que les Ecritures enseignent clairement que la perfection chrétienne peut être acquise dans cette vie, que cette perfection consiste uniquement en une vie d'amour parfait, ou dans le fait d'aimer Dieu de tout son cœur, de toute son âme, de toute sa pensée et de toute sa force; que cette perfection d'amour ne réfère point au degré ou à la quantité d'amour, mais qu'elle se réfère plutôt à sa pureté ou qualité; que cet état d'amour parfait est une conséquence de la purification du cœur de tout péché, de telle sorte que l'amour demeure unique et suprême; que cette purification est accomplie instantanément par le baptême du Saint-Esprit; et que l'état de parfait amour qui en résulte est considéré comme la maturité en grâce, en ce que le croyant entre dans la plénitude des privilèges sous la Nouvelle Alliance.

D. *Distinctions importantes concernant la perfection chrétienne*

Nous croyons nécessaire de relever quelques distinctions importantes de la doctrine de la perfection chrétienne pour la préserver de certaines objections erronées qui sont parfois soulevées contre elle.

1. Pureté et maturité doivent être soigneusement différenciées l'une de l'autre. La pureté résulte de la purification de la pollution du péché; la maturité résulte de la croissance en grâce. La pureté est accomplie par un acte instantané. La maturité est graduelle et progressive et est toujours indéfinie et relative. Donc, lorsque nous parlons d'amour parfait, nous nous référons uniquement à sa qualité comme n'étant pas mélangé avec le péché, jamais à sa mesure ou sa quantité. Le Dr J.B. Chapman fait le commentaire suivant sur cette distinction fondamentale: "Pureté et maturité. Les mots sont similaires phonétiquement, mais ils sont très différents dans leur définition. La pureté peut se trouver dès les premiers moments après que l'âme a reçu le pardon et la paix avec Dieu. Mais la maturité implique du temps, de la croissance, de l'épreuve et du développement. Le chrétien pur peut même être un chrétien faible, parce que ce n'est ni la taille ou la force qui est accentuée, mais seulement

l'absence de mal et la présence du bien élémentaire. La pureté s'obtient comme une crise, la maturité vient comme un processus. Un individu peut être rendu pur en un clin d'œil; il est douteux que qui que ce soit dans ce monde puisse être considéré comme étant réellement mature. La croissance continue tant et aussi longtemps que dure la vie et pour autant que nous sachions, cela pourrait bien continuer l'éternité durant...plus de foi, plus d'amour, plus d'espoir et plus de patience nous portent à croire qu' à un jour indéterminé, nous serons débarassés de leurs contraires. Cépendant, la croissance n'est pas un processus de purification. La croissance est addition, la purification est soustraction; et bien que l'on puisse s'approcher de la sainteté par un processus très graduel, il doit bien y avoir un dernier instant où le peché existe et un premier instant où il est entièrement disparu, ce qui signifie qu'en réalité, la sanctification doit être instantanée. A ce moment-là ou à quelque moment donné, tout chrétien est soit libre du péché ou pas libre du péché. Cela ne fait pas de sens qu'il soit à la fois saint et en même temps un peu souillé" (J.B. CHAPMAN, *Holiness the Heart of Christian Experience* [La sainteté: le cœur de l'expérience chrétien], pp. 23-24).

2. Les infirmités doivent être distinguées des péchés. Le péché, dans le sens où nous l'entendons ici, est une transgression volontaire d'une loi connue. Les infirmités sont des transgressions involontaires de la loi divine, connue ou non, résultant de l'ignorance ou de la faiblesse de la part de l'homme déchu. Elles sont inséparables de la mortalité. L'amour parfait n'apporte pas la perfection du savoir et, de ce fait, est compatible avec les erreurs tant dans le jugement que dans la pratique. Les infirmités apportent humiliation et regret mais non pas culpabilité et condamnation. Toutes les deux, cependant, nécessitent le sang de l'aspersion. Sous les rites lévitiques de la purification, les erreurs et les infirmités étaient écartées uniquement par l'aspersion du sang; alors que le péché exigeait toujours une offrande spéciale (Héb. 9:7). C'est pour cette raison que nous affirmons qu'il n'y a pas seulement un acte bien déterminé pour purifier le cœur du péché, mais aussi une aspersion continue du sang pour nos transgressions involontaires. Les Ecritures tiennent compte de cette distinction entre les péchés et les infir-

mités. Jude déclare: *"Or, à celui qui peut vous préserver de toute chute* (sans péché) *et vous faire paraître devant sa gloire irrépréhensibles* (sans tache ou irréprochable) *et dans l'allégresse"* (Jude v. 24). Nous pouvons être gardés du péché dans cette vie, mais nous ne paraîtrons irrépréhensibles que lorsque nous serons glorifiés.

3. La tentation est compatible avec le plus haut degré de perfection évangélique. Jésus était saint, sans malice, sans tache et séparé des pécheurs, mais il fut tenté en toutes choses comme nous le sommes, bien que sans péché. La tentation semble être impliquée dans l'idée de mise à l'épreuve. Aucune tentation ou suggestion au mal ne devient péché tant qu'elle n'est pas tolérée ou entretenue par l'esprit. Tant que l'âme garde son intégrité, elle reste indemne, peu importe la violence ou la durée de la tentation.

Ou soulève parfois la question sur la différence entre les tentations de ceux qui sont entièrement sanctifiés et de ceux qui ne le sont pas. La différence réside en ce que pour ceux qui ne sont pas sanctifiés, la tentation stimule la corruption naturelle du cœur avec ses tendances au péché; alors que pour ceux qui sont sanctifiés, la tentation vient uniquement de l'extérieur et le Tentateur ne trouve aucun collaborateur dans le cœur. Cela ne signifie pas que le chrétien entièrement sanctifié ne peut pas succomber à la tentation et pécher. Il est toujours humain et en probation. La route royale de Satan qui mène au cœur de l'homme a toujours été les désirs naturels humains et les appétits de l'homme. Il recherche ces appétits naturels afin de les détourner à des fins illégitimes. Le fait d'être libéré du péché originel renforce le rempart de l'âme à l'heure de la tentation, et est une condition requise indispensable pour une vie victorieuse constante sur le péché et Satan. *"Heureux l'homme qui supporte patiemment la tentation; car, après avoir été éprouvé, il recevra la couronne de vie, que le Seigneur a promise à ceux qui l'aiment"* (Jac. 1:12; cf. Héb. 12:5-11).

E. *La perfection chrétienne en tant qu'une expérience actuelle*

La perfection chrétienne, comme nous l'avons vue, n'est rien de plus et rien de moins qu'un cœur vidé de tout péché et rempli de l'amour pur pour Dieu et l'homme. En tant que tel, il s'agit d'un état qui non seulement est réalisable dans cette vie, mais cet état est l'expérience normale de tous ceux qui vivent dans la plénitude de la Nouvelle Alliance. Il est le résultat d'une opération divine du Saint-Esprit, promis dans l'Ancien Testament et accompli dans le Nouveau Testament, par le don de l'Esprit en tant que *Paraclet* ou Consolateur. *"L'Eternel, ton Dieu, circoncira ton cœur et le cœur de ta postérité, et tu aimeras l'Eternel, ton Dieu, de tout ton cœur et de toute ton âme, afin que tu vives"* (Deut 30:6). *"Moi, je vous baptise d'eau"*, déclara le précurseur de Jésus, *"mais...lui, il vous baptisera du Saint-Esprit et de feu. Il a son van à la main; il nettoiera son aire, et il amassera son blé dans le grenier, mais il brûlera la paille dans un feu qui ne s'éteint point"* (Mat. 3:11-12). Que ces passages des Ecritures fassent référence à une purification spirituelle du cœur est attesté par Pierre en ces mots: *"Il n'a fait aucune différence entre nous et eux, ayant purifié leurs cœurs par la foi"* (Actes 15:9). Quant à la façon dont s'effectue cette œuvre, les Ecritures sont claires: c'est par la simple foi dans le sang expiatoire de Jésus-Christ. Ce sang expiatoire n'étant pas seulement la base de ce que Christ a pourvu pour nous, mais aussi l'occasion par laquelle son Esprit travaille en nous.

Quelles sont les conditions pour recevoir l'expérience de l'entière sanctification ou la perfection chrétienne?

1. Une conscience du péché inné ainsi qu'une faim et une soif de se conformer totalement à l'image de Christ. Catherine Booth déclara: "Dieu n'a jamais fait ce don à aucune âme humaine sans que celle-ci ne soit arrivé au point de tout vendre pour l'obtenir"; et R.A. Torrey a dit: "Aucun homme n'a jamais reçu cette bénédiction alors qu'il croyait pouvoir vivre sans elle." Cela inclut aussi une confession sincère de ce besoin. Cela se voit dans une autre déclaration du Dr Torrey, à savoir que "Je ne peux pas avancer d'un autre pas dans le service chrétien tant que je ne saurai pas que je suis baptisé du Saint-Esprit."

2. Une ferme conviction à la lumière des Écritures qu'il s'agit non seulement d'un privilège mais d'un devoir que d'être purifié de tout péché.

3. Il doit y avoir une soumission parfaite de l'âme à Dieu, généralement connue comme la consécration.

"Chercher et abandonner, chercher à nouveau et abandonner encore, jusqu'à ce que tout vestige du moi soit sur l'autel." Il ne s'agit pas là de la consécration de quelque chose de mal, mais l'offrande inconditionnelle à Dieu de ce qui est bon. C'est une offrande totale. Comme C.W. Ruth l'a indiquée, cette consécration comprend "tout ce que nous possédons et tout ce que nous espérons à posséder; tout ce que nous sommes, et tout ce que nous espérons être; tout ce que nous savons et tout ce que nous ignorons, avec la promesse d'un 'oui' éternel à tout ce que la volonté de Dieu a en réserve pour nous à l'avenir. Il ne s'agit pas de la consécration à une œuvre, ou de la consécration à un certain appel, mais de la consécration à Dieu. Elle n'est pas simplement un désir de se consacrer ou de vouloir se consacrer, mais de la ratification inconditionnelle et irrévocable de tous les aspects de notre vie à Dieu pour ce temps et pour l'éternité". Elle n'est pas un acte basé sur les émotions, mais un acte de la volonté. C'est une consécration volontaire, sans réserve, irrévocable, réfléchie et entière pour acquérir spécifiquement la sainteté du cœur.

4. Un acte de simple foi en Christ — une confiance assurée en Lui pour la bénédiction promise. "La voix de Dieu à votre âme est: Croyez et soyez sauvé. La foi est la condition, et la seule condition, de la sanctification, exactement de la même façon que pour la justification. Aucun homme n'est sanctifié jusqu'à ce qu'il croie; et chaque homme, lorsqu'il croit, est sanctifié" (WESLEY, *Works* [Œuvres], t. II, p. 224). "Qu'est-ce que c'est que cette foi par laquelle nous sommes sanctifiés, sauvés du péché et rendus parfaits dans l'amour? Cette foi est une preuve divine, ou conviction (1) que Dieu a promis cette sanctification dans les Saintes Ecritures. (2) C'est une preuve divine ou conviction que ce que Dieu a promis, Il est capable de l'accomplir. (3) C'est une preuve divine ou conviction qu'Il est capable et qu'Il veut le faire maintenant. (4) A cette confiance doit être ajoutée une seule chose encore — une preuve divine ou conviction qu'Il le fait" (WESLEY, *Sermons*, t. I, p. 390).

F. *Preuves de la perfection chrétienne*

C'est le témoignage unanime de ceux qui croient et enseignent la doctrine Wesleyenne de la perfection chrétienne que l'Esprit rend témoignage à cette œuvre de grâce dans le cœur, exactement comme Il rend témoignage de la filiation chrétienne. Selon Wesley, "personne ne devrait croire que l'œuvre est accomplie tant et aussi longtemps que ne s'ajoute le témoignage de l'Esprit qui témoigne Son entière sanctification aussi clairement qu'Il témoigne Sa justification... Nous le savons par le témoignage et par le fruit de l'Esprit" (WESLEY, *Plain Account of Christian Perfection* [Traité précis sur la perfection chrétienne], pp. 79, 118). Les récits scripturaires de la sanctification d'individus ou de groupes ne laisse place à aucun doute sur le fait que les récipiendaires savaient sans l'ombre d'un doute que l'Esprit était venu avec Sa puissance sanctifiante. Le sens général des Ecritures est à l'effet que l'homme peut connaître avec certitude les réalités du salut. Alors que les Ecritures soulignent le témoignage de l'Esprit quant à la filiation chrétienne (ch. XVII, Sec. IV), il est en même temps évident que l'âme sanctifiée peut, par le témoignage de son propre esprit et par le témoignage du Saint-Esprit, savoir que le sang de Jésus-Christ l'a purifiée de tout péché. Nous avons ici le témoignage de la conscience, lequel nous ne pouvons pas plus mettre en doute que nous ne doutions de notre propre existence. Ajoutons à cela l'attestation directe et positive de l'Esprit qui témoigne. A tout cela vient s'ajouter le témoignage indirect d'une vie continuellement victorieuse par la puissance de l'Esprit qui habite en nous, et le succès croissant de produire les fruits de l'Esprit (Gal. 5:22-23).

SIXIÈME PARTIE
LA MORALE CHRÉTIENNE ET LES INSTITUTIONS
Introduction

La foi et les œuvres, les aspects subjectifs et objectifs de la vie chrétienne; l'expérience de l'entière sanctification et de la vie de sainteté: ces deux paires peuvent être comparées aux deux rames d'un canot. Elles sont toutes deux essentiels à tout progrès qui en vaut la peine. Ainsi, si l'on veut progresser dans les choses spirituelles, on doit avoir une expérience chrétienne intérieure et une vie sainte extérieure. Il est raisonnable et biblique de penser que l'expérience de la perfection chrétienne, qui a été produite par le Saint-Esprit dans la vie du croyant, doit sans cesse démontrer une marche dans la sainteté et une vie de piété.

Dans cette sixième partie, nous accordons premièrement notre considération à une telle vie de sainteté. Quelle est la nature de la liberté chrétienne? Quel rôle la conscience joue-t-elle dans l'orientation de notre conduite? Quels devoirs devons-nous rendre à Dieu? à nous-mêmes? aux autres? Nous répondrons à ces questions, et à d'autres du même genre, lorsque nous examinerons les résultats de l'expérience d'un cœur pur dans la vie du croyant.

A mesure que nous étudions nos obligations chrétiennes, nous découvrons rapidement que certaines ont un caractère social. Il y a des devoirs au sein de la famille que nous devons rendre à l'Etat et à l'Eglise. Cela nous amène à étudier chacune de ces institutions comme étant donnée et ordonnée par Dieu.

Concernant ces institutions, l'Eglise a un intérêt particulier pour nous en tant que chrétiens. Sa nature est décrite par deux symboles significatifs: le Corps de Christ, et le Temple du Saint-Esprit. L'organisation, le ministère, et le culte de l'Eglise sont des points d'une importance particulière. En dernier lieu, notre attention se dirigera vers les sacrements de l'Eglise: le baptême chrétien et la Sainte Cène ou le Repas du Seigneur.

Etes-vous membre de Son Eglise? Faites-vous partie du Corps de Christ? Alors priez, afin d'obtenir une vision des besoins du monde, comme si vous aviez Ses yeux; cherchez à comprendre les réalités spirituelles, comme si vous aviez Sa pensée; percevez la peine du cœur du monde, comme si vous aviez Son cœur; et répondez à ce besoin, comme si vous aviez Ses mains et Ses pieds. *"Vous êtes le corps de Christ, et vous êtes ses membres, chacun pour sa part"* (1 Cor. 12:27).

SIXIÈME PARTIE
LA MORALE CHRÉTIENNE ET LES INSTITUTIONS

Chapitre XIX
La vie de sainteté

I. LES PRINCIPES DE LA MORALE CHRÉTIENNE
   A. Sources de la morale chrétienne
   B. La base scripturaire de la morale
   C. La perfection chrétienne et la morale
   D. La loi de la liberté
   E. La loi de l'amour
   F. La conscience comme élément régulateur dans l'expérience et la conduite chrétiennes

II. LES DEVOIRS ENVERS DIEU
   A. Les vertus théistes
   B. La révérence comme devoir fondamental envers Dieu
   C. Le devoir et les formes de la prière
   D. Le devoir suprême de l'adoration

III. LES DEVOIRS ENVERS SOI-MÊME
   A. La sainteté du corps
   B. La culture de la pensée
   C. Le développement de la vie spirituelle

IV. LES DEVOIRS QUE NOUS AVONS ENVERS AUTRUI
   A. Violations de l'amour fraternel
   B. Le point de vue chrétien sur les droits de l'homme
   C. Les devoirs au sein de la famille
      1. Devoirs entre maris et femmes
      2. Devoirs entre parents et enfants
   D. Les devoirs de l'homme envers l'Etat

Chapitre XX
L'Eglise chrétienne

I. LA NATURE DE L'ÉGLISE CHRÉTIENNE
   A. L'Eglise comme le Corps du Christ
   B. L'Eglise comme le Temple du Saint-Esprit
   C. L'établissement de l'Eglise chrétienne
   D. Marques et attributs de l'Eglise
   E. L'organisation de l'Eglise chrétienne
   F. Conditions pour être membre de l'Eglise
   G. La fonction de l'Eglise
   H. Le ministère chrétien

II. LE CULTE D'ADORATION ET LES MOYENS DE GRÂCE
   A. Le culte d'adoration dans l'Eglise primitive chrétienne
   B. L'aspect d'ordre individuel et social dans le culte d'adoration
   C. L'ordre et les formes du culte d'adoration
   D. Le sabbat comme un moyen de grâce
   E. Autres moyens de grâce

III. LES SACREMENTS
   A. La nature d'un sacrement
   B. Le baptême
      1. L'institution du baptême chrétien
      2. Le développement de la doctrine dans l'Eglise
      3. Résumé des points de vue fondamentaux de la nature du baptême
      4. La nature et le but du baptême chrétien
      5. Le mode du baptême
      6. Les sujets du baptême
   C. La Sainte Cène
      1. L'établissement de la Sainte Cène
      2. Terminologie
      3. La nature de la Sainte Cène
      4. L'administration de la Sainte Cène

CHAPITRE XIX

LA VIE DE SAINTETÉ

"Quelles sont les évidences qui indiquent le progrès dans la sainteté? (1) Un réconfort grandissant et une joie croissante à lire les Saintes Ecritures. (2) Un intérêt grandissant pour la prière, et un esprit de prière grandissant. (3) Un désir grandissant pour la sainteté dans les autres. (4) Un sens plus recherché de la valeur du temps. (5) Un désir restreint d'entendre, de voir et de savoir par simple curiosité. (6) Une tendance grandissante à ne pas vouloir exagérer les fautes et faiblesses des autres, lorsqu'il faut se prononcer sur leur caractère. (7) Un empressement plus grand à parler librement à ceux qui ne jouissent pas de la religion, et à ceux qui sont timides en parlant de leur religion. (8) Une tendance plus marquée à accepter les reproches pour et au nom de Christ, et à souffrir si c'est nécessaire pour Lui. (9) Une sensibilité de conscience grandissante et le besoin d'être plus scrupuleusement consciencieux. (10) Une réaction moins marquée pour les changements d'endroits et de circonstances. (11) Une jouissance plus grande du saint sabbat et des réunions dans le sanctuaire. (12) Un amour grandissant à rechercher les moyens de grâce.

—*Rév. J.A. Wood*

Après avoir considéré la doctrine et l'expérience de la perfection chrétienne, il est juste que nous accordions une certaine attention à ses aspects pratiques et moraux. Un cœur saint est une condition nécessaire et fondamentale à la vie de sainteté. Les Ecritures déclarent que *"nous sommes son ouvrage, ayant été créés en Jésus-Christ pour de bonnes œuvres, que Dieu a préparées d'avance, afin que nous les pratiquions"* (Eph. 2:10).

La plupart des théologiens accordent une certaine attention au sujet de la morale, même si celle-ci est en grande partie en dehors du domaine ordinaire de la théologie. La théologie répond à la question: que devrions-nous *croire*? La morale cherche à répondre à la question: que devrions-nous *faire*? Par conséquent, notre but n'est pas d'observer en détail le domaine général de la morale, mais simplement d'étudier plus directement la vie de sainteté telle qu'elle se rapporte à la doctrine et à l'expérience de l'entière sanctification.

I. PRINCIPES DE LA MORALE CHRÉTIENNE

A. *Sources de la morale chrétienne*

Comme dans le cas de la théologie, la source de la morale chrétienne a un double caractère. Dieu s'est révélé dans deux genres de loi — naturelle et positive. Dans la loi naturelle nous avons ce que Dieu a écrit dans le cœur de chaque homme, ou ce que la lumière de la raison nous enseigne concernant ce qui est bien ou mal. Ainsi, l'apôtre Paul parle des païens par opposition aux Juifs: *"Quand les païens, qui n'ont point la loi, font naturellement ce que prescrit la loi, ils sont, eux qui n'ont point la loi, une loi pour eux-mêmes; ils montrent que l'œuvre de la loi est écrite dans leur cœur, leur conscience en rendant témoignage, et leurs pensées s'accusant ou se défendant tour à tour. C'est ce qui paraîtra au jour où, selon mon Evangile, Dieu jugera par Jésus-Christ les actions secrètes des hommes"* (Rom. 2:14-15). Les païens sont une loi pour eux-mêmes parce qu'ils savent en eux-mêmes ce qui est juste et ce qui est mal, par le moyen de la raison qui est pour eux le messager de la loi divine. L'histoire et l'expérience nous enseignent toutes deux que chaque nation reconnaît certains principes de moralité communs qui ne peuvent pas s'expliquer entièrement sur la base d'éducation. Ces principes expriment une mesure de la révélation divine. De telles maximes universelles relatives à la conduite trouvent leur source commune dans la raison naturelle, émanant de *"la véritable lumière, qui en venant dans le monde, éclaire tout homme"* (Jean 1:9).

La loi positive, qui dépend de la libre volonté de Dieu, est une base bien plus importante pour la morale chrétienne, car seule une révélation spéciale la communique. Que ce soit pour la morale ou pour la théologie, la nature seule ne peut accorder une base convenable. La révélation chrétienne, dont le point culminant est la vie parfaite de notre Seigneur Jésus-Christ, devient le fondement pour la morale chrétienne. Les paroles, les actions et l'esprit de Jésus deviennent la norme de toute conduite chrétienne. Ses paroles nous accordent la connaissance de la volonté divine; Ses actions sont la confirmation de la vérité; et Son Esprit est la puissance par laquelle Ses paroles se personnifient dans l'action.

B. La base scripturaire de la morale

Après avoir indiqué que la révélation chrétienne est la base de la morale, il sera convenable de faire un certain nombre d'observations. La question est souvent posée: "Est-ce que l'origine de la morale chrétienne provient uniquement du Nouveau Testament, ou est-ce que les écrits de l'Ancien Testament doivent être aussi considérés à ce propos? Ce sujet a été considéré auparavant sous un rapport différent (Ch. IV, Sec. III B), et il suffit de dire ici que l'Ancien Testament, pour autant qu'il s'applique à la vie chrétienne, fait encore autorité pour les hommes. Néanmoins, certaines parties, particulièrement celles qui s'appliquent aux types et ombres de meilleures choses à venir, avaient leur parfait accomplissement en Jésus-Christ — alors que d'autres, appartenant à la nature cérémonielle ou politique, ont été abrogées, comme appartenant uniquement au système mosaïque. Mais quant à la loi morale promulguée par Moïse, et dont la substance se trouve dans le Décalogue, elle n'a pas été remplacée. Au contraire, notre Seigneur y fait mention comme à une autorité constante, sans aucune remise en vigueur spéciale. *"Ne croyez pas que je sois venu pour abolir la loi ou les prophètes; je suis venu non pour abolir, mais pour accomplir. Car, je vous le dis en vérité, tant que le ciel et la terre ne passeront point, il ne disparaîtra pas de la loi un seul iota ou un seul trait de lettre, jusqu'à ce que tout soit arrivé. Celui donc qui supprimera l'un de ces plus petits commandements, et qui enseignera aux hommes à faire de même, sera appelé le plus petit dans le royaume des cieux; mais celui qui les observera, et qui enseignera à les observer, celui-là sera appelé grand dans le royaume des cieux"* (Matt. 5:17-19).

L'enseignement moral des Evangiles se concentre sur l'idée du royaume, et dont l'accès se fonde uniquement sur la base de la repentance et de la foi. L'acceptation de l'appel de Dieu exige la subordination de tous les autres attachements: *"Cherchez premièrement le royaume et la justice de Dieu"* (Matt. 6:33). Le "Sermon sur la Montagne" a été appelé la Grande Charte du Royaume. Le vrai sens intérieur de sa nature est démontré ici en une attitude d'esprit — de pensée, de sentiment et de volonté, qui trouve son expression la plus haute en paroles et en actions. La description que

Jésus nous donne n'est pas relative à certaines actions, mais à un certain genre de caractère. La vraie source de l'obéissance se trouve dans l'amour divin. Lorsqu'on Lui demanda quel est le plus grand commandement de la loi, Jésus répondit: *"Tu aimeras le Seigneur, ton Dieu, de tout ton cœur...et de toute ta pensée. C'est le premier et plus grand commandement. Et voici le second, qui lui est semblable: Tu aimeras ton prochain comme toi-même. De ces deux commandements dépendent toute la loi et les prophètes"* (Matt. 22:37-40). Les enfants du royaume doivent être *"prudents comme les serpents, et simples comme les colombes"* (Matt. 10:16). Ils doivent ne pas résister au méchant (Matt. 5:39), et craindre seulement *"celui qui après avoir tué, a le pouvoir de jeter dans la géhenne"* (Luc 12:5). D'après Jésus, l'épreuve suprême de l'amour c'est de *"donner sa vie pour ses amis"* (Jean 15:13). La mise en pratique a un rapport étroit avec cela: *"Car celui qui voudra sauver sa vie la perdra, mais celui qui la perdra à cause de moi la sauvera"* (Luc 9:24).

C. La perfection chrétienne et la morale

Dans notre étude de l'entière sanctification ou de la perfection chrétienne en tant que la norme de l'expérience chrétienne du Nouveau Testament, nous avons découvert qu'elle était une purification du cœur du péché, afin d'établir une dévotion complète de notre être tout entier à Jésus-Christ. La grâce doit premièrement s'exprimer dans l'expérience chrétienne; et par la communication de cette nouvelle vie et de ce nouvel amour, de nouvelles normes de vie quotidienne se formeront. La doctrine n'aboutira pas toujours à l'expérience; mais l'expérience, si elle doit être maintenue, doit toujours déboucher sur la vie chrétienne. Chaque doctrine a non seulement sa phase expérimentale, mais aussi son expression morale. Dieu est une Personne, et l'homme est une personne, donc toutes leurs relations doivent être morales. Le point principal de la perfection chrétienne étant une devotion complète à Dieu, cette devotion devient le principe fondamental de la morale chrétienne. La personne entièrement sanctifiée *"n'appartient pas à elle-même"* (cf. 1 Cor. 6:19*b*), mais elle vit d'après le principe exprimé par l'apôtre Paul: *"Soit donc que vous mangiez, soit que vous buviez, soit que vous fassiez quelque autre chose, faites tout pour la gloire de Dieu"* (1 Cor. 10:31).

D. La loi de la liberté

Par l'intermédiaire de notre Seigneur Jésus-Christ, la vie du chrétien se caractérise par une liberté merveilleuse. St Jacques décrit cette nouvelle position comme *"la loi parfaite, la loi de la liberté"* (Jac. 1:25); et l'apôtre Paul dit: *"La loi de l'Esprit de vie en Jésus-Christ m'a affranchi de la loi du péché et de la mort"* (Rom. 8:2). La loi extérieure cesse d'être la loi du péché et de la mort, car dans la justification la prise de conscience du péché est éliminée; et la loi intérieure de la vie par l'Esprit nous donne une raison d'obéir et la force de le faire. Nous trouvons ici le fait fondamental de la Nouvelle Alliance: *"Je mettrai mes lois dans leur esprit, je les écrirai dans leur cœur"* (Héb. 8:10). Bien que dans le chrétien cette loi soit surnaturelle, elle représente dans un certain sens la loi de la raison qui a été restaurée, et qui est plus que restaurée. L'Esprit divin, dans le cœur des hommes régénérés, cherche à les amener à obéir à la loi de la justice. Dès lors, le croyant s'épanouit dans sa vie spirituelle d'après sa propre nature nouvelle, et non par une contrainte extérieure. C'est le règne de l'Esprit de Dieu dans un moi renouvelé, selon l'idée que le Créateur avait à l'origine pour l'homme. Ainsi, les hommes sont par leur nouvelle nature sous l'autorité du Saint-Esprit, et leurs âmes Lui sont soumises. Ils deviennent une loi en eux-mêmes, n'étant *"point sans la loi de Dieu, étant sous la loi de Christ"* (1 Cor. 9:21). Par conséquent, la loi n'est pas annulée, mais confirmée par la foi (Rom. 3:31).

Nous sommes en effet délivrés de la loi du péché et de la mort, mais non de la loi de la sainteté et de la vie. Quoique la loi soit écrite dans nos cœurs, elle est tout de même une loi, et par conséquent, elle nécessite aussi la dignité d'une norme extérieure qui est en accord avec la loi de la vie intérieure. Or, la vérité fondamentale dans la morale chrétienne est la loi de la vie, par laquelle l'homme est délivré des contraintes extérieures, et reçoit la liberté de se développer selon la nouvelle loi de sa nature. Il respecte ainsi la loi, par l'épanouissement de sa nature intérieure qui est maintenant en harmonie avec cette loi. Autrement dit, Il *agit* bien, parce qu'il le *veut*, et non parce qu'il y est forcé. La note dominante de cette nouvelle nature intérieure est l'amour, et *"l'amour est donc l'accomplissement de la loi"* (Rom. 13:10).

E. La loi de l'amour

La raison fondamentale de la justice, dans la conduite chrétienne, est la loi de l'amour. La perfection chrétienne est une purification du cœur de tout ce qui est contraire à un amour pur. L'amour est à la fois le principe et la puissance d'une consécration parfaite envers Dieu. La charité ou l'amour divin, qui a sa source dans la nature de Dieu, est communiquée à l'âme de l'individu par le Saint-Esprit, par l'intermédiaire de Christ, et devient dans son sens moral le plus complet, la substance de toute obligation — soit envers Dieu ou envers l'homme. L'amour est la couronne de toutes les grâces, l'essence de toute la bonté intérieure, le lien de la perfection qui unit et sanctifie toute l'énergie de l'âme et la puissance propulsive de la justice. "C'est un amour", dit le Dr Pope, "qui ne néglige aucune ordonnance, n'oublie aucune interdiction et s'acquitte de tout devoir. Il est parfait, que ce soit dans son obéissance passive ou active. Il 'ne périt jamais'; il accorde toute grâce qui puisse s'adapter au temps ou qui est digne de l'éternité. C'est pourquoi le terme parfait est réservé à cette grâce. 'Il faut que la patience accomplisse parfaitement son œuvre'; mais seul l'amour est parfait en lui-même, toute en accordant la perfection à celui qui le possède" (POPE, *Compendium of Christian Theology* [Traité de théologie chrétienne], t. III, p. 177).

F. La conscience comme élément régulateur dans l'expérience et la conduite chrétiennes

La conscience est un élément régulateur dans l'expérience et la conduite chrétiennes. St Paul, lorsqu'il parlait de la conscience, comme faisant partie intégrale de l'expérience religieuse vitale, déclara: *"Le but du commandement, c'est une charité* [amour] *venant d'un cœur pur, d'une bonne conscience, et d'une foi sincère"* (1 Tim. 1:5). L'apôtre analyse ici l'expérience chrétienne de la façon suivante: un courant de charité ou d'amour divin qui découle d'un cœur pur, réglé par une bonne conscience, et qui est gardée complète et fraîche et active par une foi sincère.

Pour comprendre plus exactement la nature de la conscience, il faut se souvenir que l'homme est un être moral, par le fait même qu'il est une personne. Aussi, il ne faut pas oublier le fait que l'esprit, comme élément qui dirige la personne compliquée de l'homme, est une unité, et par conséquent ne peut être divisé en parties. Ainsi, par exemple, l'intelligence et l'émotion sont toutes deux présentes dans une certaine mesure dans chaque activité. Toutefois, bien que la personne agisse comme une unité, une partie de l'activité, telle que l'émotion, peut à un certain moment avoir une telle prédominance qu'elle peut se distinguer et se définir. Pour cette raison, il nous est possible de définir l'intelligence comme l'âme qui réfléchit, et la volonté comme l'âme qui choisit. Ainsi, si nous limitons notre définition de la conscience à certains modes d'auto-activité, nous ne suggérons pas que la personne totale n'est pas active, mais seulement que certaines fonctions de la nature morale sont prédominantes. Par conséquent, il nous est possible de définir la conscience comme "le jugement de soi-même, selon sa conformité ou sa non conformité, en caractère et en conduite à l'égard de la loi morale, c'est-à-dire comme bien ou mal, avec un sentiment ou une impulsion d'obéir au jugement de ceux qui sont justes" (ROBBINS, *The Ethics of the Christian Life*, [L'Ethique de la vie chrétienne] p. 79). La conscience ainsi définie peut être comparée à un juge qui préside un tribunal et qui décide que ce désir, cette affection, cet objectif ou cette action est en accord avec la loi morale, et dès lors est juste. Sur ce jugement, un sentiment analogue suit qui pousse à l'action selon cette décision, ou s'oppose à toute action qui n'est pas en harmonie avec la décision.

    La conscience, telle qu'elle vient d'être définie, tire son autorité de la loi de Dieu qui se trouve principalement dans la nature et la constitution de l'homme. Son autorité est intérieure. Si l'homme était dans son état normal, comme c'était le cas de l'homme avant la chute, les décisions de la conscience se feraient toujours conformément à la loi de la raison et, par conséquent, elles seraient toujours infailliblement justes. Mais l'homme n'est pas dans son état normal. La loi de sa personne est obscurcie et corrompue par les conséquences du péché originel. Dès lors, quoique la conscience prenne toujours ses décisions d'après la loi, cette dernière étant obscurcie et corrompue, les décisions prises dans ce cas seront erronées. Pour cette raison, Dieu a donné à l'homme une loi extérieure qui agit comme la copie de sa vraie vie intérieure, et cette loi se trouve dans la Parole de Dieu.

Dans notre discussion de la conscience, deux éléments ont été jusqu'à présent soulignés: l'impulsion intérieure qui nous pousse à faire ce qui est juste, et le jugement moral qui constitue ce qui est juste. Le premier élément est la conscience même. Elle nous dit: "Cherche ce qui est juste et fais-le." Le deuxième élément ou le jugement moral n'est pas, à proprement parler, une partie de la conscience, mais la norme selon laquelle la conscience fonctionne. Puisque ce jugement moral n'est juste que pour autant qu'il est éclairé par la Parole de Dieu, nous arrivons à la conclusion que dans la vie chrétienne, les Ecritures seules sont la seule règle de foi et de pratique qui fait autorité. La conscience, dans un sens plus large, c'est-à-dire impliquant tout le processus moral, est sujette à l'éducation et au développement. C'est pourquoi les Ecritures parlent d'une conscience bonne ou pure, ou d'une conscience mauvaise ou souillée.

Une bonne conscience est éclairée par l'Esprit de vérité et, par conséquent, prend toujours ses décisions d'après la norme de la sainte Parole de Dieu. La conscience peut aussi se caractériser comme pure (1 Tim. 3:9; 2 Tim. 1:3); mauvaise (Héb. 10:22); souillée (Tite 1:15); faible (1 Cor. 8:7); flétrie (1 Tim. 4:2). D'autres termes descriptifs sont parfois ajoutés à ces derniers comme par exemple, stable ou instable, malsain ou sain, et éclairé ou obscurci, pour faire mention de l'état de la conscience.

II. LES DEVOIRS ENVERS DIEU

La morale pratique implique l'application de principes d'ordre moral pour régler le comportement humain. Durant notre discussion portant sur ce thème, nous observerons le plan suivant: (1) La morale théiste ou les devoirs envers Dieu; (2) la morale individuelle ou les devoirs envers soi-même; (3) la morale sociale ou les devoirs envers autrui.

A proprement parler, toute obligation appartient à Dieu, comme au Gouverneur moral, et par conséquent, tous les devoirs sont des devoirs envers Dieu. Les devoirs envers soi-même viennent en second lieu et sont essentiels à la formation du caractère chrétien. En dernier lieu, il faut régler notre conduite extérieure envers les autres, comme ayant sa source dans le caractère de l'individu et en découle.

A. Les vertus théistes

Les vertus théistes sont la foi, l'espérance et la charité ou l'amour. Elles occupent la première place dans la vie chrétienne et toutes les autres vertus dépendent d'elles. Par elles nous sommes réellement unis avec Dieu — à Dieu comme la vérité, par la foi; à Dieu comme étant fidèle, par l'espérance; et à Dieu comme le bien suprême, par l'amour.

Si l'on considère ces trois vertus cardinales d'après le point de vue moral théiste, nous pouvons les analyser brièvement de la façon suivante: (1) La foi est à la fois une action et une habitude, par le fait qu'elle est un repos conscient dans les mérites d'un autre. Les péchés contre la foi sont l'infidélité, l'hérésie et l'apostasie. L'infidélité consiste à être infidèle à Dieu; l'hérésie consiste à être infidèle à la vérité ou persister dans l'erreur; alors que l'apostasie, c'est l'abandon de la vraie religion. (2) L'espérance, c'est cette vertu divine qui nous accorde le motif selon lequel nous croyons en la Parole de Dieu avec une confiance inébranlable, et nous nous réjouissons d'avance de recevoir tout ce qu'Il nous a promis. L'espérance peut être considérée soit comme une action ou comme un état. Elle se rapporte à l'avenir, et suggère que l'on s'attend à quelque chose de désirable. Les péchés contre l'espérance sont le désespoir d'un côté, et la présomption ou la fausse confiance d'un autre. Le désespoir consiste à abandonner tout espoir de salut. La présomption consiste à profiter de la bonté de Dieu pour pécher. (3) La charité ou l'amour divin, c'est la vertu selon laquelle nous nous donnons entièrement à Dieu, comme le souverain bien. Il s'agit d'une vertu divinement infusée, qui trouve sa raison d'être dans la bonté de Dieu, et dont l'objet est à la fois Dieu et notre prochain. C'est cette affection qui souhaite que l'autre personne réussisse, ou qui désire le bien pour elle.

B. La révérence comme devoir fondamental envers Dieu

La révérence a été décrite comme un "respect profond où se mélangent la crainte et l'affection", ou comme "une synthèse d'amour et de crainte". Ainsi décrite, la révérence est le devoir suprême de l'homme, la créature, envers Dieu, le Créateur. C'est le sentiment qui est à la base de toute adoration. La révérence, lorsqu'elle s'exprime en silence, s'appelle adoration, et amène avec elle l'idée de l'hommage ou du culte personnel. La louange est l'expression orale qui exalte les Perfections divines. L'action de grâces exprime la gratitude pour les bontés de Dieu. Le devoir d'un esprit pieux, c'est d'offrir à Dieu l'adoration de la créature, l'hommage du sujet et la louange de l'adorateur.

Dans l'énumération de l'apôtre Paul sur les œuvres de la chair, il en mentionne deux qui sont des violations de la révérence que nous devons à Dieu. Ce sont l'idolâtrie et la sorcellerie. L'idolâtrie est communément décrite comme un honneur divin rendu à des idoles, des images ou autres objets créés. Elle peut aussi consister dans le fait d'admirer, de vénérer, ou d'aimer excessivement toute personne ou chose. Ainsi, la cupidité (la convoitise) est considérée comme une idolâtrie (Col. 3:5). La sorcellerie est la pratique de l'art du sorcier ou de la sorcière, que l'on croit communément être le résultat des relations avec Satan. L'injonction est contre tout ce qui se rattache aux enchantements, à la nécromancie, au spiritisme ou aux soi-disant sciences occultes.

C. Le devoir et les formes de la prière

La prière est un devoir obligatoire pour tous les hommes, comme une expression de leur dépendance de leur Créateur. Ce que le sentiment habituel de révérence est pour l'adoration et la louange, l'esprit de dépendance est pour la prière. Le Dr Wakefield définit la prière comme "l'offrande de nos désirs à Dieu, par l'entremise de Jésus-Christ et sous l'influence du Saint-Esprit, offerte selon des dispositions convenables pour toutes les choses qui sont agréables à Sa volonté". La prière doit être offerte à Dieu, par l'intermédiaire de Christ, et dans l'Esprit pour être acceptable. Elle doit aussi être offerte pour des choses qui sont agréables à la volonté de Dieu, et les requêtes doivent être présentées dans la foi en Ses promesses.

Il y a un certain nombre de différentes formes ou types de prière qui appartiennent au devoir général de la prière.

1. La prière exclamatoire est un terme qui s'applique à "ces aspirations secrètes et fréquentes qui vont du cœur vers Dieu, pour des bénédictions générales ou particulières, par lesquelles un juste sentiment de notre dépendance habituelle de Dieu et de nos besoins et dangers peuvent

s'exprimer, pendant que nous sommes occupés aux affaires ordinaires de la vie". Elle démontre une attitude pieuse de la part de la pensée et du cœur, où un esprit de prière est constamment maintenu. La prière exclamatoire comprend toutes ces expressions impromptues de la prière et de la louange qui proviennent d'un cœur habitué à faire ces choses que l'apôtre recommande: *"Soyez toujours joyeux. Priez sans cesse. Rendez grâces en toutes choses, car c'est à votre égard la volonté de Dieu en Jésus-Christ"* (1 Thess. 5:16-18). Cette forme de prière était reconnue par les Pères de l'Eglise comme un signe remarquable d'une véritable piété, mais il faut faire attention d'éviter d'en faire une formalité ou une familiarité excessive qui donnerait l'impression d'un manque de respect.

2. La prière particulière est expressément encouragée par notre Seigneur dans les paroles suivantes: *"Mais quand tu pries, entre dans ta chambre, ferme ta porte, et prie ton Père qui est là dans le lieu secret; et ton Père, qui voit dans le secret, te le rendra"* (Matt. 6:6). Le devoir de prier en secret est encore renforcé par l'exemple de notre Seigneur et de Ses disciples. Le strict exercice de la prière personnelle a toujours été considéré comme une des marques les plus certaines de la véritable piété et de la sincérité chrétienne.

3. La prière familiale ou sociale provient de la nature de la structure sociale elle-même. La prière familiale est fondamentale dans le système entier du culte d'adoration chrétien. Au temps des patriarches, le culte d'adoration avait lieu en grande partie au sein de la famille; et la fonction sacrée du père ou du maître de la maison a passé du Judaïsme au christianisme. Le premier culte d'adoration chrétien était d'abord limité principalement à la famille, et ce n'est que petit à petit qu'il a pris une plus grande signification. D'où le fait que le culte d'adoration familial est devenu un élément essentiel des réunions publiques, en inculquant un esprit pieux et en instruisant dans les formes de l'adoration. Les parents peuvent aussi bien dire qu'ils ne sont donc sous aucune obligation de nourrir et de vêtir leurs enfants, ou de les instruire pour un emploi légitime, et conclure qu'ils n'ont aucune obligation de leur donner une instruction religieuse convenable. "Notre conclusion est, d'après toutes ces considérations", dit le Dr Ralston, "que la prière familiale, bien qu'elle ne soit pas directement ordon-

née par des préceptes directs, est pourtant un devoir très clair lorsque nous considérons les principes généraux de l'Evangile, le caractère du chrétien, la constitution de la famille, les avantages qu'elle accorde, et les promesses générales de Dieu, qu'elle doit être obligatoire pour chaque chrétien qui est le chef d'un foyer" (RALSTON, *Elements of Divinity* [Eléments de théologie], p. 780).

4. La prière publique s'adresse à chaque partie du culte d'adoration public, telles que la prière, la louange, la lecture des Ecritures, et le chant des psaumes, des hymnes, et des mélodies spirituelles. La prière publique faisait partie du culte d'adoration juif, du moins du temps d'Esdras, et elle avait lieu dans les synagogues. Notre Seigneur a souvent assisté et participé à de tels services, et Il a de cette façon mis Son approbation sur la pratique de la prière publique. Ce devoir se base aussi sur la déclaration formelle des Ecritures. St Paul dit: *"J'exhorte donc, avant toutes choses, à faire des prières, des supplications, des requêtes, des actions de grâces, pour tous les hommes"* (1 Tim. 2:1); et encore: *"Je veux donc que les hommes prient en tout lieu, en élevant des mains pures, sans colère ni mauvaises pensées"* (1 Tim. 2:8). Le culte d'adoration public a été établi dans l'intérêt de chaque adorateur individuel, pour préserver le sens de dépendance de Dieu comme Celui qui donne toute bonne et parfaite chose, et pour exprimer publiquement la reconnaissance pour toutes les bénédictions matérielles et spirituelles.

D. Le devoir suprême de l'adoration

L'union de tous les aspects de la dévotion constitue l'adoration divine. C'est le devoir le plus haut de l'homme. Cette adoration comprend l'offrande active de l'hommage que l'on doit à Dieu, ainsi que la supplication dans le but de recevoir Ses bienfaits. L'adoration unit la méditation et la contemplation avec la prière et, ensemble avec l'Esprit, elle fortifie l'âme pour son travail de foi et son œuvre d'amour. Comme l'adoration marque le couronnement de tout devoir moral envers Dieu, ainsi le résultat de toute l'adoration se trouve dans l'union spirituelle avec Dieu. C'est l'objectif que notre Seigneur a établi pour l'Eglise dans Sa prière sacerdotale. Il a prié *"afin que tous soient un, comme toi, Père, tu es en moi, et comme je suis en toi, afin qu'eux aussi soient un en nous"* (Jean 17:21). Il s'agit d'une union spirituelle personnelle dans laquelle l'identité de l'individu est préservée. C'est une union d'affection, de communauté de vues et d'objectifs. "L'adoration, c'est reconnaître Christ", dit l'évêque McIlvaine, "et lui attribuer tout ce qui est beau, glorieux, et désirable. C'est la tendance nécessaire de toute adoration véritable d'assimiler celui qui adore dans une ressemblance avec Celui qui est adoré." Ainsi l'adoration publique et personnelle de Christ devient un des agents principaux dans notre rédemption. Les pensées et les sentiments du cœur, afin d'être complets, exigent une expression correspondante. La foi trouve cette expression dans les cultes d'adoration de l'Eglise et dans les devoirs de la vie chrétienne.

III. LES DEVOIRS ENVERS SOI-MÊME

Dans la morale individuelle, nous trouvons la catégorie de la morale pratique qui se préoccupe de l'application de la loi morale à la réglementation de la conduite de l'homme, pour autant que celle-ci se rapporte à lui-même comme à un agent moral individuel. Les devoirs que l'homme a envers lui-même sont essentiels à la formation de son caractère et, en ordre d'importance, ils sont placés immédiatement après nos devoirs envers Dieu.

A. *La sainteté du corps*

Puisque l'existence physique de l'homme est essentielle à l'accomplissement de sa mission dans cette vie, il est très important pour lui de conserver et de développer toutes les facultés qui appartiennent à sa personne. Le christianisme ne considère pas le corps comme s'il était une prison pour l'âme, mais comme le temple du Saint-Esprit. La sainteté est ainsi accordée au corps; et la préservation de cette sainteté devient le principe directeur dans toutes les questions relatives au bien-être physique. Les devoirs spécifiques appartenant au corps sont les suivants:

1. La préservation et le développement des facultés du corps sont très nécessaires. Cela devient un devoir important et sacré, car l'existence de l'homme dans le monde dépend de cet organisme physique. Celui qui néglige cette existence physique met en danger toute sa mission; celui qui la détruit met fin à sa mission. Ainsi, le suicide est stricte-

ment défendu. Partout où une conscience d'ordre moral a existé, les hommes ont admis que le suicide est contraire au but établi pour la vie. Aussi, la mutilation de soi a été interdite. Cela comprend toute blessure physique, ou démembrement, comme le fait de défigurer le corps ou d'empêcher que l'organisme physique fonctionne complètement. Le christianisme s'oppose aux pratiques ascétiques telles qu'elles étaient pratiquées parmi les mystiques du Moyen Age, et telles qu'elles sont pratiquées de nos jours dans les pays païens. Les jeûnes et les renoncements que le christianisme encourage chez les hommes, cherchent à fortifier le corps humain plutôt qu'à l'affaiblir.

2. Les soins du corps doivent avoir lieu dans l'exercice, la détente, le repos et la récréation. Le travail et le repos sont tous deux nécessaires au bien-être du l'homme. Le monde n'a pas de dette envers l'homme qui est capable de gagner sa vie lui-même. La sainteté donne de la dignité au travail et le rend agréable, qu'il soit fait avec les mains, la tête ou le cœur. Elle donne aussi de la dignité au repos et fait du sabbat un symbole du "repos de foi" spirituel. La tension de l'esprit et du corps, qui sont le résultat de la rapidité et de la complexité de notre vie industrielle moderne, souligne l'importance des périodes de repos et de récréation en tant que des éléments essentiels à la préservation du corps.

3. Les appétits et les passions du corps doivent être assujettis aux intérêts plus intellectuels et spirituels de l'homme. Certaines personnes ont présumé que la sainteté suggère la destruction, ou presque, des appétits physiques et des émotions agréables. Les Ecritures ne sont pas d'accord là-dessus. La sainteté ne détruit rien de ce qui est essentiel à l'homme, que ce soit physique ou spirituel. Les appétits et passions demeurent, mais ils sont libérés de la souillure du péché. En réalité, la sainteté nous donne la possibilité de jouir complètement de tous les plaisirs et de toutes les satisfactions légitimes. Les premiers disciples *"prenaient leur nourriture avec joie et simplicité de cœur"* (Actes 2:46). L'un des apôtres nous met en garde contre ces *"esprits séducteurs..., prescrivant de ne pas se marier et de s'abstenir d'aliments que Dieu a créés pour qu'ils soient pris avec actions de grâces par ceux qui sont fidèles et qui ont connu la vérité"* (1 Tim. 4:1, 3).

La sainteté n'accorde pas nécessairement une condition normale et immédiate aux appétits et passions. Parfois, les appétits dépravés existent pour une période de temps considérable dans la vie de ceux qui ont un cœur pur, mais qui n'ont pas encore été éclairés sur ces questions spécifiques. Toutefois, les appétits dépravés et les appétits naturels sont sujets à la puissance de Dieu de telle manière, qu'ils peuvent être corrigés ou réglés par la foi. Tout appétit est instinctif et ne raisonne pas. Il ne sait rien de ce qui est bon ou mauvais, mais sollicite simplement la satisfaction. Il n'a aucune maîtrise sur lui-même, mais il est possible de le maîtriser. C'est pourquoi Paul dit: *"Mais je traite durement mon corps et je le tiens assujetti, de peur d'être moi-même rejeté après avoir prêché aux autres"* (1 Cor. 9:27).

4. Le soin du corps exige aussi des vêtements convenables, non seulement pour la protection et le confort, mais pour la bienséance et la décence. La question de l'habillement ne concerne pas uniquement le bien-être du corps, mais elle exprime en quelque sorte le caractère et la nature esthétique de l'individu. C'est pour cette raison que nous avons là-dessus une ordonnance apostolique (cf. 1 Tim. 2:9-10; 1 Pi. 3:3-4). Les recommandations scripturaires, en ce qui concerne la tenue, démontrent qu'une disposition raisonnable devrait s'imposer pour de telles questions; que l'habillement devrait être conforme à l'âge de la personne, à l'occasion, et à la situation sociale; que la modestie et le fait d'être sain d'esprit devraient dominer dans la sélection d'une tenue convenable; et que tout vêtement devrait accentuer la modestie et la beauté de celui qui le porte. L'apôtre démontre que les ornements d'or, de perles, et autres parures coûteuses ne sont pas en harmonie avec l'esprit d'humilité et de modestie qui caractérise le vrai chrétien. En résumé, les chrétiens sont encouragés à s'habiller de façon à ce que leurs vêtements n'attirent pas sur eux une attention excessive — que ce soit par leur simplicité excentrique, ou par leur cherté tapageuse. L'habillement devrait toujours contribuer à l'efficacité personnelle, sociale et spirituelle du chrétien consacré et sanctifié.

5. Le corps doit être gardé dans la sainteté. Rendre le corps impur, en le soumettant à un service impie, c'est pécher. Le laisser aller librement à ses propres appétits, qu'ils soient naturels ou anormaux, c'est aussi pécher. C'est

pourquoi l'apôtre Paul dit: *"Ce que Dieu veut, c'est votre sanctification; c'est que vous vous absteniez de l'impudicité; c'est que chacun de vous sache posséder son corps dans la sainteté et l'honnêteté"* (1 Thess. 4:3-4). Le corps doit être l'objet d'un soin sanctifié durant toute cette vie, et la vraie sainteté sera toujours compatible avec l'attention supérieure que l'on accorde au corps. Le corps est le temple du Saint-Esprit, c'est pour cette raison suprême que la sainteté du corps est nécessaire. Dieu y a fait Sa demeure. *"Ne savez-vous pas que votre corps est le temple du Saint-Esprit qui est en vous, que vous avez reçu de Dieu, et que vous ne vous appartenez point à vous-mêmes? Car vous avez été racheté à un grand prix. Glorifiez donc Dieu dans votre corps et dans votre esprit, qui appartiennent à Dieu"* (1 Cor. 6:19-20). Par conséquent, la pratique et l'enseignement chrétiens ne permettent rien de ce qui pourrait faire du mal au corps comme temple du Saint-Esprit.

B. La culture de la pensée

Le mot "pensée", tel qu'il est employé ici, se réfère généralement à la vie intérieure, c'est-à-dire à la vie de l'âme par opposition à la vie physique du corps. Dans Son commandement, notre Seigneur a indiqué la nécessité de développer tous les aspects de la pensée: *"Tu aimeras le Seigneur, ton Dieu, de tout ton cœur, de toute ton âme, de toute ta pensée, et de toute ta force"* (Marc 12:30). Le "cœur" ici concerne le tréfonds de l'être humain, là où se trouve le siège de ses affections; l'amour de l'"âme" concerne l'ardeur des sentiments qui s'y rattache; la "pensée" se réfère à la puissance intellectuelle par laquelle l'amour est compris et interprété; et la "force" veut dire le dévouement total envers Dieu de toutes les capacités de la personnalité qui ont été ainsi développées. L'*amour du cœur* purifie, l'*amour de l'âme* enrichit, et l'*amour de la pensée* interprète. Le premier de ces amours trouve son objet en Dieu, le Bien suprême; le deuxième trouve son objet en Dieu comme la Beauté suprême, manifestée dans l'ordre et l'harmonie; le troisième de ces amours trouve son objet en Dieu comme la Vérité ou la Réalité suprême.

1. Le développement de l'intelligence est essentiel à une vie chrétienne utile. Le désir de savoir est humain et vient de Dieu, et dans l'expérience chrétienne, ce désir est

grandement intensifié. L'ignorance ne fait pas partie de la sainteté. Christ est la vérité, et ainsi les adeptes de Christ deviennent des "disciples" ou des "apprentis". Celui qui n'aime pas la vérité — scientifique, philosophique ou autre — n'a pas beaucoup d'appréciation pour les œuvres merveilleuses de Dieu. Celui qui n'a pas en lui un désir ardent de connaître la vérité spirituelle, peut de même avoir de sérieux doutes quant aux mérites du Consolateur promis qui est expréssement cité comme l'Esprit de vérité. L'intelligence et la compréhension donnent une vision à l'âme. Ainsi, c'est seulement par l'élargissement des horizons intellectuels, et par une connaissance spirituelle de la vérité, qu'il est possible de connaître un enrichissement de la nature affective et d'une vie spirituelle qui s'approfondit. Une largeur de compréhension accorde aussi une stabilité de caractère. L'indécision et l'instabilité sont souvent le résultat d'un manque de perspicacité. Des horizons intellectuels élargis et une grande vision sont essentielles à la continuité d'un objectif. St Paul reconnaît cette vérité lorsqu'il écrit: *"Car nos légères afflictions du moment présent produisent pour nous, au-delà de toute mesure, un poids éternel de gloire, parce que nous regardons, non point aux choses visibles, mais à celles qui sont invisibles; car les choses visibles sont passagères, et les invisibles sont éternelles"* (2 Cor. 4:17-18).

2. L'aspect émotionnel ou affectif de la vie intérieure de l'homme a un rapport étroit avec l'intelligence et la volonté. Dans l'expérience religieuse, la perception d'une nouvelle vérité, ou d'une vérité familière sous un angle différent, aboutit à des expériences émotionnelles ou affectives. Ces expériences émotionnelles sont le plus souvent un ensemble d'éléments humains et divins. Les vérités que l'on voit et comprend avec l'aide du Saint-Esprit amènent des sentiments chalereux. Lorsque ces vérités deviennent familières, les sentiments chalereux se calmeront probablement ou diminueront dans la conscience. A cause de ce flux et reflux d'expériences émotionnelles, le jeune ou le chrétien qui manque d'expérience passe souvent par des moments de difficultés. Bien des personnes ont imprudemment recherché des sentiments religieux comme tels. Toutefois, le facteur essentiel du développement de la vie émotionnelle du chrétien, c'est de rechercher de nouvelles vérités dans la Parole,

ou d'implorer la direction de l'Esprit afin de connaître un aspect plus profond de la vérité déjà connue. Les sentiments, en dehors de la vérité, conduisent à un fanatisme dangereux, mais la vérité qui donne lieu à une vive émotion devient une puissance suprême dans la vie de sainteté. L'homme qui influe autrui est l'homme qui est influé lui-même par la vérité. Agir selon un principe est louable, mais agir selon un principe avec ardeur est le grand privilège de chaque chrétien du Nouveau Testament. Quoique l'émotion ait sa place légitime et importante dans l'expérience chrétienne, on doit se rappeler que la foi, dans l'éternelle Parole de Dieu, a une place centrale et fondamentale. Il est possible d'avoir une certitude chrétienne constante, malgré le flux et le reflux des expériences émotionnelles.

3. La nature d'ordre moral doit progresser. Nous faisons principalement mention ici du développement de la volonté ainsi que de l'obligation et de la responsabilité qui lui appartiennent. Le caractère moral ne peut se former que par des choix corrects, et la conduite repose entièrement sur le caractère moral. Les impulsions de l'âme doivent être assujetties à la volonté et subordonnées au bien suprême. En fin de compte, les normes morales correctes proviennent de la Parole de Dieu. Elles peuvent être apprises par des instructeurs; par l'étude des Ecritures, ou par des œuvres qui ont un rapport avec le sujet; en observant des pratiques sociales correctes, ou par l'exemple d'hommes justes. Mais elles doivent être *apprises* — on ne peut les obtenir autrement. Par conséquent, chaque individu a le devoir de cultiver le plus haut degré d'excellence d'une vie morale, et d'observer consciencieusement chaque règle de l'obligation morale. Cette discipline de la volonté n'est accomplie que par des choix contrôlés. L'homme apprend à faire en faisant, et il n'atteint la facilité que par une action continuelle. Le devoir peut au premier abord être la cause d'un grand renoncement de soi. Un effort vigoureux et une vigilance soutenue sont nécessaires. Néanmoins, avec l'accomplissement de chaque devoir, une nouvelle force est acquise, selon les lois de l'habitude, et le chemin du devoir devient plus facile et léger. La discipline, que ce soit par l'individu lui-même, ou par l'aide d'autrui, est extrêmement importante. Sans elle il ne sera jamais possible de développer une fer-

meté d'esprit et une force de caractère qui sont la marque du vrai soldat de la croix.

4. L'homme a une nature esthétique qui elle aussi exige d'être cultivée. L'intelligence, les émotions, et la volonté doivent non seulement recevoir notre attention, mais le caractère même du chrétien exige que ces traits soient développés dans une telle proportion que le résultat sera une personnalité équilibrée, harmonieuse et bien intégrée. Le psalmiste prie pour cela, lorsqu'il dit: *"Enseigne-moi tes voies, ô Eternel! Je marcherai dans ta fidélité. Dispose mon cœur à la crainte de ton nom"* (Psaume 86:11). Dieu se révèle par la beauté du monde: *"La gloire et la majesté sont dans son sanctuaire"* (Ps. 96:6). On nous commande: *"Adorez Yahvé dans son parvis de sainteté"* (Ps. 96:9, Bible de Jérusalem). Une version anglaise *(le roi Jacques)* traduit ce verset comme suit: "Adorez l'Eternel dans la beauté de la sainteté." Ce qui est beau et sublime, que ce soit dans la nature ou dans les œuvres d'art est conçu par Dieu pour élever et ennoblir l'âme. Etre insensible à ce qui est beau, c'est indiquer un développement incomplet. Le chrétien doit développer un goût qui peux facilement discerner ce qui est beau, un goût qui est capable de bien juger cette beauté et un goût qui est universel dans le sens de pouvoir reconnaître la beauté et l'apprécier partout où elle se trouve.

C. Le développement de la vie spirituelle

Les Ecritures sont remplies de commandements, d'instructions, d'ordonnances, et d'exhortations concernant le développement de la vie spirituelle. *"Mais croissez dans la grâce et dans la connaissance de notre Seigneur et Sauveur Jésus-Christ"* (2 Pi. 3:18). *"A cause de cela même, faites tous vos efforts pour joindre à votre foi la vertu, à la vertu la connaissance, à la connaissance la maîtrise de soi, à la maîtrise de soi la persévérance, à la persévérance la piété, à la piété la fraternité, à la fraternité l'amour. En effet, si ces choses existe en vous, et s'y multiplient, elles ne vous laisseront pas sans activité ni sans fruit pour la connaissance de notre Seigneur Jésus-Christ"* (2 Pie. 1:5-8, Nouvelle Version Segond Révisée, 1978). L'apôtre Paul nous exhorte: *"Marchez selon l'Esprit, et vous n'accomplirez pas les désirs de la chair"* (Gal. 5:16). Par la présence intérieure du Saint-Esprit et par une diligence convenable donnée aux moyens de grâce, l'âme est non seulement gardée dans la sainteté, mais elle se développe dans une révélation de grâce et de vérité plus profondes.

La littérature relative à la dévotion, que ce soit dans les Ecritures ou ailleurs, constitue une assistance inestimable au développement de la vie de dévotion à Dieu. Dans une littérature inspirée comme les Psaumes, nous trouvons des récits qui nous montrent comment Dieu a agi dans les âmes des hommes, et comment les hommes ont déclaré leurs émotions les plus vives et leurs aspirations les plus hautes. A la littérature de dévotion reconnue dans la Bible, nous pouvons aussi ajouter les essors spirituels des anciens prophètes, les paroles bienveillantes qui sont tombées de la bouche même de notre Seigneur, et les déclarations inspirées de Ses saints apôtres. Tout cela permet à l'âme de l'homme d'entrer dans une communion plus profonde avec son Seigneur, par l'intermédiaire de l'Esprit.

L'espace ici ne nous permet pas de mentionner l'immense domaine de la littérature de dévotion qui se trouve en dehors des Ecritures. Elle provient du savoir vaste et riche d'hommes qui ont fait l'expérience d'une connaissance profonde de Dieu. Pour ne mentionner que quelques-uns des classiques, parmi les ouvrages qui ont servi à développer la vie spirituelle de leurs lecteurs, nous citons les livres suivants: THOMAS A KEMPIS, *L'imitation de Jésus-Christ*; FRANÇOIS DE SALES, *Une introduction à la vie dévote*; MADAME GUYON, *Méthode de prière*; JOHN BUNYAN, *Grâce abondante* et *Le voyage du pélerin*; ÉVÊQUE JEREMY TAYLOR, *Holy Living* [Vivre saintement] et *Holy Dying* [Mourir saintement]; JOHN WESLEY, *Spiritual Reflections* [Réflexions spirituelles], et *Plain Account of Christian Perfection* [Un exposé clair de la perfection chrétien]; et Dr THOMAS C. UPHAM, *Principles of the Interior Life* [Les principes de la vie intérieure].

IV. LES DEVOIRS QUE NOUS AVONS ENVERS AUTRUI

Tout comme Christ a résumé la première partie de la loi en un devoir large et complet d'amour pour Dieu, de même Il a fait de la deuxième partie un devoir également complet d'amour pour l'homme (cf. Matt. 22:37-40). Cet amour que le chrétien a pour son prochain est un amour "qui est répandu dans nos cœurs par le Saint-Esprit" et qui n'est perfectionné que lorsque le cœur est purifié de tout péché. Cet amour chrétien ne veut pas dire que nous devons aimer tous les hommes d'une même manière, sans tenir compte de leurs traits caractéristiques ou des rapports que nous avons avec eux. On nous demande d'aimer tous les hommes avec l'amour de la bonne volonté, et d'aimer celui qui est dans l'infortune et la détresse avec un amour de pitié (Rom. 12:20). Ceux qui font partie de la famille de Dieu doivent être aimés d'un amour de complaisance. Les chrétiens ont des devoirs les uns envers les autres qui ne les lient pas aux autres hommes (Jean 13:34-35). Le nouveau commandement de Christ exige l'amour du caractère, ou l'amour d'un chrétien en tant que chrétien, et cet amour se base sur l'exemple de Jésus-Christ comme le Rédempteur.

A. Violations de l'amour fraternel

St Paul déclare que les passions et les émotions qui transgressent la loi de l'amour devraient être mises de côté: *"Que toute amertume, toute animosité, toute colère, toute clameur, toute calomnie, et toute espèce de méchanceté, disparaissent du milieu de vous"* (Eph. 4:31). Que ces émotions soient exprimées ou non, elle sont malgré tout contraires à l'esprit d'un amour fraternel. Toute disposition à critiquer et toutes les paroles mauvaises doivent aussi être évitées (Eph. 4:29, 31; Jacques 4:11). Il s'agit de la critique qui n'est pas nécessaire ou qui est trop sévère, du mensonge et de la déception (Col. 3:9; Apoc. 21:8, 27). Un esprit qui refuse de pardonner est lui-même une transgression sérieuse de la loi d'amour (Matt. 6:15). La vengeance est aussi défendue par un commandement formel. C'est selon la loi et il est juste que les personnes coupables envers la société devraient être punies par les autorités proprement établies, mais la vengeance privée n'est pas admissible (Rom. 12:17, 19).

B. Le point de vue chrétien sur les droits de l'homme

L'amour fraternel a non seulement ses interdictions, mais il a aussi une considération convenable à l'égard des droits et des privilèges d'autrui. Dans l'ensemble, il nous est possible de les résumer comme les droits à la vie, à la liberté et à la propriété. L'homme a le droit de vivre, et cela implique tout ce que le Maître a voulu dire lorsqu'Il a déclaré: *"Je suis venu, afin que les brebis aient la vie, et qu'elles l'aient en abondance"* (Jean 10:10, *version Synodale*). Dès lors la société a le devoir d'accorder à l'individu l'occasion d'obtenir la nourriture, les vêtements et le logement convenables, et qu'il ait aussi l'occasion de bénéficier des avantages culturels et d'un développement intellectuel et spirituel.

L'homme a droit à une liberté personnelle. C'est une liberté sans compulsion ou contrainte, et elle s'applique à la fois à l'esprit et au corps. "La liberté de la personne", dit le Dʳ Wakefield, "signifie que l'individu ne dépend pas de la volonté arbitraire de son prochain, et il n'a pas le privilège d'agir à sa guise, afin de ne pas enfreindre les droits des autres." Une telle liberté personnelle, garantie par les lois d'un groupe social, comprendrait la liberté d'expression, la liberté de la presse et la liberté d'adorer Dieu selon la voix de sa propre conscience.

L'homme a aussi droit à la propriété privée. Ce droit a une valeur inestimable, et toute violation est, avec justice, condamnée. Il est garanti par le commandement divin: *"Tu ne déroberas point"* (Exode 20:15). Sᵗ Paul déclare expressément: *"Que personne n'use envers son frère de fraude et de cupidité dans les affaires, parce que le Seigneur tire vengeance de toutes ces choses, comme nous vous l'avons déjà dit et attesté"* (1 Thess. 4:6). Des formes de malhonnêteté comme le vol, l'escroquerie et la fraude sont toutes des violations du principe de justice, et sont expressément défendues par le commandement divin. Le christianisme reconnaît et admet nettement l'institution de la propriété privée.

C. Les devoirs au sein de la famille

La famille est une institution sociale, conçue par Dieu pour perpétuer la race et permettre à chaque individu de développer sa personnalité et son utilité. Le mariage est la toute première forme de relation humaine et c'est la source et le fondement de toutes les autres relations. C'est principalement une institution divine (Gen. 2:18). Puisque les vœux que l'on fait devant Dieu et en présence de témoins sont l'essence du contrat de mariage, "l'on ne doit pas s'y engager avec imprudence ou avec légèreté, mais il faut y apporter la révérence, la discrétion et la crainte de Dieu". Un ministre de Christ devrait s'acquitter de la cérémonie, car lui seul a l'autorisation de représenter la loi de Dieu, de recevoir et d'enregistrer les vœux faits dans la présence divine. Le mariage est aussi un contrat civil et de plusieurs manières il contribue à la paix et à la force civile. Par conséquent, l'Etat détermine à juste titre les mariages qui sont légaux, et prescrit différents règlements qui les respectent.

Le mariage est l'union d'un homme et d'une femme. Il s'oppose ainsi à la polygamie et à toutes les autres formes de promiscuité. L'autorité la plus haute, relative à cette position, se trouve dans les paroles de notre Seigneur lorsque Lui-même a dit: *"N'avez-vous pas lu que le créateur, au commencement, fit l'homme et la femme et qu'il dit: C'est pourquoi l'homme quittera son père et sa mère, et s'attachera à sa femme, et les deux deviendront une seule chair? Ainsi ils ne sont plus deux, mais ils sont une seule chair. Que l'homme donc ne sépare pas ce que Dieu a joint"* (Matt. 19:4-6).

La mariage est une institution permanente, qui ne peut se dissoudre naturellement que par la mort de l'une des personnes. Néanmoins, il y a des méthodes anormales selon lesquelles cette relation est rompue. Elle est rompue par l'adultère (Matt. 5:32). Le Protestantisme a de manière générale interprété l'enseignement de l'apôtre Paul comme voulant dire que l'abandon volontaire était aussi une manière de dissoudre le lien du mariage (1 Cor. 7:15), bien qu'un tel abandon laisse probablement supposer l'adultère. Il semble être clair que l'Evangile ne permet le divorce que dans le cas de l'adultère. C'est uniquement par la permanence que le mariage peut contribuer aux valeurs morales et spirituelles qui ont été conçues par Dieu.

1. *Devoirs entre mari et femme.* Dans l'état du mariage, il faut premièrement qu'une affection mutuelle soit préservée. Il est donc nécessaire qu'entre le mari et la femme la même considération affectueuse qui a été à la base de leur union soit présente entre eux. Là où ce principe est dûment respecté, l'affection mutuelle augmente avec les années, et devient plus profonde et plus forte, alors que chacun cherche à être plus généreux, à se sacrifier pour l'autre et à se rendre plus agréable pour le bien-être de l'autre personne. Aucun degré d'excellence plus élevé n'est concevable dans les rapports conjugaux, que celui que nous trouvons dans les Saintes Ecritures. Cette relation est si sacrée et si exaltée que dans son enseignement l'apôtre Paul la décrit comme la

relation qui existe entre Christ et Son Eglise (Eph. 5:22-23). Cette affection mutuelle entre le mari et la femme exige une fidélité absolue au contrat de mariage, et ne permet rien de ce qui pourrait diminuer cette estime mutuelle. En plus de ce devoir fondamental entre le mari et la femme, il y a les autres obligations, comme la collaboration mutuelle et le partage des responsabilités. Si les rapports conjugaux et la famille veulent atteindre leur objectif le plus grand, le mari et la femme doivent reconnaître leur but commun et travailler ensemble pour une cause commune. Ils ne devraient jamais cesser de rechercher des pensées communes, des intérêts communs et des joies communes. Il doit y avoir en même temps un partage des responsabilités et du travail si la famille veut réussir dans la tâche que Dieu lui a donnée (Eph. 5: 22-23; Col. 3:18-19; 1 Pierre 3:7; 1 Tim. 5:8).

2. *Devoirs entre parents et enfants.* Les devoirs des parents envers leurs enfants figurent premièrement dans l'affection familiale, dans sa forme la plus pure et la plus généreuse. Le caractère et la destinée des enfants dépendent de cette affection. De plus, les parents ont le devoir de prendre soin et de former leurs enfants. Cela comprend une nourriture convenable pour le corps, la disposition d'un environnement physique sain, l'éducation de l'intelligence d'après les dons et les capacités de chaque enfant, et le développement des hautes normes morales. Les parents ont reçu le commandement d'élever leurs enfants *"en les corrigeant et en les instruisant selon le Seigneur"* (Eph. 6:4). L'importance de cette formation dans l'enfance est déclarée par le proverbe: *"Instruis l'enfant selon la voie qu'il doit suivre; et quand il sera vieux, il ne s'en détournera pas"* (Prov. 22:6). Pour qu'une telle formation soit efficace, il est d'une importance suprême qu'un enfant soit encouragé de bonne heure à connaître Jésus-Christ comme son Sauveur personnel. En fin de compte, les parents doivent à leurs enfants le devoir d'un gouvernement de famille. Une telle autorité doit s'adapter au degré de développement de l'enfant, et bien qu'elle doive être ferme, elle devrait être toujours administrée dans l'Esprit de Christ. St Paul le suggère dans les paroles suivantes: *"Et vous pères, n'irritez pas vos enfants"* (Eph. 6:4); et *"Pères n'irritez pas vos enfants, de peur qu'ils ne se découragent"* (Col. 3:21).

Les devoirs des enfants envers leurs parents peuvent se résumer sous deux titres d'ordre général: l'obéissance et le respect. Pour l'obéissance, le commandement scripturaire est le suivant: *"Enfants, obéissez à vos parents, selon le Seigneur, car cela est juste"* (Eph. 6:1); et, *"Enfants, obéissez en toutes choses à vos parents, car cela est agréable dans le Seigneur"* (Col. 3:20). L'enfant a le devoir de se soumettre joyeusement aux instructions, et à la direction données par la sagesse supérieure des parents. Les parents sont les officiers désignés par Dieu pour administrer le gouvernement de leurs familles respectives; et obéir à nos parents, quand ils exercent leur autorité légitime, c'est obéir à Dieu. À l'instar d'autres autorités, certains parents peuvent abuser de leur autorité, mais dans un cas pareil, l'enfant ne doit obéir que *"selon le Seigneur"*. Quant au respect qui est un devoir envers les parents, cela comprend le respect que l'on doit à tout supérieur, et particulièrement aux parents: *"Honore ton père et ta mère, afin que tes jours se prolongent dans le pays que l'Eternel, ton Dieu, te donne"* (Exode 20:12). St Paul dit que *"c'est le premier commandement avec une promesse"* (Eph. 6:2). Le mot honneur, tel qu'il est employé ici, comprend l'affection, l'obéissance et la gratitude. L'esprit du christianisme s'y manifeste particulièrement.

D. Les devoirs de l'homme envers l'Etat

L'Etat est la seconde institution sociale qui a été instituée par Dieu dans l'intérêt de l'homme. Le plan majeur de l'Etat est d'apporter à l'homme un réseau d'activités sociales plus étendu. Puisque le caractère moral de l'homme n'est pas en ordre, son développement déréglé entraînera évidemment des interférences injustes avec les droits des autres hommes. Par contre, le gouvernement civil se propose de protéger tous ses citoyens de toute violence, et d'assurer à chaque individu la paisible jouissance de tous ses droits, et cela dans toute la mesure du possible. L'Etat doit, par la nature même du cas, exercer son autorité pour régler la conduite publique; et il le fait avec des lois qui se basent sur la loi immuable du droit. Dans la mise en application de la loi, des pénalités doivent être employées, lorsque c'est nécessaire; la culpabilité doit être dangereuse, et le crime doit devenir sérieux même pour le criminel. Il est important de remarquer que la souveraineté de l'autorité civile se trouve dans l'Etat lui-même, et non sur un roi ou un chef quelconque. Le fait que l'Etat a existé avant tous les chefs, a démontré que les chefs ne sont au plus que des instruments employés par l'Etat.

Parmi les devoirs que l'homme doit rendre à l'Etat, les suivants sont à noter: (1) La prière pour les chefs: *"J'exhorte donc, avant toutes choses, à faire des prières, des supplications, des requêtes, des actions de grâces, pour tous les hommes, pour les rois et pour tous ceux qui sont élevés en dignité, afin que nous menions une vie paisible et tranquille, en toute piété et honnêteté"* (1 Tim. 2:1-2). (2) L'obéissance aux autorités: *"Rappelle-leur d'être soumis aux magistrats et aux autorités, d'obéir, d'être prêts à toute bonne œuvre, de ne médire de personne, d'être pacifique, modérés, pleins de douceur envers tous les hommes"* (Tite 3:1-2). (3) Les chrétiens doivent être soumis au gouvernement pour des raisons de conscience: *"Il est donc nécessaire d'être soumis, non seulement par crainte de la punition, mais encore par motif de conscience"* (Rom. 13:5). (4) Le gouvernement doit être soutenu financièrement: *"C'est aussi pour cela que vous payez les impôts. Car les magistrats sont des ministres de Dieu entièrement appliqués à cette fonction. Rendez à tous ce qui leur est dû; l'impôt à qui vous devez l'impôt, le tribut à qui vous devez le tribut, la crainte à qui vous devez la crainte, l'honneur à qui vous devez l'honneur"* (Rom. 13:6-7). Les obligations que l'homme a envers le gouvernement proviennent du fait que ce gouvernement a été institué par Dieu. *"Que toute personne soit soumise aux autorités supérieures; car il n'y a point d'autorité qui ne vienne de Dieu, et les autorités qui existent ont été instituées de Dieu. C'est pourquoi celui qui s'oppose à l'autorité résiste à l'ordre que Dieu a établi, et ceux qui résistent attireront une condamnation sur eux-mêmes"* (Rom. 13:1-2). Ainsi, les chefs et autres agents du gouvernement doivent mettre en pratique les pénalités de la loi. *"Ce n'est pas pour une bonne action, c'est pour une mauvaise, que les magistrats sont à redouter. Veux-tu ne pas craindre l'autorité? Fais le bien, et tu auras son approbation. Le magistrat est serviteur de Dieu pour ton bien. Mais si tu fais le mal, crains; car ce n'est pas en vain qu'il porte l'épée, étant serviteur de Dieu pour exercer la vengeance et punir celui qui fait le mal"* (Rom. 13:3-4). St Paul applique le principe d'amour dans les affaires de l'Etat de la même manière qu'il le fait dans les affaires domestiques et dans la vie sociale. Il résume le tout par les paroles suivantes: *"Ne devez rien à personne, si ce n'est de vous aimer les uns les autres; car celui qui aime les autres a accompli la loi"* (Rom. 13:8).

Pour terminer, il faut noter que les Ecritures enseignent clairement qu'aucune autorité humaine n'est sans limites. Les observations suivantes, concernant cet aspect de l'autorité de l'Etat, sont citées par le Dr Charles Hodge, d'après une excellente discussion portant sur le sujet. "Les principes qui limitent l'autorité du gouvernement civil et de ses agents sont simples et évidents. Premièrement, l'autorité des gouvernements et des magistrats se limite à leur domaine légitime. Puisque le gouvernement civil est institué pour la protection de la vie et de la propriété, pour la préservation de l'ordre, pour le châtiment de ceux qui font le mal, pour louer ceux qui font le bien, il ne s'applique qu'à la conduite ou aux actions extérieures des hommes. Il ne peut pas se mêler de leurs opinions, qu'elles soient d'ordre scientifique, philosophique ou religieux... Le magistrat ne peut pas pénétrer dans nos familles et prendre l'autorité des parents, ou entrer dans nos églises afin de nous enseigner comme un ministre de l'Evangile. En dehors de son domaine légitime, un magistrat cesse d'être un magistrat. Un deuxième principe n'est pas moins clair. Aucune autorité humaine ne peut obliger un homme à désobéir à Dieu. Si tout pouvoir vient de Dieu, ce pouvoir ne peut être légitime lorsqu'il est employé contre Dieu. Lorsqu'on a voulu interdire aux apôtres de prêcher l'Evangile, ils ont refusé d'obéir... Quand on peut et quand on devrait désobéir au gouvernement civil doit être déterminé par chaque personne individuellement. Il s'agit d'une question de jugement personnel. Chaque individu est responsable de ses propres actions devant Dieu, et ainsi il doit juger lui-même si une action donnée est mauvaise ou si elle ne l'est pas... Lorsqu'un gouvernement cesse de saisfaire à l'objectif pour lequel Dieu l'a institué, les gens ont le droit de le changer. Un père qui abuse de son pouvoir de manière honteuse peut à juste titre être privé de l'autorité qu'il a sur ses enfants" (HODGE, *Systematic Theology* [Théologie systématique], t. III, pp. 357-360).

CHAPITRE XX
L'ÉGLISE CHRÉTIENNE

> "Conformément à la loi naturelle de l'intégration sociale, et s'appuyant sur la communauté messianique intermédiaire que Jésus organisa, inspira et consacra avant Son ascension au ciel, une autre 'communion choisie' fait surface, par la venue de Son Esprit; une communion différente dans son genre de toute autre organisation, qu'elle soit sociale, civile ou religieuse, c'est-à-dire une constitution spirituelle, dont le Fils incarné, l'Homme-Dieu glorifié, est le Chef, et dont les hommes nés de Son Esprit deviennent membres."
> — *Dr Emmanuel V. Gerhart*

I. LA NATURE DE L'ÉGLISE CHRÉTIENNE

Le mot "Eglise", tel qu'il se trouve dans le Nouveau Testament, vient du mot grec *ecclesia*, et dans son sens le plus simple veut dire un assemblée ou l'ensemble de "ceux qui sont appelés hors de". Pour cette raison, l'Eglise chrétienne est l'assemblée de ceux qui sont "appelés hors de", et elle se compose des fils adoptés divinement par Dieu. Christ est son Chef glorieux. De Lui, elle reçoit sa vie par la présence intérieure et constante de l'Esprit, et de cette manière s'acquitte de deux fonctions — comme une institution d'adoration et comme un dépositaire de la foi. L'Eglise est aussi le *Corps de Christ*, et ainsi elle constitue une extension mystique de la nature de Christ. Par conséquent, elle ne se compose que de ceux qui sont devenus participants à cette nature. La relation entre Christ et l'Eglise est vitale, vivante et organique. L'Eglise n'est pas simplement une organisation. C'est un organisme vivant.

A. *L'Eglise comme le corps de Christ*

L'Eglise est la création du Saint-Esprit. L'Esprit, administrant la vie de Christ, fait de nous des membres de Son corps spirituel. Agissant selon Sa propre personnalité, comme la Troisième Personne de la Trinité, le Saint-Esprit demeure dans le saint temple ainsi construit. L'Eglise n'est donc pas une simple création indépendante de l'Esprit, mais un développement de la vie incarnée de Christ.

En tant que corps de Christ, l'aspect actif ou évangélique de l'Eglise est souligné. Selon ce symbole, nous portons notre attention vers l'unité, la croissance et les différents genres de ministères de l'Eglise. L'unité de l'Eglise est l'unité de l'Esprit. Cette unité va au-delà des simples liens naturels, qu'ils soient familiaux, nationaux ou raciaux. Aucun lien d'une relation extérieure ne peut exprimer l'unité intérieure qui joint les membres de l'Eglise, ou leur complète unité de vie; c'est pourquoi notre Seigneur a utilisé Sa propre unité avec le Père comme une illustration de l'unité de l'Eglise. Il pria: *"Afin que tous [Ses disciples] soient un, comme toi, Père, tu es en moi, et comme je suis en toi, afin qu'eux aussi soient un en nous"* (Jean 17:21). Ainsi donc, notre Seigneur n'a trouvé aucune autre union, sauf celle qui est trouvée dans la vie divine, par laquelle Il put exprimer Sa pensée. Ses disciples devaient être un par l'Esprit. Le Saint-Esprit, étant le lien d'union au sein de la Divinité, devient également la source de l'union dans l'Eglise: Il unit les membres les uns aux autres, à leur Chef exalté et à Lui-même. La plus parfaite illustration de l'unité de l'Eglise faite par l'apôtre Paul est, comme celle de son Maître, modélée sur la Trinité. En Ephésiens 4:4-6, il nous donne une trinité de trinités. Au verset 4: *"un seul corps...un seul Esprit...une seule espérance."* Aux versets 5 et 6: *"Un seul Seigneur, une seule foi, un seul baptême, un seul Dieu et Père de tous, qui est au-dessus de tous, et parmi tous, et en tous."*

La croissance est le deuxième aspect de cet organisme que nous appelons le Corps de Christ. Cette croissance provient de la vérité, comme elle est administrée par le Saint-Esprit. C'est pourquoi, l'apôtre Paul dit: *"Mais que, professant la vérité dans la charité [l'amour], nous croissions à tous égards en celui qui est le chef, Christ. C'est de lui, et grâce à tous les liens de son assistance, que tout le corps, bien coordonné et formant un solide assemblage, tire son accroissement selon la force qui convient à chacune de ses parties, et s'édifie lui-même dans la charité [l'amour]"* (Eph. 4:15-16). Nous remarquons ici que la croissance spirituelle de l'individu doit être interprétée, non en une indépendance d'action qui va croissant, mais en une coopération plus profonde et plus joyeuse avec les autres membres du corps. Il faut aussi remarquer que la croissance du corps s'effectue par les contributions individuelles de ces membres.

Le troisième trait remarquable du Corps de Christ se trouve dans les divers types de son ministère. St Paul nous dit que le Christ qui est monté aux cieux a donné des apôtres et des prophètes pour le ministère de base, et des évangélistes, des pasteurs et des docteurs [enseignants] pour le ministère de proclamation ou d'instruction (Eph. 4:11). Tout cela a pour but *"le perfectionnement des saints en vue de l'œuvre du ministère et de l'édification du corps de Christ";* et le but du résultat obtenu est *"jusqu'à ce que nous soyons tous parvenus à l'unité de la foi et de la connaissance du Fils de Dieu, à l'état d'homme fait, à la mesure de la stature parfaite de Christ"* (Eph. 4:12-13).

B. *L'Eglise comme le Temple du Saint-Esprit*

Le deuxième symbole qui décrit l'Eglise spirituelle de Jésus-Christ est celui d'un temple. St Paul y fait mention en Ephésiens 2:21-22: *"En lui tout l'édifice, bien coordonné, s'élève pour être un temple saint dans le Seigneur. En lui vous êtes aussi édifiés pour être une habitation de Dieu en Esprit."* St Pierre exprime la même pensée lorsqu'il dit: *"Et vous-mêmes, comme des pierres vivantes, édifiez-vous pour former une maison spirituelle, un saint sacerdoce, afin d'offrir des victimes spirituelles, agréables à Dieu par Jésus-Christ"* (1 Pi. 2:5). L'Eglise est présentée comme un institution d'adoration, sous le symbole d'un temple. A ce propos, nous allons discuter le sujet de l'adoration, les moyens de grâce et les sacrements.

C. *L'établissement de l'Eglise chrétienne*

L'Eglise chrétienne est historiquement liée à l'Eglise juive que l'on appelle parfois "l'assemblée au désert" (Actes 7:38). Lorsqu'au commencement de Son ministère, notre Seigneur proclama que le royaume des cieux était proche, Il établit par ce moyen un rapport entre Sa propre œuvre et la théocracie juive quant à son esprit intérieur, mais non selon sa forme extérieure. L'Eglise de l'Ancien Testament fut le premier représentant de l'*ecclesia* ou de ceux qui ont été "appelés hors de". C'était une communauté de l'Esprit. Pendant qu'elle se manifestait par des lois naturelles et sociales, c'était pourtant une organisation surnaturelle. A ce titre, elle fit une contribution directe et positive à l'Eglise chrétienne, par le fait qu'elle a cultivé et a amené à maturité la religion qui devait finalement déboucher sur le royaume de Dieu; et c'était la communauté qui donna Christ au monde.

La deuxième étape de préparation pour l'Eglise a été la formation du "petit troupeau", par notre Seigneur Lui-même. Cette étape s'est tenue à mi-chemin entre l'économie mosaïque et la Pentecôte. Deux phases sont évidentes dans la formation de cette communauté intermédiaire. La première comprenait le groupe des disciples qui se réunissaient autour de Jean-Baptiste comme le précurseur de Jésus. La deuxième comprenait le groupe qui se réunissait autour de Jésus Lui-même. Ce groupe se composait des douze, des soixante-dix, et d'un nombre indéfini de Juifs pieux — environ cinq cents. Ces personnes croyaient que Jésus était le Christ, et elles s'étaient unies en un organisation dénuée de formalités à cause de leur amour pour le Maître et de leur foi en Ses paroles. Ainsi, elles avaient les qualifications spirituelles pour recevoir le don du Saint-Esprit le jour de la Pentecôte, et pour devenir le vrai noyau de l'Eglise chrétienne.

La Pentecôte était le jour de naissance de l'Eglise. Les disciples, préparés et prêts à obéir au commandement de leur Seigneur, "étaient tous ensemble dans le même lieu" à Jérusalem, lorsque tout à coup le Saint-Esprit est descendu sur eux, et a fait de la communauté intermédiaire, dans le sens le plus correct du mot, "le nouveau temple de la Divinité trine". La Pentecôte représente l'introduction de la plénitude de l'Esprit et de la plénitude de la nouvelle alliance dans laquelle la loi de Dieu est écrite dans le cœur par l'Esprit. La Pentecôte a placé la communauté chrétienne sous la juridiction du Saint-Esprit qui représente la Tête invisible du corps maintenant visible.

D. *Marques et attributs de l'Eglise*

Par le terme "attributs", nous voulons parler des traits caractéristiques de l'Eglise qui sont cités dans les Saintes Ecritures. Par "marques", nous voulons dire les attributs qui sont transformés en épreuves et par lesquels la vraie Eglise devrait être reconnue. Dans les premiers symboles, comme celui des Apôtres et celui de Nicée, quatre marques sont mentionnées. Elles sont suggérées par les mots unité, saint, universel et apostolique. Nous examinerons chacun de ces mots brièvement.

L'Eglise possède à la fois l'unité et la diversité. Il y a un corps, un Esprit, une espérance, un Seigneur, une foi, un baptême. Mais cette unité se compose d'une grande diversité. Les Ecritures ne parlent nulle part d'une unité extérieure ou visible. Rien n'indique une sorte d'uniformité. Le Nouveau Testament ne parle jamais de l'Eglise d'une province, mais il parle toujours des Eglises. L'unité qui existe est celle de l'Esprit. La diversité comprend tout ce qui n'est pas en dehors de l'harmonie de cette unité spirituelle.

Le terme "saint" s'applique à la fois au Corps de Christ, et aux membres qui forment ce corps. Dans chaque cas, il se réfère à la condition d'être séparée du monde et d'être attachée à Dieu. Dans le cas de la personne individuelle, une œuvre préliminaire de purification spirituelle doit nécessairement avoir lieu afin de produire ce dévouement complet à Dieu. L'organisation elle-même est considérée comme sainte, à cause du but ou du dessein pour lequel elle existe. Pourtant, cette sainte Eglise peut comprendre ceux qui n'ont pas encore été rendus individuellement et entièrement saints. Ce fait devient évident dans les épîtres apostoliques qui, bien qu'elles s'adressent à des "saints", contiennent beaucoup de reproches concernant ce qui n'est pas saint.

Au début, l'idée de l'universalité ne se rapportait qu'à l'universalité de l'Eglise dans ses desseins et sa destinée. Le terme était employé par contraste avec la conception juive de l'Eglise comme étant une institution locale et nationale. Plus tard, le terme "catholique" a été repris par l'Eglise romaine qui considérait que tous les autres groupes, y compris l'Eglise d'Orient ou Orthodoxe, étaient en dehors de la seule et unique Eglise catholique. La distinction que l'on fait entre l'Eglise visible et invisible se rapporte à l'idée de l'universalité. Par Eglise invisible, nous voulons parler du Corps mystique de Christ, tel qu'Il est animé par Son Esprit. Le terme universel peut s'appliquer à l'Eglise invisible aussi bien qu'à l'Eglise visible. Lorsqu'il s'applique au premier terme, il représente simplement le corps universel des croyants. L'Eglise invisible est souvent considérée comme si elle comprenait non seulement ceux qui sont en vie maintenant, mais aussi ceux de toute autre époque — passée, présente et future. Le terme "universel", tel qu'il s'applique à l'Eglise visible, englobe tous les groupes ou les organisations particulières qui forment le corps entier des croyants qui se sont déclarés pour Jésus-Christ. Le Catholicisme romain, tout en coyant en principe en une Eglise invisible, exalte tellement l'aspect visible que le caractère invisible de l'Eglise se voit presque entièrement réprimé. Ainsi, il fait du *caractère exclusif* une particularité de l'Eglise visible, au lieu de l'Eglise invisible; et par conséquent, l'Eglise romaine maintient qu'il n'y a pas de salut possible en dehors de leur Eglise. L'erreur inverse se trouve parmi les groupes plus petits qui accordent une importance à l'Eglise invisible jusqu'à réduire ou à exclure toute organisation extérieure.

Un autre aspect de l'universalité est celui qui concerne le caractère militant et triomphant de l'Eglise. L'Eglise militante c'est le corps uni qui entre en guerre avec les dominations et les puissances du mal; et l'Eglise triomphante c'est le corps uni des croyants qui, après avoir passé par la mort, sont maintenant au Paradis avec Christ, attendant l'état plus parfait dans lequel l'Eglise entrera à la fin des temps.

L'Eglise est aussi apostolique et confessionnelle. Elle est apostolique, dans le sens qu'elle a été édifiée *"sur le fondement des apôtres et des prophètes, Jésus-Christ lui-même étant la pierre angulaire"* (Eph. 2:20). Elle est confessionnelle, dans le sens qu'elle exige de ses membres une confession de foi en Jésus-Christ comme Sauveur et Seigneur. *"Car c'est en croyant du cœur qu'on parvient à la justice, et c'est en confessant de la bouche qu'on parvient au salut"* (Rom. 10:10). Le point de vue catholique romain, en ce qui concerne le caractère apostolique de l'Eglise, comprend deux erreurs: la théorie qui unit l'autorité apostolique des douze avec celle de saint Pierre; et le développement de la prétendue succession apostolique qui a eu pour résultat la papauté. Par contraste, le Protestantisme a substitué la croyance dans les Ecritures pour l'autorité apostolique vivante. "L'Eglise est apostolique, dans le sens qu'elle est encore dirigée par l'autorité apostolique vivant dans les écrits des apôtres, cette autorité étant la norme de l'appel dans toutes les confessions qui demeurent attachées à la Tête [Christ]" (POPE, *Compendium of Christian Theology* [Traité de théologie chrétienne], t. III, p. 285).

E. L'organisation de l'Eglise chrétienne

Rien n'est enseigné plus clairement dans les Ecritures, que le fait d'une organisation extérieure de l'Eglise. Cela est démontré par certains faits, comme la mention de l'heure des réunions; un ministère constitué formé d'évêques, d'anciens et de diacres; des élections formelles; un système financier pour le soutien du ministère local et pour les intérêts plus généraux de charité; une autorité disciplinaire de la part des ministres et des Eglises; et des coutumes et cérémonies communes.

Il existe trois points de vue généraux concernant l'organisation de l'Eglise. Le premier maintient que l'Eglise est exclusivement un corps spirituel et n'a pas besoin d'organisation extérieure. La deuxième théorie se place à l'autre extrême et maintient que les Ecritures nous donnent un plan formel quant à l'organisation de l'Eglise. Mais même parmi les personnes qui soutiennent cette position, il y a beaucoup de controverses au sujet de la forme de gouvernement qui a été prescrite. Il y a une troisième théorie de modération qui affirme que le Nouveau Testament nous donne des principes généraux d'organisation, mais il ne recommande pas un système particulier pour le gouvernement de l'Eglise. Cette troisième position est généralement adoptée par les Eglises protestantes.

Il y a, en général, cinq types principaux d'organisation, ou de formes de gouvernement de l'Eglise, adoptés par ceux qui font profession d'être chrétiens. Ces types ou formes concernent principalement l'autorité légitime de l'Eglise visible. L'Eglise Catholique Romaine maintient que le pape détient l'autorité suprême et finale, et que par conséquent cette autorité est une papauté. A l'autre extrême, les Eglises congrégationalistes affirment que l'autorité appartient aux diverses assemblées séparément, et que de ce fait elles sont reconnues comme indépendantes. Entre ces deux positions extrêmes nous avons les positions modérées: les Episcopaliens, qui maintiennent que l'autorité appartient à un ordre supérieur du ministère; les Presbytériens, qui soutiennent que l'autorité relève conjointement du ministère et du laïcat; et les Méthodistes qui affirment que l'autorité appartient principalement aux anciens de l'Eglise. Ces cinq genres d'organisation peuvent se réduire en trois groupes — le type épiscopal, dans lequel l'autorité réside dans le ministère; le type congrégationaliste, dans lequel l'autorité réside dans l'assemblée; et le type presbytérien, dans lequel l'autorité appartient à la fois au ministère et au laïcat. L'évêque Weaver dit: "Selon notre opinion, nous ne croyons pas que la forme de gouvernement du Nouveau Testament ait été exclusivement épiscopale, presbytérienne ou congrégationaliste, mais plutôt une combinaison de certains éléments des trois. Après un examen approfondi de toute la question, nous concluons que pour se rapprocher le plus de la pratique et des écrits des apôtres, on doit dire que l'autorité dans l'Eglise visible réside conjointement dans le ministère et le laïcat."

D'après la théorie catholique romaine ou papale, l'Eglise est considérée comme l'unique organisation complète et visible à travers le monde, et ainsi les corps locaux ne sont pas des Eglises dans le vrai sens du mot, mais sont simplement des parties de l'unique Eglise. A l'autre extrême, l'Eglise de type congrégationaliste ou indépendante soutient rigoureusement l'autonomie de l'Eglise locale, et refuse le titre à toutes les autres organisations surimposées. D'après ce point de vue, le corps local seul est l'Eglise; et l'Eglise universelle n'est qu'un simple terme général pour exprimer la totalité des Eglises, chacune étant parfaite en elle-même et entièrement indépendante.

Les Eglises apostoliques étaient des associations auxquelles on s'unissait volontairement. Les personnes qui s'y sont jointes l'ont fait de leur libre et propre accord. Aucune disposition n'était prise pour donner un chef visible à la soi-disant Eglise visible. A mesure que les Eglises étaient fondées, une forme de gouvernement fut établie par les membres même de ces Eglises, et les apôtres ordonnèrent certains de leurs dirigeants comme ministres. La seule unité dont les apôtres parlent est l'unité de l'Eglise entière en Christ, sa Tête invisible. Cette unité est celle de la foi et de l'amour ardent par la présence intérieure et constante de l'Esprit. Ce n'est que vers la fin du IIe siècle que des associations d'Eglises plus grandes furent établies. Pourtant, les Eglises de l'époque apostolique n'étaient pas entièrement indépendantes. Les apôtres et les évangélistes exerçaient un certain contrôle et une supervision générale sur elles. Il semble donc que les apôtres avaient établi un genre d'organisation dans laquelle les Eglises locales retenaient une grande partie du contrôle de leurs propres affaires, mais étaient aussi soumises d'une manière générale à un gouvernement commun.

F. *Conditions pour être membre de l'Eglise*

Quoique l'Eglise soit considérée comme une organisation visible à laquelle on se joint volontairement, néanmoins nous insistons aussi sur l'élément divin et invisible et, par conséquent, nous faisons de la régénération la condition fondamentale pour devenir membre. Puisque l'Eglise est l'association et la communion fraternelle des croyants, une confession de foi au Seigneur Jésus-Christ devient la seule condition requise essentielle pour être admis dans l'organisation visible. Le Protestantisme a interprété cette confession comme voulant dire une "expérience et une vie chrétienne conscientes." Les différentes confessions ont de manière générale adopté une certaine forme d'engagement, y compris leurs professions de foi et de pratique respectives, auxquelles le candidat doit vouloir se conformer. Chaque chrétien a non seulement le devoir de faire profession de sa foi en Christ, mais il doit se rattacher à la communion fraternelle des croyants de sa communauté, et prendre sur lui-même les responsabilités d'un membre de l'Eglise.

G. *La fonction de l'Eglise*

De même que Christ a pris un corps, et est venu dans le monde pour révéler Dieu et pour racheter les hommes, ainsi l'Eglise qui est le Corps de Christ, existe dans le monde afin de propager l'Evangile. Cela est le domaine de l'Esprit et la prédication de l'Evangile trouve sa plus haute fonction dans la Grande Mission Mondiale qui a été donnée à l'Eglise par le Seigneur Lui-même: *"Allez, faites de toutes les nations des disciples, les baptisant au nom du Père, du Fils et du Saint-Esprit, et enseignez-leur à observer tout ce que je vous ai prescrit. Et voici, je suis avec vous tous les jours, jusqu'à la fin du monde"* (Mat. 28:19-20).

H. *Le ministère chrétien*

Les Catholiques romains et les Protestants tiennent des vues opposées relatives au ministère chrétien. Les Catholiques maintiennent que c'est un ministère qui concerne le prêtre ou le sacerdoce; les Protestants maintiennent que c'est un ministère prophétique ou de prédication. Dans l'Eglise primitive, les ministres étaient connus sans distinction comme évêques ou anciens. La conception du sacerdoce de l'Ancien Testament avait très peu d'influence en ce qui concerne l'idée ecclésiastique de la fonction. Les sacrifices étaient abolis, et il ne pouvait exister de sacrificateur sans un sacrifice. Par conséquent, l'assemblée tout entière s'est considérée comme un ensemble de sacrificateurs offrant des sacrifices spirituels par l'intermédiaire de Jésus-Christ, son seul Souverain Sacrificateur. Pourtant, une distinction non scripturaire, entre le clergé et les laïcs, s'est développée petit à petit, et le clergé est devenu le *sacerdoce* à qui la fonction de prêtre appartenait. Dans l'Eglise Catholique Romaine, ce développement a fait du prêtre celui qui offre le sacrifice *pour* le peuple, au lieu du sacrifice offert *par* le peuple. Avec la venue de la Réforme, l'idée d'un sacerdoce universel pour les croyants a encore une fois fait surface, et a été le trait caractéristique qui, depuis cette époque, a dominé dans le Protestantisme. Comme telle, elle enseigne l'égalité essentielle de tous les vrais croyants, et leur relation directe avec Christ par l'intermédiaire de l'Esprit. La vraie dignité du chrétien individuel et la sainteté du culte d'adoration en commun sont ainsi préservées.

Puisque l'Eglise est une institution qui a été nommée divinement — c'est-à-dire Dieu veut que les hommes s'organisent en sociétés pour leur édification mutuelle et pour le culte divin — Dieu veut aussi que des personnes particulières soient désignées pour accomplir les devoirs et administrer les sacrements de l'Eglise. Ce but de Dieu, dans Son choix de ceux qui seraient des dirigeants dans Son œuvre, était évident dans la dispensation mosaïque, dans l'appel du Douze et des Soixante-Dix par notre Seigneur, et dans l'expérience de l'Eglise primitive (cf. Luc 6:13; Marc 3:14; Luc 10:1; Actes 9:15; 26:16-18; 14:23). Le ministère est une vocation ou un appel et pas simplement une profession. De même que Dieu veut que des Eglises soient formées, de même aussi Il veut que des personnes particulières soient appelées à servir comme ministres dans les Eglises.

St Paul énumère les classes suivantes, relatives au ministère dans le Nouveau Testament, telles quelles ont été données à l'Eglise par notre Seigneur remonté au ciel: *"Et il a donné les uns comme apôtres, les autres comme prophètes, les autres comme évangélistes, les autres comme pasteurs et docteurs* [enseignants]" (Eph. 4:11). Une étude plus poussée des épîtres de Paul nous révèle aussi qu'il y a des évêques, des anciens et des diacres. Certains de ces termes s'appliquent à la même personne, c'est-à-dire que la personne peut être parfois désignée par un, et parfois encore par un autre de ces termes officiels. Il est possible d'organiser les cinq fonctions mentionnées par l'apôtre Paul en deux divisions principales: le ministère extraordinaire et transitoire, et le ministère régulier et permanent.

Le ministère extraordinaire et transitoire comprend les apôtres, les prophètes et les évangélistes. L'Eglise fut fondée par un ensemble d'hommes qualifiés et choisis en particulier. Ils eurent un ministère de transition. Ils continuaient l'œuvre extraordinaire du Saint-Esprit sous l'ancien système afin de l'amener à sa plein consommation dans le service du nouveau régime. Les *apôtres* étaient ceux que notre Seigneur Lui-même avait personnellement commissionnés, et ils étaient choisis pour témoigner de Ses miracles et de Sa résurrection. Afin de pouvoir poser le fondement de l'Eglise par la doctrine et la pratique, ils reçurent le don de l'inspiration, et furent donnés l'autorité ou la puissance miraculeuse nécessaires à leur travail. Les *prophètes* firent partie de ceux qui dans certains cas ont annoncé l'avenir (Actes 11:28; 21:10-11). Mais de manière générale le terme fait mention de cet ensemble extraordinaire d'enseignants qui a été suscité dans le but d'établir les Eglises dans la vérité, jusqu'au moment où elles auraient leurs propres instructeurs qualifiés et permanents. Ils parlèrent sous l'inspiration directe de l'Esprit, mais leurs révélations n'ont été préservées que dans quelques cas. La promesse de la Pentecôte se rapporte à cette classe (Actes 2:18), et le don de prophétie fut pratiqué et par les hommes et par les femmes (Actes 21:9; 1 Cor. 14:24-25, 29-33, 37). L'ordre ne fut transitoire que dans le sens d'un ministère de fondation. En ce qui concerne la proclamation de la vérité, cet ordre demeure dans l'Eglise sous la forme d'un ministère régulier. Les *évangélistes* étaient ceux qui assistaient les apôtres, et s'occupaient des fonctions apostoliques de prêcher et de fonder des Eglises. Ils recevaient leur autorité des apôtres et accomplissaient leurs devoirs sous la supervision des apôtres. Timothée et Tite sont des représentants de cette catégorie. Ils reçurent l'autorité d'ordonner des anciens dans l'Eglise, mais puisqu'ils n'avaient pas l'autorité d'ordonner leurs successeurs, il nous faut considérer leur fonction comme temporaire. Il disparut avec l'apostolat sur lequel il dépendait. Le terme évangéliste, tel qu'il fut employé plus tard d'une manière générale dans l'histoire de l'Eglise, fut premièrement attribué aux auteurs des Evangiles, et ensuite au ministère irrégulier qui a le don de proclamer l'Evangile aux incroyants.

L'institution d'un ministère régulier et permanent fut nommé pour prendre soin de l'Eglise après que la supervision apostolique prit fin. Deux catégories de ministère sont mentionnées: le pastorat, qui se rapporte essentiellement au soin spirituel de l'Eglise; et le diaconat, qui se dévoue à l'administration des affaires temporelles de l'Eglise. Ceux qui servirent dans le premier ministère furent connus comme anciens et des évêques; ceux qui servirent dans le second ministère, comme diacres.

Le ministère du pastorat a une double fonction — une fonction d'administration et une fonction d'instruction; ainsi, ceux qui furent choisis pour cette position étaient connus comme les "pasteurs et les docteurs [enseignants]". Puisque le terme pasteur implique des fonctions ayant trait à la fois à l'instruction et au gouvernement, et puisque les anciens ou les évêques furent ordonnés dans les différentes Eglises par les apôtres ou les évangélistes, il est évident que l'apôtre Paul fait mention de ces pasteurs dans son épître au Ephésiens. Durant l'époque apostolique, il semble que dans certaines grandes Eglises il y avait plusieurs anciens, comme dans les Eglises à Jérusalem (Actes 15:4) et d'Ephèse (Actes 20:17). Les termes évêque et ancien ont soulevé de vives controverses quant à savoir s'ils se rapportaient à la même fonction, ou si l'évêque représentait un ordre supérieur de ministres, ayant une autorité et un pouvoir spéciaux pour gouverner et les anciens et les laïcs. Il est vrai que très tôt une distinction entre les deux termes fut établie, mais il semble que la Bible n'appuie pas cette distinction.

Les diacres s'occupaient de l'administration des affaires temporelles de l'Eglise (Actes 6:1-6). Les conditions requises d'un diacre et de sa femme sont données par l'apôtre Paul en 1 Timothée 3:8-13. Cette fonction fut aussi confiée aux femmes (Rom. 16:1) et le mot *femmes* (épouses) est parfois traduit par *diaconesses* (1 Tim. 3:11). Dans les temps modernes, le terme "ministre" qui équivaut à celui de "diacre", est devenu l'usage commun pour le mot ancien. Pour cette raison, dans certaines Eglises, le diacre est simplement un ancien à l'essai — un premier pas vers son ordination comme ancien.

Les Ecritures nous enseignent clairement que l'Eglise primitive a ordonné des anciens en les séparant de manière formelle pour cette fonction et pour le travail du ministère. De nombreuses références indiquent que les anciens furent ordonnés pour leur ministère par l'imposition des mains. Il est aussi évident que les anciens avaient eux-mêmes le pouvoir d'ordonner, et que seules les personnes ayant elles-mêmes été ordonnées avaient l'autorité de juger dignes ou indignes les candidats au ministère. Pourtant, l'ordination ne fait pas de l'ancien un officier d'une Eglise particulière. Cela ne se produit que lorsque l'individu a été élu par l'Eglise et qu'il accepte librement cette position. Par conséquent, les anciens forment un ordre du ministère d'où les pasteurs peuvent être choisis; mais jusqu'à ce qu'ils soient ainsi choisis ils ne sont pas les pasteurs d'Eglises particulières. En réalité, il y a plusieurs fonctions variées dans l'Eglise, mais il n'y qu'un seul ordre du ministère — celui des anciens.

Par l'entremise de ses ministres, l'Eglise exerce trois formes d'autorité administrative. *Premièrement*, il y a l'administration des lois de l'ordre et du gouvernement. De telles lois ont nécessairement un caractère scripturaire et spirituel. *Deuxièmement*, il y a les fonctions didactiques de l'Eglise. Nous y retrouvons la conservation et la protection de la vérité confiée à l'Eglise, la prédication de la Parole et l'instruction des choses spirituelles aux jeunes. *Troisièmement*, les ministres doivent exercer une discipline appropriée dans l'assemblée. Cela ne comporte pas l'emploi des autorités ou pénalités civiles, mais se limite à la censure, au retrait temporaire d'un membre, et à son expulsion de l'Eglise.

II. LE CULTE D'ADORATION ET LES MOYENS DE GRÂCE

Nous portons maintenant notre attention vers le culte d'adoration et les cérémonies de l'Eglise. Nous considérons de cette façon le second symbole significatif de l'Eglise, que l'apôtre Paul décrit comme le temple du Saint-Esprit. Par cette nouvelle manière d'aborder la question, nous considérerons aussi un autre aspect de l'œuvre du ministère — son rôle prophétique de dirigeant.

A. Le culte d'adoration dans l'Eglise primitive chrétienne

Avant l'an 100 de notre ère, le culte d'adoration de l'Eglise chrétienne se composait de l'*Eucharistie* ou de la Sainte Cène [le Repas du Seigneur], qui fut précédée par l'*agape* ou un festin d'amour, suivie par la "liturgie du Saint-Esprit". Au début, l'*agape* a probablement pris la forme d'un véritable repas, où les gens mangeaient jusqu'à être rassasiés; et à la suite du repas, certaines portions du pain et du vin, ayant été mises de côté, étaient prises solennellement comme l'Eucharistie. Pourtant, des abus se sont révélés très tôt dans cet *agape* (1 Cor. 11:20-22), et il semble que finalement le repas soit devenu la Sainte Cène. Le culte d'adoration primitif est pour cette raison cité comme ayant un double aspect — le service de l'Eucharistie et le culte d'adoration libre.

Dans la première partie du service eut lieu la lecture des Ecritures et la prière, aussi bien que la consécration et la distribution des espèces. Le sermon faisait aussi partie du service, ainsi que le chant de psaumes, d'hymnes et de mélodies spirituelles. Les lettres des apôtres furent lues, durant l'*agape*, ou juste avant la réunion de la Sainte Cène.

La deuxième partie, que l'on appelait le "culte d'adoration libre" occupait une très grande place dans la réunion chrétienne. Après l'Eucharistie, des personnes inspirées se mettaient à parler devant l'assemblée afin de manifester la présence de l'Esprit qui les inspirait. Il semble que la pratique de dons prophétiques fut souvent évidente.

B. L'aspect d'ordre individuel et social dans le culte d'adoration

Le culte d'adoration chrétien a un aspect à la fois individuel et social. L'adoration, par sa nature même, est profondément personnelle, mais elle est aussi l'action d'une personne qui est essentiellement sociale. Les premières paroles de "l'oraison dominicale" sont un rappel de ces relations sociales, pour chaque adorateur individuel. Il entre dans la présence divine en disant "Notre" Père et non "Mon"

Père. Quelque solitaire que l'adorateur individuel puisse sembler être, il est pourtant l'un des membres de l'entière famille de Dieu. Le culte d'adoration ensemble souligne l'unité de l'Eglise. Il exalte le corps de Christ, plutôt que la pratique libre de ses nombreux membres. Il contrôle l'égoïsme religieux, enlève les barrières à la dévotion et nous accorde les avantages d'une vie de famille dans l'appui et la discipline. Pour cette raison, le culte d'adoration en commun a une très grande importance, quelle que soit sa forme ou sa manière d'expression extérieure.

D'un autre côté, le culte d'adoration personnel est fondamental. Il existe un vrai secret de l'adoration qui appartient à chaque enfant de Dieu. Une vie de prière et de dévotion personnelles ne constitue pas un égoïsme spirituel. C'est la nature même de cette dévotion personnelle qui donne la force au culte d'adoration en commun. Il est essentiel qu'un équilibre existe entre les aspects sociaux et personnels du culte d'adoration. Lorsqu'on les sépare l'un de l'autre, la forme commune ou sacramentelle du culte d'adoration penche vers le ritualisme — avec la cathédrale, l'autel et le prêtre; tandis que le culte individuel libre qui n'est pas dirigé correctement, prend souvent la forme d'un fanatisme déchaîné. La simplicité d'adoration, tel qu'on la trouve dans l'Eglise apostolique, avait à la fois la phase sacramentelle qui soulignait l'unité, et l'aspect prophétique avec sa liberté, son enthousiasme, sa spontanéité personnelle et ses fortes exigences morales.

C. *L'ordre et les formes du culte d'adoration*

L'ordre du culte divin d'adoration se réfère aux principes selon lesquels il doit être exécuté. Les Ecritures nous montrent clairement ces principes. L'adoration doit être offerte au Dieu en trois personnes. Ce principe est fondamental. Quelle que soit l'adoration rendue à l'Un des membres de la Trinité, elle doit être offerte à Tous — ou elle doit être offerte à l'Un des membres dans l'unité des Deux autres. L'adoration doit aussi avoir un aspect médiateur — *"d'offrir des victimes* [sacrifices] *spirituelles, agréables à Dieu par Jésus-Christ"* (1 Pi. 2:5). Enfin, l'adoration doit être spirituelle, c'est-à-dire elle doit être inspirée par l'Esprit afin d'être agréable à Dieu. *"Dieu est esprit, et il faut que ceux qui l'adorent l'adorent en esprit et en vérité"* (Jean 4:24).

L'empreinte de l'Esprit de Dieu sur l'âme est la source de toute adoration véritable.

Les formes du culte d'adoration sont laissées aux pouvoirs discrétionnaires de l'Eglise, pour autant qu'elles se conforment aux Ecritures. L'heure du culte d'adoration doit être fixée par l'Eglise, mais ne devrait pas empiéter sur les droits de la famille ou de l'individu. L'Eglise peut déclarer des saisons spéciales pour la prière et pour le jeûne, pour la prédication et pour l'action de grâces. Les lois de la décence et de l'ordre exige que les service publics soient réglementés. La spontanéité qui découle de la présence de l'Esprit dans une nouvelle onction doit être recommandée, mais il faut rejeter tous les caprices, parce qu'ils ne s'accorde pas, ordinairement, avec l'harmonie et la dignité d'un service divin. Les réunions publiques devraient aussi se caractériser par leur simplicité. Un rituel élaboré est nuisible, s'il distrait l'âme de sa seule vraie fonction d'adoration spirituelle; mais un esprit inattentif ou indifférent cause la mort de toute forme d'adoration spirituelle.

D. *Le sabbat comme un moyen de grâce*

L'institution du sabbat est considérée comme l'une des cérémonies permanentes et divines de l'Eglise. Parce qu'il fut introduit lors de la création de l'homme, le sabbat appartient à la race d'une manière générale et à perpétuité. A l'origine, il fut créé en vue du repos d'un travail physique, et en même temps avec un dessein spirituel afin que l'homme, après avoir mis de côté toutes ses autres occupations, puisse entrer en communion avec son Créateur. Pour une compréhension correcte du sabbat en tant qu'institution, il faut le considérer comme une période de repos après six jours de travail. Le sabbat se compose de deux parties: le *repos saint*, et le *jour* où l'on observe ce repos. La première partie appartient à la loi morale, et, comme à une institution perpétuelle, elle est toujours obligatoire pour tous les hommes. La seconde partie, le jour où l'on observe le sabbat, est purement positive, et peut être changé par autorité divine sans que la substance de l'institution soit pour cela modifiée.

Lorsque notre Seigneur dit: *"Le sabbat a été fait pour l'homme"*, Il se référait à l'institution originale comme une loi universelle, et non simplement au sabbat juif comme une promulgation de la loi de Moïse. Le sabbat appartient à toute l'humanité, il fait partie de la loi morale telle qu'elle est exprimée dans les Dix Commandements, et cette loi n'a jamais été abolie. Elle est obligatoire aujourd'hui pour les chrétiens comme elle l'était pour les Juifs. Celui qui rejette l'obligation du sabbat rejette le Décalogue tout entier. Les chrétiens célèbrent le sabbat aussi fidèlement que les Juifs le font, mais ils le célèbrent un autre jour.

Lorsque Jésus a déclaré que *"le Fils de l'homme est maître même du sabbat"*, Il a sans doute voulu que les gens puissent comprendre qu'Il avait le pouvoir de changer le jour qui était observé pour le saint repos. Les Ecritures indiquent clairement que le sabbat a été célébré sur des jours différents. La première mention du sabbat se trouve en Genèse 2: 2-3. Ici, l'institution du sabbat est nettement déclarée comme une journée de saint repos après six jours de travail; et de plus, on avance que dans ce cas, c'est une journée commémorative de la création. Or, il est évident que le septième jour de Dieu ne serait pas le septième jour de l'homme. Le Dr Whitelaw dit: "Le septième jour que Dieu a béni en Eden, a été la première journée de l'existence humaine, et non la septième; et nous avons la certitude que Dieu ne s'est pas reposé de Son travail au septième jour de l'homme mais au premier jour de l'homme." Par conséquent, le premier jour d'Adam, et chaque huitième jour consécutif, serait son sabbat — une référence remarquablement semblable à l'apparition de notre Seigneur lors du premier et du huitième jour après Sa résurrection.

La mention suivante du sabbat se fait par rapport à la manne qui fut donnée (Ex. 16:13-36). Il est alors mentionné que le vingt-deuxième jour du deuxième mois était le premier jour de sabbat du septième jour que l'on a célébré dans le désert de Sin. Il n'y a aucun doute que le sabbat fut rétabli à ce moment-là comme un jour de saint repos; mais a-t-il été célébré le même jour que le sabbat des patriarches? C'est un sujet de controverse. Le Dr W.H. Rogers maintient que "le seul changement du sabbat provenant de l'autorité de Dieu était pour les Juifs entre le moment où ils ont reçu la manne et la résurrection de Christ. Le jour de repos saint, depuis Adam jusqu'à Moïse, était le premier jour de la semaine, mais toujours le septième jour après six jours de travail. Le sabbatisme était séparé de l'idolâtrie en remplaçant

L'ÉGLISE CHRÉTIENNE

le dimanche par le samedi pour le peuple choisi, *"et parmi leurs descendants"*, durant mille cinq cents ans (cf. Ex. 31:13-14; Ezé. 20:12). Lors de la résurrection de Christ, selon la loi de la prescription, ce changement particulier et exceptionnel a pris fin, et la loi divine pour toute l'humanité a exigé l'observance du sabbat le premier jour, comme cela avait été le cas durant les premiers deux mille cinq cents ans de l'histoire humaine." Avec la venue du "dernier Adam" (Christ), le sabbat a été rétabli au jour original, jour que le premier Adam avait célébré.

L'Eglise a enseigné depuis l'époque apostolique que le sabbat chrétien, ou le "Jour du Seigneur", a été rétabli ou du moins ramené au premier jour. Jésus a mis son approbation sur le premier jour de la semaine en rencontrant Ses disciples ce jour-là. La résurrection a eu lieu le premier jour de la semaine (Jean 20:1). Sa première rencontre avec les disciples s'est faite le soir du jour de la résurrection (Jean 20:19); et la seconde rencontre le soir du huitième jour. Les apôtres ont sans doute autorisé le changement à cause des instructions non consignées par écrit que Jésus donna durant les quarante jours avant l'ascension (cf. Actes 1:2). Vingt-cinq ans plus tard, l'apôtre Paul se rencontrait avec les disciples le premier jour de la semaine (Actes 20:7), et donna des instructions en ce qui concerne l'offrande qui devait être recueillie le premier jour de la semaine (1 Cor. 16:1-2). Plus tard, vers la fin du premier siècle de l'ère chrétienne, l'apôtre Jean fait mention du sabbat comme le "Jour du Seigneur" (Apoc. 1:10). Plusieurs des premiers Pères apostoliques, dont certains furent associés avec les apôtres, ont nettement indiqué que le premier jour de la semaine était le Jour du Seigneur, qu'on l'avait séparé des autres jours, parce qu'il représentait le jour de la résurrection. C'était un jour saint — le saint sabbat.

D'après plusieurs références scripturaires relatives au sabbat comme jour de saint repos (Ex. 20:9-11; Deut. 5:12-15), nous comprenons qu'il faut mettre ce jour à part pour le cult d'adoration de Dieu, et qu'il faut le consacrer aux intérêts spirituels de l'humanité. Pour cette raison, tout travail séculaire est défendu, à moins que ce ne soit un travail de nécessité ou de compassion) Esaïe 58:13). Il s'agit de l'arrêt du travail, que celui-ci soit physique ou intellectuel, afin d'accorder du temps aux choses spirituelles.

Notre Seigneur nous donne deux déclarations importantes au sujet du sabbat. La première déclaration trait à la sainteté de ce jour: *"Dieu est Esprit, et il faut que ceux qui l'adorent l'adorent en esprit et en vérité"* (Jean 4:24). Nous voyons ici la véritable nature intérieure du sabbat — un repos spirituel pour l'âme, d'où vient l'adoration qui se fait en Esprit et en vérité. La seconde déclaration de Christ concerne les intérêts de l'homme: *"Puis il leur dit: Le sabbat a été fait pour l'homme, et non l'homme pour le sabbat, de sorte que le Fils de l'homme est maître même du sabbat"* (Marc 2:27-28). L'enseignement est clair ici; les choses qui se rapportent au bien-être le plus élevé de l'homme, c'est-à-dire à ses intérêts spirituels, sont permises lors du sabbat; il nous est ainsi possible d'évaluer avec justesse et avec certitude le genre et la mesure des activités séculières, lors de ce jour de saint repos.

E. Autres moyens de grâce

Les moyens de grâce sont les voies placées par Dieu qui permettent à l'influence du Saint-Esprit de communiquer avec les âmes des hommes. Par rapport à ce sujet, le Protestantisme se place à mi-chemin entre le point de vue catholique romain qui maintient que les cérémonies ont la puissance en elles-mêmes d'accorder la grâce, et la position abstraite des mystiques qui cherchent à enlever tous les moyens extérieurs.

La Parole de Dieu est l'un des moyens universels de grâce. Le fait que les Ecritures sont efficaces à tous nos besoins est affirmé partout et dans l'Ancien Testament et dans le Nouveau Testament. La Parole de Dieu est *l'épée de l'Esprit* — l'instrument qu'Il emploie pour convertir et sanctifier l'âme des hommes. Les chrétiens ont été *"engendrés en Jésus-Christ par l'Evangile"* (1 Cor. 4:15); *"Puisque vous avez été régénérés, non par une semence corruptible, mais par une semence incorruptible, par la parole vivante et permanente de Dieu"* (1 Pi. 1:23); et nous sommes sanctifiés *"par ta vérité"* (Jean 17:17). St Paul fait de la Parole un moyen de grâce en l'associant directement à la foi: *"Ainsi la foi vient de ce qu'on entend, et ce qu'on entend vient de la parole de Christ"* (Rom. 10:17). Reposant en sécurité sur le fondement de la Parole de Dieu, la foi ouvre la porte qui donne accès à Dieu, et saisit les bénédictions qui ont été achetées. La grâce est administrée à ceux qui écoutent par la prédication de la Parole. Et il est important que cette prédication soit *"une démonstration d'esprit et de puissance"* (1 Cor. 2:4), car en dehors du travail de l'Esprit dans le cœur des hommes, la Parole n'a aucun pouvoir. La Parole ne trouve son efficacité, comme moyen de grâce, que lorsqu'elle devient un instrument de l'Esprit. Pour qu'elle soit entièrement efficace, la Parole doit être prêchée pour *enseigner*, ou pour l'instruction des vérités de l'Evangile; pour *convaincre* d'une négligence ou d'un échec; pour *corriger* de mauvaises tendances; et pour *instruire* dans la justice ou dans l'art d'une vie sainte (2 Tim. 3:16).

La prière, associée à la Parole, est aussi un moyen universel de grâce. Lorsqu'on invoque les promesses de la Parole en prière, elles deviennent efficaces dans la vie spirituelle du chrétien. M. Watson décrit la prière comme "l'offrande de nos désirs à Dieu, par l'intermédiaire de Jésus-Christ et sous l'influence du Saint-Esprit, et avec des dispositions convenables pour des choses qui sont agréables à Sa volonté". Or, pour que Dieu puisse accepter la prière, il faut qu'elle soit offerte par l'intermédiaire de Christ, qu'elle soit offerte par la foi et dans un esprit d'humilité, et conformément à la volonté de Dieu. Les éléments d'une prière bien organisée comportent l'*adoration*, qui attribue à Dieu les perfections qui appartiennent à Sa nature, et lesquelles devraient être articulées avec toute la dévotion, le respect, la confiance et l'affection possibles; l'*action de grâces*, ou un épanchement de gratitude de la part de l'âme; la *confession*, ou une pénitence profonde, la soumission et l'humilité; la *supplication*, ou un regard de dépendance prolongé et sincère vers Dieu pour des bénédictions nécessaires; et l'*intercession*, ou l'imploration pour nos semblables, accompagnée des désirs sincères pour leur bien-être spirituel (cf. 1 Tim. 2:1). La prière est une obligation, un devoir pour tous les hommes; elle se fait en privé, en famille et en public. Lorsque ce devoir est négligé ou oublié il n'est pas possible d'avancer dans les choses spirituelles.

Les Ecritures et les symboles chrétiens mentionnent tous deux la communion fraternelle comme étant un moyen de grâce. "Les privilèges et les bénédictions découlant de notre communion dans l'Eglise de Jésus-Christ sont très sacrés et très précieux. Il y a en cela une communion bénie qui ne peut être connue autrement. Il y existe une assistance jointe à une attention et un conseil fraternel qu'on ne peut trouver qu'au sein de l'Eglise. Il y a le soin pieux des pasteurs avec les enseignements de la Parole et l'inspiration salutaire de l'adoration collective. Et il y a de la coopération dans le service, accomplissant ce qui ne peut être fait autrement" (*Manuel*, Eglise du Nazaréen). (cf. Héb. 3:13; 13:17; Gal. 6:1).

III. LES SACREMENTS

A. *La nature d'un sacrement*

Le terme "sacrement", tel qu'il est employé en théologie, se rapporte à un signe extérieur et visible d'une grâce intérieure et spirituelle que nous avons reçue, qui a été conférée par Jésus-Christ Lui-même, comme un moyen qui nous permet de recevoir cette grâce et l'assurance que nous l'obtiendrons. Les sacrements, tels que l'Eglise primitive les avaient compris, étaient des rites religieux qui exigeaient l'obligation la plus sacrée de loyauté envers l'Eglise et envers Christ.

L'Eglise Catholique Romaine maintient qu'il y a sept sacrements: le baptême, l'Eucharistie (la Sainte Cène), la confirmation, l'ordre, l'extrême onction, la pénitence et le mariage. Les Eglises protestantes ont réduit le nombre à deux: le baptême et la Sainte Cène. Pour cette raison, il est essentiel de comprendre les traits caractéristiques d'un vrai sacrement. D'après le Dr A.A. Hodge, les sacrements se distinguent de la manière suivante: (1) Un sacrement est une cérémonie directement instituée par Christ. (2) Un sacrement se compose toujours de deux éléments: un signe extérieur visible, et une grâce intérieure spirituelle qui est signifiée par ce moyen. (3) Dans chaque sacrement, le signe est uni d'une manière sacramentelle à la grâce qu'il signifie, et de cette union l'usage scripturaire a convenu d'attribuer au signe quelle que soit la vérité dans tout ce que le signe signifie. (4) Les sacrements ont pour but de représenter, de sceller et d'appliquer les bienfaits de Christ et de la nouvelle alliance aux croyants. (5) Ils ont été conçus pour témoigner de l'engagement de notre fidélité à Christ; ils nous lient à Son service, et en même temps ils sont des signes distinctifs de notre profession de foi chrétienne, en laissant une marque visible sur l'ensemble de ceux qui professent leur foi, et en les distinguant du monde.

Il y a trois opinions d'ordre général relative à la manière dont la puissance divine se rattache au signe extérieur et visible du sacrement. (1) Le point de vue catholique romain ou sacramentaire maintient que les sacrements contiennent la grâce qu'ils signifient; et, lorsque ils sont administrés, ils transmettent nécessairement cette grâce, sans tenir compte et indépendamment de la foi du communicant. (2) Le point de vue rationaliste affirme que les sacrements sont simplement symboliques, et que tout pouvoir que l'on puisse tirer d'eux n'est que le résultat de l'influence morale qu'ils ont sur l'esprit. (3) Le point de vue modéré, qui est soutenu par les Eglises protestantes en général, considère les sacrements à la fois comme des signes et des sceaux: des signes représentant les bénédictions de l'alliance dans l'action et par les symboles; et des sceaux, comme étant un témoignage de la fidélité de Dieu qui nous les accorde. Lorsqu'on insiste trop sur l'importance des sacrements comme signes, c'est-à-dire comme la représentation visible et symbolique des bienfaits de la rédemption, nous avons tendance à avoir une vue rationaliste; alors que si l'on met trop d'accent sur les sacrements comme sceaux, nous avons tendance à avoir la position sacramentaire. Le vrai point de vue protestant ou la vue modérée, évite les défauts du rationalisme d'un côté, et les excès du Catholicisme romain de l'autre.

B. *Le Baptême*

"Nous croyons que le baptême chrétien, ordonné par notre Seigneur, est un sacrement qui signifie que nous acceptons les bénéfices découlant de l'Expiation de Jésus-Christ, qu'il doit être administré aux croyants sur la déclaration de leur foi en Jésus-Christ comme leur Sauveur et de leur pleine intention d'obéissance dans la sainteté et la justice.

"Le baptême étant le symbole de la nouvelle alliance, les jeunes enfants peuvent être baptisés, à la requête des parents ou tuteurs qui assurent qu'ils leur donneront la formation chrétienne nécessaire.

"Le baptême peut être administré par aspersion, versement ou par immersion, selon le choix du candidat" (*Manuel*, Eglise du Nazaréen, Article de Foi #12).

1. *L'institution du baptême chrétien.* Le Dr Pope décrit le baptême avec concision, comme "le droit que notre Seigneur a désigné pour être le signe d'admission dans l'Eglise, le sceau de l'union avec Lui-même, et la participation aux bénédictions des alliances chrétiennes". La pratique d'un baptême d'eau en tant que cérémonie sacrée n'a pas été introduite par Christ en premier, mais était connue des Juifs depuis longtemps, comme un rite religieux. Les prosélytes étaient incorporés de cette façon dans la religion juive, et pouvaient ainsi participer aux avantages de l'alliance. Le baptême de Jean fut une deuxième étape dans le développement de l'ordonnance. Ce baptême était un baptême "pour vous amener à la repentance", en tant qu'une préparation pour Christ et la Nouvelle Alliance (voir Mat. 3:11). La troisième étape dans son développement était le baptême chrétien qui confesse que Jésus est venu en tant que Messie, et aussi le Saint-Esprit dans la dispensation de laquelle le baptême doit être administré. A la suite du jour de la Pentecôte, le rite du baptême a été observé par rapport à la conversion, comme une cérémonie indispensable; d'ailleurs, chaque récit de conversion cité, fait mention du baptême. C'est pourquoi, dans son sermon le jour de la Pentecôte, l'apôtre Pierre exhorta les croyants: *"Que chacun de vous soit baptisé au nom de Jésus-Christ, pour le pardon de vos péchés"* (Actes 2:38); et *"ceux qui acceptèrent sa parole furent baptisés"* (Actes 2:41). Dans les dernières années de la période apostolique, on a considéré le baptême comme ayant remplacé le rite juif de la circoncision.

2. *Le développement de la doctrine dans l'Eglise.* Une grande importance a été attachée très tôt au rite du baptême — non comme un signe et un sceau de toutes les bénédictions chrétiennes, mais par le fait qu'on le considérait comme le véhicule par lequel ces bénédictions furent communiquées. Dans la dernière partie de l'époque anténicéenne, on a universellement considéré le baptême comme le rite d'admission dans l'Eglise; et puisqu'on affirmait qu'aucun salut n'était possible en dehors de l'Eglise, on est venu jusqu'à associer le baptême à la régénération. Tout d'abord, on ne considérait le baptême que l'acte qui compléta notre acquisition du christianisme — le sceau d'adoption positif dans la famille de Dieu. Pourtant, vers le milieu du IIe siècle, on considéra le baptême comme offrant la rémis-

sion complète de tous les péchés passés et, par conséquent, nous remarquons qu'on en parle comme étant "l'instrument de régénération et d'illumination". Néanmoins, les Pères de l'Eglise de cette époque soutenaient encore la croyance plus tôt d'un baptême qui n'était efficace que par rapport à une disposition intérieure juste, et selon les bonnes intentions du candidat.

Durant l'époque nicéenne et post-nicéenne, certains points de vue qui avaient été soutenus plus tôt se sont cristallisés encore plus. L'idée que la vie divine habitait dans le corps constitué de l'Eglise régnait universellement, et cette vie ne pouvait se transmettre aux membres que par l'intermédiaire des sacrements. Par conséquent, le baptême vint à être considéré comme un élément essentiel au salut. Ambroise (vers 397) avait interprété Jean 3:5 comme voulant dire: "Personne n'a accès au royaume des cieux, sauf par le sacrement du baptême; en effet, aucune exception ne sera faite, ni pour le nouveau-né, ni pour celui qui par nécessité est empêché de le recevoir." Le point de vue plus mûr d'Augustin considérait le baptême comme ayant deux propositions: premièrement, que le rite apportait non seulement avec lui le pardon des péchés actuels, mais aussi du péché originel; et deuxièmement, que lors du baptême des nouveau-nés, l'Eglise accordait une foi supplémentaire, et le Saint-Esprit implantait dans le bébé inconscient le germe d'une nouvelle vie, afin que la régénération prenne place dans le cœur avant la conversion consciente de l'enfant.

3. *Résumé des points de vue fondamentaux de la nature du baptême.* Le point de vue catholique romain concernant le baptême peut se résumer en prennant note de certains concepts que saint Thomas a soutenus. On soutenait que le baptême imprimait un marque de caractére indélébile sur l'âme par la régénération. Du côté négatif, on affirmait que le baptême purifiait de tout péché passé, actuel et originel; et du côté positif, il unissait la personne baptisée à Christ, et lui accordait les dons et les grâces de la nouvelle vie. Pour la question du baptême des nouveau-nés, on affirmait que les bébés ne croyaient pas par leurs propres pensées, mais par la foi de l'Eglise dans laquelle ils furent baptisés. Le concept fondamental du point de vue catholique romain, auquel les Protestants ont plus tard offert des objections valides, se trouve dans une doc-

trine qui affirme que la simple administration du baptême sauve la personne qui est baptisée.

Les réformateurs protestants, comme nous l'avons suggéré plus haut, se sont opposés radicalement à certains points de vue catholiques romains concernant le baptême. Cette opposition se reflétait particulièrement dans l'insistance des Protestants sur le fait que la foi était nécessaire de la part du récipiendaire afin que la cérémonie fût un moyen de grâce. A partir de ce point de départ, certaines différences se sont développées parmi les Protestants. La position luthérienne, telle qu'elle est exposée dans la Confession d'Augsburg, maintient que le baptême est un témoignage perpétuel que le pardon des péchés et le renouvellement du Saint-Esprit appartiennent particulièrement aux baptisés — la cause opérante de cette condition étant la foi. Les Luthériens considèrent généralement le baptême comme essentiel au salut, puisque par le baptême et par décret divin, les bénédictions de la rémission des péchés et de la régénération sont accordées au moyen de la foi et de la Parole.

Les Eglises Réformées commencèrent par la notion que le salut ne dépendait pas d'une œuvre extérieure ou d'une cérémonie. Pour eux, le baptême n'était que le signe préliminaire qui faisait de la personne un disciple de Christ. Zwingli n'attribuait aucune puissance sanctifiante au baptême comme tel, mais seulement à la foi. Ainsi il renonça complètement au mystère et il considéra les sacrements en partie comme un acte de confession, et en partie comme un signe commémoratif. Calvin adopta les principes de Zwingli, mais dans la manière où il les développa il se rapprocha de plus près la conception luthérienne. Pour lui, les sacrements n'étaient pas de simples éléments commémoratifs, mais aussi des promesses de grâce — c'est-à-dire qu'ils étaient accompagnés par un don invisible de la grâce. Cette position réformée, par le moyen des *Trente-neuf Articles* de l'Eglise Anglicane, devint essentiellement l'enseignement du Méthodisme. Ce dernier maintient que le baptême est à la fois un signe et un sceau et, par conséquent, il n'est pas sans sa grâce concomitante au récipiendaire qui satisfait aux conditions de l'alliance. La doctrine baptiste diffère du christianisme, en général, sur deux points — elle maintient que le baptême est un rite qui appartient uniquement aux adultes comme une expression de leur foi, et que le seul mode de baptême valide est celui que l'on administre par immersion.

4. *La nature et le but du baptême chrétien.* Le baptême chrétien est un sacrement solennel qui signifie que l'on a accepté les bienfaits de l'Expiation de Jésus-Christ, et que l'on promet de tout cœur d'obéir dans la sainteté et la justice. Selon le commandement formel de notre Seigneur (Mat. 28:19-20), et selon la pratique apostolique (Actes 2:38, 41; 8:12), nous comprenons que le baptême est une obligation universelle et perpétuelle. Elle devrait être observée solennellement et formellement. Le baptême, étant un rite d'initiation, ne doit être administré qu'une seule fois. Il établit une alliance permanente et par conséquent ne doit pas être répété.

Le baptême est un signe et un sceau de l'alliance de la grâce. Comme signe, il représente la purification spirituelle. Notre Seigneur a déclaré: *"Si un homme ne naît d'eau et d'Esprit, il ne peut entrer dans le royaume de Dieu"* (Jean 3:5). Ici, le signe est évidemment le baptême extérieur de l'eau, et la chose signifiée est l'œuvre intérieure de l'Esprit. Comme signe, le baptême symbolise non seulement la régénération, mais aussi le baptême du Saint-Esprit qui est l'événement particulier de cette dispensation. Le baptême est aussi un sceau. De la part de Dieu, le sceau est l'assurance visible de fidélité à Son Alliance — une cérémonie perpétuelle à laquelle Son peuple peut toujours avoir appel. De la part de l'homme, le sceau est l'acte par lequel il se lie comme un participant à l'alliance, et s'engage à être fidèle en toutes choses; et ce sceau est aussi le signe d'une transaction achevée. Le Dr Shedd dit: "C'est comme le sceau officiel sur un document juridique. La présence du sceau inspire la confiance quant à l'authenticité d'un titre constitutif de propriété; l'absence du sceau éveille des doutes et des craintes. Néanmoins, c'est le titre de propriété et non le sceau qui communique le titre" (SHEDD, *Dogmatic Theology* [Théologie Dogmatique], t. II, p. 574).

5. *Le mode du baptême.* Ce sujet a provoqué de longues et sérieuses controverses. Certains groupes, tels que les baptistes, affirment que l'immersion est le seul mode valide de baptiser; alors que d'autres, la plus grande majorité des Eglises de tous les temps, a toujours maintenu qu'il peut être aussi administré par aspersion ou par versement. La ques-

tion n'est pas de savoir si l'immersion est un mode valide, mais si c'est le seul mode qui soit autorisé par les Ecritures. D'une manière générale, l'Eglise n'a pas trouvé assez d'évidence pour affirmer que l'immersion soit le mode exclusif.

Les immersionnistes soutiennent que le mot grec βαπτίζειν (baptizein) veut toujours dire *tremper* ou *plonger*. Pourtant, en réalité, le plupart des lexicographes lui ont donné un sens plus étendu, à savoir *tremper, teindre, imprégner, baigner, infuser, imbiber*. Les écrivains classiques ont employé le mot à l'occasion, simplement pour dire mouiller, teinter, et asperger. Le mot est nettement employé dans les Ecritures comme ayant d'autres sens que celui d'immersion. *"Ils ne mangent qu'après s'être purifiés* [baptisés]*"* (Marc 7:4). On se réfère ici aux pharisiens qui se lavaient les mains. St Paul déclare que les Israélites *"ont tous été baptisés dans la nuée et dans la mer"*. Il emploie ici le mot "baptiser" pour faire mention de leur passage entre les eaux, sous l'ombre de la nuée (voir 1 Cor. 10:1-2). Prétendre que l'immersion est le seul mode de baptême valable, à cause de l'emploi du mot βαπτίζειν dans les Ecritures, ne semble pas être appuyé par les faits.

Par une étude des circonstances relatives aux baptêmes qui sont mentionnés dans les Ecritures, il est aussi évident que le mot baptême ne signifie pas toujours immersion. Par exemple, dans le cas du baptême de Saul (Actes 9:18), il est dit qu'il se leva et fut baptisé — littéralement, il fut baptisé debout. Dans le cas du baptême de Corneille et de ses amis, il est évident qu'ils furent baptisés dans la maison et il est suggéré que l'on a apporté de l'eau pour le baptême (Actes 10:47-48). Enfin, le baptême du geôlier et de sa famille durant la nuit, semble avoir eu lieu dans la prison et il n'est pas possible de dire avec certitude que le baptême ait été administré par immersion (Actes 16:31-33). L'espace ne nous permet pas d'analyser d'autres incidents bibliques au sujet du baptême (Mat. 3:5-6; 3:16; Actes 2:38-39), où la force de l'argument des immersionnistes repose sur l'emploi des prépositions. Il est suffisant de dire que les prépositions, qui sont à la base des conclusions qu'ils retirent, sont réellement employées dans les Ecritures avec une variété considérable de sens; et fonder un argument sur une seule traduction ne semble pas être appuyé sur une exégèse solide.

Pour finir, le symbolisme de l'ensevelissement a été un des arguments préférés des immersionnistes, et se base sur des passages bibliques tels que les suivants: *"Nous avons donc été ensevelis avec lui par le baptême en sa mort, afin que, comme Christ est ressuscité des morts par la gloire du Père, de même nous aussi nous marchions en nouveauté de vie"* (Rom. 6:4). L'argument en faveur de l'immersion repose entièrement sur les mots *"ensevelis avec lui* PAR ou DANS (Col. 2:12) *le baptême"*. L'on suppose ici que l'apôtre parle d'un baptême d'eau et, par conséquent, il en précise le mode. Pourtant, une étude attentive du contexte tout entier révèle que l'apôtre Paul ne faisait mention ni du baptême d'eau ni du mode de baptême. A travers le passage en entier il parle de la mort, de l'ensevelissement, de la résurrection et de la vie d'un ordre spirituel. Le raisonnement en entier montre qu'il fait mention de l'œuvre du Saint-Esprit. Le baptême d'eau est manifestement dans l'impossibilité d'accomplir le changement moral extraordinaire dont l'apôtre parle (cf. WAKEFIELD, *Christian Theology* [Théologie chrétienne], p. 582).

6. *Les sujets du baptême.* Tous ceux qui croient au Seigneur Jésus-Christ, et qui ont été régénérés, sont des sujets dignes de recevoir le baptême chrétien. Jésus-Christ a établi ce fait dans sa déclaration directe: *"Celui qui croira et qui sera baptisé sera sauvé"* (Marc 16:16). Mais en plus des croyants adultes, l'Eglise a toujours maintenu que les enfants sont aussi dignes de recevoir le baptême. Cette position a été mise en question par les anabaptistes durant la période de la Réforme, et les adeptes de ce groupe s'y opposent encore aujourd'hui.

L'histoire du baptême des nouveau-nés révèle que la pratique a existé dans l'Eglise dès les premiers temps. Il est possible de soutenir cette conclusion par le témoignage des Pères de l'Eglise, durant le Ier et le IIe siècles de l'ère chrétienne. Durant le IVe siècle, Augustin dit: "L'Eglise en entier pratique le baptême des nouveau-nés. Cette pratique n'a pas été instituée par les conciles, mais elle a toujours été l'usage"; et encore, "je ne me souviens pas d'une seule personne, qu'elle soit catholique ou hérétique, qui ait maintenu que le baptême devrait être refusé aux nouveau-nés." De toute évidence, la pratique nous a été transmise depuis l'époque des apôtres.

Le principal mandat scripturaire pour la pratique du baptême des nouveau-nés, relève d'une analyse de l'enseignement de l'apôtre Paul concernant la relation de l'Eglise chrétienne avec l'alliance abrahamique. Il suffit de dire que l'Eglise chrétienne est la continuation de l'alliance abrahamique dans ses développements universelles et selon son niveau le plus élevé. Le rite initiatique de la circoncision a disparu, ainsi que les cérémonies et rites particuliers de l'Ancien Testament (Col. 2:10-12). La circoncision était obligatoire durant la phase de l'alliance correspondant à l'Ancien Testament; elle rappelait et confirmait constamment cette alliance. Le baptême du Nouveau Testament est une cérémonie dont la nature a un caractère semblable. Wakefield résume très bien cette phase de notre sujet lorsqu'il dit: "Nous avons montré que l'alliance abrahamique était l'alliance générale de la grâce, que les enfants faisaient partie de cette alliance, et qu'ils étaient admis dans l'Eglise visible par la circoncision, que le christianisme n'est qu'une continuation, sous une nouvelle forme, de l'alliance que Dieu a fait avec Abraham, et que le baptême est maintenant le signe et le sceau de l'alliance de la grâce, de même que la circoncision le fut sous l'ancienne dispensation. D'après ces prémisses, il s'ensuit que de même que les enfants de parents qui croyaient à l'époque de l'Ancien Testament étaient des sujets dignes de la circoncision, ainsi les enfants de croyants chrétiens sont aussi des sujets dignes du baptême" (WAKEFIELD, *Christian Theology* [Théologie chrétienne], pp. 569-570).

D'après ce qui précède, il est possible d'ajouter que dans trois différents cas, des familles ont été baptisées (Actes 16:15; 16:33; 1 Cor. 1:16). Même si cela ne représente pas de preuve positive, il est tout de même possible de considérer les incidents mentionnés plus haut, en présumant qu'il y avait des enfants dans les familles qui ont été baptisées. De plus, notre Seigneur a Lui-même déclaré que les enfants appartiennent au royaume de Dieu (Marc 10:14); et si cela est vrai, ils ont le droit à cette reconnaissance comme témoignage à la foi de leur parents dans les paroles de leur Seigneur. Nous maintenons, donc, que le baptême des enfants est justifié, et que les arguments que nous venons de donner, sont une réponse suffisante aux objections qui sont parfois soulevées.

C. La Sainte Cène

1. L'établissement de la Sainte Cène. Ce sacrement fut institué selon des circonstances solennelles et impressionnantes. C'était le soir de Sa trahison, lorsque Jésus et Ses disciples célébraient la Pâque ensemble. *"Pendant qu'ils mangeaient, Jésus prit du pain; et, après avoir rendu grâces, il le rompit, et le donna aux disciples, en disant: Prenez, mangez, ceci est mon corps. Il prit ensuite une coupe; et, après avoir rendu grâces, il la leur donna, en disant: Buvez-en tous, car ceci est mon sang, le sang de l'alliance, qui est répandu pour plusieurs, pour la rémission des péchés"* (Matt. 26:26-28; cf. Marc 14: 22-24; Luc 22:19-20). En plus de ce récit historique, l'apôtre Paul nous donne une interprétation doctrinale dans 1 Corinthiens 10:16-17: *"La coupe de bénédiction que nous bénissons, n'est-elle pas la communion au sang de Christ? Le pain que nous rompons, n'est-il pas la communion au corps de Christ? Puisqu'il y a un seul pain, nous qui sommes plusieurs, nous formons un seul corps; car nous participons tous à un même pain"* (cf. aussi 1 Cor. 11: 23-28).

De même que le baptême a pris la place de la circoncision, ainsi la Sainte Cène a pris la place de la Pâque. Sous l'ancienne alliance, la Pâque était le type éminent du sacrifice rédempteur de notre Seigneur, lequel d'âge en âge représentait la foi et l'espérance de l'ancien peuple. Et puisque Jésus Lui-même en tant que la véritable Pâque était sur le point d'accomplir le symbole de l'Ancien Testament, il était nécessaire d'instituer un nouveau rite pour commémorer cette délivrance spirituelle et pour confirmer ses bienfaits. La Sainte Cène était destinée à être permanente. Ce fait est évident parce que l'apôtre Paul reçut du Seigneur l'ordre de l'établir dans toutes les Eglises qu'il fondait (1 Cor. 11:23).

2. *Terminologie*. Durant l'époque apostolique, plusieurs termes ont été employés pour expliquer le sens de la Sainte Cène; nous retrouvons au moins cinq de ces mots dans le Nouveau Testament. (1) On l'appelait l'Eucharistie ("rendre grâces"), en référence à Christ qui prit la coupe et rendit grâces. A cause de la justesse du terme, celui-ci à toujours été populaire parmi les gens de langue anglaise. En tant que tel, il représente l'action solennelle de rendre grâces, pour les bénédictions de la rédemption. (2) On l'appelait aussi la Communion. St Paul souligne que cette communion que nous avons les uns avec les autres est inséparable de la communion avec Christ (1 Cor. 10:16). (3) On la considérait aussi comme une fête commémorative, une commémoration de la mort de Jésus. On l'associait étroitement avec la mort rédemptrice de Christ et l'espérance de Sa seconde venue. *"Car toutes les fois que vous mangez ce pain et que vous buvez cette coupe, vous annoncez la mort du Seigneur, jusqu'à ce qu'il vienne"* (1 Cor. 11:26). (4) On la considérait comme un sacrifice — pas dans le sens d'une répétition du sacrifice de Christ qui fut accompli une fois pour toutes (Héb. 9:25-26), mais le repas mangé en communauté fut lui-même appelé un sacrifice, du fait qu'il fut une action de grâces ou un *"sacrifice de louange"* (Héb. 13:15; cf. Phil. 2:17; 4:18); et aussi parce qu'il était accompagné d'aumônes pour les pauvres. (5) On l'appelait la présence ou le mystère. Le premier terme — *présence* — comportait l'idée de Christ comme hôte à Sa table, et il est tiré du récit du chemin d'Emmaüs, lorsque que Jésus se fit connaître en rompant le pain. Le second terme — *mystère* — souligne l'importance de la nourriture sacrée, en tant qu'une voie sacrée de grâce et de puissance. St Jean est le témoin principal ici. Christ est *le pain de vie* (Jean 6:48, 51). Pourtant, il faut aussi noter que l'apôtre parle de concepts spirituels.

3. *La nature de la Sainte Cène.* Plusieurs points de vue différents sont soutenus en ce qui concerne la nature de la Sainte Cène. Ces opinions se décident en grande partie par l'interprétation que l'on donne aux mots: *"Ceci est mon corps"* et *"ceci est mon sang"* (Mat. 26:26-28). Ces interprétations différentes nous donnent (1) la doctrine catholique romaine de la transsubstantation; (2) la doctrine luthérienne de la consubstantiation; (3) la doctrine zwinglienne de la commémoration et (4) la doctrine calviniste des signes et des sceaux.

La doctrine de la transsubstantation, telle quelle est soutenue par les Catholiques Romains, interprète les paroles *"Ceci est mon corps"* et *"ceci est mon sang"*, dans le sens le plus littéral du mot. On estime que lorsque notre Seigneur prononça les paroles mentionnées, Il changea l'eau et le vin en Son propre corps et en Son propre sang, et qu'Il les remit entre les mains des apôtres. Depuis ce moment-là, on soutient que les prêtres, par la succession apostolique, ont l'autorité de faire un changement semblable par le moyen de la prière de consécration et en prononçant les mêmes paroles. Les qualités non essentielles du pain et du vin demeurent, c'est-à-dire que le pain a le goût de pain et le vin a le goût de vin; mais la substance qui est à la base de ces qualités est considérée comme ayant été transformée, et ainsi le pain n'est plus du pain, mais le corps de Christ; et le vin n'est plus du vin, mais le sang de Christ. Puisque le sang fait partie du corps, les laïcs ne reçoivent que le pain, et le prêtre reçoit le vin. Il y a plusieurs conséquences importantes qui se rattachent à cette doctrine. (1) Le pain et le vin, ayant été transformés en corps et sang de Christ, sont présentés par le prêtre en sacrifice à Dieu. Même si ce sacrifice est différent des autres par le fait qu'il n'y a pas d'effusion de sang, il est tout de même considéré comme une vraie offrande expiatoire pour les péchés des vivants et des morts. (2) Ce corps et ce sang contiennent en eux la grâce qu'ils signifient, et ainsi ils l'accordent *ex opere operato*, c'est-à-dire ils ont une valeur intrinsèque en eux-mêmes et cette grâce est accordée à tous, en participant simplement au sacrement. Aucune disposition spéciale n'est nécessaire de la part du récipiendaire, pas même la foi, car le sacrement agit immédiatement sur tous ceux qui ne l'empêche pas à cause du péché mortel. (3) Le pain, ayant été transformé dans le corps de Christ, toute portion qui n'est pas employée est gardée comme étant sainte et comme étant "l'hôte réservé". (4) Puisque la divinité de Christ se rapporte à Son corps, l'on considère qu'il est tout à fait correct d'adorer les espèces sur l'autel; et de plus, de les porter ici et là afin qu'elles puissent recevoir l'hommage de tous qui les voient. Les Protestants ont non seulement fait objection contre cette doctrine non scripturaire, mais ils se sont revoltés contre elle, et dès lors la doctrine de la Réforme est plus simple et plus scripturaire.

    La doctrine de la consubstantiation fut adoptée par Luther à l'égard de la présence de Christ dans le sacrement. Bien qu'il se soit opposé à la doctrine catholique romaine de la transsubstantation, Luther a pourtant senti le besoin de garder d'une manière objective l'importance de la signification salvatrice de la cérémonie. Par conséquent, il accepta les paroles d'institution dans leur sens littéral, mais il rejeta la théorie que les espèces furent transformées par la consécration. Il a soutenu que le pain et le vin demeuraient les mêmes, mais que dans, avec et par le pain et le vin, le corps et le sang de Christ étaient présents dans le sacrement pour tous les participants et non uniquement pour les croyants. Par conséquent, avec le pain et le vin, le corps et le sang de Christ sont reçus littéralement par tous les communiants. Puisque la présence de Christ réside uniquement dans l'emploi des espèces, ce qui reste n'est que du pain et du vin. C'est dans l'usage aussi que la bénédiction est accordée à tous ceux qui y participent dans la foi.

La doctrine de la Sainte Cène en tant qu'un rite commémoratif fut avancée par Zwingli, le réformateur suisse et le contemporain de Luther. Il s'est opposé à l'interprétation littérale des paroles d'institution, telles qu'elles étaient enseignées par Luther, et il a soutenu au contraire que lorsque Jésus a dit: *"Ceci est mon corps"* et *"ceci est mon sang"*, Il employa une figure de rhétorique commune dans laquelle le signe est mis à la place de la chose qu'il signfie. Les espèces, au lieu de représenter la présence réelle, elles sont plutôt les signes du corps et du sang de Christ qui sont absents. Par conséquent, la Sainte Cène doit être simplement considérée comme un acte commémoratif religieux de la mort de Christ avec, en plus, le fait que cet acte produit des émotions et des réflexions utiles, et qu'il fortifie les motifs de la volonté. Ce point de vue évite les erreurs des deux premières théories, mais elle ne répond tout de même pas à la vérité complète.

La dernière théorie que nous mentionnerons est celle soutenue par les Réformés, telle qu'elle a été enseignée par Calvin. C'est une position modérée et se place entre Luther et Zwingli, et c'est d'une manière générale la croyance maintenant accepté par les Eglises Réformées. Calvin renonça et à la transsubstantation et à la consubstantiation. Il enseigna que le corps et sang n'étaient pas physiquement présents, mais seulement d'une manière spirituelle dans les espèces. Cette doctrine fut exprimée dans la première Confession Helvétique de la manière suivante: "Le pain et le vin sont saints, ils sont de vrais symboles, par l'intermédiaire desquels le Seigneur offre et présente la véritable communion du corps et du sang de Christ pour alimenter et nourrir la vie spirituelle et éternelle."

La doctrine que nous soutenons est bien résumée par le Dr Ralston dans la déclaration suivante: "Nous sommes amenés à conclure que dans cette cérémonie, (1) aucun changement n'a lieu dans les espèces; le pain et le vin ne deviennent pas littéralement le corps et le sang de Christ. (2) Le corps et le sang de Christ ne sont pas littéralement présents dans les espèces, lorsque les communiants les reçoivent. (3) Mais les espèces sont des signes, ou des symboles du corps et du sang de Christ, qui sont pour nous un acte commémoratif de Ses souffrances sur la croix, et elle sont une aide à la foi du communiant. (4) Les espèces possèdent aussi un caractère sacramentel, étant un sceau désigné par Dieu concernant l'alliance de la rédemption. De même que l'agneau pascal servit comme un sceau de cette alliance dans l'ancienne dispensation, dirigeant la foi de l'Israélite vers la venue du Rédempteur, il était juste — puisque l'ancienne dispensation devait maintenant être remplacée par la nouvelle — que le sceau de l'alliance soit également changé; ainsi à la fin de la dernière Pâque autorisée, la Sainte Cène fut instituée comme un acte commémoratif perpétuel et comme un sceau continuel de la miséricorde et de la grâce promises de Dieu, de même que Christ "apparaîtra sans péché une seconde fois à ceux qui l'attendent pour leur salut" (Héb. 9:28), (RALSTON, *Elements of Divinity* [Eléments de théologie] p. 997). Nous attirons votre attention sur le fait que le texte mentionné plus haut s'accorde parfaitement avec l'Article XIII du *Manuel* de l'Eglise du Nazaréen, ainsi qu'avec les énoncés des croyances protestantes en général.

4. *L'administration de la Sainte Cène.* Quelques observations peuvent se faire en ce qui concerne l'administration convenable de la Sainte Cène. (1) Les espèces sont le pain et le vin. Bien que certains groupes emploient du pain avec du levain et du vin fermenté, nos Régles Spéciales déclarent que "seuls le vin non fermenté et le pain sans levain devraient être utilisés dans le sacrement de la Sainte Cène". (2) Les actes sacramentels sont aussi des actes symboliques. Ce sont: *(a)* la prière de consécration qui comprend une action de grâces envers Dieu, la préparation des cœurs des communiants, et la consécration des espèces; et *(b)* rompre le pain. Cet acte important représente le corps brisé de notre Seigneur Jésus-Christ. Pourtant, il n'est pas essentiel

que l'on rompe le pain en le servant. La pratique commune veut qu'on distribue le pain déjà rompu à ceux qui participent à la réunion. La coupe doit aussi être distribuée, comme un emblème de Son sang versé. (3) La Sainte Cène est pour tout Son peuple. Ainsi donc, l'invitation est: "Que tous ceux qui ont par une vraie repentance, abandonné leurs péchés et ont cru en Christ à salut, s'approchent et prennent de ces emblèmes, et par la foi participent à la vie de Jésus-Christ, pour la consolation et la joie de leur âme. Souvenons-nous que c'est en mémoire de la mort et de la passion de notre Seigneur, et aussi en gage de Son retour. N'oublions pas que nous sommes un, à une même table avec le Seigneur." (4) La Sainte Cène devrait être observée avec fidélité et régularité jusqu'à ce que le Seigneur revienne. Pour les chrétiens, l'occasion de participer à cette cérémonie est à la fois un privilège et un devoir. "Si une condamnation particulière attend ceux qui participent 'indignement', alors une bénédiction particulière doit attendre ceux qui participent à juste titre; et dès lors, chaque ministre a maintenant le devoir d'expliquer cette obligation, de montrer les avantages que ce sacrement offre, et d'assurer une observance régulière pour tous ceux qui donnent une évidence satisfaisante de repentance envers Dieu, et de foi en notre Seigneur Jésus-Christ" (WAKEFIELD, *Christian Theology* [Théologie chrétienne], p. 556).

SEPTIÈME PARTIE
LA DOCTRINE DES FINS DERNIÈRES

Introduction

Dans cette dernière section, nous étudierons le sujet de l'eschatologie ou de la doctrine des fins dernières. Nous remarquons que cette vérité a un rapport étroit avec les autres doctrines que nous avons déjà examinées. En quelque sorte, c'est le produit ou le fruit du développement et du progrès chrétiens qui ont mûri à travers les âges. Dans l'enseignement chrétien relatif aux choses dernières, nous constatons l'accomplissement du but suprême et définitif de Dieu. Les desseins que Dieu dans Son Esprit avait résolu d'accomplir avant même la fondation du monde, se réalisent ici et atteignent leur état complet.

L'eschatalogie se rapporte aussi de manière particulière au ministère et à l'œuvre de notre Seigneur Jésus-Christ. C'est en Lui que l'ancienne création et la nouvelle création sont rachetées de l'empire et de la souillure du péché, et qu'elles trouvent ainsi leur pleine réalisation. Pour cette raison, la seconde venue de Christ est la doctrine centrale de cette section. Après une brève étude de la signification chrétienne de la mort et de l'enseignement biblique concernant l'état intermédiaire, nous étudierons certains détails du sujet relatif au retour personnel de notre Seigneur. Par rapport à ce sujet, nous proposons sans dogmatisme ce qui semble être l'enseignement scripturaire relatif à l'ordre des événements du "jour du Seigneur". Ensuite, notre attention se dirigera vers les développements extraordinaires qui amèneront cette époque à une fin — le jugement, l'entrée tant des bons que des méchants dans leurs demeures éternelles, et la consommation finale de toutes choses.

Conformément à la loi de la réserve prophétique, il y a plusieurs aspects des événements futurs qui en ce moment ne peuvent pas être complètement connus. Des érudits bibliques, intelligents et dans un esprit de sainteté, ont donc souvent eu des interprétations différentes relatives à certains points concernant l'eschatologie. Il est important qu'un esprit d'humilité et de respect nous caractérise tous dans notre étude de ces événements prophétiques.

En même temps, certains faits se présentent à nous de manière très claire et avec une certitude redoutable. Christ reviendra et Sa venue peut être proche! Nous devons tous comparaître devant le tribunal de Christ et rendre compte de notre vie. Les hommes trouveront leur demeure éternelle, ou dans la félicité des cieux, ou dans les tourments de l'enfer! Chacun de nous devrait tenir compte de ces réalités graves et rechercher la sainteté du cœur et la fidélité dans notre travail au service de Christ. *"C'est pourquoi, vous aussi, tenez-vous prêts, car le Fils de l'homme viendra à l'heure où vous n'y penserez pas"* (Mat. 24:44).

SEPTIÈME PARTIE
LA DOCTRINE DES FINS DERNIÈRES

Chapitre XXI
La seconde venue de Christ

I. LA MORT ET L'IMMORTALITÉ
   A. Le point de vue chrétien relatif à la mort
   B. L'immortalité de l'homme
   C. La victoire chrétienne grâce à Christ

II. L'ÉTAT INTERMÉDIAIRE
   A. Terminologie
   B. Différents points de vue concernant l'état intermédiaire

III. LE RETOUR PERSONNEL DE NOTRE SEIGNEUR
   A. Christ reviendra en personne
   B. Le signe de Sa venue
   C. La manière de Sa venue
   D. Le but de Sa venue
   E. Le jour du Seigneur
   F. Le second avènement et les théories du millénium
   G. Le premier et le second avènements de Christ

IV. L'ORDRE DES ÉVÉNEMENTS CONCERNANT LE JOUR DU SEIGNEUR
   A. L'enlèvement et la révélation
   B. Le jugement investigateur
   C. La destruction des méchants
   D. La chute de l'Antéchrist — Satan est lié
   E. L'établissement du Royaume
   F. Le renouvellement de la terre
   G. La consommation des siècles

Chapitre XXII
La résurrection, le jugement, et la consommation des siècles

I. LA RESURRECTION
   A. L'enseignement scripturaire concernant la résurrection
   B. La nature du corps ressuscité
   C. La résurrection générale

II. LE JUGEMENT DERNIER
   A. La réalité du jugement général
   B. La Personne du Juge
   C. Les principes du jugement
   D. Le but du jugement
   E. La scène du jugement dernier

III. L'ÉTAT FUTUR DU PÉCHEUR IMPÉNITENT
   A. Les termes scripturaires qui indiquent le lieu du châtiment
   B. La doctrine du châtiment éternel telle qu'elle est enseignée dans les Ecritures

IV. LE BONHEUR ÉTERNEL DES SAINTS
   A. Le ciel est à la fois un lieu et un état
   B. Le bonheur des saints
   C. Les emplois du ciel
   D. La durée éternelle du ciel

V. LA CONSOMMATION DES SIÈCLES
   A. L'étendue de la consommation des siècles
   B. Les nouveaux cieux et la nouvelle terre

CHAPITRE XXI
LA SECONDE VENUE DE CHRIST

> *"Pour ce qui est du jour ou de l'heure, personne ne le sait, ni les anges dans le ciel, ni le Fils, mais le Père seul. Prenez garde, veillez et priez; car vous ne savez quand ce temps viendra. Il en sera comme d'un homme qui, partant pour un voyage, laisse sa maison, remet l'autorité à ses serviteurs, indique à chacun sa tâche, et ordonne au portier de veiller. Veillez donc, car vous ne savez quand viendra le maître de la maison, ou le soir, ou au milieu de la nuit, ou au chant du coq, ou le matin; craignez qu'il ne vous trouve endormis, à son arrivée soudaine. Ce que je vous dis, je le dis à tous: Veillez"* (Marc 13:32-37).
> — *Notre Seigneur Jésus Christ*

Dans cette dernière section de notre étude, nous portons notre attention sur le sujet de l'eschatologie ou de la doctrine des fins dernières. Toutes les doctrines du christianisme indiquent une consommation des siècles, et elles aboutissent toutes à une espérance glorieuse — la second venue de notre Seigneur. Comme précédant cet événement, nous étudierons brièvement les sujets de la mort et de l'état intermédiaire, et ensuite la résurrection et le jugement dernier. Au sujet de ces événements futurs qui ont une importance vitale, la Parole de Dieu constitue la seule source d'autorité concernant notre information.

I. LA MORT ET L'IMMORTALITÉ

A. *Le point de vue chrétien relatif à la mort*

Dans le système chrétien, le concept de la "mort" est employé en plusieurs relations avec un nombre d'interprétations variées. La mort dans le sens physique, telle que la séparation de l'âme d'avec le corps, est considérée comme le dernier incident dans l'histoire de probation de l'homme. Comme nous l'avons remarqué dans notre étude portant sur la chute, il est aussi possible d'interpréter la mort comme une pénalité qui est imposée à la race humaine à cause du péché; et les Ecritures considèrent aussi la mort comme étant spirituelle et éternelle. La mort ne signifie jamais l'anéantissement. Dans le sens physique, la mort exprime simplement la séparation de l'âme d'avec le corps, et non la fin de l'existence. Dans le sens spirituel, la mort se réfère à la séparation et de l'âme et du corps d'avec Dieu; et lorsque l'on considère l'élément supplémentaire de la "mort éternelle", cette séparation est tenue pour être un état final et irrévocable.

Les Ecritures enseignent: *"C'est pourquoi, comme par un seul homme le péché est entré dans le monde, et par le péché la mort, et qu'ainsi la mort s'est étendue sur tous les hommes, parce que tous ont péché"* (Rom. 5:12). La mort est ainsi la pénalité du péché, la mort physique, spirituelle et éternelle. Mais nous avons l'enseignement des Ecritures qui déclarent avec une clarté égale qu'en Christ, la mort en tant que pénalité a été abolie. *"Ainsi donc, comme par une seule offense la condamnation a atteint tous les hommes, de même par un seul acte de justice la justification qui donne la vie s'étend à tous les hommes"* (Rom. 5:18). Par conséquent, la mort en tant que pénalité, si considérée physiquement ou spirituellement, est abolie par Christ de deux manières: (1) provisionnellement pour tous les hommes par le fait qu'Il a souffert la mort pour tous les hommes (Héb. 2:9), et (2) véritablement pour tous ceux qui sont en Christ. *"Celui qui croit au Fils a la vie éternelle; celui qui ne croit pas au Fils ne verra point la vie, mais la colère de Dieu demeure sur lui"* (Jean 3.36). Cette abolition de la mort est à la fois conditionnelle, puisqu'elle dépend de notre foi en Christ, et progressive. Nous nous réjouissons dans l'espérance d'un jour où l'univers créé par Dieu n'aura plus de trace de mort. Ainsi, la mort physique fait encore partie du dessein de Dieu en ce qui concerne la destinée de l'humanité, car *"Il est réservé aux hommes de mourir une seule fois"* (Héb. 9:27). La mort fait aussi partie de la discipline de probation du chrétien, et de cette manière elle est sanctifiée comme base de communion fraternelle avec Christ. La mort physique se transforme maintenant pour le chrétien en un simple départ de cette vie à une autre vie (cf. 2 Cor. 5:1, 4). Il s'agit de la porte par laquelle il entre dans la présence de Christ Lui-même.

B. *L'immortalité de l'homme*

La vie de l'homme ne prend jamais fin. La tombe ne représente que le tunnel par lequel l'homme doit passer afin d'atteindre la vie de l'au-delà. La nature de cette existence future est déterminée par le caractère personnel, et cela dépend de l'attitude de l'âme à l'égard de l'œuvre expiatoire de Jésus-Christ. Pour le croyant, c'est la vie éternelle; pour l'incroyant c'est la mort éternelle.

En plus de la conviction fondamentale que les hommes normaux possèdent par intuition en ce qui concerne le phénomène de l'immortalité, certains arguments viennent à l'appui. L'argument psychologique se base sur la nature de l'âme comme ayant une essence immatérielle, indivisible et dès lors indestructible. L'argument théléologique maintient que l'âme humaine ne voit pas ni ne peut voir l'accomplissement de toute sa promesse dans ce monde; il faut donc qu'il y ait un autre monde et une existence continue pour que l'âme atteigne un bonheur complet. Finalement, l'argument moral, tel qu'il est présenté et sous son aspect personnel et sous son aspect social, maintient que l'homme n'est pas toujours traité avec justice dans ce monde. Ainsi donc, un simple anéantissement ne permettrait pas des niveaux de punition correspondant aux différents niveaux de culpabilité.

Dans l'Ancien et le Nouveau Testament, nous avons les seuls enseignements d'autorité en ce qui concerne l'immortalité de l'homme. Aucun écrivain hébreu, qu'il soit inspiré ou non, n'a jamais douté de l'immortalité de l'âme. L'esprit de l'homme se distingue de celui des bêtes, et la conviction qu'il y a pour l'homme une vie dans l'au-delà est nettement exprimée (cf. Eccl. 3:21; Job 19:25-26; Psaume 90:10). Le Nouveau Testament abonde en enseignements en ce qui concerne la réalité de l'immortalité de l'homme. Notre Seigneur a Lui-même déclaré: *"Ne craignez pas ceux qui tuent le corps et qui ne peuvent tuer l'âme"* (Mat. 10:28). Il est évident d'après ce verset que l'âme et le corps ne sont pas identiques, et que si l'on tue le corps l'on ne tue pas l'âme. Les paroles de notre Seigneur nous donnent un argument concluant (cf. aussi Luc 12:4-5; Mat. 17:3; 22:31-32; Luc 16:22-23; 23:43, 46; Actes 7:59).

C. *La victoire chrétienne grâce à Christ*

La résurrection de notre Seigneur Jésus-Christ n'était pas simplement Son propre triomphe personnel sur la mort, mais elle était aussi le triomphe de Son peuple (Héb. 2:14-15). Par Sa victoire, Il devient l'auteur de la vie pour chaque croyant. Pour cette raison, la mort qui sera éventuellement engloutie par la vie, est un ennemi qui a été maintenant vaincu. Ce fait tout seul doit porter les croyants à changer leur attitude envers la mort. Pour le chrétien, la mort n'est plus un événement anormal. Dans un sens, c'est une naissance; pas une naissance spirituelle dans le royaume de Dieu, mais le surgissement de la vie dans un domaine postterrestre, une naissance dans le royaume de la gloire. *"Et si l'Esprit de celui qui a ressuscité Jésus d'entre les morts habite en vous, celui qui a ressuscité Christ d'entre les morts rendra aussi la vie à vos corps mortels par son Esprit qui habite en vous"* (Rom. 8:11).

II. L'ÉTAT INTERMÉDIAIRE

Nous examinons maintenant la question de l'existence consciente de l'âme entre la mort et la résurrection du corps. Tous ceux qui acceptent l'enseignement des Ecritures comme la Parole de Dieu, acceptent aussi le fait qu'il y a un état intermédiaire, mais les différences d'opinions relatives à la nature de cet état sont considérables.

A. *Terminologie*

Dans l'analyse de l'enseignement des Ecritures concernant l'état intermédiaire, la compréhension de trois termes peut être utile. *Scheol* est un mot hébreu qui veut parfois dire, sans précision, la tombe, le lieu, ou la condition de l'homme après la mort; et qui parfois indique avec précision un lieu ou une condition des morts et auquel est associé un élément de misère et de punition, mais ce n'est jamais un lieu ou un état où l'on trouve le bonheur ou le bien après la mort. *Hadès* est un mot grec qui décrit le monde invisible des esprits disparus. Il fut employé par les auteurs de la version des *Septante* pour traduire le mot hébreu *scheol*, comme dans le Psaume 16:10 et dans Actes 2:27, où le terme est traduit *"le séjour des morts"*. Le mot *hadès* est seulement employé onze fois dans le Nouveau Testament, et dans chaque cas, à part une fois, il est traduit par enfer, et représente certainement toujours le monde invisible comme étant sous la domination de Satan et en opposition au royaume de Christ. Le troisième mot, *paradis*, signifie un parc ou un jardin de plaisir. Les traducteurs de la version des *Septante* l'employèrent pour parler du jardin d'Eden (Gen. 2:8). Il apparaît seulement trois fois dans le Nouveau

Testament (Luc 23:43; 2 Cor. 12:4; Apoc. 2:7), et le contexte indique que dans une circonstance il se rapporte au "troisième ciel"; et dans les autres cas au "Jardin de Dieu" dans lequel pousse l'arbre de la vie — tous les trois passages font nécessairement mention d'une vie qui va au-delà de la mort physique.

B. *Différents points de vue concernant l'état intermédiaire*

Parmi le peuple hébreu, la croyance générale semble avoir été qu'à la mort toutes les âmes descendirent au *Scheol*, une demeure qui fut sombre et souterraine; et dont les habitants avaient la forme d'ombres, existant dans un état de rêve, faibles et sans force. En d'autres occasions *Scheol* fut représenté comme étant divisé en deux départements — le paradis, un lieu de félicité positive, et la Géhenne un lieu de tourments certains. Dans le premier endroit, ou le sein d'Abraham, se trouvaient les Juifs, ou du moins ceux qui avaient été fidèles à la loi; dans le deuxième endroit se trouvaient les Gentils.

Depuis l'époque de Grégoire le Grand, le Catholicisme romain a soutenu la doctrine du purgatoire en tant que lieu intermédiaire. On le considère comme la demeure intermédiaire de ceux qui sont morts dans la paix de l'Eglise, mais qui ont besoin d'une purification supplémentaire avant d'atteindre le ciel, le dernier état. Il s'agit d'une condition de souffrance, à la fois dans le but de l'expiation et de la purification. Quant à la longueur et à l'intensité de la souffrance, il est dit qu'elle est en proportion avec la culpabilité et l'impureté de la personne. A part le jour du jugement, il n'y a pas de limite connue ou définie pour la durée du séjour de l'âme au purgatoire. On affirme qu'il est possible de venir à l'aide des âmes qui se trouvent dans ce lieu par les prières des saints, et particulièrement par le sacrifice de la messe. On maintient aussi que les autorités de l'Eglise peuvent, à leur discrétion, pardonner la pénalité des péchés, en partie ou complètement, péchés pour lesquels les âmes qui sont au purgatoire souffrent. Cette doctrine erronée provient de la croyance de l'Eglise Catholique Romaine qui maintient que l'Expiation de Christ ne nous est accessible que par rapport au péché originel, et au fait que nous sommes exposés à la mort éternelle. C'est-à-dire, Christ ne nous délivre que de la culpabilité et non de la responsabilité d'être puni. Pour les péchés qu'il a commis après le baptême, le pécheur doit donc réparer sa faute par la pénitence ou par les bonnes œuvres. Si l'âme veut entrer au ciel, il faut que la réparation s'achève durant cette vie; si ce n'est pas le cas, la purification doit se compléter au purgatoire.

Le Protestantisme conserve l'idée d'un état intermédiaire, mais rejette en général un lieu intermédiaire. On maintient qu'à la mort, les âmes justes entrent immédiatement dans la présence de Christ et de Dieu. Lorsque nous sommes absents de corps nous sommes en présence du Seigneur (2 Cor. 5:8). Ces âmes ainsi existent dans un état conscient, et la relation d'ordre moral et spirituel avec Christ est continue et ininterrompue (Rom. 8:38-39). C'est un état de bonheur et de repos (Apoc. 14:13). Cependant, cette condition n'est pas l'état final des croyants. L'homme est corps, aussi bien qu'esprit, et dès lors dans cet état sans corps, il y a un élément d'imperfection que seule la résurrection peut corriger. Les âmes des mauvais seront bannies de la présence du Seigneur, où elles existeront aussi dans un état conscient. Il s'agit d'une condition de souffrance et d'agitation. Ce n'est pas un état final, car les mauvais seront aussi ressuscités, mais dans un état de honte et de mépris éternels; et le jugement établira leur sort éternel.

Les Ecritures ne répondent pas à la question de savoir s'il existe un lieu intermédiaire aussi bien qu'un état intermédiaire. Certains passages, comme celui qui a pour sujet le récit de l'homme riche et de Lazare (Luc 16:19-31), et les paroles de Jésus au malfaiteur mourant: *"Aujourd'hui tu seras avec moi dans le paradis"*, semblent indiquer un lieu intermédiaire. D'autres textes, comme celui du diacre Etienne: *"Seigneur Jésus, reçois mon esprit"* (Actes 7:59), et la déclaration l'apôtre Paul: *"Nous aimons mieux quitter ce corps et demeurer auprès du Seigneur"* (2 Cor. 5:8), enseignent nettement un état intermédiaire, mais pas nécessairement un lieu intermédiaire. C'est la croyance générale de l'Eglise que durant l'état intermédiaire les personnes des hommes seront incomplètes, pendant que leurs âmes et leurs corps seront séparés; mais cet état d'être incomplet est attribué à l'état ou à la condition et non au lieu. C'est-à-dire, et les justes et les mauvais entreront dans le lieu de leur demeure finale; mais, de ce fait, ils n'entreront pas dans leur état éternel. Cela n'aura lieu que lors du jugement dernier.

La Parole du Dieu semble répondre par l'affirmative à la question de savoir si cet état intermédiaire des rachetés se caractérisera par le progrès, le développement et l'activité. Dans l'Apocalypse, il nous est dit que les esprits de ceux qui ont été rachetés d'entre les hommes *"suivent l'Agneau partout où il va"* (Apoc. 14:4); et qu'ayant lavé leurs robes et les ayant blanchies dans le sang de l'Agneau *"le servent jour et nuit dans son temple"* (Apoc. 7:15). Il y a un cas où le développement rapide dans l'état intermédiaire est nettement indiqué. Après avoir entendu le messager de Dieu, l'apôtre Jean dit: *"Je tombai à ses pieds pour l'adorer; mais il me dit: Garde-toi de le faire! Je suis ton compagnon de service, et celui de tes frères qui ont le témoignage de Jésus. Adore Dieu"* (Apoc. 19:10). Le messager fut tellement transformé que l'apôtre Jean ne le reconnut pas comme un martyr, mais le prit pour un être divin digne d'adoration. Pour cette raison, nous pouvons croire d'après l'autorité des Ecritures, que l'état intermédiaire sera pour les justes un état progressif dans la justice, et pour les mauvais dans la méchanceté.

III. LE RETOUR PERSONNEL DE NOTRE SEIGNEUR

Lorsque nous abordons le sujet de la seconde venue de notre Seigneur nous nous trouvons devant un des domaines les plus délicats et controversés de la théologie. C'est l'un des sujets qui a périodiquement intéressé et agité l'Eglise, particulièrement durant les périodes où l'homme ressent le plus son besoin de l'aide divine. En temps de désastre, de guerre, de peste ou de persécution, l'espoir de Sa venue a toujours occupé les pensées des hommes.

La gloire du christianisme trouve son expression la plus haute dans le retour et le règne de l'Homme-Dieu, qui en tant que le Christ ou l'Oint, le Créateur et le Rédempteur, S'établira dans un monde d'ordre parfait — le royaume de Dieu dans un nouveau ciel et une nouvelle terre, où régnera la justice.

A. *Christ reviendra en personne*

La théologie moderne a trop souvent eu tendance à rejeter le retour personnel et visible de notre Seigneur, et à substituer à sa place seulement une croyance en Sa présence spirituelle. Pourtant, les Ecritures nous enseignent clairement que Christ est venu une fois dans le monde afin d'effectuer la rédemption de l'homme, et qu'Il reviendra la seconde fois pour prendre l'Eglise rachetée avec Lui. Le verset suivant nous le dit expressément: *"De même Christ, qui s'est offert une seule fois pour porter les péchés de plusieurs, apparaîtra sans péché une seconde fois à ceux qui l'attendent pour leur salut"* (Héb. 9:28). Cette seconde venue sera personnelle, visible et glorieuse. *"Voici, il vient avec les nuées. Et tout œil le verra, même ceux qui l'ont percé; et toutes les tribus de la terre se lamenteront à cause de lui. Oui. Amen!"* (Apoc. 1:7). Sa venue ne sera pas vue simplement par les yeux de la foi, mais elle se fera à la vue du ciel et de la terre; elle sera pour la terreur de Ses ennemis et pour la consolation de Son peuple. Cela est confirmé par l'événement qui eut lieu sur la Montagne de l'Ascension: *"Après avoir dit cela, il [Jésus] fut élevé pendant qu'ils le regardaient, et une nuée le déroba à leurs yeux. Et comme ils avaient les regards fixés vers le ciel pendant qu'il s'en allait, voici, deux hommes vêtus de blanc leur apparurent, et dirent: Hommes Galiléens, pourquoi vous arrêtez-vous à regarder au ciel? Ce Jésus, qui a été enlevé au ciel du milieu de vous, viendra de la même manière que vous l'avez vu allant au ciel"* (Actes 1:9-11). D'après le Dr Whedon, "ce passage est la preuve patente immuable du véritable retour personnel de Jésus-Christ. C'est le même Jésus qui est monté au ciel visiblement et personnellement qui reviendra. Il reviendra de la même façon qu'Il est monté — visiblement et personnellement."

En ce qui concerne la seconde venue de Jésus, aucun témoignage n'est plus important que celui donné par Jésus Lui-même. Dans un avertissement solennel aux Juifs, Il dit: *"Voici, votre maison vous sera laissée déserte; car, je vous le dis, vous ne me verrez plus désormais, jusqu'à ce que vous disiez: Béni soit celui qui vient au nom du Seigneur!"* (Matt. 23:38-39). Pourtant, le point culminant se trouve dans les paroles que Jésus prononcent devant le souverain sacrificateur, lorsqu'Il dit: *"De plus, je vous le déclare, vous verrez désormais le Fils de l'homme assis à la droite de la puissance de Dieu, et venant sur les nuées du ciel"* (Mat. 26:64).

Ayant des déclarations aussi claires, prononcées par le Maître Lui-même, pour fondement, il n'est pas étonnant que pour les premiers chrétiens la seconde venue de Christ était *"la bienheureuse espérance, et la manifestation de la gloire du grand Dieu et de notre Sauveur Jésus-Christ"* (Tite 2:13). St Paul déclare: *"Mais notre cité à nous est dans les cieux, d'où nous attendons aussi comme sauveur le Seigneur Jésus-Christ, qui transformera le corps de notre humiliation, en le rendant semblable au corps de sa gloire, par le pouvoir qu'il a de s'assujettir toutes choses"* (Phil. 3: 20-21). St Pierre nous exhorte: *"C'est pourquoi, ceignez les reins de votre entendement, soyez sobres, et ayez une entière espérance dans la grâce qui vous sera apportée, lorsque Jésus-Christ apparaîtra"* (1 Pi. 1:13); St Jacques nous donne une exhortation semblable: *"Soyez donc patients, frères, jusqu'à l'avènement du Seigneur... Affermissez vos cœurs, car l'avènement du Seigneur est proche"* (Jac. 5:7-8). Le texte probablement le plus aimé est celui qui est donné par l'apôtre Jean: *"Que votre cœur ne se trouble point. Croyez en Dieu, et croyez en moi. Il y a plusieurs demeures dans la maison de mon Père. Si cela n'était pas, je vous l'aurais dit. Je vais vous préparer une place. Et, lorsque je m'en serai allé, et que je vous aurai préparé une place, je reviendrai, et je vous prendrai avec moi, afin que là où je suis vous y soyez aussi"* (Jean 14:1-3). Par ces déclarations claires données par Christ et Ses disciples, nous avons une solide évidence de la réalité de Sa seconde venue personnelle.

B. *Le signe de Sa venue*

En réponse à la question de Ses disciples qui demandaient: *"Quel sera le signe de ton avènement et de la fin du monde?"*, notre Seigneur prédit trois classes d'événements qui marqueront les temps de Sa seconde venue. *Premièrement*, il y aura des perturbations dans le monde physique, de grandes révoltes politiques, et une désintégration sociale. *"Une nation s'élèvera contre une nation, et un royaume contre un royaume, et il y aura, en divers lieux, des famines et des tremblements de terre"* (Matt. 24:7). Notre Seigneur déclare que ces choses ne sont *"que le commencement des douleurs"* (Mat. 24:8). D'après les mots *"mais ce ne sera pas encore la fin"* (Mat. 24:6), il est possible de déduire qu'il y aura une considérable période de temps entre ce commencement de douleurs et le second avènement. Mais notre Seigneur prédit l'ombre grandissante d'une tribulation toujours plus grande avec l'approche de la fin des temps. Il introduit ces prédictions par des avertissements et des exhortations d'importance capitale (Matt. 24:15-20), et Il finit en disant: *"Car alors, la détresse sera si grande qu'il n'y en a point eu de pareille depuis le commencement du monde jusqu'à présent, et qu'il n'y en aura jamais. Et si ces jours n'étaient abrégés, personne ne serait sauvé; mais, à cause des élus, ces jours seront abrégés"* (Mat. 24:21-22). *Deuxièmement*, l'Evangile sera prêché dans le monde entier avant que le second avènement de Christ n'ait lieu. Le devoir suprême de l'Eglise pour notre époque est de prêcher l'Evangile et de rendre témoignage pour Christ (Actes 1:7-8). Pour cette raison, il nous est dit que *"cette bonne nouvelle du royaume sera prêchée dans le monde entier, pour servir de témoignage à toutes les nations. Alors viendra la fin"* (Mat. 24:14). *Finalement*, notre Seigneur prédit que l'époque de Son second avènement se caractérisera par une apostasie ou une désertion à cause du caractère trompeur du péché. *"Alors aussi plusieurs succomberont, et ils se trahiront, se haïront les uns les autres. Plusieurs faux prophètes s'élèveront, et séduiront beaucoup de gens. Et, parce que l'iniquité se sera accrue, la charité [l'amour] du plus grand nombre se refroidira"* (Mat. 24:10-12). Notre Seigneur semble aussi indiquer que lorsque vers la fin des temps la tribulation s'approfondira, le caractère trompeur du péché augmentera aussi. *"Si quelqu'un vous dit alors: Le Christ est ici, ou: Il est là, ne le croyez pas. Car il s'élèvera de faux christs et de faux prophètes; ils feront de grand prodiges et des miracles, au point de séduire, s'il était possible, même les élus. Voici, je vous l'ai annoncé d'avance"* (Mat. 24:23-25). St Paul révèle aussi que durant les derniers temps il y aura un grand abandon de la foi, dans lesquels un "homme de péché" se révélera et qui, avec une présomption de méchanceté, s'appropriera la place de Dieu et revendiquera l'honneur de l'adoration divine. *"Que personne ne vous séduise d'aucune manière; car il faut que l'apostasie soit arrivée auparavant, et qu'on ait vu paraître l'homme du péché, le fils de la perdition, l'adversaire qui s'élève au-dessus de tout ce qu'on appelle Dieu ou de ce qu'on adore, jusqu'à s'asseoir dans le temple de Dieu, se proclamant lui-même Dieu"* (2 Thess. 2:3-4).

L'intensification du mal qui vient d'être décrite ne suggère pas nécessairement un déclin du royaume de Christ.

Christ n'enseigne pas, et l'Eglise ne croit pas, que Son royaume tombera en déclin. Notre Seigneur enseigne que la même saison de récolte qui apporte le blé à sa maturité, apporte aussi l'ivraie; et que par conséquent, le mal progressera aussi bien que la justice; et que le blé et l'ivraie doivent *pousser* ensemble — et non que l'un poussera et que l'autre sera en déclin. Mais la raison véritable de l'évangélisation, telle qu'elle se trouve dans l'Eglise, ne se révèle pas dans la gloire d'un succès extérieur, mais dans un sens profond d'obéissance à une obligation et à un amour fervent pour Son Seigneur. Pendant que la fin des temps approche, nous devons nous attendre à ce que le mal et la justice progressent et l'Eglise doit se ceindre pour un combat agressif et constant contre le péché, jusqu'au retour de Jésus.

C. *La manière de Sa venue*

Les paroles de notre Seigneur doivent encore une fois être la source de notre autorité concernant cet événement eschatologique. Après avoir averti les disciples contre le caractère trompeur des faux christs et des faux prophètes, Il instruit les disciples en ce qui concerne Son retour par les paroles suivantes: *"Si donc on vous dit: Voici, il est dans le désert, n'y allez pas; voici, il est dans les chambres, ne le croyez pas. Car, comme l'éclair part de l'orient et se montre jusqu'en occident, ainsi sera l'avènement du Fils de l'homme"* (Mat. 24:26-27). Il indique aussi qu'il y aura des perturbations d'une nature cataclysmique dans l'univers physique, immédiatement avant ou concomitantes avec Son avènement. *"Aussitôt après ces jours de détresse, le soleil s'obscurcira, la lune ne donnera plus sa lumière, les étoiles tomberont du ciel, et les puissances des cieux seront ébranlées. Alors le signe du Fils de l'homme paraîtra dans le ciel, toutes les tribus de la terre se lamenteront, et elles verront le Fils de l'homme venant sur les nuées du ciel avec puissance et une grande gloire. Il enverra ses anges avec la trompette retentissante, et ils rassembleront ses élus des quatre vents, depuis une extrémité des cieux à l'autre"* (Mat. 24:29-31).

Notre Seigneur enseigne aussi que Son retour sera d'une certain façon inprévue. Le moment de Son second avènement est voilé de mystère. *"Pour ce qui est du jour et de l'heure, personne ne le sait, ni les anges des cieux, ni le Fils, mais le Père seul"* (Mat. 24:36). Par conséquent, Il exhorte Ses disciples à veiller et à rester fidèles dans les choses du royaume. *"Veillez donc, puisque vous ne savez pas quel jour votre Seigneur viendra"* (Mat. 24:42); et encore: *"C'est pourquoi, vous aussi, tenez-vous prêts, car le Fils de l'homme viendra à l'heure où vous n'y penserez pas"* (Mat. 24:44). Il déclare de plus qu'au moment de Sa seconde venue le monde continuera dans son cours normal, indifférent au grand événement qui aura lieu tout à coup, et sans avertissement particulier. *"Ce qui arriva du temps de Noé arrivera de même à l'avènement du Fils de l'homme. Car, dans les jours qui précédèrent le déluge, les hommes mangeaient et buvaient, se mariaient et mariaient leurs enfants, jusqu'au jour où Noé entra dans l'arche, et ils ne se doutèrent de rien, jusqu'à ce que le déluge vînt et les emportât tous: il en sera de même à l'avènement du Fils de l'homme"* (Mat. 24:37-39). Il nous est donc possible de croire avec confiance que le second avènement se fera par une apparition soudaine et glorieuse de notre Seigneur, qui sous la forme d'un événement cataclysmique et fera irruption dans le cours normal du monde. Pour les justes, qui par la foi dans Sa parole se seront préparé et auront attendu Son retour, cette apparition sera accueillie avec une joie immense; pour les mauvais qui auront rejeté Ses paroles en disant: *"Où est la promesse de son avènement?"*, ce sera un moment de consternation et de condamnation.

D. *Le but de Sa venue*

Notre Seigneur fait connaître le but de Sa venue en deux paraboles familières: celle des dix vierges et celle des talents. La remarquable vérité qui ressort de ces deux paraboles est celle d'un jugement à venir dans lequel les justes seront récompensés et les mauvais seront punis. A la suite de la seconde parabole, notre Seigneur déclare nettement le but de Sa venue par les paroles suivantes: *"Lorsque le Fils de l'homme viendra dans sa gloire, avec tous les anges, il s'assiéra sur le trône de sa gloire. Toutes les nations seront assemblées devant lui. Il séparera les uns d'avec les autres, comme le berger sépare les brebis d'avec les boucs; et il mettra les brebis à sa droite, et les boucs à sa gauche. Alors le roi dira à ceux qui seront à sa droite: Venez, vous qui êtes bénis de mon Père; prenez possession du royaume qui vous a été préparé dès la fondation du monde"* (Mat. 25:31-34). Il décrit ensuite la scène du jugement sous son vrai jour, scène dans laquelle Il prononce une sentence sur ceux qui sont à Sa gauche en disant: *"Retirez-vous de moi, maudits; allez dans le feu éternel qui a été préparé pour le diable et pour ses anges"* (Mat. 25:41); et Il termine le discours avec les paroles solennelles: *"Et ceux-ci iront au châtiment éternel, mais les justes à la vie éternelle"* (Mat. 25:46). Selon ces paroles prononcées par notre Seigneur à l'égard de Son seconde venue et sa relation directe au jugement, aucun appel n'est possible.

St Paul situe le second avènement de Christ à un moment proche de la résurrection, faisant la résurrection des morts en Christ précéder immédiatement l'enlèvement des saints vivants. *"Car, si nous croyons que Jésus est mort et qu'il est ressuscité, croyons aussi que Dieu ramènera par Jésus et avec lui ceux qui sont morts. Voici, en effet, ce que nous vous déclarons d'après la parole du Seigneur: nous les vivants, restés pour l'avènement du Seigneur, nous ne devancerons pas ceux qui sont morts. Car le Seigneur lui-même, à un signal donné à la voix d'un archange, et au son de la trompette de Dieu, descendra du ciel, et les morts en Christ ressusciteront premièrement. Ensuite, nous les vivants, qui serons restés, nous serons tous ensemble enlevés avec eux sur des nuées, à la rencontre du Seigneur dans les airs, et ainsi nous serons toujours avec le Seigneur"* (1 Thess. 4:14-17). Il est évident ici que la venue de Jésus *avec* Ses saints (les morts en Christ dont les âmes sont déjà parties pour être avec Lui), et la venue de Jésus *pour* Ses saints (ceux qui sont vivants et qui restent sur la terre) doit non seulement être associée avec le même événement, mais doit aussi être considérée comme une indication de l'ordre de ce qui aura lieu durant cet événement. St Paul présente non seulement le second avènement comme ayant une relation étroite avec la résurrection, mais l'apôtre Pierre le place en une relation de temps avec la consommation finale du système actuel. *"Le jour du Seigneur viendra comme un voleur. En ce jour-là, les cieux passeront avec fracas, les éléments embrasés se dissoudront, et la terre avec les œuvres qu'elle renferme, sera consumée. Puisque tout cela est en voie de dissolution, combien votre conduite et votre piété doivent être saintes!"* (2 Pi. 3:10-11, *Nouvelle version Segond révisée*, 1978).

Comme un événement, la seconde venue de Christ sera ainsi associé en temps avec la résurrection, le jugement et la consommation des siècles. De tels phénomènes, et d'autres qui s'y rattachent, sont parfois mentionnés dans les Ecritures comme "le jour du Seigneur".

E. Le jour du Seigneur

Comme nous l'avons mentionné lors de notre discussion précédente portant sur les jours de la création, l'ancienne exégèse hébraïque n'a jamais considéré les jours de la Genèse comme des journées solaires, mais comme les périodes d'une journée ayant une longueur indéfinie. Dans le Nouveau Testament, le mot "jour" est aussi souvent employé dans le même sens. C'est pourquoi notre Seigneur a dit: *"Car, comme l'éclair resplendit et brille d'une extrémité du ciel à l'autre, ainsi sera le Fils de l'homme en son jour"* (Luc 17:24). St Pierre parle du *"jour du Seigneur"* (2 Pi. 3:10), et du "jour de Dieu" (3:12); et St Paul mentionne le *"jour du Seigneur"* (1 Thess. 5:2, 4-5; 2 Thess. 2:1-2). Ce jour du Seigneur est généralement, sinon toujours, associé à l'idée du jugement. Donc, il nous est possible de croire avec confiance que le jour du Seigneur est une période de temps, qui est marquée par des événements d'ouverture, intermédiaires et finals. St Paul considère ce jour par rapport avec son événement d'ouverture, la venue de Christ; alors que saint Pierre le considère comme l'événement de clôture dans la réalisation définitive et triomphante de l'œuvre de Christ. C'est une période de transition dans laquelle un moment ou une saison est précédé par d'autres moments ou saisons. Pour cette raison, il est souvent difficile de distinguer les événements préparatoires de ceux de la consommation des siècles à laquelle ils conduisent. Avant de tourner notre attention vers l'ordre des événements de ce jour du Seigneur, il serait bien d'examiner le concept du millénium.

F. Le second avènement et les théories du millénium

Le retour personnel de Christ a été associé très tôt avec l'idée d'un millénium, ou d'un règne de Christ sur la terre d'une durée de mille ans. Ceux qui embrassaient une telle doctrine étaient connus sous le nom de chiliastes. Depuis la mort des apôtres, jusqu'à l'époque d'Origène, le chiliasme ou le prémillénarisme était la foi dominante de l'Eglise. Ce point de vue affirmait que les Ecritures nous enseignaient d'attendre avec joie le règne millénaire ou universel de la justice sur la terre; et que cette époque millénaire serait introduite par un retour personnel et visible du Seigneur Jésus. Pourtant, au début du Ve siècle, Augustin régla le sort du chiliasme, pour bien des siècles, en enseignant que l'Eglise était le royaume de Dieu sur la terre. De telles questions ont sombré dans l'insignifiance lorsque l'Eglise gagna la protection de l'Etat, et les doctrines du chiliasme n'ont retrouvé leur importance qu'à l'époque de la Réforme.

Il n'est possible de faire qu'une mention brève des différents types de millénarisme qui ont été enseignés, depuis que l'intérêt du sujet a été rétabli au XVIe siècle. Pour rendre l'analyse plus pratique, nous les divisons en deux groupes: les théories littéralistes, et les théories spiritualistes. Les premières comprennent en général les théories prémillénaristes de tous genres. Ces théories prémillénaristes peuvent être séparées en deux classes d'ordre général. *Premièrement*, il y a ceux qui considèrent l'Eglise comme une œuvre achevée, et pour cette raison identifie à un certain moment en temps le second avènement de Christ avec l'enlèvement et la révélation, la première résurrection et la conflagration, mettant tous ces événements avant le millénium. Ce point de vue est généralement connue sous le nom de théorie adventiste. *Deuxièmement*, il y a ceux qui considèrent l'Eglise comme une œuvre inachevée au moment du second avènement. Ces théories placent l'enlèvement et la révélation d'un côté, et la conflagration d'un autre, et font du millénium l'époque entre les deux points extrêmes. Cette théorie est souvent appelée la théorie de Keswick. L'objection principale dans ce genre de prémillénarisme se place largement sur l'importance qu'elle accorde à la continuation de l'œuvre du salut durant le millénium. La base de cette objection se trouve dans les textes bibliques qui semblent indiquer que lorsque Christ reviendra l'intercession cessera et le jugement commencera (Héb. 7:25; 9:12, 24-28). Certains prétendent que "lors de l'avènement, l'intercession sera achevée; et lorsque l'intercession sera achevée, le salut sera accompli. Lorsque Christ apparaîtra une seconde fois *à* nous, Il cessera d'apparaître dans la présence de Dieu *pour* nous" (BROWN, *Christ's Second Coming* [La seconde venue de Christ], p. 112).

Il y a deux genres de théories spiritualistes du millénium. Les Catholiques romains maintiennent un point de vue qui a été essentiellement soutenu par saint Augustin; à savoir que le règne de Christ se rapporte à l'époque de l'Eglise, et à l'entière période de temps entre la première venue de Christ et Sa seconde venue. Le millénium s'identifie ainsi avec l'entière dispensation de l'Evangile. Le second genre de théorie spiritualiste est connue communément sous le nom de postmillénarisme. Elle est appelée ainsi parce qu'elle considère que le second avènement viendra après, plutôt qu'avant le millénium. Quant au retour personnel et visible de notre Seigneur, les postmillénaristes le maintiennent fermement, et vénèrent l'idée avec autant de foi que les prémillénaristes. Le millénium est considéré comme le règne de justice de l'avenir. Durant cette période l'Eglise prospérera et la sainteté triomphera pour mille ans. Le monde jouira d'un bonheur paradisiaque, pendant que les martyrs et les saints au ciel se réjouiront de cette joie. Le triomphe sur la terre sera universel (RAYMOND, *Systematic Theology* [Théologie systématique], t. II, pp. 493-494).

D'après ce qui vient d'être dit, il est évident que le prémillénarisme et le postmillénarisme représentent des idées extrêmement opposées et une méthode d'approche entièrement différente. Le millénium, tel qu'il est conçu par les postmillénaristes, représente l'époque de croissance et de prospérité de l'Eglise — un temps durant lequel la justice régnera et la paix se répandra à travers le monde entier. Cette condition sera produite par les méthodes actuelles d'évangélisation; il y aura aussi le fait que "Satan sera lié", ou les jugements restrictifs de Dieu. Bien que les justes aient la suprématie, le millénium sera, néanmoins, une condition mixte de saints et de pécheurs — le tout dans la chair. Un passage des Ecritures en particulier, Apocalypse 20:1-11, a été interprété de manières différentes par les prémillénaristes et postmillénaristes. Ces derniers interprètent cette déclaration apocalyptique comme étant essentiellement symbolique ou métaphorique ,et ainsi le règne de Christ serait purement spirituel. De plus, la première résurrection est jugée comme spirituelle, et la seconde seule est physique ou réelle. D'un autre côté, les prémillénaristes interprètent le passage dans son sens littéral sur les deux points.

Il est utile de se souvenir que le millénium est une période de transition entre le système temporaire présent et le système éternel à venir. C'est à cause de ce double aspect qu'une grande partie de la confusion a lieu. Parce que c'est une période de transition, le millénium va dans les deux sens, et il unit en lui deux systèmes entièrement différents. Il s'agit de la transition de ce qui est naturel à ce qui est spirituel, de ce qui est temporaire à ce qui est éternel, de ce qui est immanent à ce qui est transcendant, et de la transition de la grâce à la gloire.

G. Le premier et le second avènements de Christ

Certains points de contraste intéressants ressortent entre le premier et le second avènements de Christ lesquels sont dignes de notre attention. Lors de Sa première venue, Son ministère a été celui d'un serviteur. Lors de Sa seconde venue, *"il s'assiéra sur le trône de sa gloire,* [et] *toutes les nations seront assemblées devant lui"* (Mat. 25:31-32). Sa première venue s'est faite dans l'humiliation. Il a été méprisé et abandonné des hommes (Esaïe 53:3). *"Elle* [la Parole, Christ] *est venue chez les siens, et les siens ne l'ont point reçue"* (Jean 1:11). Mais lors de Son second avènement, Il sera dirigé par la loi de l'exaltation et non de l'humiliation. Ainsi, le second avènement de Christ sera marqué par Son peuple, qui s'élévera avec joie dans les airs pour Le rencontrer, en compagnie d'innombrables anges qui formeront un cortège pour célébrer le retour de leur Epoux magnifique sur la terre. Le but de Sa première venue était de délivrer l'homme de la culpabilité, de la puissance et de l'être de péché, grâce au sacrifice qu'Il a fait comme sacrificateur pour le péché. Lors de Sa seconde venue, Il enlèvera toutes les conséquences du péché, par le moyen de la toute-puissance qui Lui appartient en tant que notre Roi glorieux.

IV. L'ORDRE DES ÉVÉNEMENTS CONCERNANT LE JOUR DU SEIGNEUR

Conformément à la loi de la réserve prophétique, le message que nous recevons des Ecritures suffit assez pour donner à l'Eglise une espérance glorieuse; mais les événements de l'avenir ne peuvent jamais se démêler entièrement qu'au moment où la prophétie fait partie de l'histoire, et nous les considérons comme ressortant nettement dans leur relation historique. Lorsque nous examinons l'ordre des événements du jour du Seigneur, notre but n'est pas d'avoir un tel degré d'assurance dans nos commentaires, jusqu'à exclure les points de vue sincères des étudiants de la Bible qui soutiennent des positions différentes. Le lecteur s'est déjà rendu compte qu'il y a une vaste variété d'opinions concernant plusieurs de ces sujets. Par conséquent, le matériel que nous offrons est à titre suggestif plutôt que de vouloir être dogmatique, et nous espérons que cela encouragera le lecteur à l'étude supplémentaire et à faire de la recherche.

A. *L'enlèvement et la révélation*

La seconde venue de Christ marquera le début des événements du jour de Seigneur. Il sera accompagné par la résurrection des morts en Christ et l'enlèvement des croyants vivants; les deux groupes de saints seront transportés dans les nuées pour rencontrer le Seigneur dans les airs. Une distinction se fait ici entre l'enlèvement et la révélation. L'enlèvement, c'est le peuple du Seigneur qui est emporté pour Le rencontrer dans les airs. La révélation, c'est le retour de Christ sur la terre, accompagné d'un cortège de saints et d'anges. Quant à la relation qui existe entre l'enlèvement et la révélation, il y a une grande divergence d'opinions. Certains les identifient et soutiennent que lorsqu'Il reviendra tout œil Le verra, que les saints se lèveront avec joie pour Le rencontrer et que les nations de la terre se lamenteront à cause de Lui (Apoc. 1:7). D'autres personnes font une séparation entre l'enlèvement et la révélation, et soutiennent que l'enlèvement est secret, et sera seulement connu par les saints; la révélation seule sera visible pour le reste du monde. Quant au temps qui séparera les deux événements, la plupart maintiennent qu'il y aura une période de trois ans et demi. Durant cette période, les saints assisteront au banquet de mariage de l'Agneau dans les cieux, pendant que la terre passera par une période de tribulation sans précédent, pendant laquelle l'Antéchrist assumera une autorité complète. Le fait général de l'enlèvement et de la révélation sont des vérités nettement enseignées dans les Ecritures; les détails que nous venons de mentionner sont des questions d'opinion et d'interprétation personnelles.

B. *Le jugement investigateur*

Immédiatement après le retour de Christ, le jugement investigateur sera établi. Notre Seigneur le déclare Lui-même clairement (Mat. 25:31-34; 19:28). Par la parabole du semeur (Mat. 13:41-43) nous avons l'évidence que ce jugement se rapportera aux nations qui existeront au moment de Sa seconde venue. Les postmillénaristes identifient le jugement décrit dans Matthieu 25:31-46 avec le jugement du dernier jour. Certains prémillénaristes pensent de même, alors que d'autres l'appliquent, comme nous le mentionnons plus haut, aux nations qui existeront sur la terre lors de la seconde venue de Christ.

C. *La destruction des méchants*

La destruction des méchants a un rapport étroit avec le jugement investigateur. En plus des passages scripturaires déjà mentionnés, l'apôtre Paul nous donne la déclaration suivante: *"Car il est de la justice de Dieu de rendre l'affliction à ceux qui vous affligent, et de vous donner, à vous qui êtes affligés, du repos avec nous, lorsque le Seigneur Jésus apparaîtra du ciel avec les anges de sa puissance, au milieu d'une flamme de feu, pour punir ceux qui ne connaissent pas Dieu et ceux qui n'obéissent pas à l'Evangile de notre Seigneur Jésus. Ils auront pour châtiment une ruine éternelle, loin de la face du Seigneur et de la gloire de sa force, lorsqu'il viendra pour être, en ce jour-là, glorifié dans ses saints et admiré dans tous ceux qui auront cru, car notre témoignage auprès de vous a été cru"* (2 Thess. 1:6-10).

D. *La chute de l'Antéchrist — Satan est lié*

La destruction des méchants, lors de la seconde venue de Christ, comprendra aussi celle de l'Antéchrist, que l'apôtre Paul appelle "l'impie". *"Et alors paraîtra l'impie, que le Seigneur Jésus détruira par le souffle de sa bouche, et qu'il anéantira par l'éclat de son avènement. L'apparition de cet impie se fera, par la puissance de Satan, avec toutes sortes de miracles, de signes et de prodiges mensongers"* (2 Thess. 2:8-9). Satan doit aussi être lié *"afin qu'il ne séduise plus les nations, jusqu'à ce que les mille ans fussent accomplis. Après cela, il faut qu'il soit délié pour un peu de temps"* (Apoc. 20:3).

E. *L'établissement du Royaume*

L'Eglise militante, dans le sens complet du Nouveau Testament, commença avec le jour de la Pentecôte, et triomphera avec l'enlèvement des saints et la venue du Seigneur. L'Eglise sera, en quelque sorte, intégrée dans le royaume. Dans un sens mystique, *"le royaume de Dieu est au milieu de vous"* (Luc 17:21). Dans ce sens-là, nous sommes maintenant dans le royaume de Dieu le Saint-Esprit. Le royaume de Dieu le Fils y succédera, lorsque le royaume mystique intérieur s'exprimera dans la gloire extérieure. Jésus, qui a vaincu le monde, est maintenant assis sur le trône de Son Père, et Il attend le moment où Il reviendra pour s'asseoir sur le trône de Sa gloire (Mat. 25:31).

F. *Le renouvellement de la terre*

C'est un fait important que notre Seigneur associe *le renouvellement* avec Son royaume à venir. *"Je vous le dis en vérité, quand le Fils de l'homme, au renouvellement de toutes choses, sera assis sur le trône de sa gloire, vous qui m'avez suivi, vous serez de même assis sur douze trônes, et vous jugerez les douze tribus d'Israël"* (Mat. 19:28). Ce passage suggère bien des choses, lorsque nous considérons que le renouvellement, dans le sens d'une "nouvelle naissance qui vient d'en haut", représente les résultats spirituels directs qui proviennent de la grâce de Dieu considérée d'une manière personnelle. Le verset ici fait mention de la rédemption divine de la terre qui, lorsque notre Seigneur apparaîtra, sera certainement délivrée de l'esclavage de la corruption (Actes 3:19-21). La malédiction du péché sera ainsi retirée du monde actuel. Bien des changements auront lieu, dont nous ne pouvons maintenant connaître complètement leur nature, mais le prophète Esaïe semble indiquer plusieurs aspects intéressants de la restauration. Parmi de tels changements nous trouvons: une fertilité grandissante de la terre (Esaïe 55:13), avec de grandes parties de la terre, maintenant inhabitables, qui deviendront un lieu de beauté et de gloire (Esaïe 35:1-2, 6-7); un rétablissement miraculeux des animaux sauvages à leur instinct normal (Esaïe 11:6-9); une longévité de vie grandissante (Esaïe 65:20-23); et certains changements possibles dans les planètes et les étoiles dans leur relation avec la terre (Esaïe 30:26). Les passages de l'Ecriture que nous venons de citer sont chargés de signification spirituelle intense, et ils ont été la source de joie et de force pour une multitude de saints de Dieu. Quoique cette signification spirituelle soit vrai, cela n'empêche pas nécessairement d'avoir aussi la conviction de leur accomplissement réel; de même que cela ne diminue pas leur signification spirituelle, mais l'augmente plutôt.

G. La consommation des siècles

La consommation finale, ou la destruction du monde marque la fin de la période de transition, et introduit les nouveaux cieux et la nouvelle terre du système éternel. C'est le dernier événement du "jour du Seigneur". De même qu'au début de cette période, il y aura l'enlèvement avec la résurrection de ceux qui sont morts en Christ, la prise des saints, et ensuite le jugement investigateur des nations vivantes, ainsi le jour se terminera par une apostasie à la suite du règne de mille ans, la résurrection des méchants, la destruction des cieux et de la terre par le feu, et le jugement dernier avec ses récompenses et ses châtiments.

St Pierre décrit le processus selon lequel la terre sera renouvelée de la manière suivante: *"Par la même parole, les cieux et la terre d'à présent sont gardés et réservés pour le feu, pour le jour du jugement et de la ruine des hommes impies"* (2 Pi. 3:7). Il ajoute ensuite qu'*"en ce jour les cieux passeront avec fracas, les éléments embrasés se dissoudront, et la terre avec les œuvres qu'elle renferme sera consumée"*, et encore: *"Attendez et hâtez l'avènement du jour de Dieu, à cause duquel les cieux enflammés se dissoudront et les éléments embrasés se fondront"* (2 Pi. 3:10, 12). Par ces passages, saint Pierre ne cherche pas à enseigner l'anéantissement du monde dans un baptême de feu violent. Le mot "dissoudre" veut plutôt donner l'idée d'un monde qui sera délivré de l'esclavage de la corruption, afin qu'il puisse retrouver la condition qui lui était destinée à l'origine. De même que le corps de l'homme est dissout par la mort et se décompose, pour être ensuite ressuscité et rendu immortel, incorruptible en puissance et en gloire; ainsi la terre en tant qu'habitation de l'homme sera également dissoute, mais de cette dissolution seront tirés de *"nouveaux cieux et une nouvelle terre où la justice habitera"* (2 Pierre 3:13).

"Ensuite viendra la fin, quand il remettra le royaume à celui qui est Dieu et Père, après avoir détruit toute domination, toute autorité et toute puissance. Car il faut qu'il règne jusqu'à ce qu'il ait mis tous les ennemis sous ses pieds. Le dernier ennemi qui sera détruit, c'est la mort. Dieu, en effet, a tout mis sous ses pieds. Mais lorsqu'il dit que tout lui a été soumis, il est évident que celui qui lui a soumis toutes choses est excepté. Et lorsque toutes choses lui auront été

soumises, alors le Fils lui-même sera soumis à celui qui lui a soumis toutes choses, afin que Dieu soit tout en tous" (1 Cor. 15:24-28).

CHAPITRE XXII
RÉSURRECTION, JUGEMENT ET CONSOMMATION DES SIÈCLES

"Les membres du royaume achevé, partageant la gloire que le Médiateur possède avec le Père, progresseront et accompliront avec une vérité toujours grandissante la triple fonction de la vie éternelle: Le proclamer, Le servir et régner avec Lui, dans la communion transcendante d'amour avec le Père, dans le Fils et par l'intermédiaire du Saint-Esprit.

"Pour cette raison, le ciel des saints ne sera pas un domaine d'ombres sans substance et non déterminé, mais un royaume substantiel et réel, où les facultés et les fonctions de l'être humain seront actives dans la joie d'une liberté vertueuse. De même que pour les aptitudes de l'âme, les facultés du corps seront en proportiom avec la loi et la vocation de la vie éternelle. *'Ce sont ceux qui viennent de la grande tribulation; ils ont lavé leurs robes, et ils les ont blanchies dans le sang de l'Agneau. C'est pour cela qu'ils sont devant le trône de Dieu, et le servent jour et nuit dans son temple. Celui qui est assis sur le trône dressera sa tente sur eux; ils n'auront plus faim, ils n'auront plus soif, et le soleil ne les frapperont point, ni aucune chaleur. Car l'Agneau qui est au milieu du trône les paîtra et les conduira aux sources des eaux de la vie, et Dieu essuiera toute larme de leurs yeux'* (Apoc. 7:14-17)."

—*Dr Emanuel V. Gerhart*

I. LA RÉSURRECTION

La résurrection qui aura lieu, comme conséquence immédiate de la seconde venue de Christ, est une vérité distinctive et élémentaire du système chrétien. Le terme résurrection veut dire relèvement, c'est-à-dire le relèvement de ce qui était enterré. Il signifie aussi le retour à la vie de ce qui était mort. Vu que l'âme ne meurt pas avec le corps, elle ne peut par conséquent pas être le sujet de la résurrection. C'est donc le corps de l'homme qui est ressuscité.

A. *L'enseignement scripturaire concernant la résurrection*

L'enseignement concernant la résurrection se trouve dans l'Ancien Testament, mais il n'est pourtant pas aussi explicite ou aussi complet que celui du Nouveau Testament.

Le fait de la résurrection était présupposé partout dans l'économie de l'Ancien Testament, et une distinction est faite entre l'immortalité de l'âme et la résurrection du corps. Par exemple, le psalmiste parle de l'espérance d'être délivré de l'Hadès, lorsqu'il dit: *"Dieu sauvera mon âme du séjour des morts, car il me prendra sous sa protection"* (Ps. 49:16). Le prophète Esaïe fait mention de la résurrection de l'individu lorsqu'il donne à l'Eglise une merveilleuse prophétie: *"Que tes morts revivent! Que mes cadavres se relèvent! Réveillez-vous et tressaillez de joie, habitants de la poussière! Car ta rosée est une rosée vivifiante, et la terre redonnera le jour aux ombres"* (Esaïe 26:19). L'adjectif possessif "mes" est employé ici en parlant des morts, parce qu'ils sont endormis en Lui, leur âme sans corps existe dans la sécurité de Sa protection. Dans le livre de Daniel, nous trouvons un enseignement encore plus explicite de la doctrine de la résurrection. *"Plusieurs de ceux qui dorment dans la poussière de la terre se réveilleront, les uns pour la vie éternelle, et les autres pour l'opprobre, pour la honte éternelle"* (Daniel 12:2).

On trouve partout dans le Nouveau Testament la vérité concernant la résurrection, mais elle est placée ici à un niveau beaucoup plus élevé. St Paul parle de *"l'apparition de notre Sauveur Jésus-Christ, qui a détruit la mort et a mis en évidence la vie et l'immortalité par l'Evangile"* (2 Tim. 1:10). Seul l'Evangile nous accorde l'expression la meilleure de la conception chrétienne de la résurrection et de la destruction complète de la mort. Le témoignage fondamental du Nouveau Testament se trouve dans les paroles prononcées par Jésus-Christ Lui-même. *"Ne vous étonnez pas de cela; car l'heure vient où tous ceux qui sont dans les sépulcres entendront sa voix, et en sortiront. Ceux qui auront fait le bien ressusciteront pour la vie, mais ceux qui auront fait le mal ressusciteront pour le jugement"* (Jean 5:28-29). Par conséquent, l'Evangile annonce l'idée de la résurrection de l'homme tout entier, et en même temps de la race humaine au complet qui aura une existence sans fin.

Christ associe aussi la résurrection à Sa propre Personne et à Son œuvre. Il dit: *"Je suis la résurrection et la vie. Celui qui croit en moi vivra, quand même il serait mort; et quiconque vit et croit en moi ne mourra jamais"* (Jean 11:25-26). Cela est vrai parce qu'en Lui se trouvent la vie et la puissance: *"Car, comme le Père a la vie en lui-même,* ainsi il a donné au Fils d'avoir la vie en lui-même" (Jean 5:26). St Paul indique que la résurrection de Christ servira de modèle pour la résurrection du corps des saints: *A son retour, il transfigurera le corps misérable que nous possédons actuellement dans notre humble condition, pour le conformer à son corps resplendissant de gloire"* (Phil. 3:21). C'est dans notre union avec le Christ ressuscité, comme source de vie pour l'âme et pour le corps, que nous trouvons le secret de la base et de la condition concernant la résurrection des croyants.

Alors que les justes ressusciteront pour la vie éternelle, ceux qui auront fait le mal ressusciteront pour une vie éternelle de honte et de mépris. Pour cette raison, l'apôtre Paul parle de son espérance en Dieu: *"Et ayant en Dieu cette espérance, comme ils l'ont eux-mêmes, qu'il y aura une résurrection des justes et des injustes"* (Actes 24:15); et l'apôtre Jean témoigne: *"Je vis les morts, les grands et les petits, qui se tenaient devant le trône... La mer rendit les morts qui étaient en elle, la mort et le séjour des morts rendirent les morts qui étaient en eux; et chacun fut jugé selon ses œuvres"* (Apoc. 20:12-13).

B. La nature du corps ressuscité

Lorsqu'il parle du corps, l'apôtre Paul écrit: *"Ainsi en est-il de la résurrection des morts. Le corps est semé corruptible; il ressuscite incorruptible; il est semé méprisable, il ressuscite glorieux; il est semé infirme, il ressuscite plein de force; il est semé corps naturel, il ressuscite corps spirituel. S'il y a un corps animal, il y a aussi un corps spirituel"* (1 Cor. 15:42-44). Dans ce passage, le sujet "il" se rapporte à la fois au corps "naturel" et au corps "spirituel". Pour cette raison, l'Eglise affirme que le corps ressuscitera et que, sous certains rapports essentiels pas entièrement clairs, le corps ressemblera au corps qu'il était avant la résurrection.

Nous ne savons que très peu de choses en ce qui concerne la nature du corps ressuscité et perfectionné. Pourtant, notre Seigneur a déclaré: *"Les enfants de ce siècle prennent des femmes et des maris; mais ceux qui seront trouvés dignes d'avoir part au siècle à venir et à la résurrection des morts ne prendront ni femmes ni maris. Car ils ne pourront plus mourir, parce qu'ils seront semblables aux anges, et qu'ils seront fils de Dieu, étant fils de la résurrection"* (Luc

20:34-36); et l'apôtre Paul déclare: *"La chair et le sang ne peuvent hériter le royaume de Dieu, et que la corruption n'hérite pas l'incorruptibilité"* (1 Cor. 15:50).

D'après les passages de l'Ecriture que nous avons cités plus haut, il semble que le corps ressuscité n'aura pas à faire face à la décomposition, à la dissolution et à la mort, aussi bien que tout ce qui se rapporte à la mort, la maladie, la souffrance et la douleur. Le nouveau corps sera immortel dans le sens le plus complet du mot. La beauté et la gloire qui vont au-delà du pouvoir de la compréhension humaine caractériseront sans doute le corps glorieux du racheté, car nous avons la promesse que *"lorsqu'il sera manifesté, nous serons semblables à lui, parce que nous le verrons tel qu'il est"* (1 Jean 3:2, *Nouvelle version Segond révisée*, 1978). Il est aussi probable que le nouveau corps ressuscité possédera des capacités et des aptitudes nouvelles et élevées; et certainement celles que nous possédons actuellement seront énormément développées. En résumé, il nous est possible de dire que le corps ressuscité aura une nature capable de s'adapter parfaitement au nouvel environnement dans lequel vivra le racheté. Dans ce sens-là, le corps sera plutôt spirituel que naturel, et ainsi il sera merveilleusement adapté à un mode de vie spirituel.

C. La résurrection générale

Le terme "résurrection générale" se rapporte à la croyance, généralement admise dans l'Eglise, que tous les morts, qu'ils soient justes ou mauvais, ressusciteront simultanément et seront jugés immédiatement, lors de la seconde venue de Christ. Notre propre credo présente cette croyance de la manière suivante: "Nous croyons à la résurrection des morts; que les corps des justes et des injustes seront rappelés à la vie et réunis à leurs esprits. 'Ceux qui auront fait le bien ressusciteront pour la vie, mais ceux qui auront fait le mal ressusciteront pour le jugement'." (*Manuel* de l'Eglise du Nazaréen, Art. XVI. Sec. 1). Le point de vue d'une résurrection simultanée des justes et des méchants se base sur la déclaration de notre Seigneur: *"Car l'heure vient où tous ceux qui sont dans les sépulcres entendront sa voix, et en sortiront. Ceux qui auront fait le bien ressusciteront pour la vie, mais ceux qui auront fait le mal ressusciteront pour le jugement"* (Jean 5:28-29).

Bien que l'idée d'une résurrection simultanée du juste et du méchant soit l'opinion générale des théologiens réformés et arminiens, certains étudiants de la Bible maintiennent le point de vue d'une résurrection des justes et des méchants, mais sans considérer les deux événements comme étant simultanés. Cette opinion est essentielle dans le point de vue prémillénariste du second avènement. Il ne nous est pas possible d'exposer ici des arguments détaillés qui soutiendraient ce point de vue. Pourtant, l'étude des phrases "la résurrection des morts", "revenir à la vie" et "la résurrection d'entre les morts" telles qu'elles sont employées dans des passages comme Luc 20:35-36; Marc 12:25; Apocalypse 20:4-6; Actes 4:1-2; et Philippiens 3:11, suggère fortement que les résurrections mentionnées se feront "d'entre les morts". Nous notons cela pour montrer qu'apparemment une distinction est enseignée entre la résurrection des justes et celle des méchants. Les justes, comme disciples de Christ, seront jugés dignes de recevoir la résurrection d'entre les morts. Il est évident que ceux qui n'établissent pas une telle distinction entre les deux résurrections doivent soutenir une position postmillénariste ou amillénariste.

II. LE JUGEMENT DERNIER

A. La réalité du jugement général

Par jugement dernier nous voulons parler du jugement général de tous les justes et de tous les méchants qui aura lieu en une vaste assemblée publique. Ce fait est rejeté par certaines personnes, car elles pensent que le jugement a lieu à la mort de chaque personne; et par d'autres qui pensent que seuls les méchants seront jugés au dernier jour. Pourtant, les Ecritures nous enseignent nettement qu'il y aura un jour de jugement, ou une période qui sera étroitement associée avec la conflagration à la fin du monde. *"Mais, par la même parole, les cieux et la terre actuels sont gardés en réserve pour le feu, en vue du jour du jugement et de la perdition des impies"* (2 Pi. 3:7, *Nouvelle version Segond révisée*, 1978). Les Ecritures déclarent expressément que Dieu *"a fixé un jour où il jugera le monde selon la justice"* (Actes 17:31). On appelle aussi ce jour *"le jour de la colère et de la manifestation du juste jugement de Dieu"* (Rom.

2:5); le *"jour où...Dieu jugera par Jésus-Christ les actions secrètes des hommes"* (Rom. 2:16); le *"jour du jugement"* (2 Pi. 2:9); *"le jugement du grand jour"* (Jude v. 6), et *"le grand jour de sa colère"* (Apoc. 6:17). Les passages scripturaires mentionnés ci-dessus prouvent nettement trois choses: il y aura un jugement général; celui-ci prendra place à un moment fixé; et ce grand jour terrible est dans l'avenir.

Quant à la durée du jugement, l'emploi indéfini du terme "jour" ne permet même pas la mention d'une durée probable. Les Pères de l'Eglise croyaient de manière générale que le jugement aurait une durée de mille ans (cf. 2 Pierre 3:8). D'autres ont suggéré que si l'on prend en considération le nombre de personnes en jeu, et l'étendue des recherches qu'il faut faire, une période encore plus longue peut être nécessaire. A l'autre extrême, nous avons l'opinion de ceux qui croient qu'il ne faudra à Dieu que très peu de temps pour accomplir les desseins pour lesquels le jugement a été institué.

Quelle que soit la durée du jugement, le fait qu'il aura lieu est nettement enseigné dans la Parole de Dieu. Dans l'Apocalypse 20:11-15, nous trouvons la prédiction claire et incontestable d'un jugement général auquel participeront tous les morts et tous les vivants. Les justes et les méchants seront tous deux présents. Cela est évident par le fait que ceux dont les noms sont écrits dans livre de vie seront sauvés, et ceux dont les noms ne se trouvent pas dans le livre seront jetés dans l'étang de feu.

B. La Personne du Juge

Dieu seul a les qualifications pour remplir les fonctions de Juge dans les dernières grandes assises. Lui seul, possède toute la sagesse, et Lui seul connaît les secrets les plus cachés de la vie des hommes. Il comprend non seulement leurs actions, mais leurs pensées intérieures et leurs motifs cachés — même leur nature. Pourtant, ce jugement ne se fera pas par Dieu en tant que Dieu, car *"le Père ne juge personne, mais il a remis tout jugement au Fils, afin que tous honorent le Fils comme ils honorent le Père"* (Jean 5:22-23). Le Fils est non seulement divin, mais Il est humain, et pour cette raison la relation qu'Il a avec l'humanité Lui accorde les qualifications particulièrement nécessaires à cette fonction. St Paul prêcha aux Athéniens que Dieu *"jugera le monde selon la justice, par l'homme qu'il a désigné"* (Actes 17:31). Selon ce passage, il semble que le jugement se fera particulièrement par Christ en tant qu'homme: *"C'est lui qui a été établi par Dieu juge des vivants et des morts"* (Actes 10:42). Le jugement du monde est décrit comme la dernière action médiatrice de Christ. Après la mise à exécution de la dernière sentence, lorsque les justes auront reçu leurs récompenses et les méchants leurs châtiments, Il remettra le royaume médiateur au Père, afin que Dieu soit tout en tous (1 Cor. 15:24-28).

C. Les principes de jugement

Saint Paul énumère les principes de jugement de la manière suivante: Dieu réserve *"la vie éternelle à ceux qui, par la persévérance à bien faire, cherchent l'honneur, la gloire, et l'immortalité, mais l'irritation et la colère à ceux qui, par esprit de dispute, sont rebelles à la vérité et obéissent à l'injustice. Tribulation et angoisse sur toute âme d'homme qui fait le mal, sur le Juif premièrement, puis sur le Grec! Gloire, honneur et paix pour quiconque fait le bien, pour le Juif premièrement, puis pour le Grec! Car devant Dieu il n'y a point d'acception de personnes"* (Rom. 2:7-11). Une étude attentive de ce passage, et d'autres qui se rapportent à ce même thème, indique que la mesure de vérité qui a été révélée aux hommes sera la norme selon laquelle ils seront jugés au dernier jour. Notre Seigneur a Lui-même déclaré: *"On demandera beaucoup à qui l'on a beaucoup donné"* (Luc 12:48).

D'une manière plus spécifique, le principe de jugement déjà cité veut dire que les païens seront jugés selon la loi de la nature, ou la loi que l'homme a reçu à l'origine comme règle de conduite. Une certaine portion de cette loi a été conservée parmi eux, en partie par la tradition et en partie par la raison; et alors même que dans certains cas les traces de cette loi ont été oblitérées, et en d'autres cas grandement obscurcies, pourtant une partie suffisante demeure pour faire des hommes des êtres responsables, et pour être la base d'un procès judiciaire (cf. Rom. 2:14-15). Les Juifs seront jugés par la loi de Moïse et les enseignements des prophètes. Les paroles mêmes de notre Seigneur seront la norme pour Sa propre génération: *"La parole que j'ai annoncée, c'est elle qui le jugera au dernier jour"* (Jean 12:48). Les chrétiens en général seront jugés par les Ecritures de l'Ancien et du

Nouveau Testament — particulièrement par l'Evangile parce qu'il accorde aux hommes des privilèges supérieurs. Si le Gentil qui pèche contre la lumière de la nature est puni avec raison, si *"celui qui a violé la loi de Moïse meurt sans miséricorde..., de quel pire châtiment pensez-vous que sera jugé digne celui qui aura foulé aux pieds le Fils de Dieu, qui aura tenu pour profane le sang de l'alliance, par lequel il a été sanctifié, et qui aura outragé l'Esprit de la grâce?"* (Héb. 10:28-29).

D. Le but du jugement

Afin de pouvoir comprendre le but du jugement général, il faut le considérer par rapport à la relation qu'il a avec Dieu, Jésus-Christ et l'homme. Premièrement, le jugement accordera un amphithéâtre digne de mettre en vedette les attributs de Dieu. Sa justice, Sa fidélité, Sa sagesse, Son omnipotence et Ses autres attributs seront contemplés et approuvés par des myriades d'anges et d'hommes. Encore une fois, la gloire de l'œuvre de Christ apparaîtra — non seulement comme Juge, mais comme Seigneur et Roi. Comme Seigneur, Sa domination se voit maintenant comme étant universelle; et comme Roi qui a régné dans le cœur de Son peuple, Il les accueille maintenant dans Sa joie, et les invite à participer à Sa gloire. Finalement, en ce qui concerne l'homme, le jugement est nécessaire pour plusieurs raisons. (1) La condition des justes dans ce monde est souvent telle qu'il ne serait pas possible, sans les récompenses de l'avenir, de défendre avec succès la justice et l'équité de Dieu. (2) Seul le jugement peut résumer l'influence totale de la vie de l'homme — pour le bien ou pour le mal. L'homme est une créature sociale et il est responsable de son influence sur les autres. Cette influence se perpétue dans un cercle toujours grandissant, même après la mort de l'individu. Ce n'est que lors du jugement dernier qu'une telle influence peut être évaluée pour le bien ou pour le mal. (3) Le jugement est nécessaire pour que le véritable caractère de l'homme puisse être rendu évident. *"Car il nous faut tous comparaître devant le tribunal de Christ, afin que chacun reçoive selon le bien ou le mal qu'il aura fait"* (2 Cor. 5:10). Ainsi, lors du jugement, Dieu fera une distinction entre les justes et les injustes, et Il les séparera l'un de l'autre, afin qu'Il puisse dévoiler ou rendre évident leur caractère véritable.

E. La scène du jugement dernier

Les Ecritures décrivent le jugement dernier comme une scène d'une solennité redoutable et imposante. St Jean décrit ce jugement de la manière suivante: *"Puis je vis un grand trône blanc, et celui qui était assis dessus. La terre et le ciel s'enfuirent devant sa face, et il ne fut plus trouvé de place pour eux. Et je vis les morts, les grands et les petits, qui se tenaient devant le trône. Des livres furent ouverts. Et un autre livre fut ouvert, celui qui est le livre de vie. Et les morts furent jugés selon leurs œuvres, d'après ce qui était écrit dans ces livres. La mer rendit les morts qui étaient en elle, la mort et le séjour des morts rendirent les morts qui étaient en eux; et chacun fut jugé selon ses œuvres. Et la mort et le séjour des morts furent jetés dans l'étang de feu. C'est la seconde mort, l'étang de feu. Quiconque ne fut pas trouvé écrit dans le livre de vie fut jeté dans l'étang de feu"* (Apoc. 20:11-15).

III. L'ÉTAT FUTUR DU PÉCHEUR IMPÉNITENT

Le jugement général permet non seulement aux saints de recevoir le bonheur éternel, mais il rend nécessaire la sentence d'une punition éternelle contre le pécheur qui reste impénitent jusqu'à la fin. La considération de ce sujet, nous met en présence de l'un des thèmes les plus solennels de l'entier domaine de la théologie chrétienne. "Cette considération devrait empêcher les bagatelles, inspirer la prudence et éveiller l'intérêt. Rien ne pourrait être plus anormal et choquant que de faire de cette doctrine un sujet de plaisanterie, ou le thème d'une déclamation passionnée et vindicative. Que personne ne touche à la question, à moins de pouvoir la traiter avec une solennité appropriée, comme un avertissement qui sonne l'alarme dans l'oreille des hommes coupables, dans l'unique but de les inciter à se réfugier en Christ" (LOWREY, *Positive Theology* [Théologie positive], p. 269).

A. Les termes scripturaires qui indiquent le lieu du châtiment

Il y a trois mots qui sont traduits par "enfer" dans le Nouveau Testament — Hadès, Tartare, et Géhenne. L'Hadès se rapporte au séjour des morts, et nous avons déjà parlé de la distinction entre le lieu et l'état (Voir Ch. XXI, Sec. II).

Le Tartare est uniquement mentionné dans 2 Pierre 2:4: *"Car, si Dieu n'a pas épargné les anges qui ont péché, mais s'il les a précipités dans les abîmes de ténèbres* [Tartare] *et les réserve pour le jugement..."* Donc, il nous est possible de considérer l'Hadès comme l'état intermédiaire des hommes mauvais, et le Tartare comme l'état intermédiaire des anges mauvais. Le terme Géhenne, composé des deux mots hébreux *Gé* et *Hinnom*, veut dire "la vallée de Hinnom". Dans le Nouveau Testament, elle est appelée la *"Géhenne"*, et il y apparaît douze fois. Onze de ces références sont faites par Jésus Lui-même. Dans les douze cas, le mot fait mention de la torture et du châtiment dans le monde à venir. Dans Matthieu 18:9 le mot Géhenne est associé au châtiment qui sera accordé lors du jugement; et dans le verset précédent, les mots "feu éternel", sont employés comme son équivalent. Dans Marc 9:43-44, Jésus dit: *"Mieux vaut pour toi entrer manchot dans la vie, que d'avoir les deux mains et d'aller dans la géhenne, dans le feu qui ne s'éteint point."* Dans Luc 12:5, Christ dit: *"Craignez celui qui, après avoir tué, a le pouvoir de jeter dans la géhenne."* Le mot "enfer" dans le sens de géhenne, fait mention du lieu qui est prévu pour le châtiment éternel des anges mauvais et des pécheurs impénitents, après le jour du jugement.

B. La doctrine du châtiment éternel, telle qu'elle est enseignée dans les Ecritures

La simple lecture des paroles de Jésus-Christ, sans annotation ou commentaire, devrait convaincre le lecteur sans préjugés, que le Seigneur a enseigné la doctrine d'un châtiment à venir. Lisez attentivement les versets suivants: *"Le Fils de l'homme enverra ses anges, qui arracheront de son royaume tous les scandales et ceux qui commettent l'iniquité, et ils les jetteront dans la fournaise ardente, où il y a des pleurs et des grincements de dents"* (Mat. 13:41-42); *"Ensuite, il dira à ceux qui seront à sa gauche: Retirez-vous de moi, maudits; allez dans le feu éternel qui a été préparé pour le diable et pour ses anges... Et ceux-ci iront au châtiment éternel, mais les justes à la vie éternelle"* (Mat. 25:41-46); *"Si ta main est pour toi une occasion de chute, coupe-la; mieux vaut pour toi entrer manchot dans la vie, que d'avoir les deux mains et d'aller dans la géhenne, dans le feu qui ne s'éteint point"* (Marc 9:43-44); et, *"Ne vous étonnez pas de* cela; car l'heure vient où tous ceux qui sont dans les sépulcres entendront sa voix, et en sortiront. Ceux qui auront fait le bien ressusciteront pour la vie, mais ceux qui auront fait le mal ressusciteront pour le jugement" (Jean 5:28-29). La vérité solennelle enseignée dans ces versets bibliques montre que ceux qui rejettent Christ et le salut qui leur est offert par Lui, mourront dans leurs péchés et seront séparés à jamais de Dieu. La vie actuelle n'est qu'une vie de probation, à la suite de laquelle doit avoir lieu des conséquences éternelles.

Quelle sera la nature du châtiment à venir? Les termes que l'on trouve dans les Ecritures pour exprimer l'idée d'un châtiment à venir sont par nécessité employés en partie dans un sens figuré. Ce n'est que lorsque nous comparons cette idée avec la compréhension intellectuelle limitée que nous possédons, qu'il nous est possible de saisir même une petite partie de cette réalité solennelle. Elle est appelée la *"seconde mort"* (cf. Apoc. 21:8; 20:14-15). La crainte de la mort a retenu l'entière race humaine dans la servitude (Héb. 2:15). Notre race est entourée de tristesse et de terreur, et elle est la source de craintes qui torturent. La seconde mort est aussi cette corruption spirituelle dont la mort physique en est un type. Séparé des influences atténuantes et tempérantes de la grâce qui étaient présent dans sa vie, le pécheur se voit exposé éternellement à la corruption de sa propre âme. Notre Seigneur parle du châtiment à venir comme des *"ténèbres du dehors"* et l'associe avec les pleurs et les grincements de dents (cf. Mat. 8:12; 22:13; 25:30). Le Dr Wakefield parle de cette obscurité comme de quelque chose qui ressemblerait au "minuit profonde du tombeau, qui s'approfondira d'âge en âge et qui ne se terminera pas avec le passage du temps". La condition éternelle du méchant est aussi décrite comme un *châtiment positif*. Notre Seigneur nous dit que le méchant sera jeté *"dans la fournaise ardente, où il y aura des pleurs et des grincements de dents"* (Mat. 13:42); alors que l'apôtre Paul dit que *"le Seigneur Jésus apparaîtra du ciel avec les anges de sa puissance au milieu d'une flamme de feu, pour punir ceux qui ne connaissent pas Dieu et ceux qui n'obéissent pas à l'Evangile de notre Seigneur Jésus"* (2 Thess. 1:7-8). On a cherché à atténuer la sévérité de ces passages en les considérant dans un sens purement figuré. Mais une image ne remplace jamais la réalité au complet; et par conséquent, cela nous amène à conclure que le feu du châtiment à venir, s'il n'est pas cité dans un sens littéral sera infiniment plus insupportable. En dernier lieu, le châtiment à venir est décrit comme un *bannissement de Dieu*. Ce genre de châtiment est la pire punition qui puisse être conçue — la mort, le feu éternel et l'obscurité des ténèbres ne sont rien en comparaison. Dieu est l'auteur de tout ce qui est bon et parfait, et perdre Dieu est perdre tout ce qui est bon. Les paroles: *"Retirez-vous de moi, maudits"* (Mat. 25:41) indiquent la perte de la lumière et de l'amour, de l'amitié, de la beauté et du chant — la perte même de l'espérance. Etre banni de Dieu, c'est être banni pour toujours du ciel et de toute bonté. Telles sont les remarques solennelles que le Saint-Esprit a choisi de faire en ce qui concerne l'état du pécheur qui à la fin reste impénitent, et la nature de son châtiment.

Le châtiment à venir sera-t-il éternel? Puisque certains ont répondu à cette question par la négative, il est nécessaire de considérer attentivement le sujet de l'étude du mot grec αἰώνιος que les Ecritures traduisent par *éternel*. Sous une forme ou sous un autre, ce mot est employé dans les passages scripturaires suivants: *"Si ta main ou ton pied sont pour toi une occasion de chute, coupe-les et jette-les loin de toi; mieux vaut pour toi entrer dans la vie boiteux ou manchot, que d'avoir deux pieds ou deux mains et d'être jeté dans le feu éternel"* (Mat. 18:8). St Marc emploie le même texte, mais il ajoute les mots suivants: *"... et d'aller dans la géhenne, dans le feu qui ne s'éteint point"* (Marc 9.43-44). Il dit aussi: *"Mais quiconque blasphémera contre le Saint-Esprit n'obtiendra jamais de pardon: il est coupable d'un péché éternel"* (Marc 3:29). St Jean dit: *"Celui qui croit au Fils a la vie éternelle; celui qui ne croit pas au Fils ne verra point la vie, mais la colère de Dieu demeure sur lui"* (Jean 3:36). Dans la description de la scène du jugement que l'on trouve dans Matthieu 25:31-46, Jésus dit à ceux qui sont à Sa gauche: *"Retirez-vous de moi, maudits; allez dans le feu éternel qui a été préparé pour le diable et pour ses anges"* (25:41). Et la scène se termine avec les paroles: *"Et ceux-ci iront au châtiment éternel, mais les justes à la vie éternelle"* (25:46). Si par ces *déclarations notre Seigneur ne voulait pas parler d'un châtiment éternel*, quelle signification peuvent-elles avoir? Le Dr Adam Clarke dit: "J'ai lu les meilleures choses qui ont été écrites en faveur de la rédemption finale des esprits damnés, mais je n'ai jamais vu une réponse favorable à cet argument tiré de ce verset (Matthieu 25:46), sauf ces arguments qu'une étude et critique solides auraient honte de reconnaître."

En général, les objections qui sont faites concernant le châtiment éternel prétendent que le châtiment n'est pas en proportion avec le péché, et que Dieu dans Sa miséricorde ne pourrait infliger un châtiment éternel sur Ses créatures. Ces deux objections négligent de reconnaître le fait que le péché est un mal infini. Pour pouvoir comprendre la monstruosité du péché, il est nécessaire de se rendre compte jusqu'où Dieu est allé en donnant Son Fils pour racheter l'homme. Alors seulement il nous sera possible de prendre conscience du fait que le châtiment d'une durée éternelle n'est pas en disproportion envers ceux qui volontairement et définitivement rejettent Celui qui a souffert — *"Lui juste pour des injustes, afin de nous amener à Dieu"* (1 Pi. 3:18).

IV. LE BONHEUR ÉTERNEL DES SAINTS

Les Ecritures disent davantage sur le bonheur éternel des saints, que sur la condition finale des méchants; mais comme le sujet est moins porté à la controverse, il a de manière générale pris moins de place dans la théologie. La grâce de Dieu qui avertit les méchants d'un jour de vengeance, promet aussi aux justes leur bonheur éternel.

A. *Le ciel est à la fois un lieu et un état*

Tout le monde admet que le ciel est un état de bonheur éternel. Mais le ciel est aussi un lieu. C'est la demeure des justes dans leur dernière état de glorification. Notre Seigneur a déclaré: *"Il y a plusieurs demeures dans la maison de mon Père: Si cela n'était pas, je vous l'aurais dit. Je vais vous préparer une place. Et, lorsque je m'en serai allé, et que je vous aurai préparé une place, je reviendrai, et je vous prendrai avec moi, afin que là où je suis vous y soyez aussi"* (Jean 14:2-3). Les Ecritures parlent d'un *troisième* ciel où Dieu habite, et l'apôtre Paul parle d'avoir été ravi dans ce ciel le plus élevé. Cependant, il n'est pas nécessaire de penser que l'âme devra voyager de grandes distances spatiales avant d'entrer au ciel. La distance ne doit pas se concevoir par rapport à l'espace physique, mais plutôt aux changements de conditions. Le ciel se trouve juste derrière le voile, qui si souvent ne "sépare que légèrement" et marque ce qui pour nous est invisible, et ce qui est en dehors du domaine de la vue humaine. Le mot *apocalypse* signifie un dévoilement, et à la mort, les justes passeront à travers ce voile pour entrer dans la vision béatifique de Christ. Pour l'âme rachetée, c'est le ciel, la demeure éternelle des rachetés de tous les âges.

B. *Le bonheur des saints*

Bien que la nature du bonheur futur ne puisse être connue durant cette vie, les Ecritures nous donnent plusieurs indications de ce que Dieu a préparé pour ceux qui L'aiment. Le ciel sera un lieu où tout péché et toute injustice sera bannie pour toujours. *"Il n'entrera chez elle* [la nouvelle Jérusalem] *rien de souillé, ni personne qui se livre à l'abomination et au mensonge"* (Apoc. 21:27). Rien de ce qui n'est pas saint n'entrera dans la demeure des rachetés, et ils n'auront jamais à ressentir l'influence sinistre de Satan ou d'hommes impies. Dans ce lieu, les conséquences pénales du péché seront entièrement enlevées. *"Il essuiera toute larme de leurs yeux, et la mort ne sera plus, et il n'y aura plus ni deuil, ni cri, ni douleur, car les premières choses ont disparu"* (Apoc. 21:4). Le ciel sera un lieu où les saints jouiront de tout ce qui est positivement bon. *"Il n'y aura plus d'anathème. Le trône de Dieu et de l'Agneau sera dans la ville; ses serviteurs le serviront et verront sa face, et son nom sera sur leur front. Il n'y aura plus de nuit; et ils n'auront besoin ni de lampe ni de lumière, parce que le Seigneur les éclairera. Et ils régneront aux siècles des siècles"* (Apoc. 22:3-5). Ainsi, le ciel sera la réponse parfaite à tout saint désir. Pour ceux qui sont fatigués c'est un lieu de repos éternel; pour celui qui est affligé, c'est un lieu où Dieu essuiera toute larme; pour celui qui souffre, il n'y aura plus de souffrance; pour les imperfections et les maladresses d'un service sincère mais imparfait, le trône de Dieu sera là, et Ses serviteurs le serviront — chaque action se fera en Sa présence et sous Son sourire approbateur; pour ceux qui sont confondus et désorientés par les incertitudes et les déceptions de cette vie, ils ont la promesse qu'il n'y aura plus de nuit; car le Seigneur Dieu leur donnera la lumière, et ils régneront avec Lui aux siècles des siècles.

Pour les saints, une autre source de bonheur se trouvera dans leur communion, les uns avec les autres et avec leur Seigneur. Nous pouvons être sûrs que la personnalité distincte de chaque saint racheté demeurera intacte; et les instincts sociaux qui l'ont caractérisé ici ne seront pas oblitérés, mais seront plutôt intensifiés (cf. Héb. 12:22-23; Mat. 8:11). Aussi, la déduction claire que l'on retire des Ecritures affirme que les saints se reconnaîtront et rencontreront ceux qu'ils ont aimés sur la terre, qui comme eux ont été sauvés par le sang de l'Agneau. St Paul dit: *"Dans le temps présent, je connais d'une manière imparfaite et partielle, mais alors je connaîtrai aussi parfaitement que Dieu me connaît et je comprendrai comme j'ai été moi-même compris"* (1 Cor. 13:12, *version Parole Vivante*). Puisque la mémoire reste et que le thème de notre chant est la rédemption, nous pouvons être assurés que nous garderons la connaissance des personnes, des lieux, et des circonstances qui se rattachent à notre salut (cf. 1 Thess. 2.19). Mais ce qu'il y a de plus merveilleux, c'est que nous avons la promesse que sans l'obscurcissement d'un voile *"ses serviteurs le serviront et verront sa face, et son nom sera sur leurs fronts"* (Apoc. 22:3-4). Et l'apôtre Jean s'exclame sur un ton triomphant: *"Biens-aimés, nous sommes maintenant enfants de Dieu, et ce que nous serons n'a pas encore été manifesté; mais nous savons que, lorsqu'il sera manifesté, nous serons semblables à lui, parce que nous le verrons tel qu'il est. Quiconque a cette espérance en lui se purifie, comme lui (le Seigneur) est pur"* (1 Jean 3:2-3, *Nouvelle version Segond révisée*, 1978).

C. Les emplois du ciel

Même si le ciel est un lieu de repos, nous ne devons pas penser que ce sera un lieu où nous seront inactifs. Il serait juste de penser que de telles activités seront premièrement d'ordre spirituel. *"Béni soit Dieu, le Père de notre Seigneur Jésus-Christ, qui nous a bénis de toutes sortes de bénédictions spirituelles dans les lieux célestes en Christ"* (Eph. 1:3). Dieu permettra aux âmes des rachetés de se développer constamment dans l'immensité d'un océan d'amour divin. De nouvelles perspectives de la grâce divine, de nouvelles visions de Sa personne adorable, déborderont constamment dans leur esprit ravi et dans leur cœur. Leurs facultés intellectuelles seront élargies et purifiées. Le Dr Graham dit: "Le cercle complet de la création sera devant leurs yeux, ainsi que le système de providence et le caractère et les attributs de Dieu. Il leur sera possible de retracer dans les mystères de la nature et de la providence Sa sagesse, Son amour et Sa puissance, lesquels sont maintenant cachés aux yeux humains... Il faut que les plaisirs de l'esprit forment une grande partie du bonheur du ciel. La raison libérée et développée se réjouira sans doute de pouvoir retracer les lois de l'univers matériel et la sagesse suprême qui les a ordonnées, l'origine et les progrès des différents royaumes et empires, des nations et des races, qui constituent la domination de Dieu; en retraçant la sagesse, l'amour et la bonté du Créateur dans chaque département de l'existence, depuis l'insecte sur la terre, jusqu'au séraphin qui se trouve devant le trône de Dieu. Quel domaine pour l'intelligence!" (GRAHAM, *On the Ephesians* [Sur l'Epître aux Ephésiens], p. 72).

D. *La durée éternel du ciel*

L'excellence du ciel trouvera son couronnement dans le fait que de telles joies ne prendront jamais fin. Le ciel est appelé *"la cité [de Dieu] qui a de solides fondements, celle dont Dieu est l'architecte et le constructeur"* (Héb. 11:10); elle s'appelle *"une meilleure [patrie], c'est-à-dire une céleste"* (Héb. 11:16); et on en parle comme d'un *"royaume inébranlable"* (Héb. 12:28). Le mot éternité, ou une de ses formes, est souvent associé avec le ciel. C'est une *"demeure éternelle"* (2 Cor. 5:1); *"la gloire éternelle"* (1 Pi. 5:10); *"les tabernacles éternels"* (Luc 16:9); et *"le royaume éternel de notre Seigneur et Sauveur Jésus-Christ"* (2 Pi. 1:11). Lorsque les saints entreront dans cette gloire éternelle, ils entreront dans une vie qui ne verra point de fin, et dont il sera possible de dire, comme de Dieu Lui-même, que leurs *"années ne finiront point"* (Héb. 1:12).

V. LA CONSOMMATION DES SIÈCLES

A. *L'étendue de la consommation des siècles*

La consommation des siècles marque la conclusion de l'histoire du monde présent. Un nouveau ciel et une nouvelle terre où la justice habitera prendront sa place — destinés à travers l'éternité à être le siège du royaume de Dieu dans la perfection de sa beauté. Dans ce royaume triomphant, Christ cessera Son œuvre médiatrice du salut du péché, car le dernier ennemi aura été vaincu. Pourtant, Il ne cessera pas d'être Celui qui est exalté, car Il sera encore le Premier-né de beaucoup de frères, notre Source d'eau vive, et notre Lumière à toujours. Il sera toujours la cause médiate de notre vie et de notre lumière éternelles, de notre sainteté et de notre bonheur, même lorsqu'Il remettra le royaume au Père.

La consommation des siècles termine l'histoire de probation de l'individu — les conséquences dernières seront le châtiment à venir des méchants et le bonheur éternel des saints. La perfection de l'Eglise sera alors établie. Le ciel ne sera pas uniquement la demeure d'une compagnie innombrable d'individus rachetés, mais la demeure de l'Eglise en tant qu'unité organisée. L'Eglise sera la pierre la plus précieuse du ciel. Pour cette raison, l'apôtre Jean parle de l'Eglise comme de l'Epouse de l'Agneau, qu'il décrit dans le symbolisme d'une ville sainte — la nouvelle Jérusalem, descendant du ciel d'auprès de Dieu (Apoc. 21:2, 9-10). Aucun symbole ne peut s'adapter mieux pour exprimer la complexité d'une organisation sociale. Dans le monde actuel, par la mauvaise adaptation d'une structure sociale imparfaite, la ville devient le siège du péché et de la méchanceté, du manque et de la pénurie, de la douleur et de la souffrance. Mais dans la ville de Dieu, l'organisation aura un tel degré de perfection, comme elle influe sur la relation de l'individu avec l'ordre social, que *"la mort ne sera plus, et il n'y aura ni deuil, ni cri, ni douleur, car les premières choses ont disparu"* (Apoc. 21:4). L'Eglise militante de la terre deviendra triomphante dans le ciel, mais elle ne perdra jamais son identité. Et lorsque l'Eglise aura atteint cette perfection, et que chaque ennemi aura été vaincu et que la mort elle-même ne sera plus, c'est alors que le royaume médiateur comme moyen de salut doit nécessairement cesser et doit être absorbé dans le royaume béni et sans fin de Dieu le Père, de Dieu le Fils et de Dieu le Saint-Esprit.

La consommation des siècles comprend aussi l'univers physique dans son champ d'activité. Il y aura un nouveau ciel et une nouvelle terre. Nous considérons cet aspect dans la conclusion suivante.

B. Les nouveaux cieux et la nouvelle terre

Les Ecritures de l'Ancien et du Nouveau Testament se réjouissent d'avance d'une nouvelle création, lorsque les cieux et la terre présents seront devenus vieux, et seront pliés comme un vêtement. Ainsi, *"tu as anciennement fondé la terre, et les cieux sont l'ouvrage de tes mains. Ils périront, mais tu subsisteras; ils s'useront tous comme un vêtement; tu les changeras comme un habit, et ils seront changés"* (Psaume 102:25-26; cf. Héb. 1:10-12). Le prophète Esaïe déploie toute son éloquence dans la contemplation de cette nouvelle création: *"Car je vais créer de nouveaux cieux et une nouvelle terre; on ne se rappellera plus les choses passées, elles ne reviendront plus à l'esprit. Réjouissez-vous plutôt et soyez à toujours dans l'allégresse, à cause de ce que je vais créer; car je vais créer Jérusalem pour l'allégresse, et son peuple pour la joie"* (Esaïe 65:17-18; cf. Esaïe 34:4; 51:6). Dans le Nouveau Testament, l'apôtre Pierre peint une image graphique des changements qui auront lieu et du nouvel ordre qui fera surface. Il écrit: *"Le jour du Seigneur viendra comme un voleur; en ce jour, les cieux passeront avec fracas, les éléments embrasés se dissoudront, et la terre avec les œuvres qu'elle renferme sera consumée... Mais nous attendons, selon sa promesse, de nouveaux cieux et une nouvelle terre, où la justice habitera"* (2 Pi. 3:10, 13). Ainsi, les Ecritures nous enseignent que Dieu à un moment futur particulier, libérera certaines forces qui en ce moment sont gardées en réserve, et Il les emploiera pour purifier ce qui a été souillé par le péché. Dieu détruit seulement afin de pouvoir créer quelque chose de plus beau; et sur les ruines de la terre qui œuvre sous la malédiction, Il en érigera une autre qui fleurira dans une splendeur qui ne flétrira point.

La grande consommation marque le rétablissement de l'harmonie et de l'ordre dans l'univers. St Pierre fait sans doute mention de cela lorsqu'il dit que le ciel doit recevoir ou retenir Christ *"jusqu'au temps du rétablissement de toutes choses, dont Dieu a parlé anciennement par la bouche de ses saints prophètes"* (Actes 3:21). Cela ne signifie pas bien sûr que tous les hommes se tourneront éventuellement vers Dieu et seront sauvés. Notre étude portant sur la durée du châtiment à venir révèle clairement que c'est le contraire qui aura lieu. Le pécheur qui à la fin reste impénitent sera sans espoir et éternellement perdu. Alors que le rideau tombe sur l'époque présente, la Parole de Dieu est: *"Que celui qui est injuste soit encore injuste, que celui qui est souillé se souille encore; et que le juste pratique encore la justice, et que celui qui est saint se sanctifie encore"* (Apoc. 22:11).

La consommation des siècles marque l'achèvement glorieux du royaume de Dieu. Le royaume aura alors un nouveau commencement, dans de nouveaux cieux, et une nouvelle terre unis. Ce royaume sera un royaume éternel, *"parce que le Seigneur Dieu les éclairera. Et ils régneront aux siècles des siècles"* (Apoc. 22:5). Mais jusqu'à l'arrivée de ce jour glorieux et redouté, lorsque les destinées des hommes seront fixées pour le bonheur ou pour le malheur, pour la vie éternelle ou pour une mort sans fin, l'invitation de l'amour divin sonne clairement et avec force: *"Et l'Esprit et l'épouse disent: Viens. Et que celui qui entend dise: Viens. Et que celui qui a soif vienne; que celui qui veut, prenne de l'eau de la vie gratuitement"* (Apoc. 22:17).

QUESTIONS À ÉTUDIER — CHAPITRE I
Nature et étendue de la théologie

1. Qu'est-ce que la théologie? Qu'est-ce que nous appelons théologie chrétienne? Donnez trois définitions de la théologie chrétienne qui font autorité.
2. Pourquoi l'étude de la doctrine chrétienne est-elle importante?
3. Définissez les termes suivants: doctrine, dogme, foi chrétienne, théologie ethnique.
4. Quels sont les thèmes les plus importants considérés dans la théologie chrétienne?
5. Qu'entendons-nous par la déclaration suivante: "La théologie chrétienne est l'étude de la réalité?"
6. Qu'est-ce qu'un système de théologie? Comment expliquons-nous les systèmes variés de la théologie au sein de l'Eglise chrétienne?
7. Quelles sont les préparations et caractéristiques personnelles nécessaires à l'étudiant pour qu'il puisse recevoir un large bénéfice de l'étude de la théologie?
8. Expliquez soigneusement le rapport qui existe entre la théologie chrétienne et: la religion, la révélation et l'Eglise.
9. Indiquez et décrivez les divisions principales de la théologie chrétienne.

QUESTIONS À ÉTUDIER — CHAPITRE II
Sources et méthodes de la théologie

1. Jusqu'à quel point la théologie est-elle une science? Dans quel sens la considère-t-on comme "la reine des sciences"?
2. Quelles raisons pouvez-vous donner pour l'organisation systématique de la doctrine chrétienne. Indiquez quelques-uns des plans d'organisation qui ont été utilisés. Quel est le plan de ce livre?

3. Quelle est la source primaire de la théologie chrétienne?
4. Etablissez un contraste entre les points de vue catholique romain et protestant par rapport à la Bible.
5. Quelles sont les sources secondaires de la théologie chrétienne? Expliquez soigneusement pourquoi on les considère comme secondaires.
6. Quelles sont les limites des credos comme sources de la théologie chrétienne?
7. Qu'est-ce qu'un credo œcuménique? Quels sont les trois importants credos de l'Eglise avant sa division? En quel sens représentent-ils le développement progressif de la déclaration doctrinale de l'Eglise?
8. Expliquez le rôle joué par les Conciles de Nicée et d'Athanase dans la formulation du Symbole de Nicée.
9. Indiquez la trajectoire du développement de la théologie dans l'Eglise par périodes, en notant les caractéristiques les plus importantes de chaque période.
10. Décrivez avec concision la contribution des personnes suivantes à la théologie chrétienne: Jean de Damas, Thomas d'Aquin, Mélanchton, Jean Calvin, Schliermacher, Jean de la Fléchère et William Burt Pope.
11. Faites une liste en colonnes parallèles des plus importants points de différence doctrinales entre les Catholiques romains et les Protestants.
12. Sur quels points de doctrine l'Eglise Catholique Grecque diffère-t-elle de l'Eglise Catholique Romaine?
13. Nommez cinq représentants importants du point de vue *armino-wesleyen* de la théologie. Indiquez l'œuvre théologique la plus importante de chacun d'eux.

QUESTIONS À ÉTUDIER — CHAPITRE III
La révélation chrétienne

1. Quelle est la différence entre la révélation générale et la révélation spéciale?
2. Quelles sont les sources de la révélation générale?
3. Expliquez la relation que la Parole de Dieu a avec Christ et avec la nature. Pourquoi est-il important que cette relation soit parfaitement comprise?
4. Qu'entendons-nous par l'expression "la foi chrétienne"?
5. Expliquez et évaluez quatre évidences de la révélation?
6. Discutez les divers termes scripturaires employés pour décrire les miracles, et indiquez l'accent particulier de chacun d'eux.
7. Evaluez de manière critique les lois de prédiction prophétique du docteur Pope.
8. Expliquez ce que nous entendons par inspiration. Comment distinguez-vous entre l'inspiration et la révélation? Que voulons-nous dire par le mot "plénière" lorsque nous nous référons à l'inspiration?
9. Décrivez avec clarté les trois théories principales de l'inspiration. Quel est le plus grand problème que l'on confronte sous ce rapport? Quelle est la théorie qui résout le mieux le problème?
10. Citez et évaluez les preuves écrites de l'inspiration divine de la Bible.
11. Donnez dans un petit paragraphe un résumé concernant la position orthodoxe par rapport à l'inspiration de la Bible.

QUESTIONS À ÉTUDIER — CHAPITRE IV
Le canon des Saintes Ecritures

1. Que voulons-nous dire quand nous parlons de la canonicité d'un livre de la Bible?

2. Distinguez entre un livre canonique et un livre apocryphe?
3. Indiquez les étapes principales dans le développement de l'Ancien Testament.
4. Indiquez les trois divisions principales de l'Ancien Testament en décrivant brièvement chacune d'elles.
5. Faites une liste des témoignages du canon de l'Ancien Testament en commençant par ceux qui sont les plus importants. Dites pourquoi vous les arrangez de cette façon.
6. Décrivez les étapes par lesquelles le canon du Nouveau Testament est venu à l'existence.
7. Expliquez pourquoi les Protestants refusèrent-ils d'inclure les livres apocryphes dans le canon des Saintes Ecritures.
8. Quels sont les principes fondamentaux nécessaires pour une vraie compréhension de la relation qui existe entre l'Ancien Testament et le Nouveau Testament?
9. Distinguez entre les termes "authenticité" et "véracité" en ce qui a trait aux livres de la Bible.
10. Evaluez l'évidence à l'appui de l'authenticité et de la véracité de l'Ancien et du Nouveau Testament.
11. Que voulons-nous dire par l'expression "intégrité des Ecritures"? Quelle évidence avons-nous du fait que la Bible à été préservée de toute erreur essentielle?

QUESTIONS À ÉTUDIER — CHAPITRE V

L'existence et la nature de Dieu

1. Indiquez la position déterminante de la doctrine de Dieu dans le système de la théologie chrétienne.
2. Quelle évidence pouvez-vous citer à l'appui de la déclaration que l'idée de Dieu est intuitive?
3. Quelles raisons pouvez-vous donner à l'appui de l'étude des arguments confirmatoires concernant l'existence de Dieu?

4. Expliquez dans vos propres termes chacun des arguments confirmatoires se référant à l'existence de Dieu. Où et dans quels sens chaque argument suggère-t-il quelque chose en rapport avec la nature de Dieu?
5. Quelles sont les preuves en rapport avec l'existence de Dieu que l'évêque Weaver fonde sur les Ecritures?
6. Choisissez une définition de credo en rapport avec Dieu et analysez-la en ses parties les plus importantes.
7. Indiquez quelques-unes des idées en référence à Dieu qui peuvent être dérivées des noms qu'Il reçoit dans les Saintes Ecritures.
8. Quelles sont les quatre idées fondamentales qui sont contenues dans le concept chrétien de Dieu? Donnez un résumé dans vos propres mots.

QUESTIONS À ÉTUDIER — CHAPITRE VI
Les attributs de Dieu

1. Faites une distinction entre les attributs, les perfections et les prédicats divins.
2. Quelles erreurs faut-il éviter dans l'étude des attributs divins?
3. Etablissez une distinction entre les attributs absolus, relatifs et moraux de Dieu.
4. Condensez en vos propres mots les attributs absolus de Dieu, en donnant au moins deux citations bibliques à l'appui de chacun d'eux.
5. Mentionnez sous forme d'esquisse les attributs relatifs de Dieu en expliquant chacun d'eux. Indiquez les implications de chacun d'eux en ce qui a trait à notre relation avec Dieu.
6. Quelles sont les problèmes spéciaux en rapport avec l'omniscience de Dieu? Expliquez la position arminienne concernant la prédestination divine et la liberté humaine.

7. Examinez soigneusement la définition offerte par William Newton Clarke au sujet de la sainteté. Quelles sont les trois idées fondamentales contenues dans cette définition?
8. Quels sont les points de vue variés pris par les théologiens au sujet de la sainteté de Dieu? Quelle position adopte notre texte sur ce sujet?
9. Expliquez la déclaration suivante: "L'amour de Dieu est la nature de Dieu, du point de vue de Sa communication personnelle avec les hommes."
10. Expliquez les éléments du renoncement de soi et de l'affirmation de soi trouvés dans l'amour de Dieu.
11. Expliquer en peu de mots ce que nous voulons dire lorsque nous mentionnons les attributs moraux suivants de Dieu: Justice, Droiture, Vérité et Grâce.

QUESTIONS À ÉTUDIER — CHAPITRE VII
La trinité

1. Expliquez comment la doctrine de la Trinité a dérivé de l'expérience chrétienne et de l'adoration.
2. Citez quelques-uns des passages importants qui enseignent l'unité de Dieu.
3. Quelle évidence trouvons-nous dans l'Ancien Testament en référence à la doctrine de la Trinité?
4. Indiquez sous forme d'esquisse l'enseignement biblique concernant la divinité de Jésus-Christ. Pourquoi cette doctrine est-elle si importante?
5. Pourquoi la doctrine de la personnalité du Saint-Esprit est-elle d'une telle importance pratique? Indiquez les lignes les plus importantes de l'évidence biblique qui enseignent cette doctrine.
6. Quels sont les passages de l'Ancien Testament expliqués dans le Nouveau qui sont d'une valeur particulière dans la révélation de la divinité du Saint-Esprit? Pourquoi?

7. Expliquez les erreurs commises par le sabellianisme et l'arianisme.
8. Définissez soigneusement et dans vos propres termes les distinctions rencontrées dans la doctrine évangélique de Dieu comme unité et comme trinité.

QUESTIONS À ÉTUDIER — CHAPITRE VIII
La cosmologie

1. Faites les distinctions entre les concepts suivants: cosmologie, anthropologie et harmatiologie.
2. Expliquez et évaluez d'une manière critique les théories suivantes concernant la création: le matérialisme, le panthéisme, la théorie de l'évolution naturelle et celle de la création continue.
3. Expliquez la relation entre la Trinité, le Logos et les attributs de Dieu.
4. Que voulons-nous dire par l'expression "Hymne de la Création"?
5. Quelles interprétations variées a-t-on données du récit mosaïque de la création? Quelle est la vraie méthode d'explication chrétienne?
6. Pourquoi est-il impossible et jusqu'à un certain point hors de sens de prendre une position dogmatique par rapport à la durée exacte des périodes appelées "jours" dans le récit que la Genèse fait de la création?
7. Distinguez soigneusement entre la création primaire et la création secondaire dans le récit de Moïse, donnant des exemples variés illustrant chacune d'elles.
8. Indiquez avec clarté l'ordre logique des événements créateurs relatés dans la Genèse. Citez les diverses séquences qui le démontrent.
9. Qu'est-ce que la théorie de la restauration? Où trouve-t-on le fondement scripturaire pour cette théorie?

10. Que signifie le terme grec *aeon* ("âge" ou "monde")? Indiquez et caractérisez brièvement les trois âges dans l'histoire de l'homme.
11. En quoi la création trouve-t-elle son but ultime?
12. Condensez brièvement l'enseignement scripturaire concernant la nature et les fonctions des anges.
13. Distinguez entre la conservation, la préservation et le gouvernement tels que ces termes sont employés en rapport avec la relation de Dieu envers Ses créatures.

QUESTIONS À ÉTUDIER — CHAPITRE IX
L'anthropologie

1. Quels sont les principaux thèmes qui sont inclus dans l'étude de l'anthropologie?
2. Quels sont les deux récits concernant l'origine de l'homme selon le livre de la Genèse? Définissez le but de chacun d'eux?
3. Expliquez soigneusement la théorie de la dichotomie et la théorie de la trichotomie en ce qui a trait à la nature de l'homme. Qu'est-ce que les Saintes Ecritures enseignent à ce sujet?
4. Quelles sont les principales théories concernant l'origine de l'âme? Laquelle d'entre elles semble donner la meilleure base pour la transmission de la dépravation ou du péché originel?
5. Distinguez soigneusement entre l'image naturelle et l'image morale de Dieu dans l'homme.
6. Décrivez de manière détaillée les divers aspects de la sainteté primitive. Pourquoi est-il important de la définir clairement à ce point?

QUESTIONS À ÉTUDIER — CHAPITRE X
La doctrine du péché

1. Expliquez avec clarté pourquoi il est fondamentalement important d'avoir une conception juste du péché.

2. Décrivez le symbolisme compris dans le récit biblique de la chute de l'homme. Pourquoi doit-on tenir compte de cela?
3. Pourquoi l'état de probation de l'homme est-il nécessaire?
4. Comment expliquerons-nous la chute de l'homme en dépit de sa condition de sainteté originelle? A quel point précis de la tentation et de la chute le péché est-il entré dans l'homme?
5. Expliquez le concept de Satan comme l'antéchrist.
6. Quel est l'enseignement biblique concernant l'origine ultime du péché?
7. Citez cinq termes différents employés dans l'original grec pour représenter le concept du péché. Notez soigneusement la signification de chacun d'eux et donnez un passage biblique où il est employé.
8. Choisissez ce que vous considérez comme les trois définitions les plus compréhensibles du péché en donnant les raisons de ce choix.
9. Que voulons-nous dire de la pénalité et de la culpabilité comme conséquences du péché? Qu'est-ce qui est compris dans l'idée de la mort comme pénalité du péché?
10. Distinguez entre le péché originel et la dépravation héritée.
11. Discutez en détail la base scripturaire pour les doctrines du péché originel et de la dépravation héritée.
12. Dans quel sens la dépravation est-elle totale? Dans quel sens elle ne l'est pas?
13. Que voulons-nous dire par l'expression "don de la justice"? Comment cette expression se rattache-t-elle à l'idée de la dépravation totale?
14. Comment le péché originel se transmet-il d'une génération à l'autre?

15. Pourquoi est-il nécessaire de faire une distinction entre la dépravation et la faiblesse? Quels sont les dangers dont il faut tenir compte en faisant cette distinction?

QUESTIONS À ÉTUDIER — CHAPITRE XI
La personne de Christ

1. Pourquoi touchons-nous au cœur même du christianisme, lorsque nous étudions la personne de Christ?
2. Pourquoi la conception miraculeuse et la naissance virginale de Jésus-Christ ont-elles une signification doctrinale spéciale?
3. Pourquoi Christ fut-il baptisé? Où et en quoi la prophétie s'est-elle accomplie?
4. Expliquez la signification doctrinale de la tentation de Jésus et de Son obéissance parfaite.
5. Citez cinq concepts erronés concernant la personne de Christ et démontrez comment chacun d'eux manque de se comparer au point de vue chrétien, ou qu'il est simplement une perversion de ce point de vue.
6. Pourquoi est-il important de soutenir que la nature de Christ est totale et complète? Indiquez l'évidence biblique à l'appui de cela.
7. Qu'implique le fait que Christ fut complètement étranger au péché?
8. En considérant les souffrances de Christ, quelles distinctions au sujet de Sa nature doit-on soutenir avec clarté? Pourquoi?
9. La préexistence de Christ prouve-t-elle nécessairement Sa divinité?
10. Comment Christ fut-Il révélé dans l'Ancien Testament?

11. Quel est le témoignage le plus élevé que nous possédons au sujet de la divinité de Christ? Pourquoi est-il d'une valeur suprême?
12. Qu'est-ce que l'Incarnation? Pourquoi fut-elle nécessaire? Que voulons-nous dire par l'expression "Personne théanthropique"?
13. Indiquez la signification du mot *"hypotase"*. Comment s'emploie-t-il en rapport avec la personne de Christ? Combien de natures avait-Il?
14. Que devons-nous croire concernant la personne de Christ si nous devons soutenir une foi orthodoxe?

QUESTIONS À ÉTUDIER — CHAPITRE XII
Les états et les fonctions de Christ

1. Expliquez les deux étapes fondamentales de l'humiliation de Christ.
2. Que veut dire l'expression *"Communicatio Idiomatum"*?
3. Quel est le but des théories du dépouillement?
4. Que devrons-nous croire en ce qui concerne le dépouillement de Christ?
5. Doit-on considérer la descente aux enfers en rapport avec l'humiliation de Christ ou avec Son exaltation? Pourquoi? Qu'est-ce qui fait que certains Protestants l'incluent dans l'une et certains autres dans l'autre?
6. Indiquez les nombreuses "preuves indubitables" que démontrent la résurrection de Christ.
7. Quelles sont les implications doctrinales et les vérités contenues dans l'enseignement biblique concernant la résurrection de Christ?
8. Quelle est la signification doctrinale de l'ascension de Christ?
9. Que voulons-nous dire par l'expression "la session"?
10. Enumérez et expliquer les trois fonctions de notre Seigneur Jésus-Christ. Quel est le rapport de cha-

cune de ces fonctions avec la rédemption de l'homme?

QUESTIONS À ÉTUDIER — CHAPITRE XIII
L'Expiation

1. Quelles sont les idées fondamentales contenues dans le concept de l'Expiation?
2. Où la nécessité de l'Expiation trouve-t-elle son fondement?
3. Indiquez de quelle manière l'Expiation de Christ fut prédite dans l'Ancien Testament.
4. Où trouve-t-on la cause première de l'Expiation?
5. Que voulons nous dire par le terme "substitut" lorsque nous nous référons à l'Expiation de Christ?
6. Condensez dans vos propres termes la signification de ces termes scripturaires: "propitiation", "rédemption", "réconciliation", lorsqu'ils sont employés en rapport avec l'Expiation.
7. Quelles sont les observations préliminaires fondamentales que l'on doit toujours se rappeler lorsqu'on considère les théories de l'Expiation?
8. Expliquez les concepts d'Anselme par rapport à l'Expiation. Pourquoi cet ensemble d'idées eut-il tant de signification dans les années qui suivirent?
9. Donnez un extrait soigneux de la théorie catholique romaine de l'Expiation.
10. Expliquez la théorie de la satisfaction pénale de l'Expiation. Sur quels points pensez-vous que nous devons la rejeter?
11. Dans quel sens la théorie gouvernementale de l'Expiation essaie-t-elle de rectifier et de corriger la théorie de la satisfaction pénale?
12. Dans quel sens les théories d'influence morale de l'Expiation sont-elles faibles et inexactes? Quel est leur rapport avec les idées d'Abélard sur le sujet?
13. Condensez en petits paragraphes les idées essentielles en rapport avec l'Expiation de Christ telles

qu'elles s'appliquent aux théories mystiques, à la nouvelle théologie et à la théorie de Strong.
14. Quels sont les bénéfices de l'Expiation que l'on peut considérer comme inconditionnels et pourquoi?
15. Dans quels sens l'œuvre de Christ continue-t-elle après la venue du Saint-Esprit?

QUESTIONS À ÉTUDIER — CHAPITRE XIV
La personne et l'œuvre du Saint-Esprit

1. Notez les cas dans lesquels le Saint-Esprit était actif avant la Pentecôte.
2. Indiquez la relation entre le Saint-Esprit et l'Incarnation.
3. Expliquez la signification du jour de la Pentecôte dans la dispensation du Saint-Esprit.
4. Expliquez la relation entre le Saint-Esprit et le ministère terrestre de Jésus-Christ.
5. Quels sont les signes introducteurs qui sont associés avec la venue du Saint-Esprit à la Pentecôte? Quelle est la signification de chacun d'eux?
6. Etablissez la différence entre les fruits de l'Esprit et les dons de l'Esprit.
7. Décrivez les fonctions particulières du Saint-Esprit comme le "Donateur de la Vie" et la "Présence sanctificatrice".
8. Comment l'œuvre du Saint-Esprit se rapporte spécialement à l'Eglise en tant que Corps de Christ?
9. Faites une esquisse de l'œuvre du Saint-Esprit dans sa relation avec le monde.
10. Que voulons-nous dire quand nous exprimons le fait que le Saint-Esprit est l'Administrateur de la Divinité?

QUESTIONS À ÉTUDIER — CHAPITRE XV
Les états préliminaires de la grâce

1. Faites la différence entre l'appel universel et l'appel immédiat du Saint-Esprit.
2. Indiquez en colonnes parallèles et sous forme de schéma les points de contraste entres les Calvinistes et les Arminiens sur la prédestination et l'élection.
3. Analysez l'appel de l'Evangile dans ses éléments variés en expliquant chacun d'eux dans vos propres mots.
4. Qu'est-ce que la grâce? Qu'est-ce que la grâce prévenante? Indiquez divers passages scripturaires qui les décrivent.
5. Faites le contraste entre le concept calviniste et le concept arminien concernant la grâce.
6. Quels points dignes de recommandation sont rendus évidents dans le concept arminien?
7. Quelle évidence scripturaire peut-on citer à l'appui de l'opinion à savoir que la repentance est d'une importance vitale?
8. Indiquez les divers éléments que comporte l'idée scripturaire de la repentance.
9. Discutez la place relative de l'élément divin et de l'élément humain dans la repentance.
10. Faites la différence entre la repentance et la pénitence.
11. Indiquez les idées essentielles que comporte l'idée scripturaire de la foi. Quelle idée semble être d'importance principale?
12. Définissez soigneusement la foi salvatrice. Comment se distingue-t-elle de la foi en général?
13. Décrivez l'importance relative de l'élément humain et de l'élément divin dans la foi salvatrice.
14. Comment la foi salvatrice se rapporte-elle à la Parole de Dieu?
15. Discutez la relation entre la foi et les œuvres.

16. Que veut-on dire par l'expression que la foi est le fruit de l'Esprit?
17. Quel est le concept biblique de la conversion?
18. En quoi le point de vue calviniste et le point de vue arminien diffèrent-ils par rapport à la conversion?

QUESTIONS À ÉTUDIER — CHAPITRE XVI
La justification, la régénération et l'adoption

1. Quels sont quelques-uns des divers termes par lesquels l'idée de la justification se présente dans la Bible?
2. Expliquez les différences entre la justification personnelle, la justification légale et la justification évangélique.
3. Distinguez entre la justification comme acte et la justification comme état.
4. Que veut-on dire par la déclaration que la justification est un changement relatif?
5. Distinguez soigneusement entre la justification et la sanctification. Pourquoi cette distinction est-elle nécessaire?
6. Faites la différence entre l'aspect judiciaire et l'aspect souverain de la justification.
7. Expliquez le fondement de la justification.
8. Etablissez le contraste entre le point de vue calviniste et le point de vue arminien au sujet de l'imputation.
9. Quel semble être le vrai point de vue scripturaire à l'égard de l'imputation?
10. Distinguez soigneusement entre la justification et la régénération.
11. Citez quelques-uns des passages scripturaires qui révèlent la nature de la régénération sous des symboles divers.
12. Quels sont les termes bibliques qui représentent l'œuvre de Dieu dans la régénération?

13. Indiquez quelques erreurs à propos de la régénération qui sont très communes. Indiquez la manière de réfuter chacune d'elles au moyen des Ecritures.
14. Indiquez clairement la relation entre la régénération et la Parole, la sanctification et la révélation de Dieu en Christ.
15. Quelle est la signification de l'adoption?
16. Quels sont quelques-uns des bienfaits les plus importants qui résultent de l'adoption?
17. Qu'entend-on par le témoignage de l'Esprit?
18. La sécurité complète de la foi est-elle le privilège constant de tout chrétien? Présentez l'évidence qui confirme votre réponse.

QUESTIONS À ÉTUDIER — CHAPITRE XVII

L'entière sanctification ou la perfection chrétienne (I)

1. Indiquez l'accent spécial de chacun des termes employés communément en rapport avec l'expérience de l'entière sanctification.
2. Condensez dans vos propres mots les points de vue que les Catholiques romains et les Calvinistes soutiennent à propos de la sanctification.
3. Quel est le point de vue arminien et wesleyen de la sanctification?
4. Expliquez les théories d'Oberlin et de Keswick sur la sanctification.
5. Condensez les groupes de passages du Nouveau Testament qui révèlent la sainteté comme étant la volonté, la promesse et le commandement de Dieu.
6. Démontrez avec des citations bibliques que l'entière sanctification est une seconde œuvre de grâce.
7. Etudiez soigneusement la section "La signification des temps des verbes du Nouveau Testament grec",

et donnez ensuite un résumé dans vos propres termes de l'importance de cette étude.
8. Quels sont d'après vous les cinq points les plus importants du contraste entre la justification et la sanctification? Indiquez les raisons de votre choix.
9. Quel est le rapport entre la sanctification et la régénération?
10. Quels sont les cinq "causes" ou agents généraux employés par Dieu dans la sanctification?
11. Sous quel rapport peut-on considérer raisonnablement la sanctification comme étant progressive? Dans quel sens est-elle instantanée?

QUESTIONS À ÉTUDIER — CHAPITRE XVIII
L'entière sanctification ou la perfection chrétienne (II)

1. Discutez l'entière sanctification en tant que purification du péché.
2. Qu'entend-on par l'aspect positif de l'entière sanctification?
3. Analysez l'entière sanctification du point de vue de ses phases ou de ses éléments divins et humains.
4. Quels sont quelques-uns des concepts erronés de la perfection chrétienne?
5. Qu'entendons-nous lorsque nous disons que la perfection chrétienne est évangélique, relative, probatoire et médiate?
6. Donnez un sommaire de votre point de vue concernant le concept fondamental de la perfection chrétienne.
7. Expliquez et évaluez les distinctions importantes que nous avons besoin de faire au sujet de la perfection chrétienne.
8. Quelle évidence scripturaire avons-nous qui indique que la perfection chrétienne peut être obtenue dans cette vie?

9. Que doit-on conseiller à celui qui recherche la perfection chrétienne afin de la recevoir comme une expérience actuelle?
10. Comment arrivons-nous à savoir que nous possédons la perfection chrétienne?

QUESTIONS À ÉTUDIER — CHAPITRE XIX
La vie de sainteté

1. Quelle justification peut-on donner dans une œuvre de théologie chrétienne pour l'étude de la morale chrétienne?
2. Enumérez et discutez brièvement les diverses sources de la morale chrétienne.
3. Dans quel sens spécial la perfection chrétienne est-elle une expérience en rapport avec la morale?
4. Qu'entend-on par la loi de la liberté?
5. En quel sens le chrétien est-il sous la loi?
6. Qu'est-ce que la conscience? Quel est son rapport avec la nature totale de l'homme?
7. La conscience est-elle sujette à l'éducation et au développement? Expliquez.
8. Quelles sont les vertus théistes?
9. Pourquoi considère-t-on la révérence comme le devoir fondamental envers Dieu?
10. Enumérez et expliquez en vos propres termes les quatre formes fondamentales de la prière.
11. Qu'est-ce que l'adoration? Pourquoi l'adoration est-elle le devoir suprême envers Dieu?
12. Pourquoi les devoirs envers soi-même doivent-ils former le deuxième groupe des devoirs moraux pour notre considération?
13. Quel est le vrai point de vue chrétien à l'égard du corps physique? Quels sont nos devoirs en ce sens?
14. Quelles raisons chrétiennes peut-on donner pour le développement de l'intellect, la conservation de la vie émotive et la fortification de la volonté?

15. Quelle suggestion spécifique peut-on donner pour le développement de la vie spirituelle ?
16. Condensez dans vos propres termes le point de vue chrétien concernant les droits de l'homme.
17. Quel est l'enseignement chrétien concernant la nature du mariage ?
18. Quels sont les devoirs chrétiens des maris envers leurs épouses et vice-versa ?
19. Quels sont les devoirs chrétiens des parents envers les enfants et vice-versa ?
20. Expliquez soigneusement les points de vue communément acceptés entre les chrétiens concernant les obligations que l'individu a envers l'Etat. Quand cette obligation cesse-t-elle d'exister et jusqu'à quel point nous engage-t-elle ?

QUESTIONS À ÉTUDIER — CHAPITRE XX
L'Eglise chrétienne

1. Que signifie le mot "Eglise"
2. Expliquez les implications dans l'usage du symbole "Corps de Christ" lorsque nous nous référons à l'Eglise.
3. Quels aspects de l'Eglise sont soulignés dans l'usage de l'expression "temple du Saint-Esprit" ?
4. Définissez les diverses étapes dans la formation de l'Eglise chrétienne.
5. Que voulons-nous dire par l'expression "marques et attributs" de l'Eglise ?
6. Expliquez soigneusement les quatres "marques" considérées généralement en rapport avec l'Eglise.
7. Quels sont les cinq points de vue fondamentaux concernant la source ultime d'autorité dans l'Eglise ?
8. Décrivez les caractéristiques d'organisation de l'Eglise apostolique.

9. Quels étaient les divers types de ministères dans l'Eglise apostolique?
10. Quelles étaient les fonctions des ministres de l'Eglise primitive?
11. Décrivez dans vos propres termes la nature de l'adoration dans l'Eglise primitive.
12. Que voulons-nous dire par les aspects sociaux et individuels de l'adoration?
13. Quelles sont les caractéristiques de la vraie adoration qui sont permanentes et obligatoires? Quelles sont celles qui sont facultatives et variables?
14. Décrivez le but essentiel et la valeur du jour du repos comme moyen de grâce.
15. Indiquez les étapes principales dans le développement du jour du repos en tant qu'institution.
16. Pourquoi l'Eglise chrétienne observe-t-elle le premier jour de la semaine comme son jour de repos?
17. Quels principes doivent diriger notre conduite dans l'observation adéquate du "Jour du Seigneur".
18. Indiquez la fonction de la Parole de Dieu comme moyen de grâce.
19. Quels sont les éléments essentiels d'une prière bien ordonnée?
20. En quel sens la communion chrétienne est-elle un moyen de grâce?
21. Expliquez les éléments qui caractérisent le vrai sacrement.
22. Décrivez les trois points de vue fondamentaux sur la manière dont le pouvoir divin s'unit au signe visible du sacrement.
23. Le baptême fut-il un nouveau rite créé au début de l'Eglise chrétienne? Expliquez.
24. Indiquez quelques-uns des points de vue les plus importants concernant le baptême. Lequel les Pères de l'Eglise acceptaient-ils?
25. Expliquez les points de vue fondamentaux concernant la nature et la fonction du baptême soutenus

par l'Eglise Catholique Romaine et les groupes protestants les plus importants.
26. Expliquez la vraie nature du baptême comme signe et comme sceau.
27. Evaluez l'évidence par rapport à la question du mode du baptême. Quelle est la position de ce livre sur le sujet?
28. Qui sont les candidats légitimes du baptême chrétien?
29. Décrivez les circonstances dans lesquelles la Sainte Cène fut instituée.
30. Expliquez la valeur et la signification de chacun des termes variés employés en rapport avec la Sainte Cène.
31. Expliquez soigneusement chacun des points de vue suivants concernant la nature de la Sainte Cène: consubstantiation, transsubstantiation, commémoration, signes et sceaux.
32. Quel est le point de vue accepté par les Eglises telles que l'Eglise du Nazaréen concernant la Sainte Cène. Pourquoi?
33. Quels points concernant l'administration de la Sainte Cène doit-on toujours considérer.

QUESTIONS À ÉTUDIER — CHAPITRE XXI
La seconde venue de Christ

1. En quel triple sens doit-on considérer la mort comme le salaire du péché?
2. Expliquez les effets de l'expiation de Christ en ce qui concerne le salaire du péché.
3. Expliquez l'emploi des termes suivants en référence à l'étude de l'état intermédiaire: *Schéol, Hadès, Paradis.*
4. Condensez le fondement scripturaire de notre croyance dans l'immortalité de l'homme.
5. Donnez un résumé dans vos propres termes des points de vue du contraste relatif à l'état intermé-

diaire soutenus par (1) les Protestants en général et (2) les Catholiques romains.
6. Pourquoi quelques-uns des chrétiens croient dans un état intermédiaire mais nient l'existence d'un lieu intermédiaire?
7. Quelle évidence biblique procure le fondement pour la croyance que Christ reviendra en personne sur la terre?
8. Donnez une esquisse des signes qui indiqueront la proximité de la seconde venue de Christ.
9. Donnez un résumé succinct de l'enseignement des Ecritures qui décrivent la manière de la seconde venue de Christ.
10. Pourquoi Christ reviendra-t-Il la seconde fois?
11. Qu'est-ce la Bible veut dire par l'expression "Le Jour du Seigneur"?
12. Ecrivez un petit paragraphe décrivant chacune des théories suivantes relatives à la seconde venue de Christ: la théorie adventiste, la théorie de Keswick, la théorie catholique romaine, la théorie post-milléniale.
13. Indiquez les points spécifiques de contraste entre les théories prémilléniales et post-milléniales de la seconde venue de Christ.
14. Faites une liste en série des déclarations parallèles des points de contraste entre la première et la seconde venue de Christ.
15. Pourquoi est-il impossible d'opiner dogmatiquement en considérant l'ordre des événements du "Jour du Seigneur"?
16. Que signifie l'enlèvement, la révélation, le jugement investigateur?
17. Décrivez la nature de la consommation finale en ce qui a trait à la terre elle-même.
18. Esquissez l'ordre des événements du jour du Seigneur tels qu'ils sont présentés dans le texte.

Approuvez-vous cet ordre? Pourquoi? Quels changements suggéreriez-vous? Pourquoi?

QUESTIONS À ÉTUDIER — CHAPITRE XXII
La résurrection, le jugement et la consommation des siècles

1. L'Ancien Testament enseigne-t-il la doctrine de la résurrection?
2. Comment le concept chrétien de la résurrection se rapporte-t-il à la personne et à l'œuvre de Christ?
3. Condensez soigneusement l'enseignement biblique concernant la nature des corps ressuscités des saints.
4. La Bible enseigne-t-elle que la résurrection des méchants et celle des justes seront simultanées? Donnez les raisons et l'évidence scripturaire appuyant votre réponse.
5. Qu'est-ce qui les Ecritures enseignent concernant la nature et la durée du jugement général?
6. Qui doit être le Juge final de tous les hommes? Pourquoi?
7. Décrivez soigneusement les critères selon lesquels les hommes seront jugés. Les principes seront-ils appliqués à tous de la même manière? Pourquoi?
8. Où, dans la Bible, trouve-t-on les buts du jugement général?
9. Analysez soigneusement et définissez la signification essentielle de chacun des termes descriptifs employés dans les Ecritures pour dénoter le lieu du châtiment des méchants.
10. Donnez un résumé des passages les plus importants du Nouveau Testament qui annoncent la nature du châtiment futur des méchants.
11. Sur quoi est fondé l'enseignement chrétien selon lequel le châtiment futur sera éternel?

12. Quelles objections soulève-t-on contre la doctrine chrétienne du châtiment éternel des méchants? Quelle réponse pouvez-vous donner à chacune d'elles?
13. Le ciel est-il à la fois un lieu et un état? Expliquez en donnant des raisons scripturaires à l'appui de votre réponse.
14. Quels facteurs constitueront les sources du bonheur des saints dans le ciel?
15. A quelles sortes d'activités les saints prendront-ils part dans le ciel?
16. Indiquez la portée de la consommation des siècles.
17. Que veut dire l'expression "les nouveaux cieux et la nouvelle terre"? Indiquez les caractéristiques de chacun de ces termes.
18. Comment la consommation des siècles se rapporte-t-elle à l'idée du Royaume de Dieu?

INDEX GÉNÉRAL

—A—

ABEL, 227, 253, 301
ABÉLARD, 32, 234
ABRAHAM, 227, 253
Actes de Paul, 64
ADAM, 160, 163, 168, 180, 181, 184, 185, 195, 201; L'homme représentatif, 181-182
Adikia, 176
Administrateur de la Divinité, 247
Administration préparatoire du Saint-Esprit, 253-254
Adonaï, 88
Adoptianisme, 198
Adoption, 299-301; Signification, 299; Bienfaits, 300-301; Evidence de, 301-305
Adoration (Voir Culte d'adoration)
Attributs absolus de Dieu, 93-98
Adversaire, 172
Aeon, Création, 146-147
Agape, 387
Akrizoo, 330
Alchimie, 187
Alexandrie, Canon de, 65; Ecole juive d', 65, 140

ALFORD, 216
Alliance abrahamique, 402
AMBROISE, 397
Ame, 142, 157-162, 415, 418
Amour de Dieu, 108-111
Amour, Dieu comme Esprit est amour, 90
Amour fraternel, violations, 367
Amour parfait, 306
Ancien, 385-386
Ancien Testament, Antiquité de l', 59-62
Anges, Enseignement scripturaire, 148-150; Nature, 148-149; Attributs, 149; Ministère, 149; Apostasie d'un peu, 149-150
Annihilationnisme, 443-447
Anomia, 176
ANSELME, 32, 83, 233-234
Antéchrist, Enseignement scripturaire, 171-173, 431
Anthropologie (Doctrine de l'homme), 131, 135; Création de l'homme, 154-156; Origine de la femme, 156; Unité de la race, 157; Nature de l'homme, 157-164
Antinomisme, 289, *Echecs à*, 37
Apocalypse de Pierre, 64

INDEX GÉNÉRAL

Apocryphes, 59, 65
APOLLINAIRE, 197, 200
Apollinarisme, 197
Apôtres, Définition et commission, 384
Appel efficace, 269
Arbre de la connaissance du bien et du mal, 167, 168-169
Arbre de la vie, 167
Archéologie, 70-72
Archanges, 149
Argument cosmologique, 80-82
Argument du dessein, 82-83
Argument historique, 84
Argument moral, 84
Argument ontologique, 83-84
Argument téléologique, 82-83
Arguments appuyant l'existence de Dieu, 78-86
Arianisme, 30-31, 197
ARISTOTE, 14
ARIUS, 30, 127, 197
Arminianisme, 35-36, 243, 264-266, 289, 311, 439
ARMINIUS, Jacobus, 237, 311
Articles de Foi, Méthodistes, 87
Articles de l'Eglise d'Angleterre, 180
Asebeia, 176-177
Ascension de Christ, 220
Ascétisme, 360
Aspects légaux de l'Expiation, 225-226
Aspersion, 399-401
Association des Eglises Pentecôtistes, 312
Association Nationale pour la Promotion de la Sainteté, 312
Assurance, 301-304
ATHANASE, 30-31, 83, 233
Athéisme, 77-79, 85-86, 278
Attributs de Dieu; Absolus, 93-98; Relatifs, 98-105;
Moraux, 105-113; Relation à la création, 138
AUGUSTIN, 32, 33, 36, 83, 95-96, 180, 233, 270, 308, 397, 401, 427-428
Authenticité des Ecritures, 69-71

—B—

BANKS, 83
Baptême, Eau, 395-402; Institution du, 396; Développement de la doctrine, 396-398; Mode, 399-401; Sujets, 401-402
Baptême de l'Esprit, 247, 260-261, 306
Baptême des nouveau-nés, 397
Bélial, 172
Bible, Source primaire de la théologie, 26; Contraste entre les points de vue protestant et catholique, 27, 35; Parole de Dieu, 41-44; Relation à la nature et à Christ, 42-44; Divisions de l'A.T., 59-60; Développement de l'A.T., 60-61; Rapport entre l'A.T. et le N.T., 66-68; Intégrité de la Bible, 71-72
BICKNELL, 64
Bienfaits de l'Expiation, 242-245
BLAIR, 98
BONAVENTURE, 235
Bonheur éternel des saints, 447-449
Bonnes œuvres, 280
Bonté de Dieu, 104-105
BRESEE, Dr Phineas F., 323, 333
BROWN, David, 427
BRUCE, A.B., 239
BUNTING, 284

BUNYAN, John, 366
BUSHNELL, Horace, 240
But du jugement, 442

—C—

CAÏN, 227, 253
CALVIN, Jean, 264, 269s, 398
Calvinisme, 101-104, 243, 264, 265, 281, 282, 288-289, 294-295, 310-311
Canon des Saintes Ecritures, 58ss; A.T., 59-62; N.T., 62-65; Comme règle de foi, 65-69
Canon de Muritori, 63
Canons primitifs, 63-64,
CAMPBELL, John McLeod, 240
CARLYLE, 40, 175
Carthage, Synode de, 64
Catéchèse, 22
Catéchisme de Westminster, 87
Catholique, 378-379
CHAPMAN, Dr James B., 337-338
Chair, 182, 183-186, 322-323, 328-331
Châtiment éternel, 444-447
Chérubins, 149
Chiliasme, 426-427
Chiliastes, 426
Christ, Sans péché en Sa nature, 201
Christologie, Esquisse, 188-190; Développement dans l'Eglise, 196-198; Personne de Christ, 191-210; Etats et fonctions de Christ, 211-223; Expiation, 224-246;
Chrysorrhoas, 32
Chute de l'homme, 166-171
Ciel, un lieu et un état, 447-450; Bonheur des saints, 447-450; Emplois du ciel, 449-450; Durée du ciel, 450

Circoncision de Christ, 193
CLARKE, Adam, 114, 142, 167, 211, 278-279, 318, 327, 328, 446-447
CLARKE, William Newton, 18-19, 77, 103-104, 109, 129
Colère mauvaise, 367
Commandements (voir Décalogue), 68, 349-350, 389-390
Commémoration, 404-407
Communauté intermédiaire, 377
Communicatio Idiomatum, 213
Communion, 403
Concept millénaire du royaume, 147, 429-431
Conceptions érronées de la perfection chrétienne, 333-334
Conception miraculeuse de Christ, 192-193
Concile de Chalcédoine, 197-198; Sa christologie, 209-210
Conciles, Nicée, 198; Constantinople, 198; Chalcédoine, 197-198; Trente, 235
Conditions pour être membre de l'Eglise, 382
Conditions préalables du contrat du mariage, 368-369
Conditions requises pour recevoir la perfection chrétienne, 340-341
Confession d'Augsburg, 398
Confession Helvétique, 406
Confession de Westminster, 168
Confirmation, 394
Conscience, 39-40, 352-354
Consécration, 341
Conservation, 151
Consommation des siècles, 435-436, 450-453, Etendue, 450-451; Nouveaux cieux et nouvelle terre, 452-453

INDEX GÉNÉRAL　　　　　　　　　　　　　　　　　　　　　　　　*481*

Constantinople, Concile de, 198
Consubstantiation, 405-406
Contingence, 101-104
Contrition, voir Repentance
Conversion, Définition théologique, 281-282
Conviction, 267-268
Convoitise, 308
CORLETT, Dr D. Shelby, 321
CORNEILLE (baptême de), 400
Corps, 359-362
Corps de Christ, Symbole de l'Eglise, 374-376
Cosmogonie, Mosaïque, 139-148; Types d'interprétation, 140; Jours de la création, 140-141; Création primaire et secondaire, 141; Ordre de la création, 141-146; Création secondaire, 142-144; Périodes de création; 144-146; Théorie de la restauration, 146; Objectif de la création, 146-148
Cosmologie, Nature de, 135-136;
Création, 131; Périodes de création, 144-146
Création, Théories de, physique ou de la matière, 136; Emanation ou panthéiste, 136; Evolution naturelle, 137; Création continue, 137;
Créationisme, 160
Credos, voir Symboles
Crucifixion, 211-212, 222, 228
Cryptistes, 214
Culpabilité, 177-179
Culte d'adoration sociale, 387-389
Culte d'adoration, 386-389; Dans l'Eglise primitive, 387; Aspect d'ordre individuel et social, 387-388; Ordre et formes, 388-389
Culture de la pensée, 362-365
Cur Deus Homo, 233

CURTIS, Olin A., 236, 241,
CYRUS, 266

—D—

DANA, 145
DAWSON, 145
DANIEL, 301
DAVID, 301
Décalogue, 349, 389-390
Décrets tridentins, 287, 309
Dépravation, 180-186
Dépravation héritée, 180-186; Mitigation de, 183-184
Dépravation totale, 183-184
Descente aux enfers, 217
Descensus ad inferos, 217
Destruction des méchants, 433
Développement de la théologie chrétienne, 31-37
Devoirs, Envers Dieu, 354-359; Envers soi-même, 359-366; Envers autrui, 366-373
Diaconesses, 386
Diacres, 385-386
Diable, voir Satan
Dichotomie, 157-158
DICK, 99, 106, 301
DICKIE, 240
Dieu, Définitions, 86-87; Nature, 86-90; Noms, 87-88; Esprit, 88-89; Vie, 89; Lumière, 89-90; Amour, 90
Dispensation du Saint-Esprit, 256-262; Le Saint-Esprit et la Pentecôte, 256-258; Fonctions du Saint-Esprit, 258-261; Le Saint-Esprit et l'Eglise, 261-262; Le Saint-Esprit et le monde, 262
Distinctions concernant la sainteté, 337-339
Divinité de Christ, 117-121, 202-205
Divinité du Saint-Esprit, 124-126

Divorce, 368-370
Dix Commandements, 390 (voir Décalogue)
Docétisme, 196
Doctrine chrétienne, Raison de l'étude, 11-13
Doctrine du péché (voir Hamartiologie)
Doctrine du Père, 77-113; Existence, 77-86; Nature, 86-90; Classification des attributs divins, 91-93; Attributs absolus, 93-98; Attributs relatifs, 98-105; Attributs moraux, 105-113
Dogmatique luthérienne, 33, 35, 398
Dogmatique réformée, 33-34, 35, 36, 398
Don de la justice, 183
Dons de l'Esprit, 259-260
Double nature du péché, 175-177, 322-324, 328-331
DRUMMOND, Henry, 179
Droits à la vie, à la liberté et à la propriété, 367-368
Droiture de Dieu, 111-112
DUNS SCOT, 235

—E—

Ebionisme, 196
EBRARD, 215
Ecclesia, 374, 376
Ecole d'Andover de théologie, 240
Ecole de Médiation, 36
Ecole Oberlin de Théologie, 312
Ecole Rationaliste, 36
Ecoles de théologie, 36-37
EDWARDS, Jonathan, 36
Eglise chrétienne, 343, 374-408; Nature de, 374-386; Culte d'adoration et moyens de grâce, 386-394;
Sacrements, 394-408
Eglise Catholique Grecque, 34
Eglise Catholique Romaine et sa doctrine, 34-35, 309-310, 379, 380, 381, 382-383, 392, 394-395, 397, 404-406, 417, 427-428
Eglise du Nazaréen, 312
Eglise de la Sainteté des Pèlerins, 312
Eglise Méthodiste Libre, 312
Eglise Méthodiste Wesleyenne, 312
Election, 264-266
Elixir de vie, 187
Elohim, 87
Emplois du ciel, 449-450
Enfer, 443-447; Terminologie scripturaire et enseignement, 443-447; Durée et punition future, 446-447; Objections résolues, 447
Enlèvement, 430
ENOCH, 301
Enseignements des Apôtres, 64
Entière sanctification, 247, 260-261, 297-298, 306-342; Terminologie, 306-308; Approche historique à la doctrine, 308-315; Base scripturaire, 315-319; Signification et portée, 319-327; Purification du péché, 328-331; Dévotion positive à Dieu, 331-332; Subséquente à la régénération, 323-324; Aspect progressif, 325-327
Epître de Barnabas, 64
Eschatologie, 409-453; La mort et l'immortalité, 413-416; L'état intermédiaire, 416-419; Retour personnel de notre Seigneur, 419-429; Ordre des événements con-

cernant le Jour du
Seigneur, 429-434;
Résurrection, 435-439;
Jugement dernier, 439-443;
Etat futur des impénitents,
443-447; Bonheur éternel
des saints, 447-450;
Consommation des siècles,
450-453
Esprit, Dieu comme Esprit, 93-95
Esquisses des Parties
(Sections), I° Partie, 8-10;
II° Partie, 74-76; III°
Partie, 132-134; IV° Partie,
188-190; V° Partie, 248-
251; VI° Partie, 345-346;
VII° Partie, 411-412
Essence divine et perfections,
91, 127-130
Esthétique, 365
Etablissement de l'Eglise chrétienne, 376-377
Etapes dans l'opération du
Saint-Esprit (voir Saint-
Esprit)
Etat intermédiaire, 416-419;
Terminologie, 416-417;
Différents points de vue,
417-419
Etats et fonctions de Christ,
211-223; Etat d'humiliation, 211-216; Etat d'exaltation, 216-221; Fonctions
de Christ, 221-223
Etat ou gouvernement civil,
371-373
Etat primitif de l'homme, 158-
159
Etats préliminaires de la grâce,
263-282; Vocation chrétienne ou l'appel, 263-268;
Grâce prévenante, 268-271;
Repentance, 271-275; Foi
salvatrice, 275-281;
Conversion, 281-282

Etendue de l'Expiation, 242-
246
Eternité, attribut de Dieu, 96-97
Ethique (voir Morale)
Eucharistie, 387, 403;
Controverse sur, 404-407
EUSÈBE, 30
EUTYCHÈS, 197
Eutychianisme, 197
Evangélistes, 384-385
EVANS, William, 273
EVE, 167
Evêques, 384-385
Evidences de la perfection chrétienne, 341-342
Evolution naturelle, 137
Exaltation de Christ, 216-221;
Descente aux enfers, 217-
218; Résurrection, 218-219;
Ascension, 220; Session,
220-221
Existence de Dieu, 77-86; L'idée
de Dieu est intuitive, 78-
79; Témoignage des
Ecritures, 79; Arguments
Confirmatoires, 79-86
Existence du péché dans le
régénéré, 322-323
Ex Opere Operato, 405
Expérience comme source de la
théologie, 28
Expiation, Base biblique et histoire, 226-230; Indices dans
l'A.T., 226-227; Conception
dans le N.T., 228; Cause
d'origine, 228; Nature substitutive, 229; Terminologie
des Ecritures, 230-232
Expiation: Sa nature et son
étendue; Définitions, 225;
Nécessité, 225-226;
Etendue universelle, 242,-
243; Bienfaits inconditionnels, 243-245; Bienfaits
conditionnels, 245

Expiation, Théories, 232-242;
  Doctrine patristique, 233;
  Théorie d'Anselme, 233-234; Théorie d'Abélarde, 234; Théories scholastiques, 234-235; Catholique romaine, 235; Satisfaction pénale, 236-237; Gouvernementale, 237-238; Influence morale, 238-241; Ethique, 241; Raciale, 241-242

—F—

FAIRCHILD, 312-313
Famille, 368-369
Fête commémorative, 404, 406
Fidélité, 369-370
FIELD, Benjamin, 180, 272
Filiation chrétienne, 290-305,
  Privilège des croyants, 290
Fils de Dieu, Sa divinité, 117-121; 191, 202-205
Fils de l'homme, Humanité de Christ, 191, 199-202
FINNEY, Charles G., 312
FISKE, Daniel, 296
FLÉCHÈRE, Jean de la, 36, 165,
Foi, 275-281; La foi qui sauve, 275-281; La foi en tant qu'une grâce, 280-281
Foi chrétienne, 44-45
Foi salvatrice, 275-281; Nature en général, 276-277; Nature de la foi salvatrice, 277-280
Fonctions administratives du ministère, 384-386
Fonctions de Christ, 221-223; De prophète, 221; De sacrificateur, 222; De roi, 222-223
Fonction royale de Christ, 222-223

Fonctions de l'Eglise, 380-386
Fonctions du Saint-Esprit, 258-261
Fondations, 6
Forme de gouvernement congrégationaliste, 380-381
Forme de gouvernement épiscopal, 380-381
Forme de gouvernement presbytérien, 380-381
FOSTER, évêque Randolph S., 95, 306
Frères de Plymouth, 312-313, 315
Fruit de l'Esprit, 259

—G—

Géhenne, 443-444
GERHART, E.V., 374, 435
GESS, 215
GILL, John, 116
Gloria, 130
Gnostiques, 196
GOODWIN, John W., 321
GOULD, Dr J. Glenn, 304
Gouvernement, 152-153
Grâce et ses attributs connexes de Dieu, 112-113
Grâce prévenante, 247, 263, 268-271, 294
GRAHAM, 450
GROTIUS, 237
GUYON, Madame, 366
GUYOT, 145

—H—

Habillement, 361
Hadès ou *Scheol*, 416-417
HAGENBACH, 25-26
HALES, John, 159
HALL, Frances J., 109
Hamartia, 165, 175
Hamartiologie (Doctrine du péché) 135, 165-186; Chute

de l'homme, 165-171;
Satan et l'origine du péché,
171-175; Nature et pénalité
du péché, 175-179; Péché
originel ou dépravation
héritée, 180-186
HAMMOURABI, Code de, 70
HANNAH, 50
HARRIS, Samuel, 39
Hérésies trinitaires, 30, 126-127; Christologique, 196-198, 238-239
HERMAS, 64
HÉSIODE, 14
Hilasmos, 230
HILLS, A.M., 103, 263
HODGE, A.A., 236, 394
HODGE, Charles, 15, 23, 25, 373
HOMÈRE, 14
Homme, Doctrine de l', (voir Anthropologie)
Humanité de Christ, 199-202; Sa nature humaine, 199-201; Sa nature sans péché, 201; Ses souffrances, 201-202
Humiliation de Christ, 212-216; Étapes dans, 212-213; *Communicatio Idiomatum*, 213-214; Premières théories du dépouillement, 214; Théories kénotiques plus récentes, 214-216
Hymne de la création, 139
Hypostasis, 128, 130, 207

—I—

Idolâtrie, 355-356
Ignace, 308
Image de Dieu dans l'homme, 161-164; Image naturelle, 161-162; Image morale, 162

Immensité, Attribut de Dieu, 97
Immortalité, 414-415
Immutabilité, Attribut de Dieu, 97-98
Impénitents, État futur, 443-447
Imputation, 288-290, 310-311
Incapacité de l'homme, 269-270, 273
Incarnation, 205-210; Nature de, 205-207; Personne unique, 207-208; Deux natures, 208-209; Relation au Saint-Espirt, 254-255
Infaillibilité des Ecritures, 56-57
Infini, Définition de Dieu, 86-87
Infinité, Attribut de Dieu, 95-96
Infirmité, 185-186, 338-339
Inspiration des Ecritures, Définitions, 50-51; Relation à la révélation, 51; Possibilité et nécessité, 51-52; Théories, 52-54; Preuves scripturaires, 54-56
Inspiration plénière, 54-57
Institutions du christianisme, 343, 368-371, 371-373, 374
Institution de sacrifice, 227
Intégrité des Ecritures, 71-72
Intercession de Christ, 245-246
Introductions aux Parties (Sections), I° Partie, 7; II° Partie, 73; III° Partie, 131; IV° Partie, 187; V° Partie, 247; VI° Partie, 343; VII° Partie, 409
Intuition, Origine de l'idée de Dieu, 77-79
IRÉNÉE, 233
IRVING, Edwards, 239
Israël, 266

—J—

Jamnia, Concile de, 61-62
Jardin d'Eden, 167
JEAN-BAPTISTE, 194, 271, 377, 396
JEAN DE DAMAS, 32
Je suis celui qui suis, Nom de la divinité, 87
Jéhovah, 87, 89, 203-204
JÉRÉMIE, 204
JÉRÔME, 65
JÉSUS, (voir Christ; Christologie)
JÉSUS-CHRIST, Source de la théologie chrétienne, 26, 41, 48-49
JOB, 301
Jour du Seigneur (Sabbat chrétien), 391-392
Jour du Seigneur (Période étendue de temps), 426, 429-434
Jours de la création, 140-141, 144-145
Juge, La Personne du juge; 440-441
Jugement, Dernier, 439-443; la réalité, 439-440; La Personne du juge, 440-441; Principes de jugement, 441-442; But, 442; Scène du jugement dernier, 443
Jugement investigateur, 430-431
Justice chrétienne, 283-290
Justice et droiture de Dieu, 111-112
Justification, 283-290; Importance, 283-284; Définitions, 284; Nature, 284-288; Evangélique, 285-286; Une action et un état, 286; Un changement relatif, 286; Relation à la sancification, 286-287; Un acte juridique et souverain de Dieu, 287-288; Personnelle, globale et instantanée, 288; Base de, 288-290
Justification évangélique, 285

—K—

Kaphar, 224
Kapporeth ou le Propitiatoire, 230
Katallasso, 231
Katargéo, 330
Katharidzo, 329-330
KENNICOTT, 72
Kénotistes, 214
Keswick, Mouvement de, 314-315
Keswick, Théorie sur la Second Venue de Christ, 427

—L—

Laodicée, 197
LEE, Luthur, 324
Liberté d'expression, 368
Liber Sententiarum, 234
Libre arbitre, 167-171, 174-175, 265-268
Lieu intermédiaire, 417-419
Littérature de dévotion, 366
Liturgie, 22
Liturgie du Saint-Esprit, 387
Livre chrétienne, 42-44
Loci Communes (Lieux communs), 33
Logos, 138-139, 205-208
Loi de l'amour, 352
Loi de la liberté, 351
LOMBARD, Pierre, 32, 234
Louange, 387-389
LOWRY, Asbury, 443
Lumière, Dieu comme Esprit est lumière, 89-90

LUTHER, Martin, 405
Lutron, 231

—M—

MACAIRE d'Egypte, 308-309
Maître du sabbat, 204, 390
Maîtrise de soi, 366-373
MAHAN, Asa, 312,
Mal, 171-175
Manne, Sabbat Juif et la manne, 390
Manuel, Eglise du Nazaréen, 65, 86, 260, 284, 393-394, 395, 407, 438
Manuscripts, 72
Mariage et la famille, 368-371
Marques et attributs de l'Eglise, 377-379
MARTENSEN, Evêque, 99, 110, 191, 215
MARIE, Vierge, 192, 206, 209, 210, 255
Masse, 404-405
MAURICE, F.D., 239
MCILVAINE, 359
Médiateur, Christ comme Médiateur, 221-223
Méditation, 365-366
MÉLANCHTON, Philippe 33
Mérite, Théorie d'Anselme, 233
MERRILL, Evêque, 283
Messie, 212, 227-228
Méthode allégorique, 140
Méthode d'organisation synthétique de la théologie, 25
Méthode trinitaire, 25
Méthodiste, Articles de Foi, 87
Méthodiste, Position sur le baptême, 398
MILEY, John, 26, 37, 78, 163, 225, 238, 239,
MILL, J.S., 82
Millénium, Histoire de la théorie millénaire, 429-431
MILLER, Hugh, 145

MILLER, Dr H.V., 329
Ministère chrétien, 382-386
Ministère extraordinaire et transitoire de l'Eglise, 384-385
Ministère Médiateur de Christ, 221-223
Ministère régulier et permanent de l'Eglise, 385
Miracles, Evidences d'inspiration, 46-47
Miséricorde, 113
Mode de baptême, 399-401
Mode génétique, 184
Modestie d'habillement, 361
Monergisme, 233, 264-265, 269
Monophysisme, 197-198
Monothélisme, 197-198
Morale (Ethique), Branche de la théologie systématique, 347s
Morale chrétienne, 343-373; Principes de, 348-354; Devoirs envers Dieu, 354-359; Devoirs envers soi-même, 359-366; Devoirs envers autrui, 366-373
Morale, Individuelle, 365-366; Sainteté du corps, 359-362; Culture de la pensée, 362-365; Développement de la vie spirituelle, 365-366
Morale pratique, 354
Morale (Ethique) sociale, 366-373; Violations de l'amour fraternel, 367; Droits de l'homme, 367-368; Devoirs familiaux, 368-371; Devoirs envers l'Etat, 371-373
Morale théiste, 354-359; Vertus théistes, 355; Révérence, 355-356; Prière, 356-358; Adoration, 358-359
Moraves, 311
Mort et immortalité, 413-415; Point de vue chrétien sur

la mort, 413-414; Victoire
chrétienne, 415-416
Mort, Résultat du péché, 178-179
Mort spirituelle, 178-179, 181, 182, 292-293, 413, 414
Mouvement piétiste, 311
Moyens de grâce, 386-408;
Culte d'adoration, 386-389;
Sabbat, 389-392; Parole de
Dieu, 392-394; Prière, 393;
Communion fraternelle,
393-394; Sacrements, 394-408
Mystère, 404
Mysticisme, 45, 309, 392

—N—

Naissance de l'Esprit, 247; 260, 290-299
Nature, Comme une source de la théologie, 27-28
Nature de l'homme, 157-164
Nature corrompue de l'homme, 180-186
Nature d'un sacrement, 394-395
Nature substitutive de l'Expiation, 229-232
Nazaréen, Eglise du, 312
Nestorianisme, 197, 206, 210
NESTORIUS, 197
NEVIN, 273
Nicée, Premier concile œcuménique, 198
NICODÈME, 290
NOÉ, 227
Noms de Dieu, 87-88
Nouvelle Ecole de la Théologie, 36
Nouvelle théologie, 240-241

—O—

Obéissance de Christ, 195
Obéissance filiale, 370-371
OEHLER, 276

Omnipotence, 100-101
Omniprésence, 99-100
Omniscience, 101-104
Onction de l'Esprit, 261, 331-332
Ordination de ministres, 386
Ordonnances et cérémonies de l'Eglise, 386-389
Organisation de l'Eglise (fontions), 380-386
ORIGÈNE, 32, 160, 233
Origine de l'âme, 159-161
Origine du péché, 165-175
ORPHÉE, 14
OWEN, John, 124

—P—

PALEY, William, 94
Papauté, 379-380
Pâque et Sainte Cène, 403
Parabasis, 175
Paraclet, 258
Paradis, 416
Pardon, 287
Parents et enfants, 370-371
Passion, 360, 363-364
Passion et mort de Christ, 195-196
Pasteur, 385
Pastorat, 385
Patience, 364-366
Périodes de création, 144-146
Péché, Doctrine du, (voir Harmatiologie)
Péché inné, 260
Péché, origine, 165-175
Péché originel, 180-181, 184-185
PÉLAGE, 233
Pélagianisme, 294
Pélagiens, 180
Pénalité, Nature de la culpabilité et la pénalité, 178-179
Pénitence, 274-275
Pentateuque, samaritain, 70
Pentecôte, Relation au Saint-

Esprit, 256-258; Relation à l'établissement de l'Eglise, 377
Père, Doctrine du, (voir Doctrine du Père)
Pères apostoliques, 308
Perfection, Comme attribut de Dieu, 98
Perfection chrétienne, 247, 306-342 (surtout 333-342); Fausses idées sur, 333-334; Implications de la doctrine, 334-336; Concept fondamental, 336-337; Distinctions importantes, 337-339; et Morale, 343, 350; Expérience actuelle, 339-341; Preuves de, 341-342
Persévérance, Finale, Dans le système calviniste, 269
Personnalité de Dieu, 127-130
Personnalité et divinité du Saint-Esprit, 121-126
Personne de Christ comme existence ou *hypostasis*, 207-210
Pharisiens, 204
PHÉRÉCYDES, 14
Pierre philosophale, 187
Plein salut, 306
Polémique, 22
POLYCARPE, 308
POND, Enoch, 71
POPE, William Burt, 15, 26, 37, 46, 48, 62, 102-103, 106, 130, 135, 148, 252, 273, 278, 282, 309, 352, 379, 395-396
PORTER, Thomas C., 139
Position et état ou condition, 288-289, 310-311
Position monergistique, (Voir Monergisme)
Postmillénaristes, 428-429
Préconnaissance divine, 101-104,

Prédestination, 264-266
Prédicats, 91
Préexistence, De l'âme, 160; De Christ, 203
Premiers principes, 32
Presbytérien, type ou forme de gouvernement de l'Eglise, 380
Présence ou mystère, 404
Préservation, 152
Preuves de l'existence de Dieu, 78-86
Prière, Devoir et formes, 356-358, 393
Prière exclamatoire, 356
Prière publique, 358, 387-389
Principes de jugement, 441-442
Principes de la morale chrétienne, 347-354
Probation, Nécessité pour l'homme, 167-169
Prophétie, Lettre de créance de la révélation, 47-48
Propitiation, 230
Propitiatoire, 230
Propriété, Droits à, 367
Protestantisme, 34-35
Providence, 150-153
Pureté et maturité, Quelques distinctions importantes, 337-339
Purification du péché, 328-331
Purgatoire, 417

—Q—

Quart livre de phrases, 32

—R—

RALSTON, T.N., 26, 37, 130, 224, 357-358, 406-407
RAMSAY, Sir William, 145
RAYMOND, Dr Miner, 37, 177, 244, 245, 297-298, 428
Réalités de la foi chrétienne, 7

Récompenses, 424-425, 443-447
Réconciliation, 231-232
Rédemption, 230-231
Régénération, 290-299; Nature de, 290-291; Définitions de, 291-292; Œuvre de Dieu dans, 292-293; Erreurs relatives à, 293-295; Résumé de l'enseignement relatif à, 295-299
Règle de Foi, 57, 65-66, 68-72
Relation entre Dieu et la création, 137s, 150-153
Religion, Relation avec la théologie, 20
Remontrants, 264
Renouvellement de la terre, 432
Repentance, 271-275; Importance de, 271-272; Nature de, 272; Définitions représentatives, 272-273; Eléments humain et divin, 273-274; Etat de pénitence, 274-275; Nécessité de la repentance, 275
Répertoires d'Ecritures, 63-64
Résurrection, 435-439; Enseignement biblique, 435-437; Nature du corps ressuscité, 437-438; Résurrection générale, 438-439
Réveil, 267
Révélation, Générale, Définitions, 38-39; Par la nature, 39; Dans la nature et la constitution de l'homme, 39-40; Dans l'histoire, 40-41
Révélation, Spéciale, Définition, 41-42; Créances de la révélation, 45-49
Révérence, 355-356
RITSCHL, Albrecht, 36, 239

ROBBINS, 353
ROGERS, W.H., 390
Royaume de Dieu, 431-432
Royaume de Satan, 174
RUTH, C.W., 341

—S—

Sabbat, 389-392
Sabellianisme, 126-127, 196-197
SABELLIUS, 126-127, 196-197
Sacrements, 394-408; Nature, 394-395; Baptême, 395-402; Sainte Cène, 402-408
Sacrements, Les sept de l'Eglise Catholique Romaine, 394
Sacrement, Position protestante, 394-395, 397-398
Sacrifices, Primitifs, 227; De la loi, 227
Sagesse de Dieu, 104
Sainte Cène, 403-408; Etablissement de, 402-403; Terminologie, 403-404; Nature de, 404-407; Administration de, 407-408
Saint-Esprit, Personne et œuvre, personnalité, 121-124, 247; Révélation progressive, 253-256; Dispensation du, 256-262; Dans Son administration préparatoire, 253-254; Relation à l'Incarnatiion, 254-255; Relation au ministère terrestre de Jésus, 255-256; Relation à la Pentecôte, 256-258; Fruit de l'Esprit, 259; Dons de l'Esprit, 259-260; Relation à l'Eglise, 261-262; Relation au monde, 262; Relation à l'œuvre du salut, 260-261

Sainteté, 106-107, 306-308;
Expressions utilisées pour l'exprimer, 306-307;
Relation aux temps des verbes grecs, 318-319, 320-321
Sainteté du corps, 359-362
Sainteté primitive, 163-164
SALES, François de, 366
Salut, 247; Son commencement, 263-282; Vocation chrétienne ou appel, 263-268; Grâce prévenante, 268-271; Repentance, 271-275; Foi salvatrice, 275-281; Conversion, 281-282
Sanctification, Sa signification et sa portée, 319-327
Sanctification entière, voir Entière sanctification
Sarx (voir Chair)
Satan, 150, 171-175; Origine, 171; Comme l'Antéchrist, 171-172; Relation à Christ, 172-173; Royaume, 174, 431
Scellage du Saint-Esprit, 261, 301-305, 341-342
SCHAFF, Philip, 72
Schéol, 217, 416, 417
SCHLEIRMACHER, 36, 239
Scientia libera, 102
Scientia media, 102
Scientia necessaria, 102
SCOT, Duns, 235
Scotistes, 235
Second avènement, 419-429; Retour personnel, 419-421; Signe de Sa venue, 421-423; Manière, 423-424; But, 424-426; Jour du Seigneur, 426; Relation aux théories du millénium, 426-429; Contraste entre le 1er et 2° avènements, 429

Seconde bénédiction, 306
Seigneur, (voir Christ; Noms de Dieu)
Septante, 69, 72, 230
Septième jour, 389-392
Session de Christ, 220-221
SHEDD, W.G.T., 399
SHELDON, Henry C., 37
Signes de l'inauguration à la Pentcôte, 256-258
Signes et sceaux, 394-395, 406-407
Signes de Sa venue, 421-423
SMITH, Henry B., 16, 17, 18, 110
Socinianisme, 198, 234, 238, 240
SOCIN, Fausto, 198, 238
SOCIN, Lelio, 198, 238
Solvant universel, 187
Sommaire de la foi orthodoxe, 32
Sorcellerie, 356
Soumission de Christ, 195
Sources de la morale chrétienne, 348-354
Sources de la théologie chrétienne, 26-31
Stauroo, 330
STEELE, Daniel, 318-319
STRONG, Augustus H., 19, 26, 50, 158, 177, 236, 238, 241,
Substitution, Substitution pénale, 236-237
Summa Theologica, 32
SUMMERS, Thomas O., 37, 225
Surérogation, 235
Symboles, 28; des Apôtres, 29-30; de Nicée, 30-31; d'Anthanase, 31
Synergisme, 269-270, 272-273, 278, 282
Synode de Carthage, 64

—T—

Talmud, 72
Targums, 72
Tartare, 443-444
TAYLOR, Jeremy, 366
Témoignage du Saint-Esprit, 49, 301-305; Base biblique, 301-302; Deux aspects, 302-304; Privilège commun des croyants, 304-305; Témoignage de notre propre esprit, 303-304
Temple, l'Eglise comme temple du Saint-Espirt, 376
Temps du verbe aoriste, 318-319
Tentation, 167-169; De Christ, 194-195; Relation à la perfection chrétienne, 339
Terminologie de la théologie, 13-14
Thanatoo, 330
Théologie, 11-37; Définitions, 14-15; Nature et étendue, 15; Une étude de la réalité, 15-16; Systèmes, 16-17; Qualités requises pour son étude, 17-19; Sa relation avec la religion, 20; Relation avec la révélation, 20; Relation avec l'Eglise, 21; Divisions principales, 21-22; Sa nature scientifique, 23-25; Méthodes d'organisation et de présentation, 26-26; La Bible comme source primaire, 26; La nature comme une source, 27-28; L'expérience comme une source, 28; Symboles ou credos comme source, 28-31; Développement historique, 31-37
Théologie arminienne, Dogmatique, 101-104, 243, 264-266, 269-271, 282, 288-289
Théologie ethnique, 14
Théologie exégétique, 21
Théologie historique, 22
Théologie pratique, 22
Théologie, Sa relation avec religion, 20
Théologie systématique, 22
Théologie, Systèmes et méthodes, 16-17, 25-26
Théologie, Terminologie, 13-14
Théologiens américains, 36
Théorie adventiste du millénium, 426-429
Théorie d'Anselme, 233
Théories antitrinitaires, 126-127
Théorie commerciale, 234
Théories de la création, 136-137; Relation entre Dieu et la création, 137-139, 150-153; Hymne de la création, 139, Cosmogonie mosaïque, 135-136, 139-141; Ordre de la création, 141-146; Objectif de la création, 146-148
Théorie des cryptistes, 214
Théories du dépouillement, 214
Théorie de la dictée de l'inspiration, 52-53
Théorie dynamique de l'inspiration, 54
Théorie d'émination de la création, 136
Théorie ethique de l'expiation, 241
Théorie de l'évolution naturelle, 137
Théorie de l'Expiation par exemple, 238-241
Théorie de l'Expiation de Grotius, 237-238
Théorie gouvernementale de l'Expiation, 237-238

Théorie de l'illumination de l'inspiration, 53-54
Théories d'influence morale de l'Expiation, 238-241
Théorie de l'intuition de l'inspiration, 53
Théories kénotiques plus récentes, 214-216
Théorie de Keswick sur la Second Venue de Christ, 427
Théories littéralistes du millénium, 427-428
Théorie mécanique de l'inspiration (voir théorie de la dictée.)
Théories mystiques de l'Expiation, 239
Théorie panthéiste de la création, 136
Théorie raciale de l'Expiation, 241-242
Théorie rectorale de l'Expiation, 237-238
Théorie de la satisfaction, 233
Théorie de la satisfaction pénale, 236-237
Theotokos, 210
THOMAS A KEMPIS, 366
THOMAS D'AQUIN, 32, 234-235
THOMASIUS, 215
Thomistes, 235
TORREY, R.A., 340
Traducianisme, 160
Transgression *(parabasis)*, 175
Transsubstantiation, 404-405
Trente, Canons et décrets de, 235
Trente-neuf Articles, 86, 128, 322, 398
Trichotomie, 158
Trinité, 114-130; Prévision dans l'A.T., 116-117; Le Fils et l'Esprit dans le N.T., 117; Doctrine évangélique, 127-130; Relation à la création, 137-138
Trinité de Dieu, 115-117; 128-130
Trinité économique, 129
Trisagion, 117
Types d'organisation dans l'Eglise, 380-382

—U—

Unio Mystica, 234
Union hypostatique, 207-208
Unitariens, 115-116
Unité de Dieu, 94-95, 115, 128
Unité de la race, 157
Universalité de l'idée de Dieu, 77-78
UPHAM, Thomas C., 366
USSHER, 159

—V—

VAN OOSTERZEE, 102
Vérité comme un attribut de Dieu, 112
Victoire chrétienne, 415-416
Vie de Sainteté, 347-373
Vie, Dieu comme Esprit est vie, 89
Vie spirituelle, Son développement, 365-366
Vieille Ecole de la Théologie, 36
Vieille nature pécheresse, 260
Vingt-cinq Articles du Méthodisme, 87
Vocation chrétienne ou appel, 263-268

—W—

WAKEFIELD, Samuel, 14, 104, 106, 129, 152, 356, 368, 401, 402, 408, 445
WALKER, Edward F., 320

WARDLAW, Ralph, 106
WATSON, Richard, 37, 94, 225, 229, 238, 272, 278, 292
WEAVER, évêque Jonathan, 11, 85, 91, 96-97, 121, 283, 381
WESLEY, Charles, 311-312
WESLEY, John, 36, 128, 163, 177, 236, 270, 272, 277-278, 280, 286, 291, 302-303, 304-305, 307, 311, 320, 322-323, 326, 328, 342
WHEDON, Daniel, 420
WHITEHEAD, 38
WHITELAW, 390

WILLIAMS, Dr R.T., 330-331
WINCHELL, 145
WOOD, J.A., 347

—Y—

Yahvé, 87

—Z—

ZINZENDORF, comte, 311; Son idée sur la sanctification, 311
ZWINGLI, Ulrich, 398, 406

TABLE DES MATIÈRES

	Page
Dédicace	2
Préface	3
Introduction	5

PREMIÈRE PARTIE:
INTRODUCTION

Chapitre
- I. Nature et étendue de la théologie 11
- II. Sources et méthodes de la théologie 23
- III. La révélation chrétienne 38
- IV. Le canon des Saintes Ecritures 58

DEUXIÈME PARTIE:
LA DOCTRINE DE DIEU

- V. L'existence et la nature de Dieu 77
- VI. Les attributs de Dieu 91
- VII. La Trinité 114

TROISIÈME PARTIE:
LA DOCTRINE DE L'HOMME ET LE PROBLÈME DU PÉCHÉ

- VIII. La cosmologie 135
- IX. L'anthropologie 154
- X. La doctrine du péché 165

QUATRIÈME PARTIE:
LA DOCTRINE DE JÉSUS-CHRIST

- XI. La personne de Christ 191
- XII. Les états et les fonctions de Christ 211
- XIII. L'expiation 224

CINQUIÈME PARTIE:
LES DOCTRINES DU SALUT

XIV.	La personne et l'œuvre du Saint-Esprit	252
XV.	Les états préliminaires de la grâce	263
XVI.	La justification, la régénération et l'adoption	283
XVII.	L'entière sanctification ou la perfection chrétienne (I)	306
XVIII.	L'entière sanctification ou la perfection chrétienne (II)	328

SIXIÈME PARTIE:
LA MORALE CHRÉTIENNE ET LES INSTITUTIONS

XIX.	La vie de la sainteté	347
XX.	L'Eglise chrétienne	374

SEPTIÈME PARTIE:
LA DOCTRINE DES FINS DERNIÈRES

XXI.	La seconde venue de Christ	413
XXII.	La résurrection, le jugement et la consommation finale	435

Questions à étudier 454
Index général 478

www.ingramcontent.com/pod-product-compliance
Lightning Source LLC
Chambersburg PA
CBHW020741100426
42735CB00037B/161